Linda Moran
Ed Musselwhite
John H. Zenger

Effektives Team-Coaching

Teams managen und
zum Erfolg führen

ECON

Titel der amerikanischen Originalausgabe: Keeping Teams On Track
Übersetzt aus dem Amerikanischen von Iris von Bredow
© 1996 Zenger Miller, Inc.

Die Deutsche Bibliothek – CIP-Einheitsaufnahme

Moran, Linda:
Effektives Team-Coaching: Teams managen und zum Erfolg führen /
Linda Moran; Ed Musselwhite; John H. Zenger. [Übers. aus dem
Amerikan. von Iris von Bredow]. – Düsseldorf; München:
ECON, 1997, 2. Auflage 1998
Einheitssacht.: Keeping teams on track <dt.>
ISBN 3-430-16802-3

Der ECON Verlag
ist ein Unternehmen der ECON & List Verlagsgesellschaft
© 1997 der deutschen Ausgabe by ECON Verlag GmbH, Düsseldorf und München
Alle Rechte der Verbreitung, auch durch Film, Funk und Fernsehen, fotomechanische Wiedergabe, Tonträger jeder Art, auszugsweisen Nachdruck oder Einspeicherung und Rückgewinnung in Datenverarbeitungsanlagen aller Art, sind vorbehalten.
Lektorat: Petra Wagner. Gesetzt aus der Century und Frutiger, Berthold. Satz: Dörlemann Satz GmbH, Lemförde. Papier: Papierfabrik Schleipen GmbH, Bad Dürkheim. Druck und Bindearbeiten: Bercker Graphischer Betrieb GmbH, Kevelaer. Printed in Germany. ISBN 3-430-16802-3

Unseren Kunden, Kollegen und Freunden,
die sich bemühen, Organisationen
menschlicher
und ihre Teams
effizienter zu machen.

Inhaltsverzeichnis

Vorwort zur deutschen Ausgabe 11
Vorwort 13
Danksagung 15

Einleitung
Teamarbeit ist keine Freizeitbeschäftigung 17
Das Zwiebelschälen 18
Unsere schrumpfende Welt 20
Angepriesene Erfolge führen zu falschen Annahmen 21
Was man sät, das erntet man 23
Das Bauen von Strohhäusern 24

Erster Teil
Schwierigkeiten, mit denen man rechnen muß 27

Erstes Kapitel
Früh auftauchende Probleme und Sorgen 28
Worin unterscheiden sich Teams voneinander? 29
Welche Einführungsstrategien stehen zur Verfügung? 32
Welche Probleme tauchen in der Anfangsphase auf? 38
Wie kann der Erfolg eines Teams langfristig sichergestellt werden? 39

Zweites Kapitel
Teams auf dem Weg in die Selbständigkeit 41
Was hindert ein Team, autark zu werden? 42
Welches Training ist erforderlich? 44
Wie können Teamförderer Sicherheitsnetze knüpfen? 46
Wie sieht ein effektiver Führungsstil aus? 47

Drittes Kapitel
Sollte man den Arbeitsprozeß reorganisieren? 56
Muß die Umstrukturierung des Arbeitsprozesses
ein aufwendiges Unternehmen sein? 57

Welchen Richtlinien sollte man bei einer Umstrukturierung folgen? 58
Wie ist eine Umstrukturierung der Arbeit umzusetzen? 61
Wie sieht eine erfolgreiche Umstrukturierung aus? 62
Welche Entscheidungskompetenzen und Verantwortungen
sollten Teammitgliedern übertragen werden? 65

Viertes Kapitel
Messung der Teamleistung 67
Wie wurden bisher Messungen traditionsgemäß eingesetzt? 68
Warum müssen Teams betriebliche Daten kennen? 68
Wer sollte die Kennzahlen auswählen? 69
Wie wählen Sie die entscheidenden Kennzahlen aus? 71
Welche häufigen Fehler sollten Sie vermeiden? 73
Welche Kennzahlen sind das »Herzstück«,
mit dem Sie beginnen müssen? 76

Fünftes Kapitel
**Die Anpassung Ihrer Strategie an den Grad des Engagements
in der Organisation** 78
Welche verschiedenen Unterstützungsstufen
des Managements existieren gegenüber Teams? 79
Wie kann eine Strategie zur Einführung von Teams
an die Förderbereitschaft des Managements angepaßt werden? . . . 82

Zweiter Teil
Reaktionsmöglichkeiten bei unerwarteten Ereignissen 85

Sechstes Kapitel
Was tun, wenn immer wieder Probleme auftauchen? 86
Die 11 häufigsten Probleme 87
Woran erkennt man, daß man vom Kurs abkommt? 108
Warum sollte man das Unerwartete erwarten? 110

Siebtes Kapitel
Die Stabilisierung des Arbeitsprogramms 111
Die charakteristischen Kennzeichen einer Teamkultur 112
Offen ausgetauschte Geschäftsinformationen 119
Wie wichtig ist die Unterstützung von seiten des Vorstands? 122
Auf welche Weise hilft die Teamkultur den Teams
in schweren Situationen? 123

Achtes Kapitel
Der Umgang mit Streß 124
Streß durch ein neues Umfeld 125
Streß durch zusätzliche Verantwortung 125
Was kann das Top-Management gegen Streß tun? 126
Wie kann der Manager den Streß der Angestellten
in Grenzen halten? 128

Neuntes Kapitel
Die Motivation der Teammitglieder 131
Die speziellen Bedürfnisse des Teams beachten 132
Statussymbole beseitigen 132
Weitere leicht zugängliche Möglichkeiten zur Motivation 134
Woran erkennen Sie, daß Sie eine Teamkultur haben,
in der sich die Teammitglieder selbst motivieren? 141

Zehntes Kapitel
Arbeitet Ihr Bonussystem für oder gegen Sie? 143
Welche Zeichen deuten auf ein unausgewogenes
Kompensationssystem? 145
Wann sollte man ein Anreizsystem einführen? 151
Welche Form sollte die Kompensation haben? 152
Wie können Sie sicherstellen, daß Ihr Kompensationssystem
bei Teams effektiv funktioniert? 153

Elftes Kapitel
Funktionsübergreifende Teams effizient einsetzen 155
Was behindert funktionsübergreifende Teams? 156
Welche Taktiken sind geeignet? 157
Taktik 1: Festsetzung eines gemeinsamen Ziels 157
Taktik 2: Eine Vertrauensbasis schaffen 159
Taktik 3: Integrieren Sie die Abteilungsleiter! 164
Taktik 4: Finden Sie einen Weg, interne Probleme zu schlichten! . . . 167
Taktik 5: Gehen Sie gezielt vor! 168

Dritter Teil
Alles zusammenfügen 171

Zwölftes Kapitel
Das Profil einer erfolgreichen Teameinführung 172
Interview mit Bill Johnson, ABB Power T&D 173
Zusammenfassung der Ergebnisse 191

Dreizehntes Kapitel
Den Kurs einhalten 195
Entwickeln Sie realistische Erwartungen? 196
Sind Sie bereit, sich im entscheidenden Moment einzusetzen? 197
Förderung langfristiger Teamunterstützung 198
Abwägen der Stärken und Schwächen 199

Vierter Teil
Mittel und Techniken 201

Einführung in die Mittel und Techniken 202
Beurteilung des Involvements 204
Einschätzung der Teamorientierung einer Organisation (TO) 228
Merkmale der Verinnerlichung von Werten: eine Beurteilung 234
Checkliste zur Planung und Einführung von Teams 238
Team-Charta 244
Entwicklungsplan für das Team 251
Bestimmung des Teamcharakters 256
Beurteilung des Teamgeistes 266
Phasen der Teamentwicklung 271
Die Diagnose eines festgefahrenen Teams 277
Kollegengespräch 281
Bewertung des Teamleiters/-förderers 285
Bewerbungsgespräche für die Position eines Teammanagers 289
Einführung eines neuen Managers in ein Teamumfeld 292
Beurteilung der Erfahrenheit von Teams 295
Vertiefendes Teamtraining 300
Leitlinie für Organisationsverbesserung 305
Der Prozeß der Entscheidung, wann man eine Umstrukturierung
umsetzen soll 311

Literaturverzeichnis 318
Über die Autoren 325
Personen- und Sachregister 329

Vorwort zur deutschen Ausgabe

Teams gehört die Zukunft. Die lernende Organisation, Organisational Change, Total Quality Management, Reorganisation und Empowerment sind nur einige der Themen, in deren Schlepptau Teams genannt werden. Dahinter steht die Beobachtung, daß sich Unternehmen heute durch ihre Anpassungsgeschwindigkeit an Veränderungen differenzieren. Und das gelingt mit Teams einfach besser. Das schnellere Verarbeiten von Informationen und das erfolgreichere Umsetzen von Entscheidungen, die im Team getroffen werden, geben Beispiele dafür.
Wenngleich die Vorteile der Teamarbeit auf der Hand liegen, so bleiben doch Fragen offen: Unternehmen, die eine Teamorganisation eingeführt haben, stellen häufig fest, daß sich nicht viel geändert hat. Warum ist das so? Warum werden überhaupt Teams eingeführt? Wann ist ein Team ein echtes Team? Wie entsteht eine Teamkultur? Welche Aufgaben hat ein Teamleiter? Welche Probleme können auftauchen, und wie kann man sie lösen? Welche Rahmenbedingungen müssen für erfolgreiche Teams geschaffen werden?
Die Autoren, alle Senior Consultants von Zenger Miller*, einem internationalen Beratungsunternehmen, liefern in einem strukturierten Überblick die Antworten darauf, wie ein dauerhafter Erfolg von Teams möglich ist. Der Leser erhält eine Fülle umsetzbarer, praxiserprobter Methoden, die durch Fallbeispiele sowie Mittel und Techniken ergänzt werden.
Seit zwanzig Jahren hat Zenger Miller, heute Teil der Times Mirror Training, Inc. (TMT), durch kontinuierliche Studien und zahlreiche Projekte in Unternehmen – auch auf internationaler Ebene – Erfahrungen gewonnen und »best practices« gesammelt. Dieses Buch stellt eine umfassende Behandlung des Themas Teams dar, das allen, die an Teamentwicklung interessiert sind, als Leitfaden dienen kann.
Es ist aus der Praxis für die Praxis – zum anfassen und umsetzen. Wir – das Team der TMT Europe – wünschen Ihnen viel Erfolg.

Klaus Steven
Marketingmanager

---

* Deutsche Repräsentanz: TMT Europe, Burggrafenstraße 5, 40545 Düsseldorf, Tel.: 0211/5 57 77–00

Vorwort zur deutschen Ausgabe

Vorwort

Es ist heute nichts Neues mehr, daß fortschrittliche Organisationen in vielen Bereichen Teams einsetzen, um ihre Ziele zu erreichen. Die meisten Unternehmen können etliche Ressorts nennen, in denen Teams bereits eine aktive Rolle spielen. Der Anstoß dazu kommt aus vielen Richtungen: steigender Wettbewerbsdruck, Downsizing, schwankende Tendenzen und die Notwendigkeit einer flexiblen Organisation.
In den letzten Jahren ist ein Strom von Büchern am Markt zu verzeichnen, die die verschiedenen Aspekte des Teamaufbaus beinhalten. Da Teams in Unternehmen ein verhältnismäßig neues Thema sind, betrachteten die meisten dieser Bücher vor allem die Fragen, ob eine Organisation für Teams geeignet ist, wie Teams einzuführen und die verschiedenen Teamrollen zu bestimmen sind. All diese Themen beziehen sich auf die frühe Anfangsphase eines Teams. Doch nur wenig ist bisher darüber geschrieben worden, wie man einen dauerhaften Erfolg von Teams ermöglichen kann.
Das vorliegende Buch »Effektives Team-Coaching« geht einen Schritt weiter. Es basiert auf einer Fülle von Informationen, die in den letzten fünf Jahren gesammelt wurden. Dazu haben die Autoren das Ergebnis der unterschiedlichen Teaminitiativen beobachtet. Als Mitarbeiter einer der größten Firmen Amerikas für Training und Beratung waren sie in der Lage, über ihre Hypothesen hinauszuschauen und zu analysieren, wie sich Rollen und Verantwortungen tatsächlich ändern, wenn Teams eingeführt sind.
Dieses Buch stellt einen detaillierten Überblick darüber dar, was zu tun ist, um Teams nach ihrem Start in Gang zu halten. Es bietet Informationen aus mehreren Untersuchungen, die Zenger Miller leitete. Das Buch reflektiert auch das, was in zahlreichen intensiven Interviews mit Spitzenmanagern größerer amerikanischer, kanadischer und europäischer Organisationen deutlich wurde.
Zudem ermöglicht dieses Buch Einblick in die Erkenntnisse, die während jahrelanger Beratung und Training in Hunderten von Organisationen angesammelt wurden. Die Verfasser arbeiteten mit kleinen sowie mit den größten Unternehmen, die unter den Fortune 500 genannt sind.
Das Buch wendet sich an jeden, der mit Teams arbeitet bzw. der die Aufgabe hat, die Leistung der Teams in seiner Organisation zu verbessern.

Leitende Angestellte und Topmanager werden Kenntnis darüber erhalten, wie man Teams gemäß den Richtlinien auch bei Widerstand gegen Veränderungen führt, wie man Teams über ihren anfänglichen Status hinweg erweitert und wie man beurteilen kann, ob es sich lohnt, weiterhin Geld für Training, Meetings und Ressourcen in die Teams zu investieren.

Manager, Führungskräfte aller Art und Teamleiter werden erfahren, wie man die Umsetzungsphase mit minimalen Störungen bewältigt und wie man Teamleistung in einem Umfeld von traditionellen Richtlinien, Prozeduren und Praktiken des Managements beurteilt.

Interne und externe Berater werden die langfristigen Konsequenzen der verschiedenen Richtlinien, Prozeduren und Praktiken besser begreifen.

Das Buch besitzt vier Teile. Der erste Teil, »Schwierigkeiten, mit denen man rechnen muß«, behandelt frühe Entscheidungen und Praktiken, die noch vor dem Start der Teams beobachtet werden können. Die Entscheidungen der leitenden Angestellten und Manager geben den Teams in dieser Phase eine bestimmte Richtung und beeinflussen damit direkt den Erfolg des Teams. Der zweite Teil, »Reaktionsmöglichkeiten bei unerwarteten Ereignissen«, betrachtet die vielfältigen Probleme, die nicht ohne weiteres vorhersehbar sind, die aber entstehen, wenn Teammitglieder versuchen, sich in einem ihnen ungewohnten Umfeld anzupassen und ihre Tätigkeit auszuüben. Der dritte Teil, »Alles zusammenfügen«, beinhaltet ein detailliertes und intensives Interview mit einem Manager von ABB Power T&D – einem Unternehmen, das erfolgreich Teams eingesetzt hat.

Schließlich werden Sie im vierten Teil 18 nützliche Instrumente und Techniken kennenlernen, die einen Großteil der Teamaktivitäten abdecken. Diese Instrumente werden es Ihnen erleichtern, die geeignete Teamstufe für Ihre Organisation zu bestimmen und zu entscheiden, ob Sie den Arbeitsprozeß umorganisieren müssen. Sie finden dort ebenfalls nützliche Instrumente und Techniken zur vertraglichen Verpflichtung von Teamleitern und Teamförderern, zur Vorbereitung neuer Teammanager, zum Coaching von leitenden Angestellten sowie eine Anleitung zur Beurteilung und Messung der Teamleistung und Beispiele für Trainingspläne.

Der Trend zu Teams steht am Anfang, und das volle Potential, das in Teams steckt, muß offensichtlich noch erforscht werden. Wir hoffen, daß dieses Buch Ihre Kenntnisse und Ihr Verständnis über die Effizienz von Teamarbeit bedeutend fördern wird und daß somit neue Situationen geschaffen werden, die zu erfolgreichen Teambildungen in Ihrer Organisation führen.

Linda Moran
J. H. Zenger
Ed Musselwhite

Danksagung

Wir schrieben dieses Buch, um unsere Erfahrungen zusammenzufassen, die wir in vielen Betrieben und Unternehmen gesammelt haben. Wir geben damit nicht nur unsere eigenen Erfahrungen mit Teams wieder, sondern auch diejenigen der Mitarbeiter von Zenger Miller. Unsere Berater sind Kapazitäten auf diesem Gebiet, und wir möchten ihnen hiermit namentlich danken: Bob Hughes, Jerry Smolek, Judith Richterman, Dee Hoffman, Roy Blitzer, Jan Latham, David Williams, Seth McCutcheon, Joyce Thompsen und Jerry Hogeveen.
Kathleen Hurson verhalf uns bei den ersten Entwürfen zur Idee, ein klar verständliches und praktisches Buch zu schreiben. Darlene Russ-Eft, Lilanthi Ravishankar und Susan Muttart ermöglichten durch ihre State-of-the-art-Forschung das Erkennen von Trends bezüglich der Teamarbeit. Caryl Berry gab uns bei der Suche nach der geeignetsten Art, unsere Untersuchungen zu kommunizieren, das nötige Feedback. Anne Farrell vertiefte unser Verständnis für strategisches und taktisches Messen und darüber, wie man Teamleistung enger an Geschäftsresultate bindet. Michael Shuster, Todd Zenger und Patricia Haddock zeigten uns die Möglichkeiten zur Teamkompensation. Bill Johnson und Jill Heiden öffneten uns ihre Betriebe, um uns das Modell eines effektiven Übergangs zu Teams zu demonstrieren. Jan Styles ging über die Pflichten eines Redakteurs hinaus und gestaltete unsere »Instrumente und Techniken« solcherart, daß sie auch reinen Praktikern klar verständlich sind. John C. Harrison steuerte verschiedene Gedanken und Einsichten bei, ordnete und synthetisierte sie, um uns beim Schließen von Lücken zu helfen und um einen geschlossenen Text zu schaffen, den zu lesen sogar uns Spaß macht. Leahandah Soundy ermöglichte uns eine ungestörte Arbeit, erledigte unseren Produktionsprozeß und setzte unsere Anmerkungen in das Manuskript.
Am meisten sind wir jedoch unseren Kunden verpflichtet: Danke für Ihr Vertrauen! Wir schätzen Ihre Partnerschaft, achten Ihren Mut und bewundern Ihre Treue.

Linda Moran
Ed Musselwhite
J. H. Zenger

Einleitung
Teamarbeit ist keine Freizeitbeschäftigung

Nach ihrer [Mary Parker Folletts] Ansicht sind Manager und ihre Untergebenen gleichen Bluts, Individuen, die sich von einer Mischung aus Vernunft, Gefühlen und Charakter leiten lassen. Menschen entwickeln ihre Verhaltensweisen aus einem gegenseitigen Verantwortungsgefühl heraus, das sich aus ihren Beziehungen zueinander ergibt.
Pauline Graham

Morgens früh um 7.30 Uhr ließ sich Cyra Bradberry hinter ihrem Schreibtisch im Caswell-Werk nieder, um ihren Tag als Direktorin für betriebliche Abläufe zu beginnen. Es war bislang eine fürchterliche Woche gewesen. Während Bradberry an ihrem Morgenkaffee nippte, überdachte sie die Reihe von Problemen, die in den vergangenen Tagen bei der Teamarbeit in ihrer Abteilung aufgetaucht war.
»Wieso kommen diese Probleme überhaupt noch vor?« dachte sie verwundert. »Wir haben unsere Startschwierigkeiten doch schon hinter uns. Ich war sicher, daß wir alles durchdacht haben.«
Tatsächlich waren die ersten Tage der Teamgründung, in denen die Mitarbeiter neue Rollen und Verantwortungen übernahmen, recht stürmisch gewesen. Während der ersten Wochen gab es ein endloses Durcheinander, da die Angestellten mit ungewohnten Aufgaben konfrontiert wurden. Einige Mitglieder des Teams waren von ihren zusätzlichen Verpflichtungen nicht begeistert. Einige Manager leisteten Widerstand und ließen in ihrer Kontrollfunktion nach. Doch mit der Zeit bewältigten die Teammitglieder die ersten Schwierigkeiten der Zusammenarbeit, und es schwanden somit auch die Probleme der Startperiode.
Die Mitarbeiter begannen, Initiative und Engagement zu zeigen, so daß bereits bestimmte Arbeitsabläufe gestrafft werden konnten. Die Teams schienen weniger Zeit und Kosten für ihre Arbeit zu benötigen. Bradberry begann schon zu glauben, daß sie sich nicht mehr so viel mit den Angelegenheiten des Teams zu beschäftigen brauchte und sich dafür anderen Dingen widmen könnte.
Dann aber kam diese Woche wie geradewegs aus der Hölle.

Das Zwiebelschälen

Das Caswell-Werk hatte seine Produktion auf nicht standardisierte Fenster für Büro- und Wohngebäude spezialisiert. An einem Montag morgen rief ein Vertreter des besten Kunden Bradberry an. Aufgebracht sagte er ihr, daß er eine für die vergangene Woche fällige Bestellung immer noch nicht erhalten habe, obwohl die Rechnung pünktlich angekommen sei.
»Damit sind unsere Aufträge zum drittenmal hintereinander verspätet!« schrie der Kunde ins Telefon.
Ja, er habe den Kundendienst bereits angerufen.
Früher konnte der Kundendienst den Anrufern schnell Bescheid geben, wann ein Auftrag ausgeführt worden war. Doch jetzt bestimmte das Arbeitsteam selbst die Versandtage.
Als Bradberry die Lage mit Jane vom Kundendienst besprach, erklärte ihr Jane, daß sie zwar versucht habe, das Team anzurufen, doch der Leiter sei mit Produktionsproblemen beschäftigt gewesen und habe deswegen nicht ans Telefon kommen können. Jane lief dann unerschrocken ins Werk, um der Sache selbst nachzugehen. Aber der Teamleiter, der gerade mit einem anderen Problem beschäftigt war, wies sie mit einem: »Die Bestellung liegt auf dem Stapel. Ich werde mich darum kümmern, sobald ich kann!« zurück.
Damit hatte Bradberry das Problem auf dem Tisch. Als sie sich hinsetzte, um die Bestellung zu suchen, dämmerte es ihr, warum sie sich in einem falschen Gefühl der Sicherheit gewogen hatte. Das Team hatte alte Aufträge abgewickelt, die noch von den ehemaligen Meistern nach dem alten Verfahren vorgegeben worden waren. Das gab die Erklärung dafür, daß zunächst alles so glatt gelaufen war. Erst als das Team an neuen Bestellungen zu arbeiten hatte, begann das System zusammenzubrechen. Im oberen Stockwerk fand Bradberry Stöße von Aufträgen an verschiedenen Arbeitsplätzen. Ohne eine klare Vorgehensweise oder einen Organisationsplan konnte sie nicht herausfinden, von wo sie die notwendigen Informationen herbekommen sollte. Auch das Team konnte nicht helfen. Seine Mitglieder waren auf einer der obligatorischen Vormittagssitzungen, um dort die eigenen Abteilungsthemen durchzusprechen.
Bradberry kämpfte sich von einer Lage von Problemen zur anderen. Kaum hatte sie eine gelöst, schon erschien die nächste. Es war wie Zwiebelschälen. Während der nächsten Tage entdeckte Bradberry eine Reihe von schwachen Punkten:

- *Kein Zugang zu wichtigen Daten.* Das Team wußte nicht, wie es sich verhalten sollte, wenn bei einer Bestellung die benötigten Materialien verspätet eintrafen oder wenn die Produktionspläne zeitlich zurücklagen. Das Team verfügte nicht über die notwendigen Instrumente, Ressourcen und PC-Zugangscodes, um

- (1) Daten auf dem Bildschirm abzurufen und zu überprüfen, die aufzeigten, welche Rohmaterialien bezogen worden sind,
- (2) die Bestellungen für den Kundendienst zu aktualisieren oder
- (3) Bestellungen zu kennzeichnen, die im Verzug waren.
- *Das Handbuch* war nicht vollständig. Wenn früher ein Meister erfuhr, daß ein Auftrag verschoben werden sollte, ließ er die Rechnung so lange zurückhalten, bis die Ware wirklich versandt wurde. Er wußte aus Erfahrung, daß eine Rechnung 30 Tage nach dem Eingang des Auftrages abgeschickt werden mußte. Doch diese Information war nicht bis zu den Teammitgliedern durchgedrungen, als die Meisterstellen gestrichen wurden. Tatsächlich hatten die Teammitglieder nie eine klare Vorstellung davon gehabt, worin die Aufgaben der Meister bestanden. Und da sich niemand darum kümmerte und keiner nachfragte, waren viele Meister verstimmt und weigerten sich, die Teams im Start zu unterstützen.
- *Kein Kundenkontakt*. Teams führen keine direkten Gespräche mit Kunden und haben daher nur wenig Kenntnis von deren Problemen.
- *Wenige Berührungspunkte mit anderen Abteilungen*. Nachdem die Meister weggefallen waren, wußten die anderen Abteilungen, die noch nicht zu Teams übergegangen waren, nicht, an wen sie sich bei Anfragen wenden sollten.
- *Statuskonflikte*. Manager aus anderen Abteilungen, die statusorientiert nur mit gleichrangigen Managern Umgang pflegten, reagierten auf die Anfragen von Teammitgliedern äußerst reserviert.

Am Freitag fühlte Bradberry, wie sich die Situation aufheizte, besonders bei Frank Parkinson, dem Vizepräsidenten der Produktion. Schon von Anfang an hatte Parkinson der Teaminitiative skeptisch gegenübergestanden.
»Wenn Sie es unbedingt wollen, versuchen Sie es! Es ist Ihre Angelegenheit«, hatte er gemeint. »Lassen Sie sich die Gelegenheit nicht entgehen, aber beklagen Sie sich nicht bei mir, wenn es schiefgeht!«
»Gut«, dachte Bradberry, »es wäre nicht schiefgegangen, wenn Parkinson die anderen Abteilungen veranlaßt hätte, sie zu unterstützen. Aber das hatte er nicht getan.« Viele Teammitglieder kannten den Mangel an Interesse innerhalb der Führungsspitze, und das verärgerte sie.
Am Freitagabend begann Cyra Bradberry zu glauben, daß Parkinson recht gehabt hatte. Vielleicht war die ganze Teaminitiative ein Fehler gewesen. Das Management war unzufrieden. Das Team war unzufrieden. Und der Kunde war ganz und gar unzufrieden. Als Bradberry ihre Aktentasche zuschnappen ließ, das Licht ausdrehte und ihr Büro verließ, war sie im Begriff zu glauben, daß die ganze Teaminitiative außer Kontrolle geraten war und einfach zu viel Ärger verursachte. Gerade wenn du meinst, du hast das richtige Gleichgewicht gefunden, ändert sich eine Kleinigkeit, und die ganze Arbeit geht zum Teufel.

Unsere schrumpfende Welt

Wäre der Effizienztheoretiker der zwanziger Jahre Frederick W. Taylor noch am Leben, hätte er sich sicherlich sehr darüber gewundert, warum sich Bradberry überhaupt solch einem Streß aussetzte. Seine Theorien waren in den zwanziger Jahren modern, und es waren seine Nachfolger, die das Modell einer wohlfunktionierenden Organisation errichteten. Das Wesentliche daran war, jeden Ablauf in klar definierte Teile zu zerlegen, und die Ausführung jedes Teils auf die schnellste und effizienteste Art zu organisieren. Fast alles schien damals klarer und einfacher: Die Vorgesetzten setzten die Regeln fest, die Angestellten führten sie aus. Die Betrachtung von Unsicherheit und Angst überließ man den Philosophen. Die »natürlichen« Rollen der Menschen waren klar und deutlich definiert, und es war völlig gleichgültig, ob jemand seine Arbeit tatsächlich mochte oder nicht. Zufriedenheit bei der Arbeit wurde selten als Kriterium berücksichtigt.

Das Prinzip, sich vor allem auf Prozesse und weniger auf Menschen zu konzentrieren, entsprang zum Teil aus der Verblendung durch eine ganz neue und sensationelle Technologie. Die Erfindung eines besseren Kühlschranks, eines preiswerteren Modells oder die eines besseren Dosenöffners u.ä. wurde als größter Erfolg angesehen. Subtilere Produktdifferenzierungen und ein harter Wettbewerb, wie er auf den heutigen Märkten besteht, sollten erst später in Erscheinung treten. Die Märkte veränderten sich zwar, aber nur allmählich. Begriffe wie »Sechzig-Tage-Zyklus« lagen noch Jahrzehnte in der Zukunft. Wenn man eine ganze Minute brauchte, um in Europa anzurufen und es das Telex noch nicht gab, wie sollten dann Veränderungen so schnell vor sich gehen?

Erst zum Ende dieses Jahrhunderts konnten die globalen Ereignisse eine Antwort auf diese Frage geben. Und diese Antwort war schockierend: Die Welt konnte sich in einem Moment verändern. Die Manager von heute können ein Lied davon singen. In einer Welt, in einem Geschäftsumfeld, in dem Ideen und Vorhaben praktisch sofort über Fax oder das Internet ausgetauscht werden können, mißt man Erfolg und Mißerfolg nicht in Metern, sondern in Millimetern.

Cyra Bradberry lebt in dieser neuen Welt, die im übertragenen Sinne auf einen Teil ihrer früheren Größe zusammengeschrumpft ist. Wenn man bedenkt, wie schnell Federal Express in fast jedem beliebigen, abgelegenen Bestimmungsort Sendungen zustellen kann! Sehen Sie nur, wie Bradberry eine Arbeitseinheit leiten muß, die bemerkenswert differenziert sein kann, von der man aber ein präzises Zusammenspiel verlangt! Ständige Veränderungen fordern die Manager heraus, bei diesem schwindelerregenden Tempo mitzuhalten. Wenn Manager zu lernen haben, wie Jongleure einige Dutzend Teller gleichzeitig in Bewegung zu halten, darf es niemanden verwundern, wenn sie manchmal zu seltsamen Käuzen werden.

All das übt einen gewaltigen Druck auf die heutigen Führungskräfte aus. Daher müssen Spitzenmanager überdenken, wie sie am besten ihr Unternehmen führen. Für viele war der Übergang zur Teamarbeit die Lösung.

Angepriesene Erfolge führen zu falschen Annahmen

Wie die Wunder von Lourdes verbreiten sich Neuigkeiten von Unternehmensumwandlungen in Windeseile bis zu den entferntesten Ecken der Weltwirtschaft. In den letzten beiden Jahrzehnten wurden die Führungsspitzen mit Veröffentlichungen über dramatische Verbesserungen in den Arbeitsabläufen durch die Einführung von Teamarbeit überhäuft.
Wir laufen Gefahr, aufgrund solcher enormen Erfolge kurzsichtig zu werden. Das führt dazu, daß wir Dinge, die nicht funktionieren, übersehen – in der Tat bringen etwa 50% aller Teams keine vernünftigen Ergebnisse oder erfüllen die an sie gestellten Erwartungen nicht und werden daher aufgelöst.
Eines ist auf jeden Fall sicher: Teams funktionieren nicht von selbst, wie beispielsweise ein Motor, der unablässig weiterläuft, solange man Treibstoff in ihn hineingießt. Ein Team besteht aus Individuen, die sowohl zu ihren Kollegen als auch zu ihrem unmittelbaren Umfeld dynamische Beziehungen aufbauen.

Die dynamische Struktur eines Teams

Man hat zu ganz verschiedenen Metaphern gegriffen, um das Teamumfeld zu beschreiben. Eine davon ist die von dem sorgfältig ausbalancierten Mobile. Verändert man auch nur einen Teil der Struktur, ist jedes Gleichgewicht verloren.
Eine nützliche Analogie ist vielleicht auch die eines Vielecks, dessen Eckpunkte alle miteinander verbunden sind. Das folgende Diagramm zeigt, wie jeder Punkt mit allen anderen in Verbindung steht. Wenn man also ein System, eine Struktur oder ein Maß verändert, stellen sich dadurch bedingte Veränderungen in der Kultur, den Wertvorstellungen des Teams oder in einem anderen Bereich in dem System ein.
Seth McCutcheon, ein Berater bei Zenger Miller, einer Gesellschaft für Beratung, Training und Ausbildung, beschreibt das Teamumfeld folgendermaßen: »Das Teamkonzept zwingt uns, den einfachen linearen Ursache-Wirkung-Ansatz aufzugeben und zu einem Denken überzugehen, das sich in einem dynamischen System bewegt. Jeder Punkt ist in solch einem System Wirkungen ausgesetzt, und gleichzeitig wirkt jeder Punkt seinerseits auf alle übrigen Punkte ein. Das ist so, wie wenn man einen einzigen Wassertropfen auf ein Spinngewebe fallen läßt: Man kann dann gut beobachten, wie das

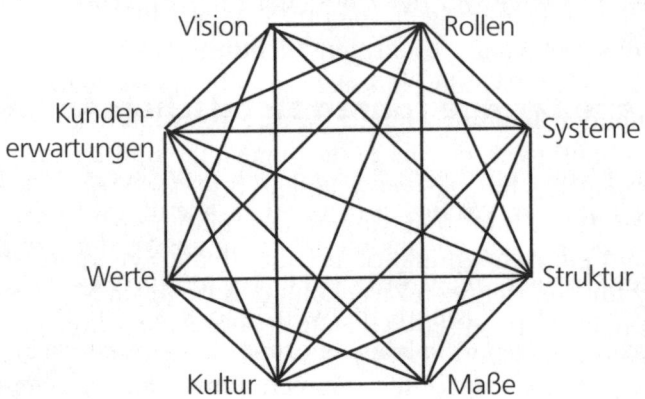

In dem interaktiven Teamumfeld bewirkt jede Änderung eine Reaktion im gesamten System.

ganze Netz auf diesen Eingriff reagiert, um ihn zu absorbieren. Alle Punkte besitzen eine Hebelkraft, mit der sie das Ganze beeinflussen können. Doch die Schlüsselfrage ist, welchen Punkt wir treffen müssen, um den gewünschten Eingriff zu erhalten.«

McCutcheon sagt dazu: »Die Antwort auf diese Frage, in einem linearen Ursache-Wirkung-Verhältnis anscheinend leicht zu geben, wird in einem dynamischen System außerordentlich kompliziert. Als erstes: Die einfache Ursache-Wirkung-Beziehung hat in Wahrheit nie existiert. Teams sind eher ein strukturelles Gebilde von dynamischen Kräften, die schon immer wirksam gewesen sind. Tatsächlich ist ein Team eher die multidimensionale Reaktion auf eine multidimensionale Wirklichkeit, mit der Organisationen heute aufgrund der turbulenten, globalen Umwelt konfrontiert werden. Diese multidimensionale Welt kann wohl kaum jemand managen, der nur eine der Dimensionen im Kopf hat.«

Dieses neue Paradigma kann einen leitenden Angestellten beträchtlich frustrieren. In einem traditionellen System ist es verhältnismäßig leicht zu bestimmen, wer für einen bestimmten Teil eines Vorgangs verantwortlich ist. Wenn das Geschäft nicht reibungslos läuft, kann der Vorgesetzte auf eine Abteilung, eine Person oder ein anderes Segment im System Druck ausüben, damit das Notwendige getan wird. In einem Teamumfeld wird es durch die Teamverantwortlichkeit schwierig, auf irgendeine einzelne Person mit dem Finger zu zeigen. Das führt dazu, daß Manager manchmal nicht genau wissen, wie sie richtig handeln müssen. Fragen wie »Soll ich handeln oder lieber abwarten?«, oder »Wie könnte ich wirklich eingreifen?« haben keine kurzen und bündigen Antworten.

Auf Manager mit einer niedrigen Toleranzschwelle für mehrdeutige Situationen kann das Defizit an konkreten Richtlinien sehr schmerzhaft und angsterregend wirken. Winden sie sich zu sehr dabei, kann das in einer sonst glatt laufenden Teammaschinerie wahre Verwüstungen anrichten. Zudem kommt es häufig vor, daß leitende Angestellte und Manager, die nicht gut in der Teamentwicklung ausgebildet sind oder keine natürliche Teamfähigkeit besitzen, Teams nur dem Namen nach einführen.

Trotzdem schafft ein richtig funktionierendes Team Synergien. Wird es am richtigen Platz für den richtigen Zweck mit den richtigen Mitgliedern eingesetzt, kann es bessere Resultate erzielen, als die meisten es erwarten.

Was man sät, das erntet man

Es hängt von der Art der Konzeption und den Startbedingungen des Teams ab, ob man Erfolg oder Mißerfolg erntet. Betrachten wir die dramatische Wende bei Tultex, einem Betrieb zur Herstellung von Baumwollvlieskleidung mit einer Belegschaft von 6500 Angestellten. Im Januar 1993 hatte das Kapital der Firma einen Tiefstand erreicht. Die Fabrik in Virginia stellte ein Kapital von 104 Millionen Dollar dar. Achtzehn Monate später konnte die Gesellschaft folgende Ergebnisse vorweisen:

- 10% Kostenreduzierung für das gleiche Volumen;
- 25% Verbesserung der Lagerzeiten;
- 25 Millionen Dollar Reduzierung der Gemeinkosten;
- 75% Reduzierung der Sitzungszeiten;
- 13 Millionen Steigerung des Ergebnisses.

Das Management konnte als wichtigste Ursache für ihren Erfolg auf die Teamarbeit hinweisen. Tatsächlich hatte die Firma Tultex die Teams in vielem richtig unterstützt.

Ziel der Geschäftsleitung war es, Tultex in eine neue Organisation umzugestalten, die sich an den Wünschen ihrer Kunden ausrichtet und diese durch einen wertschöpfenden Service und durch schnelle Reaktionsfähigkeit zufriedenstellt. Zusätzliche Zielsetzungen waren die Verkürzung der Umschlagszeiten, die Kostensenkung, die Besserung der Lagerzeiten, die Reduzierung der Gemeinkosten, eine gezieltere Werbung und die Bindung von Kunden. Während dieser Zeit richtete man die Grundlage für das Total Quality Management (TQM) ein, und die Organisationsstruktur und -politik des Betriebs wurden völlig neu geordnet.

Mit der Hilfe von externen Beratern und Trainern schuf Tultex Teams und konzentrierte seine Bemühungen auf fundamentale Fragen in allen Schlüsselbereichen. Die Unterstützung der Vorgesetzten wurde aktiv und sichtbar, man leitete mit Engagement und Verständnis für Prioritäten und setzte Richtlinien fest. Das Management stellte einen Plan zur Verbesserung auf und setzte ihn um. Ein Angestellter wurde an der Führungsspitze eingesetzt, um die Änderungen durchzuführen. Die Vision und Wertvorstellungen der Gesellschaft wurden definiert und kommuniziert. Die ganze Gesellschaft setzte in großem Umfang Zeit, Geld und andere Ressourcen ein.

Tatsache ist, daß ein Team sich in einem Kulturumfeld befindet, das es sowohl unterstützen als auch behindern kann. Ein Team erhält seine Gestalt durch sein Umfeld, den besonderen Eigenschaften seiner Mitglieder, den Grad an Unterstützung, die es vom Management erhält, und durch eine Reihe von weiteren Faktoren. Im Fall von Tultex war der Betrieb bei der Unterstützung der Teams auf allen Ebenen konsequent gewesen.

Teams werden allerdings meist nur für kurzfristige Ziele gebildet. Der wahrscheinlich klassische Fehler ist, Teams ohne solide Verankerung in der gesamten Unternehmensstruktur einzuführen. Wir sind in den letzten Jahrzehnten Zeugen von Teambildungen geworden, die ganz offensichtlich zusammenbrechen mußten. Im folgenden sind einige Szenarien dargestellt, die heutzutage nicht selten auftreten.

Das Bauen von Strohhäusern

Es ist ein klassischer Fehler, Teams nur deswegen einzuführen, weil die betreffende Organisation eine Schmälerungsstrategie durchsetzen will. Nachdem die Etagen des Managements und der Meister schlanker geworden sind, sieht sich jemand den abgespeckten Betrieb an und meint: »Sieh mal an, wir haben ja de facto ein Teamumfeld geschaffen! Laßt uns also Teams bilden!« Eine solche Strategie wird kaum Erfolg haben. Die Entscheidung, Teams einzuführen, muß in der übergeordneten Geschäftsstrategie der Organisation verankert werden, ebenso wie auch die Arbeit selbst, die das Team zu leisten hat. Wenn es keinen wirklichen Grund gibt, Teamarbeit einzuführen, werden alle Bemühungen, es erfolgreich zu gestalten, wahrscheinlich fehlschlagen.

Spitzenkräfte, die schon erfolgreich Erfahrungen mit Teams gemacht haben, sind häufig der Meinung, daß diese Erfahrung direkt übertragbar ist: »Wenn Teams in einem anderen Unternehmen funktionieren, warum sollten sie es nicht auch hier tun?« Doch, um mit George Gershwin zu sprechen, es muß nicht so sein. Es kann im Gegenteil dem Reformwilligen viel Ärger machen.

Wenn sich die äußeren Umstände auch tatsächlich ähneln, kann vieles auf den zweiten Blick ganz anders sein. Und wenn jemand die Felsen unter der Wasseroberfläche nicht auslotet, sondern von den Klippen weg in die einladende Lagune fährt, wird er sicher keine zufriedenstellenden Erfahrungen machen.

Dann gibt es noch den ehrgeizigen Vorgesetzten, der immer der nächsten Herausforderung hinterher ist. Als Wegbereiter der Teaminitiative im Unternehmen sucht er damit die Gelegenheit für wachsende Anerkennung und Auszeichnung durch die Geschäftsleitung. Führt er aber zu ungelegener Zeit oder unter falschen Voraussetzungen eine Teaminitiative durch, gibt es einiges zu verlieren, wenn es nicht nach Plan läuft. Auf jeden Fall setzt eine Führungskraft, die nur ihre eigene Karriere vor Augen hat, die Unglücklichen, die in seinem Team mitarbeiten müssen, einem gewaltigen Streß aus.

Emporkömmlinge führen Teams oft nur deshalb ein, um so ihre Energien und Ideen erfolgreich realisieren zu können. Solch ein Manager hat höchstwahrscheinlich nicht den Wunsch, sich für Teams einzusetzen, die in anderen Bereichen des Unternehmens Erfolg haben könnten. Er würde lieber ein Team bilden, das eine bestimmte Aufgabe zu erfüllen hat, ganz ähnlich der Feuerwehr, die ein bestimmtes Feuer löschen soll.

Folgende Punkte stellen ebenfalls Hindernisse für den Erfolg von Teams dar:

- Die Erwartungen sind undeutlich.
- Es gibt keine deutliche Zielsetzung für das Team.
- Der Teamtyp ist ungeeignet, bzw. der Aufbau des Teams entspricht nicht den gestellten Aufgaben.
- Unterschätzung des Aufwands, der an Zeit und Ressourcen benötigt wird, um ein Team erfolgreich einzuführen.
- Das Team entspricht zwar den internen Anforderungen, ist aber nicht auf die Kundenwünsche zugeschnitten.
- Zwischen den Rollen des Teamleiters und des Teammanagers bestehen Konflikte.
- Entscheidungslevel und -art sind unklar.
- Ein oder mehrere Teammitglieder, die von dem Teamkonzept nicht überzeugt sind.

Wenn man alle Risikofaktoren, die auf dem Team lasten, berücksichtigt, wird man sich nicht wundern, daß die Hälfte aller Teams scheitern und aufgelöst werden müssen. Dagegen können Teams, die von allen Seiten unterstützt werden, in ihrer Gesamtleistung ungewöhnlich hohe Steigerungen zustande bringen.

Auch an das Umfeld eines Teams werden in den neunziger Jahren wesentlich höhere Anforderungen gestellt als zu Zeiten Frederick Taylors, in denen ein Vorgesetzter von seinen Untergebenen nur verlangte, pünktlich und gehorsam zu sein und hart zu arbeiten. Die Manager und Vorgesetzten von heute werden mit wesentlich komplexeren Problemen konfrontiert, wie etwa:

- Sollten Arbeitsprozesse umgestaltet werden?
- Was sind die wichtigsten Gründe für Frustrationsgefühle von Teammitgliedern?
- Wie kann ich unnötige Härte vermeiden?
- Sollen wir abbrechen oder weitermachen?
- Wie kann ich am besten Informationen im Team austauschen?
- Wie kann ich Teams in ihrer Anfangsphase unterstützen?

Wer aus einer traditionellen Organisation kommt und plötzlich in ein Teamumfeld gerät, fühlt sich wahrscheinlich zuerst einmal wie in einem fremden und ungewohnten Land, das es erst zu erforschen gilt: Die Probleme sind anders. Die Sprache ist fremd. Die Gebräuche sind ganz verschieden. Nichts scheint vorhersehbar zu sein. Dennoch ist solch eine Reise in eine ungewohnte Welt für die meisten motivierend. Man hat ein gewisses Abenteuergefühl – und dazu kommt noch die Erwartung auf eine interessante Prämie. Gerade aus solchen Gründen zog es früher so viele Europäer in die Neue Welt. Der gleiche Forschungsdrang wird die gewaltigen Möglichkeiten und Herausforderungen erschließen, die in einer Teamkultur stecken.

Erster Teil
Schwierigkeiten, mit denen man rechnen muß

Erstes Kapitel
Früh auftauchende Probleme und Sorgen

Wir trainierten hart, doch es schien, als würden wir jedes Mal, wenn wir kurz davor waren, zu einem richtigen Team zusammenzuwachsen, aufs Neue reorganisiert ... Später fand ich heraus, daß wir durch das ständige Reorganisieren lernten, auf jede neue Situation zu reagieren. Das kann eine wunderbare Methode zur Schaffung einer Illusion des Fortschritts sein, während es Konfusion, Ineffektivität und Demoralisierung produziert.
Pet Renious, Arbiter, 210 v.Chr.

> *Fragen, die in diesem Kapitel gestellt werden:*
> - Worin unterscheiden sich Teams voneinander?
> - Welche Einführungsstrategien gibt es?
> - Auf welche Probleme sollten Sie früh hinweisen?
> - Wie kann man einen langfristigen Erfolg für ein Team sicherstellen?

Stellen Sie sich für einen Moment vor, Sie haben sich in einen Überlebenskurs in der Wildnis eingeschrieben. Sie haben bisher in einer bequemen Vorstadtgemeinde gelebt. Sie haben ein geräumiges Haus, Strom, fließendes Wasser und asphaltierte Straßen. Sie kaufen Ihre Lebensmittel in den Supermärkten ein, beziehen Ihre Kleidung und andere Sachen in den kleineren Fachgeschäften und haben freundschaftliche Beziehungen zu Ihren Nachbarn mit gelegentlichen Grillpartys und anderen Treffen. Es ist die Welt, in der Sie zu Hause sind. Sie wissen, wie hier alles abläuft.
Nun aber sind Sie dabei, sich in eine völlig andere Umwelt zu begeben und das mit einer Gruppe von Leuten, von denen Sie einige nur ganz flüchtig, die meisten aber überhaupt nicht kennen. Ihr gewohnter Tagesablauf wird ein anderer sein. Um in dieser Umgebung zu überleben, braucht man andere Fertigkeiten als die bisherigen, wie z.B. Fische fangen und braten, Feldlatrinen ausheben, sich eine Unterschlupfmöglichkeit bauen. Sie müssen auch Informationen über die Gruppenmitglieder sammeln: wie sie denken, wie sie handeln, welche Wertvorstellungen sie haben. Das Wichtigste

aber ist, daß Sie wissen müssen, wie Sie die Gruppe unterstützen und die Qualitäten und Stärken jedes einzelnen fördern können. Ihr Überleben und das der anderen hängt davon ab.

Es wäre naiv zu meinen, die Fertigkeiten, mit denen Sie bisher gut durchs Leben gekommen sind, reichten aus, um in der Wildnis zu überleben. Solche Ansichten kommen jedoch immer wieder zum Vorschein, wenn Unternehmen den Übergang von einer hierarchischen zu einer teamorientierten Struktur planen. Man vergißt, daß sie mit diesem Schritt in eine andere Welt eintreten, eine Welt, die sie auf vielen anderen Ebenen herausfordert und die ihre Stärken und Schwächen, Fertigkeiten und Wertvorstellungen auf die Probe stellt.

Die Erfolgschancen eines Teams werden zu einem wesentlichen Teil von den Entscheidungen stark beeinflußt, die schon vor Beginn der Veränderung gefällt werden. Zurück zu unserem Beispiel: Wenn man in der Wildnis eine falsche Richtung einschlägt oder seine Aufgabe und die Zusammensetzung der Gruppe nicht richtig einschätzt, stehen einem harte Zeiten bevor. Das gleiche gilt in einer Organisation für den Übergang zur Teamarbeit. Viele Probleme, mit denen Teams zu kämpfen haben, sind direkt auf Entscheidungen zurückzuführen, die vor der Startphase getroffen wurden.

Das erste, was man kennen muß, ist die »Beschaffenheit des Terrains«, das ein Team betreten soll. Ist eine leichtere Aufgabe zu bewältigen oder werden sie mit größeren Herausforderungen und Schwierigkeiten konfrontiert? Außerdem ist es wichtig, sich über den Typ des Teams im klaren zu sein.

Worin unterscheiden sich Teams voneinander?

Wenn die Leute auch denken, sie wüßten genau, was das Wort »Team« bedeutet, so gibt es doch sehr unterschiedliche Deutungen. Erwähnen Sie beispielsweise das Wort »Team« gegenüber einem Sportfan, wird er es wahrscheinlich mit einem professionellen Sportteam oder mit dem Club seines Sohnes in der örtlichen Fußballiga verbinden. Unglücklicherweise führt unsere Neigung zur Verallgemeinerung dazu, alle Teams als eine einheitliche Kategorie zu betrachten und die Unterschiede nicht zu berücksichtigen.

Es gibt vier Typen von Teams, die in den heutigen Unternehmen dominieren: *Abteilungsteams* ermöglichen den Austausch von Informationen und der besten Methoden. Diese Teams haben Entscheidungskompetenzen für ihr Tagesgeschäft.

Problemlösungsteams bestehen nur für einen begrenzten Zeitraum. Ihre Aufgabe ist es, besondere Probleme anzugehen und Lösungen vorzuschlagen. Gewöhnlich behält sich das Management aber seine Entscheidungskompetenz vor. Diese Teams werden im allgemeinen aufgelöst, sobald das jeweilige Problem gelöst ist.

In *funktionsübergreifenden Teams* sind die Teammitglieder mit der Prozeßverbesserung betraut. Hier kommen Mitarbeiter aus verschiedenen Abteilungen des Betriebes zusammen. Ihre Aufgabe ist zum Beispiel die Verkürzung der Produktionszeiten. Werden die Vorschläge dieser Teams vom Management gebilligt, sind sie auch für die Realisierung ihrer Vorschläge zuständig. Funktionsübergreifende Prozeßverbesserungsteams sind gewöhnlich kontinuierlich bestehende Gruppen, die auch weiterhin den Prozeß überwachen und ständig an weiteren Verbesserungen arbeiten.

Die Mitglieder von *sich selbst steuernden Teams* sind bevollmächtigt, täglich operative Entscheidungen darüber zu treffen, wie sie ihre eigene Arbeit am effizientesten ausführen und auf ein höheres Niveau bringen können. Diese Teams werden im allgemeinen gebildet, nachdem der Prozeß bereits überprüft worden ist. Sie werden eingesetzt, um Schritte aus dem Arbeitsablauf herauszunehmen, die keinen zusätzlichen Wert schaffen, um Schwankungen, Unverträglichkeiten oder Fehler im Prozeß zu minimieren und so den Gesamtprozeß zu optimieren. Die sich selbst steuernden Teams besitzen die Entscheidungskompetenz und stellen damit die Basis einer Unternehmensstruktur dar. Diese größere Entscheidungskompetenz ermöglicht ihnen, schnell und flexibel auf Kundenwünsche zu reagieren.

→ Zur Bestimmung des für Ihre Organisation geeigneten Typs von Teams, siehe »Beurteilung des Involvements«, S. 204

Da sich also jeder Teamtyp unterschiedlich entwickelt, sollte man die Unterschiede zwischen ihnen berücksichtigen, um eine größtmögliche Effizienz zu erreichen. Man darf auch keine betriebliche Infrastruktur für ein Team vorsehen, die eher zu einem anderen Typ passen würde. Damit Sie die einzelnen Teamtypen differenzieren können, haben wir hier einige nützliche Fragen zusammengestellt, die Ihnen helfen sollen.

1. Wie lange sollen Teammitglieder zusammenbleiben?
Wenn ein Team nur kurzfristig eingesetzt werden soll, ist es nicht unbedingt nötig, eine besondere Infrastruktur zu schaffen. Die Mitglieder haben ihre Aufgaben erfüllt, bevor überhaupt zwischenmenschliche Konflikte auftreten können. Dagegen braucht ein Team mit langfristigen Aufgaben eine sorgfältig geplante Infrastruktur, die der vielseitigen Arbeit eines solchen Teams entspricht.

2. Welche Art von Verantwortung soll das Team besitzen?
Verantwortung kann unterschiedlich verteilt sein, sogar innerhalb eines Teamtyps. Sie können das anhand eines Beispiels erkennen, wenn Sie Verbesserungsteams von zwei verschiedenen Ebenen aus betrachten.

Auf der unteren Organisationsebene wird dieses Team zur Lösung von Problemen gebildet, zum Beispiel um einen konkreten Abschnitt im betrieblichen Prozeß zu optimieren. Das Team besteht aus Mitgliedern der jeweiligen Abteilung. Sobald es seine Aufgabe erfüllt hat, wird es aufgelöst.

Auf der höchsten Ebene ist solch ein Verbesserungsteam von Anfang bis zum Ende auf den betrieblichen Gesamtprozeß ausgerichtet. Die größere Verantwortung dieses Teams liegt in seiner Aufgabe, den Prozeß durch die Veränderung beliebiger Segmente effizienter zu machen. Die Mitglieder dieses Teams kommen aus mehr als nur einer Abteilung. Ziel ist es, den jeweiligen Prozeß zu standardisieren, zu messen und zu optimieren, indem die Anzahl der Arbeitsschritte oder der Abläufe und Meßverfahren reduziert wird. Ein Team auf der höchsten Ebene zu leiten, stellt höhere Anforderungen als auf der unteren.

3. Welche Entscheidungskompetenzen besitzt ein Team?

In der Startphase werden die Entscheidungen zusammen mit dem Management gefällt. Später jedoch, wenn Teams in ihrer Funktion eingespielt sind und sie die für ihre Aufgabe notwendigen Fertigkeiten, Kenntnisse und Autoritäten entwickelt haben, entsteht der Wunsch nach größerer Entscheidungskompetenz. Werden ihre Entscheidungen nur auf die alltäglichen Arbeitsabläufe gerichtet sein, oder werden sie auf eine ganze Abteilung oder den Gesamtprozeß einwirken können? Die Entscheidungsmöglichkeiten und -kompetenzen sind in den jeweiligen Teamtypen unterschiedlich. In *Abteilungsteams* werden die Entscheidungen von dem Team selbst getroffen; in *Problemlösungsteams* behält sich das Management gewöhnlich die Verantwortung für Entscheidungen vor. In *funktionsübergreifenden Teams* sind die Mitglieder damit betraut, Entscheidungen über die Notwendigkeit von einzelnen Schritten im Arbeitsprozeß zu entscheiden. In *sich selbst steuernden Teams* haben die Mitglieder die Kompetenz für Entscheidungen, die über das Tagesgeschäft hinausgehen.

➜ Zum Problem, ob ein Team erfahren genug ist, selbständig zu arbeiten, siehe »Beurteilung der Erfahrenheit von Teams«, S. 295

4. Wem gegenüber müssen die Teammitglieder loyal sein?

Mitglieder aus derselben Abteilung werden sich dieser gegenüber mit Sicherheit loyal verhalten. Kommen sie jedoch aus verschiedenen Abteilungen, ist ihre Loyalität gespalten, und sie werden sich entscheiden müssen, wo ihre Prioritäten liegen.

5. Wie verhält sich das Team gegenüber Kundenwünschen?

Wer trägt die Verantwortung über den Informationsbedarf eines Teams und für die Weiterverarbeitung dieser Informationen, damit Veränderungen geschaffen oder vorgeschlagen werden können? Das hängt von der Erfahrung, der Intelligenz, den Fachkenntnissen und dem Entwicklungsstand des Teams ab sowie auch von der jeweiligen Teamart.

➜ Zur Beantwortung weiterer Fragen zur Bestimmung des Entwicklungsstands eines Teams siehe »Entwicklungsplan für das Team«, S. 251

6. Was für ein Entwicklungsniveau peilen Sie im Team an?

Das von ihnen angestrebte Mitbestimmungsniveau der Angestellten zeigt den Entwicklungsbedarf. Selbständiges Arbeiten verlangt mehr Training und Unterstützung als für fremdbestimmtes, delegiertes Handeln notwendig ist. Denken Sie jedoch daran, daß Veränderungen Zeit brauchen! Teamleiter und Teamförderer müssen eng an den Entwicklungsprozeß gekoppelt sein, bis das Team mehr Erfahrung gesammelt hat, um eigenständig Probleme zu lösen, Sitzungen zu leiten und mit teamspezifischen Konflikten fertig zu werden.

7. Benötigt man immer Teamförderer?

Das hängt von den Fähigkeiten der Manager und dem Ausmaß der Teamarbeit ab.

8. Braucht man formale Trainingsprogramme, um Teamfertigkeiten zu entwickeln?

Der Trainingsbedarf ist abhängig von den Fertigkeiten, die das Team schon besitzt, und von der Entwicklungsstufe, auf der sich das Team befindet.

9. Ist es notwendig, Arbeitsprozesse neu zu strukturieren?

Das hängt davon ab, auf welcher hierarchischen Ebene die Teamarbeit eingeführt wird.

10. Was für eine Einführungsstrategie ist zu verfolgen?

Es lohnt sich, diese Frage gesondert zu betrachten, da sie die Erfahrungen im Team gerade in den ersten Monaten wesentlich prägt.

Welche Einführungsstrategien stehen zur Verfügung?

Die Teamrealisierung im Kleinen: die »Inselstrategie«

Es gibt drei grundlegende Methoden für die Einführung von Teams. Die beliebteste ist die »Inselstrategie«. Dabei wählt das Management eine beschränkte Aufgabe in der Organisation, einen Einzelfall, eine Abteilung oder eine bestimmte Tätigkeit aus, auf jeden Fall etwas mit geringem Risiko, und setzt dort ein Team ein, um zu prüfen, wie es funktioniert. Der Manager, der das Team in seiner Effizienz steigern soll, wählt oft diese Strategie, um so die Mitarbeiter zu motivieren und ihre Leistung zu optimieren.

➡ Siehe unter »Einschätzung der Teamorientierung einer Organisation (TO)«, S. 228

Da das Risiko gering ist, betrachtet man das Team in seiner Startphase oft als ein »lebendes Labor«: Arbeitet das Team funktionell? Wird es in dieser Struktur seine Aufgaben erfüllen? Eine »Inselstrategie« ist eine gute Methode, die Arbeit eines Teams auszuloten, ohne dafür den Arbeitsablauf neu entwerfen oder überprüfen zu müssen. Wenn das Team an diesem Platz erfolgreiche Arbeit leistet, kann das Experiment an anderer Stelle wiederholt werden.
Eine »Inselstrategie« hat ihre gute und schlechte Seite. Die gute: Es ist kein Malheur, wenn es nicht klappt. Es läßt höchstens einen gewissen peinlichen Nachgeschmack zurück. Die schlechte: Das Experimentieren mit einem Team innerhalb eines sehr begrenzten Bereiches kann seinen Mitarbeitern keine richtige Motivation geben.
Ein Teamleiter muß normalerweise mit einem gewissen Widerstand von seiten der Teammitglieder rechnen, da sie mit der neuen und ungewohnten Art, ihre Arbeitsbeziehungen zu gestalten, noch nicht vertraut sind. Oft unerwartet ist jedoch die Böswilligkeit, die sich außerhalb der Gruppe zusammenbrauen kann. Das Team kann sich leicht auf einer »Kulturinsel« inmitten eines ihm feindlich gesonnenen Umfelds wiederfinden. Ihnen schlagen eventuell negative Stimmungen von Kollegen entgegen, die über die Aussicht auf Veränderung nicht außer sich vor Freude sind und die tatsächlich zufrieden wären, wenn das Experiment scheitern würde. Ebenso können Teammitglieder, denen mehr Verantwortung übertragen wurde, bei Kunden und Zulieferern auf Ablehnung stoßen. Widerstand kommt gewöhnlich dann auf, wenn diese Kunden und Zulieferer vom selbstsicheren und souveränen Auftreten eines Teammitglieds verunsichert werden. In solchen Situationen ist die Teamleitung vielleicht nicht immer in der Lage, die Effizienz des Teams richtig einzuschätzen.
Um dem Team genügend Raum zu geben, muß sein Leiter ein sicheres Umfeld schaffen, in dem die Teammitglieder Verantwortung übernehmen und Selbstbewußtsein aufbauen können. Während dieses Zeitabschnittes vermittelt er zwischen dem Team und dessen Umfeld: Er hilft bei der Beschaffung von Arbeitsmaterialien und baut Kommunikationskanäle zwischen dem Team und den anderen Abteilungen auf. Der Leiter sollte außerdem sofort die Schritte für die nächste Entwicklungsstufe vorbereiten und absichern. Was den Wirbel im Team während dieser Phase betrifft, so darf er sich mit dem Gedanken beruhigen, daß er ein normales Element des Reifeprozesses ist. Ist das Team gegenüber seiner Außenwelt widerstandsfähig geworden, sollte man anderen Geschäftsleitern und Abteilungen klar ma-

chen, daß das Team einen legitimen Geschäftszweck erfüllt und daß sie sich selbst sowie auch dem Team schaden, wenn sie ihm ihre Unterstützung verweigern. Eine weitere nützliche Aufgabe für den Manager ist es, sich Verbündete in wichtigen Schlüsselbereichen zu verschaffen. Das gelingt meist, wenn man ihre wichtige Rolle für den Erfolg des Teamprozesses hervorhebt.

Die Gefahren eines »Gewächshausklimas«

Obwohl das Team während seiner ersten Entwicklungsphasen Schutz braucht, wäre es falsch, es in einen ganz und gar abgeschirmten Raum zu versetzen, in den kein Hauch der realen Welt dringen kann. Tatsächlich kann es passieren, daß ein Teamleiter im Übereifer ein völlig unrealistisches Umfeld aufbaut, und das Team somit nie lernt, ohne die konstante Hilfestellung auszukommen, die es in den ersten Phasen seiner Existenz genoß.
Die Unternehmensberaterin Sue Easton von Easton Associates erinnert sich an einen Kunden, der für eineinhalb Jahre ein Pilotteam begleitete. Dieses Team bestand aus neun Mitarbeitern bei einer Belegschaft von 180 Arbeitnehmern.

> *Der Personaldirektor wollte dem Geschäftsführer beweisen, daß Teams erfolgreich sind. So wurde er der Leiter des Pilotteams. Für eineinhalb Jahre war es sein Baby. Kein Wunder, daß es Erfolg hatte. Es gelang ihm aufzuzeigen, daß die Einführung von Teamarbeit die richtige Entscheidung war und die zukünftige Zielrichtung werden sollte.*
> *Die Führungsspitze hatte allerdings nicht mitbekommen, wie sehr die übrigen Arbeitnehmer wegen der besonderen Privilegien, die das Team genoß, gegen dieses eingenommen waren. Der Personaldirektor galt als ein fairer Mensch, aber in seinem Eifer, das Team unbedingt zum Erfolg zu führen, gab er ihm ständig Sonderstellungen.*
> *»Das ist eine Situation, die ich von früher kenne«, sagte Easton. »Sagen wir mal, ein Manager möchte beweisen, daß die Einführung von sich selbst steuernden Teams pünktliche Lieferungen sichert. Wenn dieser Manager in der Organisation eine besondere Stellung hat, kann er zum Beispiel zum Testraum gehen und darum bitten, daß die Produkte seines Teams zuerst geprüft werden. Oder er kann die Leute im Qualitätszirkel bitten, den Problemen und Sorgen des Teams mehr Aufmerksamkeit zu schenken. Schließlich führt dann das Team seine Arbeit besser aus, aber es wäre keine faire Bewertung seiner Effizienz.*
> *Eineinhalb Jahre nachdem das Pilotprojekt begonnen hatte, wurde ich wegen dieser besonderen Fallstudie dorthin berufen. In der Belegschaft der Organisation gab es viel böses Blut. Der Personaldirektor wußte*

zwar, wie dieses Team zum Erfolg zu führen war. Sein Verhalten war sehr väterlich, sehr fürsorglich und liebevoll. Er liebte diese Leute tatsächlich. Aber er verstand nichts von Arbeitsstrukturierung und wußte nicht, wie man Veränderungen im Arbeitsablauf und anderer Basiselemente zur Unterstützung von Teameinführungen angehen muß.«

Trotzdem wird das Team gerade in seiner ersten Entwicklungsphase von einer besonderen Unterstützung des Managements profitieren, zum Beispiel durch einen Sitzungsleiter, der für einen zügigen Ablauf der Meetings sorgt. Der Manager kann ebenfalls bei der Beschaffung von Arbeitsmitteln innerhalb der Organisation helfen. Doch diese und andere Aufgaben werden von einem bestimmten Punkt an vom Team selbst übernommen werden müssen.

Die Teamrealisierung im Großen: die »Bereichsstrategie«

Die zweite Methode ist die Bereichsstrategie. Der Manager, der für die Einführung einer umfangreichen Teamarbeit zuständig ist, muß lernen, wie man sowohl die Ressourcen als auch die verschiedenen Teams mit ihren sich unterschiedlich entwickelnden Mitgliedern im Gleichgewicht hält. Mit einer Bereichsstrategie wird eine größere Betriebseinheit – eine Produktionslinie, eine spezielle Aufgabe oder eine neue Geschäftslinie – auf Teamarbeit umgestellt.
Anstatt eines Teams gibt es hier mehrere. Die vielgestaltigen Teams, deren Aufgaben miteinander verknüpft sind, benötigen eine neue Art von Koordination und Unterstützung. Zudem muß mehr Zeit für die Kommunikation zwischen den Mitarbeitern sowie auch für das Training der notwendigen Fertigkeiten und des Know-hows aufgewandt werden. Die Bereichsstrategie wird gewöhnlich von Managern der mittleren bis oberen Ebene ins Leben gerufen. Wenn auch viele der Anfangsprobleme denen der Inselstrategie ähneln, können hier aber auch noch zusätzliche auftauchen.

Déjà vu
Stellen Sie sich vor, wie sich ein Manager fühlt, wenn ein Team C das gleiche Problem hat, das er gerade stundenlang mit den Teams B und A durchgearbeitet hat! Auch der beste Manager kann gereizt und ungeduldig werden, wenn er ein und dasselbe dauernd wiederholen muß. Er könnte zur Ansicht kommen, daß Teams eben ihrem Wesen nach wirklich sehr kompliziert sind. Und er hätte natürlich recht: Teams sind kompliziert, zumindest in diesem Punkt. Früher hätten Manager solche Aufgaben den Meistern übertragen, die die Probleme gelöst und danach Rückmeldung erstattet hätten. Nun aber müssen sich die Manager persönlich mit jedem Team befassen.

Abgrenzungsprobleme
Bei einer Inselstrategie beschäftigt sich ein Team mit Problemen, deren Anfangs- und Endpunkte klar definiert sind. Bei einer Bereichsstrategie sind Anfangs- und Endpunkte zwar für den gesamten Bereich klar, aber für die einzelnen Teams sind die Grenzen oft verschwommen. Es ist die Aufgabe des Managers, hier die Abgrenzungen sichtbar werden zu lassen.

Der beschränkte Gesichtspunkt
Die größte Herausforderung für den Manager ist es sicherlich, die Teams davon zu überzeugen, daß sie sich mehr mit den übergeordneten Zielen identifizieren müssen, anstatt sich nur auf ihre jeweiligen internen Probleme zu konzentrieren. Er muß den Teams beibringen, wie sie Ressourcen teilen, Prozesse mit übergreifenden Verantwortungsbereichen angehen und wie sie Wege finden, sich selbst das anzueignen, was sie zur Ausübung ihrer Aufgaben wissen müssen. Das kann in Form eines Lernnetzwerkes mit Foren für den Erfahrungsaustausch geschehen, bei denen die Mitarbeiter die Gelegenheit erhalten, die für sie erfolgreichsten Methoden unter sich auszutauschen.

Die Teamrealisierung total: die Radikal-Strategie

Die dritte Einführungsmethode nennt man oft »Radikal-Strategie« (»Go-for-broke-strategy«), weil das Management alles auf eine Karte setzt und die gesamte Organisation auf Teamarbeit umstellt. Das geschieht oft, nachdem das Management erfolglos versucht hat, Probleme mit anderen Methoden zu lösen. Eben dann kommt es vor, daß jemand sagt: »Nichts hat bisher funktioniert. Probieren wir doch mal, ob Teams das Richtige sind!«
Das ist eine höchst riskante Strategie, weil alles auf eine Karte gesetzt wird. Es verlangt viel Mut und einen hohen Grad an Engagement. Das Risiko besteht darin, daß das Management oft keine realistische Vorstellung von dem Aufwand hat, der notwendigen Zeit, den erforderlichen Ressourcen und dem emotionellen Aufruhr, den es mit dem Ruf nach Teams auslöst. Mit der größeren Zahl von Beteiligten wächst auch das Potential an Widerstand und Sabotage. Wenn der Übergang nicht richtig durchgeführt wird, können schließlich beide, das alte und das neue System, zerrieben werden. Bei hohem Engagement, intensiver Vorbereitung und ausreichender Entwicklung der Fertigkeiten seiner Mitglieder kann ein Team jedoch in relativ kurzer Zeit hervorragende Resultate bringen.
Organisationen experimentieren häufig mit der Insel- und Bereichsstrategie, bevor sie ihre Ressourcen einer Radikal-Strategie anvertrauen. Langfristig gesehen ist jedoch die Radikal-Strategie die erfolgreichste von allen. Gewöhnlich geht die Initiative für eine Radikal-Strategie von der Führungsspitze aus, da sie ja die gesamte Organisation betrifft. Bei der kleineren Va-

riante ist es ein Leiter, der die Veränderungen umsetzt. Bei der Radikal-Strategie kann der Veränderungsprozeß nicht nur von einer einzigen Person abhängig gemacht werden. Daher muß die Geschäftsleitung mehreres tun:

- Der erste Punkt auf der Checkliste muß die Gestaltung einer Infrastruktur sein, bei der nicht alles auf den Schultern eines einzigen liegt. Auch andere müssen zur Unterstützung der Teamentwicklung eingespannt werden.

➜ Siehe »Checkliste zur Planung und Einführung von Teams«, S. 238, mit der Liste, die man zum Aufbau einer solchen Infrastruktur benötigt.

Manager müssen die Kultur der Organisation so verändern, daß die Teams dadurch eine optimale Unterstützung erhalten. Bei der Radikal-Strategie, bei der so viel auf dem Spiel steht, müssen Manager gut überlegen, wie sie eine neue Kultur, neue Normen und neue Wertvorstellungen schaffen können. Der Schaden für die Belegschaft im Falle eines Mißerfolgs wäre zu groß. Die gesamte Organisation zur alten Betriebshierarchie zurückzubringen, zieht im allgemeinen auch verheerende Folgen nach sich. Der daraus resultierende Entzug von Kompetenz läßt die Mitarbeiter oft apathisch werden und fördert ihre Bereitschaft, sich woanders eine Arbeit zu suchen.

- Manager müssen Mitkämpfer für ihre Teams gewinnen, da eine Einzelperson solch einer einschneidenden Veränderung in der Betriebskultur nicht gewachsen ist.
- Manager müssen sich der großen Problembereiche der Organisation wie Messungen, Kompensation und Berichtswesen annehmen. In einer Bereichsstrategie ist eine Veränderung dieser Systeme anfangs nicht unbedingt notwendig, doch später, wenn sich die Teams erweitern und auch auf andere Betriebsteile übergreifen, muß das unbedingt geschehen. In der Zwischenzeit sollten Manager Lösungen für unmittelbar anstehende Probleme improvisieren, indem sie Schlupflöcher und verschiedene Möglichkeiten in den alten Systemen suchen.

➜ Zur Beurteilung des Teamgeistes siehe »Beurteilung des Teamgeistes«, S. 266

Die Antizipation der anstehenden Probleme erscheint zwar auf den ersten Blick als die klügere Art, das Umfeld eines Teams aufzubauen, doch es hat auch seine Vorteile, wenn man »kopfüber hineinspringt«. Jim Lawler, ein Manager der Organisationsabteilung bei Union Camp, vertritt die Ansicht, daß eine Teameinführung in einem zwanzig Jahre alten Betrieb eher von einer aggressiven Methode profitieren könnte.

Während der Einführung von Teams in einem Betrieb verbrachte das dazu zusammengestellte Team endlose Stunden mit der Vorbereitungsphase. Dazu kam, daß es dem Management nicht gelungen war, die Notwendigkeit dieser Bemühungen zu kommunizieren. Im Endeffekt hatte das Team nur wenig Erfolg. Der Anlauf wurde vertagt, und sie richteten ihre Energie auf eine größere Kapazitätserweiterung.

»Das Team hatte zu viel Zeit an unbedeutende Details verschwendet«, erinnert sich Lawler. »Wir brauchten nicht jedes I-Tüpfelchen. Es wäre besser gewesen, wenn wir etwas Fundamentales geschaffen hätten, um das Team aufzubauen und schnell funktionsfähig zu machen. Dann hätten wir das Selbstvertrauen haben müssen, etwas auszuarbeiten, egal, was dabei herausgekommen wäre. Zurückblickend würde ich die konzeptionelle Phase fallenlassen und die Planung auf einen kurzen Zeitraum begrenzen. Es hätte in ein paar Monaten entwickelt werden können, ohne daß dabei die Qualität verlorengegangen wäre. Andere haben in der gleichen Zeit große Gruppenarbeitseinführungen mit ähnlichen Initiativen zum Erfolg gebracht. Wir aber trafen uns nur einmal im Monat, und in der Zwischenzeit passierte verhältnismäßig wenig.«

Welche Probleme tauchen in der Anfangsphase auf?

Nach einer Teameinführung ist es nicht immer leicht, die relevanten Tagesordnungspunkte für das Team zu erkennen. Denn der Manager muß sich gleichzeitig auch mit ganz anderen, komplexeren Veränderungen beschäftigen. Es gibt Zeiten, in denen er das Gefühl hat, auf eine bewegliche Zielscheibe schießen zu müssen, besonders, wenn die verschiedenen Teams auch untereinander in ihrer Tätigkeit verflochten sind. Es gibt jedoch einige Probleme, die in den meisten Teamabläufen, unabhängig von ihrer Größe und Reichweite, auf ähnliche Weise in Erscheinung treten.

Im folgenden sind einige dieser Startprobleme und die entsprechenden Strategien zur Lösung aufgeführt.

Man hat das falsche System gewählt

Bevor die Teams nicht zusammengestellt sind, kann man weder ein Bonussystem schaffen noch voraussagen, wie sich der Qualitätsstandard oder die Fehlzeiten entwickeln werden. Ähnlich wie die Einstellungsmethoden und die Kommunikationspläne kann auch die Vernetzung der Teams erst entstehen, nachdem die Teams gegründet wurden. Erst dann kann festgestellt werden, welche Strukturen für das Team relevant sind und ob die bestehenden Systeme sie einschränken bzw. was zu tun ist, um solche Einschränkungen zu beseitigen.

Die Beziehungen zwischen Kunden und Teams lassen zu wünschen übrig

Eine engere Verbindung zwischen Teams und Kunden ist anzuraten, vorausgesetzt, daß die Teams fähig sind, den Respekt der Kunden zu gewinnen. Daher ist es auch sicher gut, die Dinge nicht zu überstürzen. Das Team sollte Zeit haben, um Erfahrungen zu sammeln und Selbstvertrauen zu gewinnen, bevor es direkt in Kontakt zu den Kunden tritt. Erfahrene Teams, die bereits Daten über den Wettbewerb und die Märkte sammeln konnten, sind besser vorbereitet, Kundenanrufe entgegenzunehmen und Kundenwünsche zu befriedigen.

Die Teammitglieder wissen nicht, was sie erwartet

Man sollte die Teaminitiative nicht übertreiben, sondern neutral und sachlich jedem Mitarbeiter erklären, was ihn erwartet. Nur so kann das Entstehen unrealistischer Erwartungen vermieden werden.

Alle Last liegt auf den Schultern eines Managers

Eine Teamkultur kann nur dann entstehen, wenn man gleichzeitig auch ein entsprechendes Umfeld schafft. Man kann eine solch große Verantwortung nicht einer einzigen Person aufbürden.

Worten folgen keine Taten

Wenn die Dinge nicht so laufen wie erwartet, sollte man nicht jammern, untätig dasitzen oder den Mitarbeitern lediglich Anweisungen geben. Sie müssen vielmehr versuchen, aktiv dagegen anzugehen und Lösungen auch vom Teamumfeld her zu finden, auch dann, wenn Sie selbst von dem, was sich um Sie herum tut, irritiert sind. Effektiv arbeitende Teammanager müssen außerdem dem Drang widerstehen, im Notfall wieder die traditionellen und bequemen Methoden anzuwenden.

Wie kann der Erfolg eines Teams langfristig sichergestellt werden?

Am 25. Mai 1962 versetzte der amerikanische Präsident John F. Kennedy die Nation mit der Nachricht in Begeisterung, daß gegen Ende des Jahrzehnts ein Mensch auf den Mond fliegen und sicher nach Hause zurückkommen würde. Lange bevor das Raumschiff startete, mußten Wissenschaftler und Ingenieure die komplexe Technologie entwickeln und ein ausgeklügeltes System zur Unterstützung aufbauen. Sie mußten Halbleiter und Mikroprozessoren, ausgefallene Legierungen und neue Kontrolltechnologien erfinden. Die NASA mußte eine weitreichende Infrastruktur und ein spezialisiertes Training entwickeln, nicht nur für die Astronauten, sondern auch für die Tausenden, die zum Hilfspersonal gehörten. Das globale Kommunikationsnetz war aufzubauen. Ein Plan für die Endkontrolle des Apollo-Programms wurde entworfen. All das geschah, bevor »Apollo 11« und die Mondfähre »Eagle« ihre historische Reise zum »Meer der Stille« antreten konnten.

Ähnlich verläuft es in den ersten Tagen und Wochen nach dem Start der Teams. Der Manager hat vor allem Situationen zu bewältigen, die eng an die Ebene geknüpft sind, von der aus gestartet wurde. Es ist daher ungemein wichtig, die grundlegenden Unterschiede zwischen den Teams zu kennen und dementsprechend zu planen. Wenn diese Probleme nicht genau definiert werden, kann es sein, daß die Teams scheitern und man gezwungen ist, aufzugeben. Das Resultat wäre dann die nutzlose Verschwendung von wertvoller Arbeitszeit und Ressourcen.

Was muß ein Manager unbedingt tun?

- Ermitteln, ob die Organisation in ihrer bisherigen Struktur in der Lage ist, das Team zu unterstützen.
- Eine betriebliche Infrastruktur schaffen, die für den Übergang zur Teamarbeit und zur Vorbereitung der Manager auf ihre neuen Rollen geeignet ist.
- Eine entsprechende Teamstrategie aufstellen. Dazu müssen Rollen verändert bzw. erweitert und die Übergabe der Aufgaben zum Team vorbereitet werden.
- Systemveränderung anstreben, durch die das Team gefestigt und die Teamstruktur geschützt wird.

Auf S. 201 ff. im vierten Teil über Mittel und Techniken werden Sie eine komplette Planungscheckliste finden, die alle Fragen beinhaltet, die anfallen, wenn Teams zur Übernahme höherer Entscheidungskompetenz vorbereitet werden müssen.

Egal, ob Manager nun eine Mondrakete abschießen oder tatsächlich versuchen, jemanden auf den Mond zu schicken: Sie müssen auf jeden Fall früh aufstehen, um ihr Team zum Erfolg zu führen.

Zweites Kapitel
Teams auf dem Weg in die Selbständigkeit

Wenn man einem Menschen seine Initiative und Unabhängigkeit nimmt, kann man von ihm weder Charakter noch Courage erwarten. Man soll einem Menschen nicht ständig unter die Arme greifen und ihm das abnehmen, was er selbst tun soll.
Abraham Lincoln

Fragen, die in diesem Kapitel gestellt werden:
- Was hindert ein Team daran, autark zu werden?
- Welches Training ist erforderlich?
- Wie kann man ein Sicherheitsnetz knüpfen?
- Wie kann ein richtiger Führungsstil geschaffen werden?

Stellen Sie sich vor, Sie hätten eine Gruppe von Menschen aus einer Vorstadt zu führen, die an einem Überlebenstraining teilnimmt. Während der ersten Tage, in denen die Teilnehmer ihr Selbstvertrauen aufbauen und sich an die neue Umgebung gewöhnen, wäre es Ihnen sicher lieber, sie dauernd vor Augen zu haben. Danach würden Sie beginnen, sie von Ihrer konstanten Fürsorge abzugewöhnen, damit sie ihre eigenen Überlebensfähigkeiten entwickeln können.

➔ Zur Prüfung des Reifegrades eines Teams siehe »Beurteilung der Erfahrenheit von Teams«, S. 295

In Unternehmen müssen Teams auf ähnliche Weise entwöhnt werden. In den ersten Wochen und Monaten sonnt sich das Team in der besonderen Aufmerksamkeit, die man ihm schenkt. Doch nach dem ersten Jahr entfällt das allmählich, und für das Team wird es schwieriger, effektiv zu arbeiten. Jetzt beginnen diejenigen, die sich vom Team bedroht fühlen, nach Mitteln zu suchen, um es zu boykottieren. Das Team genießt nicht mehr den ständigen Zuspruch wie früher, noch nicht einmal mehr von seiten der »ihnen wohl gesonnenen Kräfte«.

Das Team ist auf diesen Wendepunkt meist nicht genügend vorbereitet. So auf sich selbst gestellt, erleidet es das gleiche Schicksal wie ein Jungvogel, der sein Nest zu früh verlassen hat. Es ist jetzt die Aufgabe des Managers, das Team dazu zu bringen, daß es selbst mit seinen Schwierigkeiten fertig wird. Das nächste Unterkapitel macht Sie mit einigen der Hindernisse bekannt, die dem Team oft im Wege stehen.

Was hindert ein Team, autark zu werden?

Unzureichende Kommunikationsfertigkeiten

Teammitglieder wissen oft nur wenig über echte Zusammenarbeit. Bisher war immer der Manager oder ein trainierter Teamförderer gegenwärtig, der die Abläufe regelte, so war dem Team sein Mangel an diesen Fertigkeiten nicht weiter aufgefallen. Nun muß es lernen, selbst seine Meetings effizient und effektiv abzuhalten und seine interpersonellen Konflikte selbständig zu schlichten.

Unzureichende Kenntnisse über die Abläufe innerhalb der Organisation

Obwohl das Team innerhalb der gesamten Organisation eingebettet ist, wissen seine Mitglieder nicht, wie sie z.B. an die notwendigen Ressourcen kommen können. Sie müssen jetzt beginnen, Beziehungen im Unternehmen zu knüpfen. Sie müssen lernen, an wen sie sich in welchen Fällen zu wenden haben, wie sie verhandeln und wie sie sich dazu durch die Hierarchie kämpfen müssen. Früher befaßte sich der Manager mit diesen Aufgaben. Die Teammitglieder müssen nun, da sie ja selbständig arbeiten, die Abläufe in der Organisation durchblicken und lernen, die formellen und informellen Informationssysteme für ihre Zwecke zu benutzen.

Unzureichende Kenntnisse über Schutzmöglichkeiten

Auch wenn ein gutes Team ein enormes Potential besitzt, kann es so hilflos und verwundbar wie ein Neugeborenes sein, wenn es den Drohungen und Blockaden von Teamgegnern ausgesetzt ist, die ein reges Interesse daran haben, das Team scheitern zu lassen.
Man sollte annehmen, daß jedermann die Möglichkeiten erkennt, die in Teams stecken. Unglücklicherweise sind jedoch viele Leute in den Fesseln autoritärer Strukturen gefangen. Fließbandarbeiter zum Beispiel schätzen die Sicherheit, die in den genauen Vorgaben liegt und sie von jeder Verantwortung befreit. Manager, die der herkömmlichen Struktur anhängen, he-

gen vielleicht den geheimen Wunsch, ihre Autorität wie ein Schwert in der Luft zu schwenken. Oft glauben sie zutiefst, daß sie sich diese Befehlsgewalt verdient haben, und widersetzen sich daher der Einführung von Teams. Solche Menschen werden sich den Veränderungen entgegenzustellen suchen und alles tun, was in ihrer Kraft steht, um zu verhindern, daß sich das Teamkonzept ausbreitet.

Eine Studie von Zenger Miller zeigt bestürzende Zahlen, die deutlich demonstrieren, wie dominierend und verbreitet Teamsabotage sein kann. Nach der Untersuchung aus dem Jahre 1994 »Teammitglieder sprechen sich aus« berichteten 35,5% aller Befragten über einen starken Widerstand und/oder Sabotage gegen die Teammitglieder in ihrer Organisation. 70% dieser Befragten machten Angaben über Widerstand und/oder Sabotage von seiten des mittleren Managements, 61% von seiten der unteren Führungsebene, 45% von seiten der Arbeitnehmer, 58% von seiten der Geschäftsleitung und 10% von seiten der Teammitglieder selbst.

Noch überraschender ist die Schlagkraft einer solchen Sabotage. In Organisationen, in denen die Bemühungen der Teams sabotiert wurden, konnten nach den Angaben von 29% der Befragten die Teams während ihres Entwicklungsprozesses die an sie gestellten Erwartungen weder erfüllen noch übertreffen. Im Gegensatz dazu konnten in Organisationen ohne Sabotage die Teams ihre Leistungen steigern und die Erwartungen tatsächlich übertreffen (7%). Auf Teammitglieder wirkt ein Mißerfolg demoralisierend. Folglich muß der Manager der Beschützer des Teams sein, solange es sich im Wachstum befindet. Er muß Feindseligkeiten und Sabotageversuche vom Team fernhalten.

Das kann er erreichen, indem er genaue Grenzlinien zwischen den verschiedenen Bereichen zieht, so daß die Teammitglieder nicht in Situationen geraten, die ihre Fachkenntnisse, ihren Status und ihre Entscheidungskompetenz übersteigen. Ohne solch eine Führung und Protektion wird das Team funktionsunfähig.

Ein Hubschrauberhersteller ließ ein funktionsübergreifendes Problemlösungsteam zusammenstellen, das die verschiedenen Schwierigkeiten untersuchen sollte, vor denen die Gruppe stand. Eines der Probleme, auf das sich das Team konzentrierte, war, wie man Materialien bester Qualität und Ausführung erhalten könnte. In einem der Fälle fand das Team heraus, daß die Ingenieure für ein bestimmtes Teil zur besseren Stabilität einen zusätzlichen Anstrich geordert hatten. Die Arbeiter der Endmontage wußten jedoch, daß ein zusätzlicher Anstrich die Dicke dieses Teils vergrößern würde, so daß es ohne weitere Bearbeitung nicht einzubauen wäre. Warum erhoben die Monteure keinen Einspruch?
Anscheinend benutzten die Ingenieure eine Sprache, die den Monteuren nicht geläufig war. Die Teammitglieder waren sich bewußt, daß sie nicht

die »richtigen Worte« bzw. nicht die notwendigen Kenntnisse besaßen, und wollten deshalb nicht riskieren, sich mit ihrem Einspruch zu blamieren. Daher kam es, daß die Monteure die Ingenieure nie aufforderten, die Teile, die man wegen ihrer Größe nicht einbauen konnte, näher zu spezifizieren.

Teams brauchen in ihrer Entwicklungsphase viel Ruhe, um ihr Selbstbewußtsein aufzubauen. Danach werden sie allmählich beginnen, auch größere Risiken einzugehen und Herausforderungen anzunehmen.

➜ Wenn Sie einem Team helfen sollen, sich besser an die betrieblichen Aufgaben anzupassen, siehe unter »Team-Charta«, S. 244. Diese Charta ist Ihnen behilflich bei der Definition von Grenzen, dem Auffinden geeigneter Unterstützung und der Bestimmung der Ressourcen, zu denen das Team Zugang haben muß.

Mangel an Wissen

Teammitglieder besitzen manchmal noch nicht die notwendigen technischen Kenntnisse, die sie für ihre Arbeit benötigen. Sie kennen unter Umständen einige gesetzliche Vorschriften nicht, oder sie haben Schwierigkeiten, Informationen und Daten aus dem Finanzbereich oder vom internationalen Markt zu interpretieren. Ursprünglich war das die Aufgabe des Managers gewesen, der dem Team nur ausgewählte, zusammengefaßte Auszüge weitergab, die jeweils auf dessen Tätigkeit zugeschnitten waren. Nun muß es diese Informationen selbst auswerten.

Man kann sich die notwendigen Kenntnisse über ein Training-on-the-job oder durch die enge Zusammenarbeit mit dem Manager erwerben. Zusätzlich könnten Fachleute aus der Personalabteilung oder aus der juristischen Abteilung zugezogen werden, um mehr Hintergrundwissen zu akkumulieren. In manchen Betrieben werden die notwendigen Informationen über das Computernetz geschickt, zu dem auch die Teams direkten Zugang haben. Solche Informationen können Hinweise zum Auffinden bestimmter Daten oder Checklisten geben, die das Team zur Ausführung eines Projektes benötigt.

Welches Training ist erforderlich?

In einem Teamumfeld müssen alle Teammitglieder fortlaufend darauf vorbereitet werden, kompetente Geschäftsentscheidungen treffen und bei Bedarf Führungsfähigkeiten zeigen zu können. Das erfordert im allgemeinen ein zusätzliches Training, das zur Beherrschung der notwendigen Fertigkeiten führen soll.

Man sollte zwei Bereiche berücksichtigen, wenn man Trainingsstrategien entwirft. Der erste ist das technische Training, bei dem man z.B. lernt, wie man bestimmte Daten über das Computersystem abrufen kann. Der zweite Bereich betrifft den Aufbau verschiedener Fertigkeiten: zur Problemlösung, zur Kommunikation und die Teamfertigkeiten. Als primäre Teamfertigkeiten gelten folgende:

- aktiv zuhören;
- Feedback geben;
- Ideen im Team vorstellen;
- Vertrauen aufbauen;
- Kundenerwartungen definieren;
- Teilnahme an ergebnisorientierten Meetings;
- Entscheidungen der unterschiedlichsten Art treffen;
- Probleme effektiv lösen.

Sekundäre Trainingsthemen schließen folgendes ein:

- effektive Präsentationsfertigkeiten entwickeln;
- konstruktiv Feedback geben und entgegennehmen;
- Gespräche mit Teammitgliedern und -managern führen;
- die Leistung von Kollegen beurteilen;
- ein Teammitglied zur Disziplin aufrufen;
- auf unzufriedene Kunden eingehen;
- sich mit den Ressourcen beschäftigen;
- Teamgrenzen herausfordern;
- Ideen des Teams fördern;
- Themen gemeinsam mit anderen Teams angehen.

Der Manager hilft dem Team, Selbstbewußtsein zu entwickeln, indem er die Kompetenzen bestimmt, die er an das Team weitergibt. Zu den wichtigsten Themen, die man besprechen muß, gehören: Erwartungen eingrenzen, Teamkonflikte lösen, Feedback für die Teammitglieder geben und Probleme lösen.

Wer ist der Trainer? Wenn man nur ein einziges Team zusammengestellt hat, sieht der Abteilungsmanager meist ein spezielles Coaching für diejenigen Personen vor, die es brauchen. Einige Betriebe setzen ein übertrieben weites Programm an, in dem Manager zu Coaches getrimmt werden. Der Trainingsdirektor Nic Clemmer meint dazu: »Bei der Eastman Chemical Company hatten wir ein 14-Tage-Programm, in dem in einem weitgefaßten Rahmen Team- und interpersonelle Fertigkeiten trainiert werden. Dieses Programm hat sich als so erfolgreich erwiesen, daß es als Betriebsgeheimnis eingestuft wurde: Das Management sah darin einen Wettbewerbsvorteil.

Die einzigen Personen, die daran teilnehmen, sind Manager der ersten, zweiten, dritten und vierten Führungsebene.«

➜ Eine vollständigere Liste der Fertigkeiten, die später notwendig werden, sehen Sie bei »Vertiefendes Teamtraining«, S. 300

Meistens geben die Abteilungsmanager die Instruktionen, da sie im allgemeinen auch am besten wissen und darlegen können, wie die Inhalte bei der jeweiligen aktuellen Arbeitssituation anzuwenden sind. In einer größeren Abteilung muß die Verantwortung für das Training aufgeteilt werden. In jedem Fall ist es nützlich, wenn man Förderer hat, die Teammanager unterstützen, schwierige interpersonelle Probleme angehen und Teamsitzungen leiten.

Wie können Teamförderer Sicherheitsnetze knüpfen?

Da Teammitglieder im allgemeinen keine Erfahrung mit Gruppenprozessen haben, erkennen sie schwer, an was es ihnen mangelt, z.B. an Materialien, Training oder zusätzlichen Ressourcen. Ist der Manager für ein einziges Team verantwortlich, kann er sich um die Belange des Teams intensiv kümmern. Bei umfangreichen Teameinführungen, in denen die Manager viele Teams betreuen müssen, sind gewöhnlich geschulte Förderer unerläßlich, um Schwächen aufzudecken und Strategien und Anleitungen vorzusehen. Es gibt auch Maßnahmen, mit denen der Teamförderer das Team zu mehr Selbständigkeit führen kann.

➜ Um besser zu verstehen, wie neue Teammanager zu unterstützen sind, siehe »Einführung eines neuen Managers in ein Teamumfeld«, S. 292

Sitzungen vor dem »Festfahren« bewahren

Eine Zenger-Miller-Studie zeigt, daß Teammitglieder am meisten kritisieren, daß Sitzungen endlos dauern, ohne daß dadurch etwas bewegt wird. Wenn man bei jedem Meeting das Gefühl hat, durch einen zähen Sirup zu waten, dauert es nicht mehr lange, bis sich Kritik am Gruppenprozeß breit macht. Ein fähiger Meetingsleiter ist in der Lage, die richtigen Fragen zu stellen und das Team vor einem Abschweifen vom Thema zu bewahren. Er kann ebenfalls zwischen einzelnen Personen vermitteln und ihnen begreiflich machen, wo sie entgleist sind oder blockiert haben.

➜ Näheres zu einem teamspezifischen Entwicklungsplan sehen Sie unter »Entwicklungsplan für das Team«, S. 251

Die Unterstützung von höherer Ebene

Eine weitere wichtige Rolle des Teamförderers ist es, die oberen Ebenen des Managements für das Team einzunehmen. Stellen Sie sich vor, die Gruppe hat Schwierigkeiten mit ihrem Teammanager; vielleicht geht von ihm ein stiller Widerstand oder sogar eine Sabotage aus. Der Förderer könnte sich dann mit dem Manager zusammensetzen, ihm in ruhigem Ton die Bedürfnisse der Gruppe darlegen und einige nützliche Vorschläge unterbreiten. Wenn das nichts nützt, kann er sich auf der nächsthöheren Ebene für die Sache einsetzen.

Zugang zu anderen Funktionen schaffen

Sagen wir mal, die Teammitglieder haben im Arbeitsablauf einen nicht erforderlichen Schritt entdeckt und würden ihn gern streichen – es geht vielleicht um etwas Nebensächliches wie zusätzlichen Papierkram oder überflüssige Rechenschaftsberichte. Das Team ist jedoch nicht ermächtigt, den Arbeitsprozeß einfach zu verändern. Hier kann der Teamförderer einspringen und mit den anderen Abteilungen entscheiden, ob die Streichung dieses Arbeitsschrittes irgendeine negative Auswirkung haben könnte. Wenn nicht, kann die Gruppe die Entfernung dieses Arbeitsschrittes offiziell beantragen. Andererseits kann, falls sich dieser Arbeitsschritt als wirklich notwendig erweist, der Teamförderer die Gründe dafür herausfinden und sie dem Team so erklären, daß es diese Entschcidung versteht und akzeptiert.

Festlegen, was weiterhin trainiert werden muß

Der Teamförderer sollte die Bereiche festlegen, für die ein weiteres Training nützlich wäre, und insbesondere das Team darin unterstützen, das notwendige gegenseitige Training zu entwickeln, damit die Gruppe flexibler wird.

➜ Zur Bestimmung der Bereiche, in denen noch ein Training notwendig ist, siehe »Entwicklungsplan für das Team«, S. 251

Solange sich das Team noch im Aufbau seiner Fertigkeiten und Erfahrungen befindet, kann eine Teaminitiative nicht ohne Unterstützung durchgeführt werden.

Wie sieht ein effektiver Führungsstil aus?

Die Kommunikation fließt normalerweise von oben nach unten: Das obere Management teilt dem mittleren etwas mit, das mittlere gibt es den Teamleitern weiter und diese informieren die Teammitglieder. Diese hierarchischen Kanäle sind besonders effektiv, wenn die Einbahnkommunikation den Arbeitsprozessen angepaßt ist.

In einem Teamumfeld sind aber andere Werte relevant: Selbständigkeit und individuelle Initiative und nicht Unterwürfigkeit besitzen den höchsten Stellenwert. Diese neuen Werte werden durch einen mehr persönlichen und interaktiven Führungsstil begünstigt, ein Stil, der jedem Teammitglied das Gefühl gibt, wichtig zu sein.

Manager können damit das Gefühl einer stärkeren Eingebundenheit und Teilnahme vermitteln. Hier sind einige erprobte Methoden, durch die das geschieht:

Persönliche Instruktionen

Eine effektive Methode, eine enge Verbindung zu Teammitgliedern herzustellen, ist es, ihnen wichtige Neuigkeiten persönlich mitzuteilen. Da Arbeitnehmer Neuigkeiten im allgemeinen über die traditionellen Kanäle wie Firmenrundbriefe, Schwarzes Brett, E-Mail und abteilungsinterne Informationen erhalten, werden sie sich weit mehr einbezogen fühlen, wenn der Manager oder ein Geschäftsleiter sie persönlich informiert. In diesem Sinne sagte Marshall McLuhan vor einigen Jahren: »Das Medium ist die Botschaft.« In dem Fall stellt der Manager das Medium dar, und die Botschaft – jedes Teammitglied ist im Prozeß ein Partner – wird durch die Art der Weitergabe vermittelt.

Persönliche Information ist also ein effektiver Weg, Teams für neue Programme und Ideen zu überzeugen.

> *John Aikers, vormals ein Geschäftsleiter bei IBM, hat schon lange die Notwendigkeit persönlicher Kontakte mit Personen aller Ebenen in der Organisation erkannt. Er vermittelt seine Unternehmenspolitik über genau durchdachte Präsentationen dem Management und seinen Angestellten. Dabei ergreift er jede Gelegenheit, mit Angestellten der verschiedenen Ebenen des Unternehmens zu sprechen. Man trifft ihn daher oft auf den Korridoren des Betriebes im Gespräch mit Managern oder Arbeitern, er hört ihren Belangen zu und begeistert sie für das neueste Firmenprogramm.*
>
> *Damit macht sich Aikers die Mitarbeiter im Arbeitsumfeld zu Verbündeten, die seine Ideen unterstützen und daher auch andere mitreißen werden. Wenn er auch jeweils nur mit einer einzigen Person spricht, sie für seine Vision einnimmt und sozusagen zu seinem Partner macht, wendet er sich indirekt an alle, mit denen diese Person im Kontakt kommt. Er könnte nicht solch eine große Wirkung ausüben, wenn er sich auf Distanz halten und die Angestellten nur über das gedruckte Wort ansprechen würde.*

Die richtige Unternehmenspolitik

Da das Teamumfeld den Status quo gefährdet, gibt es viele Teamgegner, die jeden erdenklichen Anlaß nutzen, um die Effektivität des Teams zu unterminieren oder ihm einfach das Leben schwer zu machen. Leider gibt es keine einfache Antwort darauf, wie man solchem begegnen kann. Am besten ist es, die Organisation dahin zu verändern, daß alle Mitarbeiter die Vorteile von Teams erkennen und sich der Initiative anschließen. Unterdessen müssen Manager und Teammitglieder jede mögliche Gelegenheit ergreifen, um eine Lobby für sich aufzubauen.

➜ Zur Sicherstellung, daß Sie die »besten Leute am Ruder haben«, siehe »Bewerbungsgespräche für die Position eines Teammanagers«, S. 289

Wenn Sie ein Geschäftsleiter sind, können Sie neue Mitstreiter gewinnen, indem Sie sich »eine Hausmacht« schaffen, d.h. sicherstellen, daß jeder neue Manager Teams unterstützt. Sie brauchen Leute, die von den Möglichkeiten eines hoch engagierten Umfeldes begeistert sind und dies auch auf die Erfüllung von Kundenwünschen übertragen. Sie brauchen keine Mitarbeiter, die nur daran interessiert sind, Geld zu verdienen und Karriere zu machen.

Den Puls des Teams spüren

Um das zu beschaffen, was das Team will, ist es wichtig zu wissen, was das Team braucht. Geschäftsleiter und Manager können zwar leicht Lippenbekenntnisse für das Teamkonzept abgeben, doch konkrete Unterstützung und Vertrauensbildung beginnen erst, wenn sie aus ihren Büros heraustreten und persönlich mit den Beschäftigten über deren Belange sprechen.

> *Die Firma Westinghouse Norden, ein Verteidigungsunternehmen, kam zur Entscheidung, daß ihre Geschäftsleiter einen engen Kontakt mit den Angestellten herstellen sollten. Nach dem Start des Teamprojekts veröffentlichte die Firma einen Gesamtkalender mit allen monatlichen Teamsitzungen und lud alle Geschäftsführer ein, an den Meetings teilzunehmen. Doch diese kamen diesem Aufruf nicht nach. Sie schoben immer wieder wichtige Geschäfte vor.*
> *Das Team war sehr ungehalten darüber. »Sie wollen, daß wir Verantwortung übernehmen, dabei haben Sie keine Zeit, sich anzuhören, womit wir uns beschäftigen!« war ihr Protest. Auch der Vize-Präsident Mike DeAngelo war sehr ungehalten darüber. Er ließ den Geschäftsleitern sagen, daß er erwarte, daß sie auch bei knapper Zeit an diesen Sitzungen teilnehmen.*

DeAngelo war sich darüber im klaren, daß die Geschäftsleiter dort keine aktive Rolle spielen würden. Dennoch zwang er sie, ihre negative Einstellung zu überwinden und einfach aktiv zuzuhören, um zu erfahren, was die Menschen im Team bewegt. Keine leichte Aufgabe für den Typ Führungskraft mit einer Passion für aktives Handeln, dem das Befehlen in Fleisch und Blut übergegangen ist. Mit welchen Themen und Belangen hatten die Teammitglieder zu kämpfen? DeAngelo wollte, daß diese Informationen dem Stab seiner Führungscrew vermittelt werden.

Hören mit dem »dritten Ohr«

Die Geschäftsführer bei Westinghouse Norden sollten lernen, auf verschiedenen Ebenen aktiv zuzuhören, eine Methode, die Menschen, die sich nur auf Fakten konzentrieren, ungewohnt erscheinen mag. Der Psychoanalytiker Theodor Reik nennt es das »Hören mit dem dritten Ohr«, wenn man von den eigentlichen Worten abstrahiert und versucht, das Hinter-den-Worten zu verstehen.
Welche Leidenschaften haben die Menschen? Wo liegt ihr Schmerz? Gibt es potentielle Konflikte, die in der Art, wie sie miteinander umgehen, auf subtile Weise zum Ausdruck kommen? Gibt es unausgesprochene Botschaften? Sogar ein Fachmann sollte sich nicht nur auf die technischen Probleme konzentrieren, sondern auch auf den Hintergrund der Interaktionen im Team achten. Das gleiche gilt auch für persönliche Gespräche unter vier Augen. Sue Easton von den Easton Associates hat dazu einen weiteren Gedanken: »Gutes Zuhören erfordert die Fähigkeit, die richtigen Fragen zu stellen.« Dazu gehört auch festzustellen, welche Fragen vom Team nicht aufgeworfen werden. Wenn man sie selbst dem Team stellt, kann man aus den Antworten oft heraushören, wo das eigentliche Problem liegt.
Das Hören mit dem dritten Ohr ist eine wichtige Fähigkeit, die für viele Geschäftsführer nicht leicht zu erkennen ist. Wenn Sie aber ehrlich bemüht sind, es zu tun, werden Sie oftmals eine Fülle an Informationen erhalten, die sonst unbemerkt an Ihnen vorbeigegangen wäre.

Achten Sie auf Ihre nonverbale Kommunikation!

Geschäftsleitern fällt es oft leichter, eine Entscheidung über Tausende von Dollar zu treffen, als sich ruhig hinzusetzen und aktiv zuzuhören. Das wird auch darin deutlich, wie sie sich während eines Meetings verhalten. Es ist ganz und gar nicht ungewöhnlich, daß Geschäftsleiter mit einem Stapel Post in den Sitzungsraum kommen und während des Meetings Briefe sortieren und lesen. Welche Botschaft wird damit vermittelt? Auch wenn der Leiter vielleicht tatsächlich jedes Wort genau verfolgt, kann seine Körpersprache genau das Gegenteil andeuten.

Wenn Sie an einem Meeting teilnehmen, besonders wenn ein schwieriges Ereignis für das Team bevorsteht, dürfen Sie nie außer acht lassen, daß Ihre Körpersprache mehr aussagt als gesprochene Worte.

Viele Geschäftsleiter glauben, daß sie ihr Gehalt nicht wert sind, wenn sie nichts tun und einfach herumsitzen. In diesem Fall tun sie aber etwas, und zwar etwas außerordentlich Wichtiges, nämlich aktiv zuhören.

Der Ph. D. Louellen Essex, ein Unternehmensberater in Minneapolis, erzählt den Fall eines Managers, der eine zweideutige Mitteilung machte. Die Geschäftsleiterin war verärgert, weil sich ihre Mitarbeiter über ihren Führungsstil beschwert hatten. Und so sagte sie zu ihrem Team: »Okay, ich werde Sie nicht mehr leiten. Ich mache aus Ihnen offiziell ein Arbeitsteam. Nun sind Sie also für sich selbst verantwortlich. Sie werden schon sehen, wie schwer es ist, meine Arbeit zu leisten.«

Einerseits sagte die Geschäftsleiterin: »Sie können selbständig sein.« Gleichzeitig aber sagte sie: »Wenn Sie aber selbständig werden, dann müssen Sie allein für sich sorgen.« Dieser auffallende Mangel an Unterstützung ließ das Team wissen, daß es nicht ins Leben gerufen worden war, um erfolgreich zu sein. Das machte es ihm fast unmöglich, Begeisterung für den Teamprozeß zu entwickeln. Mehrdeutige Mitteilungen können manchmal Ausgangspunkt für weitere Fragestellungen werden.

Eine erfolgreichere Methode ist es, das gewünschte Verhalten selbst vorzuleben. Wenn Sie zum Beispiel Fragen stimulieren wollen, stellen Sie selbst welche. Für einen Geschäftsleiter ist es sicherlich schwer zuzugeben, daß er eine Antwort nicht kennt. Doch wenn Sie öffentlich Ihre Schwächen zeigen, sind Sie nicht nur mitten im Gespräch, sondern sie leiten es auch. So werden Sie als eine vertrauenswürdige und menschliche Person aus der Situation herausgehen.

Den Führungsdrang unterdrücken

Sich einfach auf seinem Stuhl zurückzulehnen und zuzuhören, das ist eine Arbeitshaltung, die dem Wesen einer typischen Führungskraft zuwiderläuft. Er möchte am liebsten laut rufen: »Gibt es ein Problem? Her damit! Ich werde es lösen!« Wenn man diesen Impuls unterdrückt, entsteht die Gefahr, daß sich ein Manager folgendermaßen fühlt: »Ich sitze hier vor der ganzen Truppe wie ein Holzklotz und stehe da wie ein Dummkopf. Ich leite nichts.«

Janis Sears, Vize-Präsident der Abteilung für Informationssysteme bei den Technology Services, Canada Life, erinnert sich, wie stark ihr Drang war, die Sache selbst in die Hand zu nehmen. Sie befand sich eines Tages bei einer Teamsitzung, auf der sich die Teammitglieder mit einem Problem auseinandersetzten. Für Sears, die auf ihre technische Kompetenz recht stolz war, war die Lösung klar. Sehr bald mischte sie sich ein und er-

klärte dem Team, wie das Problem zu lösen sei, was man dabei zu tun und an wen man sich zu wenden habe. Dann stand sie abrupt auf und verließ die Sitzung, um eine andere Arbeit zu erledigen.

Sears war in ihren alten Führungsstil zurückgeglitten. Als ihr das allmählich bewußt wurde, ging ihr auf, daß ihr Verhalten nicht unbemerkt geblieben sein konnte. Folglich raffte sie sich auf und entschuldigte sich bei denen, die sie durch ihr Verhalten beleidigt hatte. Sie versprach, weiter an sich selbst zu arbeiten, um ihr Verhalten an das Teamumfeld anzupassen, und schloß mit den Worten, daß sie immer noch völliges Vertrauen in die Fähigkeit des Teams habe, seine eigenen Angelegenheiten selbständig zu managen.

Leider ist solch eine Art von Feinfühligkeit und Teamunterstützung, wie sie Janis Sears gezeigt hat, eher die Ausnahme als die Regel. In der Zenger-Miller-Studie kann man nachlesen, daß über zwei Drittel (71%) aller Befragten angaben, daß die Geschäftsleiter Teams nur passiv unterstützen. Dieser Mangel an Hilfe wird von Teammitgliedern leicht als »ihr seid unwichtig« verstanden, was wohl kaum motivierend wirkt.

Das Verhalten eines Geschäftsleiters hat einen direkten Einfluß auf den Erfolg der Teaminitiative. Die Zenger-Miller-Studie legt ebenfalls dar, daß in solchen Firmen, in denen die Unterstützung von seiten der Geschäftsleitung absinkt, sich weniger als die Hälfte (49%) der Teams befriedigend entwickeln. Dagegen schnellt die Prozentzahl der sich gut entwickelnden Teams bis zu 84% in solchen Firmen hoch, in denen das Management eine starke Unterstützung entgegenbringt. Außerdem hilft dieser hohe Grad an Unterstützung den Teams offensichtlich, Selbstvertrauen aufzubauen.

Schwierigen Situationen nicht aus dem Weg gehen

Für viele Executives ist es schmerzhaft, die Zügel der Kontrolle aus der Hand zu geben, besonders, wenn das Team Beschlüsse faßt, die sie für fragwürdig halten. Soll ich mich einschalten und es »zurechtbiegen«, oder soll ich still mit ansehen, wie sich das Team die Finger verbrennt? Keine leichte Wahl! Huey Greene von Baxter Health Care erinnert sich an die Zeit, als seine Teammitglieder ihre Arbeitsabläufe neu festlegen wollten und Vorschläge unterbreiteten. Greene sagt jetzt dazu: »Vom technischen Standpunkt aus gesehen machte das, was sie wollten, überhaupt keinen Sinn. Doch ich merkte, daß ich dabei selbst auf die Probe gestellt wurde: Würde ich ihre Vorschläge nicht annehmen, wäre das ein Rückschlag für die Selbständigkeit des Teams gewesen. Also ließ ich sie es versuchen. Nun, sie stellten es tatsächlich auf die Beine. Es zeigte ihr Engagement. Doch ich muß sagen, es war sehr schwer. Nicht einzugreifen bei dieser Sache, mußte gelernt sein.«

Wenn Teile der Organisation zu Teamarbeit übergehen, andere aber nicht, entsteht eine schwierige Situation. Was passiert, wenn der Geschäftsleiter mit zwei unterschiedlichen Kulturen arbeiten muß?

John Saunders, Direktor bei Binney und Smith's, einem Werk in Canada, befand sich einst in genau solch einer Situation. Saunders hatte von der Firma die Vollmacht erhalten, die Mitbestimmung und Mitsprache der Angestellten bei Entscheidungen zu verstärken. Es war ihm jedoch nicht gesagt worden, wie er das zustande bringen sollte. Saunders entschied sich, seine Vollmacht so weit wie möglich zu deuten. Anstatt sich auszurechnen, wie er die Verantwortlichkeiten auf die Mitarbeiter verteilen könnte, ergriff er die Gelegenheit, funktionsübergreifende Teams aufzubauen, die einen hohen Grad an Eigenverantwortung besitzen sollten.
Da es aber zu Saunders Aufgabe als Betriebsleiter auch gehörte, Fixkosten und unproduktive Arbeitsstunden zu minimieren, geriet er unversehens in die schwierige Situation, die zusätzliche Zeit erklären zu müssen, die die Teams für ihre operativen Sitzungen benötigten. Eine Ausgabe, die durch das Controlling der Gesellschaft nachgewiesen wurde. Saunders rettete die Lage damit, daß er sich mit den Controllern zusammensetzte und ihnen erklärte, daß die Standardkennzahlen neu überdacht werden müssen und warum die Arbeitsleistung eines Teams am Anfang möglicherweise sinken kann.

Eine schwierige Situation kann auch auftreten, wenn ein Geschäftsleiter bemerkt, daß die Mitarbeiter zwar ausgezeichnete Resultate erzielen, die Teaminitiative jedoch nicht unterstützen. Ein Beispiel dafür ist ein effektiver Manager, der seinen autoritären Führungsstil weiterhin beibehält. Wie können Sie solch einer Person beibringen, daß Sie zwar von seinen guten Ergebnissen angetan sind, trotzdem aber wünschen, daß er den alten, erprobten Weg verläßt?
Wenn Sie von einem Manager verlangen, auf die Kontrolle der Teammitglieder weitgehend zu verzichten und den Teammitgliedern genügend Zeit zu lassen, damit sie selbständig werden können, müssen Sie auch ein sicheres Umfeld schaffen, in dem er mit dem neuen Führungsstil experimentieren kann und nicht unter dem Druck steht, Tag für Tag oder Woche für Woche Rechenschaft über die Ergebnisse ablegen zu müssen. Um diese Kooperation gewinnen zu können, müssen Sie selbst Ihr Verhalten umstellen. Hier sind einige Punkte aufgelistet, an denen Sie sich orientieren können:

- Geben Sie zu, wenn Sie im Unrecht sind! Seien Sie bereit zu zeigen, daß auch Ihnen Fehler unterlaufen!
- Nehmen Sie sich selbst nicht zu ernst!
- Geben Sie zu, was Sie nicht wissen oder nicht können!

- Würdigen Sie das Wissen anderer mit Anerkennung!
- Geben Sie anderen die Möglichkeit zu glänzen!
- Beanspruchen Sie nicht den ganzen Ruhm für sich selbst!
- Verkriechen Sie sich nicht in Ihrem Büro, und überlasten Sie sich nicht mit Bergen von Detailfragen oder endlosen Sitzungen!
- Verzichten Sie auf die Gewohnheit, alle Probleme selbst lösen zu wollen!
- Verzichten Sie darauf, Leute zu brüskieren und übermäßig zu kritisieren!
- Vermeiden Sie unkontrollierte Gefühlsausbrüche!
- Beschimpfen Sie nicht Ihre Mitarbeiter!
- Betrachten Sie das Team als eine Investition und verpflichten Sie sich, es in schwierigen Zeiten zu unterstützen!
- Machen Sie sich das Konzept zu eigen »Wir sitzen alle in einem Boot«! Betrachten Sie sich und die Teams als ein gemeinsames Unternehmen, von dem alle profitieren!

Ein informationsreiches Umfeld einrichten

Jedermann liebt es, etwas Besonderes zu sein. Und manchmal bezieht sich dieses Etwas-Besonderes-Sein darauf, was man hat oder weiß. Als Kind haben Sie vielleicht die besten Sammlungen von Baseballkarten oder Barbiepuppen besessen; als Teenager waren Sie dann stolz auf Ihre sportlichen Leistungen oder auf Ihre Freundschaft mit irgendeiner Berühmtheit am Ort. Dieses Denken »Was ich habe, macht mich zu etwas Besonderem« ist es, in dem Geschäftsführer oft steckenbleiben. Wissen bedeutet Macht, Prestige und ermöglicht Kontrollfunktionen. In den zwanziger Jahren wußte der Managementguru Frederick W. Taylor dies nur zu gut. Daher war er der Ansicht, daß Manager in der typisch hierarchisch gegliederten Organisation so wenig Informationen wie nur möglich weitergeben sollten. Nach Taylor sollten sie Mitteilungen nur auf der Basis des Need-to-know machen. Viele Geschäftsführer sind immer noch folgsame Anhänger dieses Prinzips.
Gerade sie müssen sich erst an eine offene Kommunikation gewöhnen. Es geht nicht mehr um die Frage: »Welche Information kann ich mitteilen und das wie oft?« Das Problem für Leiter in Teamorganisationen lautet: »Welche zusätzlichen Informationen kann ich mitteilen, und wie schnell kann ich das tun?«
Wenn Sie durch die Werkhallen oder Gänge einer Unternehmung mit ausgeprägtem Teameinsatz gehen, sehen Sie überall Grafiken und Diagramme aushängen. Man will so viel Information wie möglich zugänglich machen, damit alle auf dem laufenden sind. Computer stehen auf allen Schreibtischen und nicht nur auf denen der Manager. Die Arbeitnehmer haben gelernt, für ihre Tätigkeiten Daten abzurufen.
Das belastet die Angestellten natürlich zusätzlich. Sie müssen nicht nur wissen, wo sie die Daten suchen müssen, sondern auch genügend qualifi-

ziert sein, um die Daten zu verstehen und zu interpretieren. Ein Teammitglied machte folgende Beobachtung: »Als wir zur Teamarbeit übergingen, verlor ich die Person, die meine Informationen ordnete. Mein Vorgesetzter teilte immer die Informationen in wichtige und unwichtige ein. Jetzt muß ich das selbst tun.«

Vom Standpunkt des Managers aus hat es entscheidende Vorteile, Teams zur Selbständigkeit zu verhelfen. Die Mitglieder werden gezwungen, sich mehr Wissen anzueignen. Sie müssen viel mehr über die anstehenden Probleme Bescheid wissen. Jeder muß nicht nur seinen eigenen kleinen Teil des Betriebsablaufes kennen, sondern auch das Leitbild und die Richtung der gesamten Organisation.

Der Weg in die Selbständigkeit ist alles andere als geradlinig. Oft ist ein Schritt zurück notwendig, um zwei vorwärts zu gehen – Teams experimentieren, sie stolpern und versuchen es dann wieder. Die Aneignung neuer Fertigkeiten ist nicht immer leicht. Neue Normen werden geschaffen, alte Verhaltensmuster gebrochen. In solchen Momenten wird oft der Fehler begangen, im Ringen des Teams Anzeichen dafür zu sehen, daß die Einführung nicht richtig verläuft oder daß die einzelnen Mitglieder nicht für die Teamarbeit geeignet sind.

In solchen Momenten sollte sich der Teamleiter an seine eigenen Anstrengungen beim Aneignen von Fertigkeiten erinnern, z.B. an das Fahrradfahren und wie oft er dabei hinfiel und sich die Knie aufschürfte, wie ungeduldig er war, solange er es noch nicht konnte. Erfolg kommt dann, wenn genügend Ausdauer vorhanden ist, wenn Selbstvertrauen aufgebaut und das innere Gleichgewicht erreicht ist. Teammitglieder brauchen ebenfalls Zeit, um solche Phasen durchzustehen. Auch sie müssen Frustration und Mißerfolg erleiden, bis sie sich eingependelt haben und funktionsfähig geworden sind. Das muß der Manager beachten und ihnen genug Raum zugestehen, damit sie die notwendigen Anforderungen meistern können.

Drittes Kapitel
Sollte man den Arbeitsprozeß reorganisieren?

Wenn wir uns die kurzsichtige Konzentration auf Details abgewöhnen und das Gesamtsystem mit einem ausreichend großen Abstand betrachten, werden wir verstehen, was zur Führung eines komplexen Systems gehört.
Margaret J. Wheatly

> *Fragen, die in diesem Kapitel gestellt werden:*
> - Muß die Reorganisation des Arbeitsprozesses ein aufwendiges Unternehmen sein?
> - Welchen Richtlinien sollte man bei der Planung einer Reorganisation folgen?
> - Wie setzt man eine Reorganisation um?
> - Wie sieht eine erfolgreiche Reorganisation des Arbeitsprozesses aus?
> - Wie legt man fest, welche Entscheidungen und Verantwortlichkeiten die Teammitglieder übernehmen sollen?

Auch wenn sich bestimmte Vorteile wie zum Beispiel eine verbesserte Kommunikation schon bei der Einführung von Teams einstellen, entwickelt sich die optimale Leistungsfähigkeit erst nach der Reorganisation der Arbeitsabläufe. Erst dann entstehen kürzere Arbeitsabläufe, reduzierte Zykluszeiten, schnelleres internes Feedback und weniger Mängel und Ausschuß in der Produktion.
Der Arbeitsablauf geht normalerweise horizontal von einer Abteilung zur anderen, während die Kommunikationskanäle vertikal verlaufen. Das bedeutet, daß Personen, die Hand in Hand arbeiten, oft nur einen minimalen Kontakt miteinander haben. Einer der größten Vorteile von Teams ist, daß sie den Angestellten die Kommunikation untereinander erleichtert. Damit können Teams eine beträchtliche Anzahl von Arbeitsstunden einsparen, die sonst für den formellen Arbeitsablauf von einer Abteilung zur anderen benötigt würden.
Eine »Inselstrategie« verlangt im allgemeinen nur eine geringe Veränderung

des Arbeitsablaufs. Eine Bereichsstrategie einzuführen erfordert dagegen, sich mit einer Reihe von ganz neuen Problemen auseinanderzusetzen.

Wenn Organisationen solche Veränderungen planen, begehen sie oft den strategischen Fehler, die Aufgaben der Arbeitsteams unzureichend zu definieren. Arbeit wurde auf traditionelle Weise um einen einzelnen Arbeitsschritt herum organisiert, wie Montage, Fertigstellung, Stanzpressen, Dokumentation u.a. Teams operieren jedoch am effektivsten, wenn die Arbeit nicht nach bestimmten Arbeitsschritten festgelegt wird, sondern nach der Kunden-Lieferanten-Kette.

Zur Steigerung des Teamerfolges ist ein besseres und gründlicheres Verständnis dieser Kunden-Lieferanten-Kette nötig und die Kenntnis der Wege, über die der Arbeitsprozeß am ehesten entlastet werden kann. Das bedeutet, daß folgende Probleme gelöst werden müssen:

- Sollen wir Geld in neue Maschinen für die Teams investieren, und/oder soll jedes Team seine eigenen Produktionsingenieure bekommen?
- Brauchen wir räumliche Veränderungen? Sollen wir eine Wand abreißen, neu hochziehen oder ein neues Gebäude errichten?
- Sollen wir eine Produktionslinie aufgeben oder Teile der Produktion nach außen geben?

➜ Zum Abschätzen von Problemen der Reorganisation des Arbeitsprozesses siehe »Der Prozeß der Entscheidung, wann man eine Umstrukturierung umsetzen soll«, S. 311

Um diese Fragen beantworten zu können, muß man die einzelnen Abläufe genau kennen. Erst dann kann man entscheiden, ob und gegebenenfalls wie der Arbeitsprozeß reorganisiert werden soll.

Muß die Umstrukturierung des Arbeitsprozesses ein aufwendiges Unternehmen sein?

Viele Leute glauben, die Umstrukturierung des Arbeitsprozesses sei ein langer, mühsamer und rein technischer Prozeß. Dem ist nicht so. Er kann umfangreich sein, wenn es sich um einen neuen Bereich oder die Einrichtung von Entwicklungsarbeit handelt. In diesen Fällen kann eine Reorganisation eine Analyse, größere Kapitalinvestitionen in die Ausrüstung und wesentliche Änderungen in der Unternehmenspolitik und den Arbeitsabläufen einschließen.

Doch meist halten sich die Bemühungen in bescheidenen Grenzen. Zu Beginn braucht man nicht viel mehr als eine einfache Skizze des Arbeitsplatzes mit Linien der einzelnen Wege der Mitarbeiter während ihrer Arbeit.

Umstrukturierung sollte nicht als ein Prozeß angesehen werden, der, wenn er »einmal getan, für immer getan« ist. Sie ist in der Tat ein fortwährender Prozeß. Im Laufe der Zeit sammeln die Mitarbeiter Erfahrungen, die sie zu weiteren Verbesserungen anregen. So ist es gut möglich, daß ein Team mit dem Umstellen von Möbeln im Kundenbereich beginnt, um schließlich alle den Kundendienst betreffenden Arbeitsprozesse zu reorganisieren.

58 Welchen Richtlinien sollte man bei einer Umstrukturierung folgen?

Wenn Sie eine Umstrukturierung planen, müssen Sie die Zielsetzungen der Organisation vor Augen haben. Die meisten davon sind nirgends schriftlich niedergelegt, obwohl sie ungeheuer wichtig und für den Erfolg der Teams entscheidend sind. Es handelt sich um folgende:

- die strategischen Ziele, die durch die Arbeit erfüllt werden;
- die Prozesse, durch die die Arbeit erledigt wird;
- die Personen, die die Arbeit verrichten;
- die Art der Beziehungen, in der diese Personen zueinander stehen;
- der Kunde.

Ganz besonders müssen die Bedürfnisse der Arbeiter berücksichtigt werden. Wenn man eine Umstrukturierung der Arbeit plant, sollte man mit allen sprechen, die diese Arbeit tatsächlich verrichten. Schließlich sind sie es, die die eigentlichen Insider-Informationen haben. Sie besitzen das beste intuitive Gefühl für die täglichen Erfordernisse der Arbeit. Zudem sind sie es, die man für die Reorganisation gewinnen muß. Daher sind ihr Beitrag und ihre Teilnahme entscheidend. Sind ihre sozialen und psychischen Bedürfnisse berücksichtigt? Gibt die Umstrukturierung dem Arbeitsprozeß Sinn und Bedeutung? Die Arbeit als solche sollte immer »von unten« her betrachtet werden, vom Standpunkt derjenigen, die die Arbeit verrichten, und vom Standpunkt der Kunden, deren Bedürfnisse immer an erster Stelle stehen.
Wenn auch die Erfordernisse an die Mitarbeiter natürlich von Arbeit zu Arbeit verschieden sind – die Erwartungen, die der Arbeitnehmer an die Arbeit stellt, sind ziemlich konstant. Der Großteil der Personen wünscht sich Arbeit, die

- eine Vielfalt an Aufgaben umfaßt;
- eine Vielfalt an Fähigkeiten verlangt;
- herausfordert, sich neue Fertigkeiten anzueignen;
- Zusammenarbeit mit anderen fördert;
- sich mit der Zeit verändert;

- ein direktes Feedback von ihren Kunden, Mitarbeitern und anderen vorsieht;
- Flexibilität verlangt;
- Gelegenheit für selbständige Entscheidungen bietet.

Diese Punkte darf man als wesentliche Bestandteile nicht aus den Augen verlieren, wenn man Methoden sucht, die den Arbeitsprozeß effektiver machen sollen.

Zehn nützliche Richtlinien zur erfolgreichen Umstrukturierung des Arbeitsprozesses

Was muß man beachten, damit eine Umstrukturierung erfolgreich wird? Die folgenden zehn Richtlinien sind aus einer Studie von Geary Rummler und Alan P. Bache entnommen (veröffentlicht in ihrem Buch »Improving Performance: How to Manage the White Space on the Organizational Chart« (»Leistungsverbesserung: Wie bringe ich mein Unternehmen in die schwarzen Zahlen?«). Sie können Ihnen bei der Planung sehr behilflich sein.

1. Konzentrieren Sie Ihre ersten Schritte bei der Umstrukturierung auf strategische Probleme!

Man sollte nicht versuchen, alles auf einmal zu verändern. Das wäre ein schwerer Fehler. Sie beschäftigen sich sonst unter Umständen mit den weniger wichtigen Problemen und werden niemals die Leistungsverbesserung erzielen, die Sie anstreben. Eine erfolgreichere Methode besteht darin, zu Beginn nur solche Probleme zur Lösung heranzuziehen, die die Hauptziele Ihrer Organisation am meisten beeinflussen:

- Wenn Sie eine Steigerung des Gewinns anstreben, sollten Sie Wege suchen, die Verwaltungskosten zu senken.
- Wenn Sie eine Steigerung des Absatzes anstreben, sollten Sie neue Vertriebswege suchen.
- Wenn Sie einen größeren Marktanteil gewinnen wollen, sehen Sie zu, wie Sie den Kundendienst verbessern können!

2. Bestimmen Sie die Prozesse, die mit diesen Problemen verbunden sind!

Nehmen wir an, Sie haben sich nach reiflicher Überlegung entschlossen, Ihren Kundendienst zu verbessern. Die Bereiche, die Sie nun untersuchen wollen, umfassen Dinge wie Bestellung, Telefondienst, Informationssysteme und Training.

3. Organisieren Sie die Arbeit um ein Produkt herum, dessen Herstellung nicht einen, sondern mehrere Prozesse einbezieht!

Da Teams eine geeignete Methode sind, Engagement zu erreichen, müssen Sie das für sich nutzen, d.h. Sie müssen den Teams die Verantwortung für die gesamte Produktion geben und nicht nur für einen einzigen, isolierten Prozeß. Beauftragen Sie das Team möglichst mit multiplen Prozessen! Damit hat es eine vielseitige Aufgabe, und es wird Möglichkeiten finden, die Arbeitsschritte zu verringern.

4. Seien Sie bereit, die Verantwortung am Arbeitsplatz zu erweitern!

Versuchen Sie, die Entscheidungskompetenz des Managements auf die unteren Ebenen zu verlagern! Die Angestellten erhalten mehr Autonomie, wenn Sie sie autorisieren, Aufgaben wie zum Beispiel das Erstellen von Arbeitsgrafiken, Problemlösungen und direkte Kontakte zu den Mitarbeitern aus anderen Bereichen des Betriebes zu übernehmen.

5. Erteilen Sie ausreichend Feedback!

Eine weitere Methode, Verantwortungsgefühl zu fördern, ist es, den Angestellten häufiger die Möglichkeit zu bieten, die Ergebnisse ihrer Arbeit wahrzunehmen. Üblicherweise erfolgt eine Rückmeldung über die geleistete Arbeit nur über den direkt Vorgesetzten. Eine Umstrukturierung des Arbeitsprozesses kann zusätzliche Möglichkeiten zum Erhalten und Verteilen von Feedback schaffen. Dazu verschafft man den Angestellten engere Kontakte zu den Kunden, erlaubt ihnen, die Qualität ihrer eigenen Arbeitsleistung zu überprüfen und den Einblick in die Leistungsberichte und zu den aussagekräftigen Daten zu erhalten.

6. Setzen Sie Teams zur Unterstützung von Produktionsteams ein!

Unterstützungsteams reagieren schnell, wenn Teammitglieder Hilfe brauchen. Außerdem stellen sie eine sichtbare moralische Stütze dar. Ihre Anwesenheit bestätigt dem Team, daß das Management hinter ihnen steht. Je technisch komplizierter die Arbeit ist, desto mehr technische Kompetenz sollte das Unterstützungsteam besitzen.

7. Rücken Sie Unterstützungsfunktionen so nah wie möglich an den Produktionsprozeß!

Ermöglichen Sie einen häufigen, direkten Kontakt zwischen dem Produktions- und dem Unterstützungsteam! Sie erreichen das, indem Sie das Unterstützungsteam in die Produktionshallen versetzen. Nach dem traditionellen Denken war es immer so, daß Hilfsdienstleistungen zentralisiert wurden, um eine größere Wirtschaftlichkeit zu bewirken. In der Praxis ist jedoch eine gewisse Redundanz oft wünschenswert.

8. Legen Sie die Schnittpunkte in der Kunden-Lieferanten-Kette fest!
Richten Sie es so ein, daß man einen genauen Überblick darüber hat, welche Personen und Teams was produzieren. Wenn jemand über einen Bereich Informationen benötigt, wird er dadurch immer einen Ansprechpartner finden. Die Bestimmung der Schnittstellen verbessert die Qualität und die Effektivität der Problemlösungen.

9. Setzen Sie einen Prozeßmanager für jeden Prozeß ein, der umorganisiert wird!
Ein Prozeßmanager kann dem Arbeitsteam bei der Beschaffung der nötigen Ressourcen helfen. Er informiert außerdem das Team über seine Leistung.

10. Übertreiben Sie nicht!
Zu viel Vorausplanung wird die Mitglieder eines Arbeitsteams bei einer Umstrukturierung davon abhalten, einen eigenen Beitrag zu leisten.

Wie ist eine Umstrukturierung der Arbeit umzusetzen?

Wir begannen mit der Beschreibung der Methoden, mit denen man eine erfolgreiche Umstrukturierung planen kann. Bei ihrer Umsetzung müssen Sie nun genau vor Augen haben, wie die einzelnen Arbeitsschritte verlaufen und wie die Funktionen der Teammitglieder dabei ineinander greifen.

Betrachten wir zunächst das Umfeld! Dazu muß man alle Faktoren innerhalb und außerhalb der Gruppe abschätzen, die einen Einfluß auf den Arbeitsablauf haben könnten. Dabei ist es wichtig, daß Sie vor allem die Kundenerwartungen und die eigene Position im globalen Wettbewerb im Auge behalten. Wissen Sie tatsächlich, was der Kunde wünscht? Oft ist man überzeugt, alle Antworten zu kennen und hält eine Nachprüfung, ob diese Informationen auch stimmen, für überflüssig.

Der zweite Schritt ist die technische Analyse. Diese umfaßt eine Überprüfung des Arbeitsablaufes und die Bestimmung von Unregelmäßigkeiten, d.h. der Bereiche, in denen die meisten Unstimmigkeiten und Produktionsausfälle vorkommen. Vielleicht wird Sie das, was Sie da finden, in Erstaunen versetzen. Der Vizepräsident Bob Horney berichtet, bei einer technischen Analyse im MDB Financial Network, einer Organisation, die Krankenhäusern Methoden zur Risikoverminderung und Kapitalerhaltung anbietet, habe sich herausgestellt, daß das eingesetzte Team in der Lage war, die Arbeitsschritte von 144 auf 41 und die Anzahl der Aufgabenübertragungen von 29 auf nur 2 zu reduzieren.

Der dritte Schritt besteht aus der sozialen Analyse, die untersuchen soll, was die Arbeit für diejenigen, die sie leisten, sinnvoll macht. Dabei sollten Sie folgende Fragen in Erwägung ziehen:

- Wurden bereits Kompetenzen verteilt?
- Hat jeder Arbeitnehmer bestimmte Kompetenzen?
- Glauben die Beschäftigten, daß sie wirklich in der Lage sind, auf diese ganz andere, neue Art zu arbeiten?
- Welche Aufgaben stimmen sie zufrieden oder unzufrieden?
- Was empfinden die Personen als frustrierend?
- Wodurch wird Arbeitszeit verschwendet?
- Für welchen Teil des Gesamtprozesses fühlen sich die Arbeitnehmer verantwortlich?

Je mehr Sie auf eine sinnvolle und befriedigende Arbeit setzen, desto eher wird sich bei den Arbeitnehmern ein starkes Verantwortungsgefühl entwickeln.

Nun kehren Sie wieder zum Anfang zurück, gehen nochmals Ihre bisherigen Resultate durch und erstellen dann einen Ablaufplan. Er sollte folgende Elemente enthalten:

- eine Darstellung des Arbeitsprozesses;
- Aufbau des Teams;
- Rollenverantwortungen;
- Gestaltung des Arbeitsbereiches;
- Trainingsplan;
- Plan der Aufgabenübergabe;
- Umsetzungsplan.

Dies alles müssen Sie harmonisch zusammenfügen. Danach ist der Arbeitsprozeß so umzuändern, daß ein Gleichgewicht zwischen den Anforderungen an die Gestaltung des Arbeitsbereichs und den persönlichen Bedürfnissen der Teammitglieder zustande kommt.

Wie sieht eine erfolgreiche Umstrukturierung aus?

Wie eine Umstrukturierung von Arbeitsplätzen aussieht, möchten wir Ihnen nun anhand eines Beispiels aus einem Elektromotorwerk demonstrieren. Bevor das Werk sich selbst steuernde Teams einführte, sah die Organisationsstruktur folgendermaßen aus:

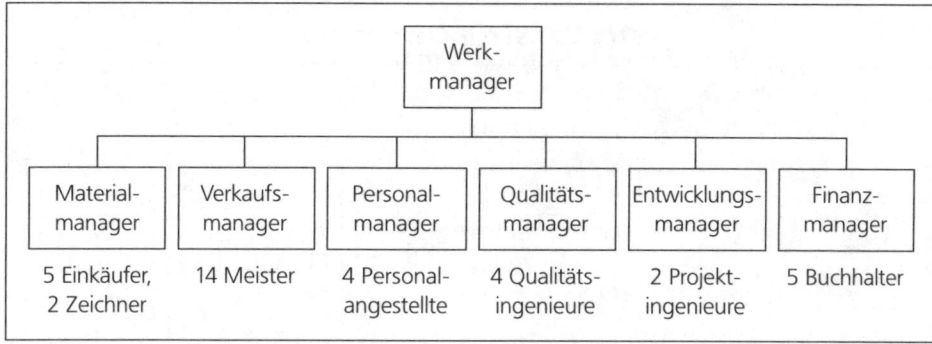

Beachten Sie, daß eine Wand den Produktionsbereich von den Büroräumen des Unterstützungspersonals der Produktion trennt! Das ist nicht nur eine psychologische Mauer, sondern es war tatsächlich eine materielle Wand – eine ungeheuere Barriere für eine offene und schnelle Kommunikation zwischen den beiden Bereichen. Hätte das Team versucht, in dieser Struktur zu arbeiten, hätte es schon allein wegen des räumlichen Abstandes zum Unterstützungspersonal viel mehr Zeit für seine alltäglichen Probleme aufwenden müssen. Außerdem war das Personal in der Produktion nach seinen Funktionen und nicht nach seinem Platz im Produktionsablauf gruppiert. Das erschwerte die Entwicklung von engen persönlichen und arbeitsbedingten Beziehungen der Mitarbeiter zueinander.

Dies nun ist die schematische Darstellung der Arbeitsorganisation:

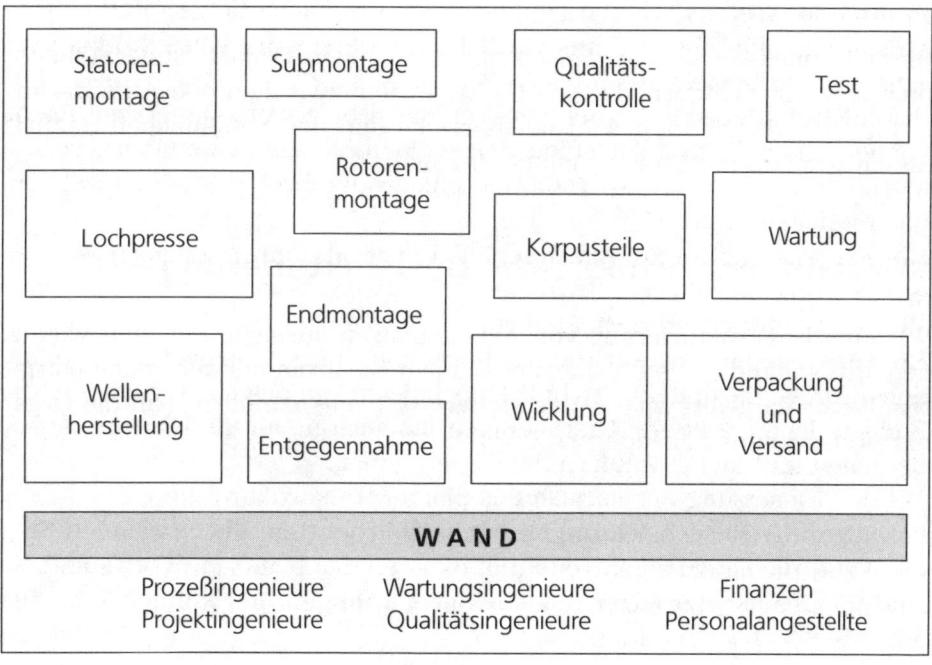

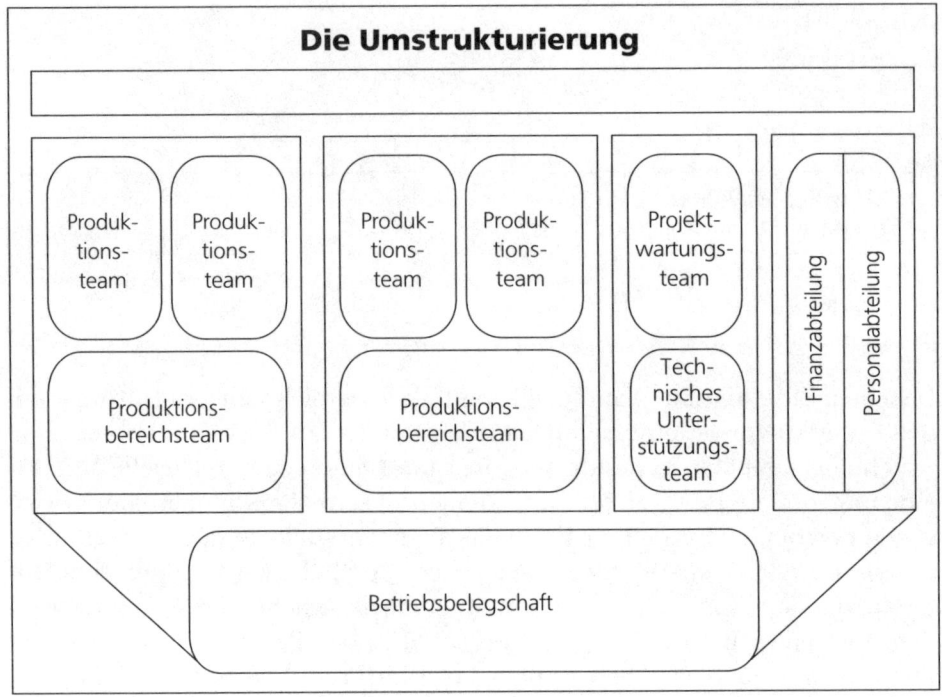

Bei der Umstrukturierung schuf die Betriebsleitung anstelle gesonderter Abteilungen vier verschiedene Teamarten.
Produktionsteams wurden hauptsächlich aus Facharbeitern und einigen Meistern gebildet. Jedes Team wurde für die Herstellung eines Produkts organisiert und besteht aus 5 bis 15 Personen.
Produktionsbereichsteams bestehen aus 4 bis 6 Personen. Diese Teams können einen Qualitätsingenieur, einen Materialfachmann, einen Prozeßingenieur, eine Wartungsperson und einen oder zwei Fachleute für Teamunterstützung besitzen.
Ein Projektwartungsteam beschäftigt sich mit den wichtigsten Wartungen: Heizung, Klimaanlage, hydraulische Systeme – Ausrüstungen, mit denen alle Teams im Betrieb zu tun haben.
Ein technisches Unterstützungsteam konzentriert sich auf den Produktionsprozeß. Es umfaßt erfahrene, technisch kompetente Ingenieure, die Projekte leiten, größere Ausrüstungen installieren, an die Führungsspitze berichten und mit Verkäufern umgehen können.
Mit der Umsetzung der sorgfältig geplanten Umstrukturierung der Arbeit beseitigte die Betriebsleitung im buchstäblichen und übertragenden Sinn die Wand, die einem effektiven Funktionieren der Teams im Wege stand. So sind die Teams jetzt enger miteinander verbunden und können schneller auf jede beliebige Situation reagieren.

Welche Entscheidungskompetenzen und Verantwortungen sollten Teammitgliedern übertragen werden?

Wenn die Arbeit einmal umstrukturiert ist, müssen verschiedenartige Kompetenzen auf die Teams übertragen werden. Wie schnell das Team diese neuen Verantwortungen übernehmen soll, entscheidet der Manager. Dazu muß er zunächst bestimmen, ob das Team die erforderlichen Fertigkeiten, Informationen und auch die Autorität besitzt, eigenständig Beschlüsse zu fassen. Falls dem so ist, kann diese Funktion übertragen werden. Ebenso wichtig ist es, daß der Manager dabei die notwendige Unterstützung von den anderen Autoritätsebenen erhält.

Betrachten Sie den Manager einer Versandabteilung, der gewöhnlich jeden in seiner Abteilung mit Informationen über angeforderte Lieferungen versorgt. Dieser Manager hat eine Arbeitsgruppe eingesetzt, die unter anderem die Funktion hat, Versandinformationen internen und externen Lieferanten zuzustellen. Doch der Manager kann diese Aufgabe nicht einfach nur abtreten. Die Teammitglieder müssen einen Zugang zu Lieferinformationen haben, und das erfordert zusätzliches Training zur Benutzung der entsprechenden Software.

Ist dies nun alles geklärt, geht der Manager zum Team, um mit ihm die neuen Aufgaben zu besprechen. Es ist wichtig, daß zwischen ihnen eine Partnerschaft entsteht, die beide, Manager und Teammitglieder, zufriedenstellt. Da eines der Argumente für Teams das Schaffen von persönlich sinnvoller Arbeit ist, muß die Entscheidung, wem welche Aufgaben übertragen werden, immer unter Berücksichtigung der Arbeitszufriedenheit des einzelnen gefällt werden.
Hier ist nun eine Liste von Fragen, die Ihnen bei der Bestimmung helfen wird, welche Kompetenzen und Verantwortungen den Teammitgliedern übertragen werden können:

- Auf welche Entscheidungen müssen Teams oft warten?
- Welche Entscheidungen würden die Prozesse beschleunigen, wenn sie vom Team getroffen würden?
- Welche Entscheidungen könnten das Selbstvertrauen der Teammitglieder steigern?
- Wo werden die Entscheidungen über die Ausführung der Arbeit getroffen?
- Welche Entscheidungen tragen dazu bei, reibungslose Arbeitsabläufe zu schaffen?

Bei der Durchführung einer Umstrukturierung der Arbeit ist es das Beste, Vorschläge und Ideen von allen Beteiligten einzufordern. Es bringt nichts, endlose Wochen und Monate alles bis zum winzigsten Detail durchzuplanen. Solch eine Strategie wirkt ab einem gewissen Zeitpunkt bremsend. Die Erfahrung hat gelehrt, daß es wichtiger ist, die Teams einzuführen, solange Begeisterung und Interesse noch hoch sind. Denken Sie daran, daß eine Umstrukturierung immer die Bedingungen schafft, in denen sich die Autorität und die Kenntnisse der Teams entwickeln.

Viertes Kapitel
Messung der Teamleistung

Wir beherrschen es sehr gut, die Aktivitäten in einer Organisation zu messen. Tatsächlich beschäftigen wir uns vorwiegend damit ..., und es ist kein befriedigendes Ende in Sicht, kein Schlußpunkt, an dem wir endlich über jeden Bereich in der Organisation Bescheid wissen. [Doch] solange wir nur die einzelnen Bestandteile untersuchen bzw. die Organisation nur anhand der quantitativen Werte betrachten, werden wir ihr eigentliches System nie vollständig messen noch richtig verstehen können. Wir werden uns darin verirren wie in einer unbekannten Welt.
Margaret J. Wheatly

> **Probleme, die in diesem Kapitel behandelt werden:**
> - Wie wurden Messungen bisher traditionsgemäß eingesetzt?
> - Warum benötigen Teams betriebliche Daten?
> - Wer sollte die Kennzahlen auswählen?
> - Wie wählen Sie die entscheidenden Maßgrößen aus?
> - Welche Fehler sollten Sie vermeiden?
> - Welche sind die wichtigsten Kennzahlen?

Es gibt eine einfache Methode, mit der man in der Wildnis oder an jedem anderen Ort vermeiden kann, vom Kurs abzukommen. Alles was Sie brauchen, sind zwei unschätzbare Gegenstände zur Orientierung: eine Karte und eine bemerkenswerte Erfindung, einen Empfänger des globalen Positionssystems (Global Positioning System = GPS). Der tragbare Empfänger steht in direktem Kontakt mit dem Netzwerk von GPS-Satelliten, die um die Erde kreisen und die die Bestimmung von Koordinaten bis zu 100 Metern ermöglichen. Egal, wo man sich befindet, mit nur einer Karte und einem GPS-Empfänger kann man exakt bestimmen, wie weit man gekommen ist, wo man sich im Moment aufhält und in welche Richtung man sich weiterbewegen muß.
Leider befassen sich viele Organisationen nicht genügend damit, ihren Teams die Kennzahlen zu geben, die ihnen sagen, wo sie sind und wohin sie

gehen müssen. Viele Geschäftsleiter begehen die großen Fehler, (1) das Team zu wenig zu führen und ihm die Richtung zu weisen und (2) ihre Teams mit zu vielen Kennzahlen zu belasten. Die verbreiteten Daten sind oft weit von der eigentlichen Sache entfernt und können den Teams nicht die für sie notwendigen Informationen liefern.

Wie wurden bisher Messungen traditionsgemäß eingesetzt?

Früher nahm man im Prinzip nur Messungen vor, wenn irgend etwas nicht richtig lief. Wenn z.B. der Umsatz zurückging, nahm eine Organisation die Mühe auf sich, dem Problem nachzugehen. Messungen bedeuteten Schwierigkeiten, und viele Beschäftigte nahmen bei einer unerwarteten Leistungsüberprüfung automatisch an, daß dies die Einleitung ihrer Entlassung ist bzw. eine Methode, um unbefriedigende Leistungen zu ermitteln.
Die Messungen lieferten nicht das, was sie sollten, nämlich nützliche Angaben über Ziel und Richtung.
Ein Unternehmensberater meinte dazu: »Wenn Sie Teams betrachten, die in den 80er und frühen 90er Jahren erfolglos blieben, werden Sie sehen, daß einer der Hauptgründe darin lag, daß wir den Output der Teams nicht in bezug auf die Betriebsstrategie gemessen haben. Die einzigen Messungen, die wir vornahmen, betrafen den Aufbau der Teams. Wir wollten nur erfahren, ob sich die Leute in Teams wohler fühlen.
Die Manager hatten ein übertriebenes Interesse am Klima in den Teams. Sie wünschten, daß die gerade flügge gewordenen Teams positive Erfahrungen sammelten. Deshalb scheuten sie vor Maßnahmen zurück, die im Team negative Reaktionen hervorrufen könnten, wie eben eine Leistungsprüfung. Man fürchtete immer, daß die Angestellten verunsichert werden könnten. Daher war es schwierig, den Wert von Teams für die Organisation zu bestimmen. Wir beschäftigten uns nur mit der Zufriedenheit der Teams, doch wir setzten ihre Leistungen nicht zur Leistung des Gesamtbetriebes in Beziehung.«

Warum müssen Teams betriebliche Daten kennen?

Heutzutage haben Organisationen eine realistischere Einstellung zu Meßzahlen. Da sie Teams nun als Geschäftspartner betrachten, erkennen sie auch, daß Teammitglieder das Recht und die Pflicht haben, die aktuellen Leistungsdaten einzusehen. Immer mehr Manager begreifen, daß jegliche Initiative, Selbständigkeit und Motivation der Teammitglieder mit realistischen Erwartungen verknüpft ist und daß diese Erwartungen nur erfüllt werden können, wenn Teams in der Lage sind, ihre Ziele und Aufgaben klar zu verfechten.

Das führt zu einem neuen Quidproquo. Organisationen sind jetzt eher gewillt, Teams mit nützlichen Angaben zu versorgen. Man hat erkannt, daß ein Team durch die Einsicht in diese Informationen zu einer effektiveren Unterstützung der Organisation motiviert wird.

Wer sollte die Kennzahlen auswählen?

Welche Kennzahlen sind für Teams am besten geeignet? Das sind im allgemeinen die elementaren Zahlen. Einer der größten Fehler der Organisationen ist es jedoch, alle Kennzahlen dem Team zu überlassen.

»Vor kurzem las ich einen Artikel im ›Harvard Business Review‹, in dem stand, daß die Teams, da sie ja genügende Kompetenzen besitzen, selbst ihre eigenen Kennzahlen festlegen sollten«, sagte die Beraterin Anne Farrell von der The Farrell Group. »Doch woher wissen sie denn, was für das Geschäft entscheidend ist? Jeder könnte da sagen: ›Hey, das sieht wichtig aus! Das werde ich bearbeiten!‹ Und bis jemand die wenigen wesentlichen Probleme unter den vielen notwendigen herausliest, geht das Team an seiner Konzentration auf das Falsche zugrunde.«

Genau dazu paßt dieses Beispiel von Federal Express:

FedEx hatte immer viel Energie für die Leistungsüberprüfung und eine pünktliche Auslieferung aufgebracht. Im Laufe der Zeit war die Firma zur Überzeugung gelangt, daß Pünktlichkeit ein Hauptkundeninteresse sei. Als aber der Wettbewerbsdruck wuchs, begann das Management unter großen Anstrengungen, die Dienstleistungsqualität zu verbessern. Dabei kamen die damit beauftragten Mitarbeiter zu recht verblüffenden Erkenntnissen. Federal Express führte eine Befragung seiner Kunden durch: »Womit sind Sie unzufrieden? Beurteilen Sie den Fehler, der Sie dazu bringen könnte, uns zu verlassen!« Dann wurden die Antworten analysiert und nach Bedeutung geordnet. Die Firma war schockiert: »Pünktliche Zustellung« stand ganz am Ende der Liste, während »beschädigte Sendungen« mit 10 an der Spitze lag. Hätte man dieses Problem den Teams überlassen, wäre alles wie immer weitergegangen. Die Firma hätte sich mit hohem Risiko in einem Markt mit starken Wettbewerb begeben, ohne die wichtigsten Belange ihrer Kunden genügend zu berücksichtigen. Mit dem Wissen um die tatsächlichen Wertvorstellungen der Kunden konnte das Management von FedEx ihre Teams auf die Bereiche lenken, die den Vorstellungen der Kunden von Qualität am besten entsprechen. Die Messung der Teamleistungen konnte nun auf die Bereiche konzentriert werden, die den Kunden am wichtigsten waren.

Teams haben nur selten einen direkten Kontakt mit den Kunden. Aus diesem Grunde muß das Topmanagement die Richtlinien vorgeben. Wenn das Management sinnvolle Messungen durchführen will, muß es auch in der Lage sein, jene Faktoren zu bestimmen, die entscheidend sind.

»Führungskräfte verstehen oft nicht, daß es zu ihrem Verantwortungsbereich gehört, durch Analysen der entscheidenden Probleme die Schwerpunkte und Zielrichtungen für ihre Organisation zu bestimmen. Manche Leute nennen das ›Geschäftsplanung‹ oder ›strategische Planung‹«, sagt Dr. Farrell. »Es ist die Aufgabe des Managements, das Wesentliche vom Unwesentlichen zu unterscheiden. Das Kriterium dafür sind die Kundenbedürfnisse. Dann ist diese Information klar als Zielrichtung den Teams vorzulegen.«

Die Leistungsparameter, z.B. wie viele Einheiten das Team täglich produzieren sollte oder wie viele Telefongespräche für das Team in einer Arbeitsschicht angemessen sind, müssen Team und Management gemeinsam festlegen. Und warum so? In beiden Fällen hat das Management die Produktionsrichtlinien vor Augen, die eingehalten werden müssen. Die Teams würden, ganz auf sich allein gestellt, kaum dieselben Kriterien anwenden.

Betrachten wir nun die Rolle, die das Management bei der Festlegung von Kennzahlen für die Verkaufsabteilung eines großen Dienstleisters spielen kann.

Das Führungsteam soll die relevanten Erfolgsparameter bestimmen, wobei sie ihre Kunden, ihre Wettbewerber, ihre Branche und ihre Technologie zu berücksichtigen haben. Nehmen wir mal an, daß die Teammitglieder festgesetzt haben, daß ihr Schlüsselthema die Auslotung der Zufriedenheit der Firmenkunden ist.

Sie stellen fest, daß es mehrere Gründe für den Umsatzverlust der Firma gibt. Ihre Preispolitik entspricht nicht dem Markt. Ihre Technologie ist veraltet, und sie können niemanden finden, der sie beim Verkauf unterstützt. Sie haben ebenfalls große Probleme bei der Auftragsabwicklung. Sie haben entdeckt, daß die Verkäufer ihrer Konkurrenten viel strategischer vorgehen, besser trainiert sind und mehr Geschick im beratenden Verkauf aufweisen.

Damit hat man die entscheidenden strategischen Maßgrößen für die Firma festgelegt. Der Hauptgeschäftsführer geht zum Team und sagt: »Wir müssen in diesem Jahr drei Dinge tun. Zunächst werden wir die Effektivität der Verkäufer steigern, dann reduzieren wir den Ausschuß und die mangelhaften Produkte, und innerhalb dieser drei Bereiche werden wir umorganisieren. Auch den Prozeß der Auftragsabwicklung werden wir verbessern. Von drei müssen wir auf eine Woche kommen, um unseren Kunden fehlerfreie Lieferungen zuzustellen. Das ist es, Leute, ... darauf müssen wir in diesem Jahr hinarbeiten!«

Wenn Sie ein Teammitglied in dieser Organisation und in einem dieser

Bereiche tätig wären, wüßten Sie nun genau, was Ihre Aufgabe ist. Plötzlich hat jeder im Team seine Zielrichtung.
»Wenn unsere entscheidenden Probleme bekannt sind«, sagt der Geschäftsführer, »wollen wir den Zeitzyklus für die Entwicklung eines Produktes messen. Von hier aus werden wir jeden Ausschuß und die mangelhaften Produkte genau überprüfen und die Gründe beseitigen.«
Wenn eine Richtlinie einmal bestimmt ist, weiß ein Team nicht nur, auf was es achten muß, sondern auch, was die Ergebnisse bedeuten. Wenn dann jemand zum Team sagt: »Was haben Sie in letzter Zeit erreicht?«, kann es auf die Zahlen hinweisen, die wachsende Zufriedenheit der Kunden zeigen oder einen effektiven Verkauf belegen.

Teams wünschen auch ein Feedback von ihren internen Kunden. In vielen Betrieben sind Teams nicht für die gesamte Produktion zuständig. Daher können einige der wichtigsten Kennzahlen von jenen kommen, die ihnen im Betriebsablauf nachgeordnet arbeiten.

Wie wählen Sie die entscheidenden Kennzahlen aus?

Die Festlegung, welche Kennzahlen für die Organisation am wichtigsten sind, führt immer zur selben Fragestellung zurück: Werden die Daten dazu beitragen, daß sich die Organisation auf ihre Zielrichtung hinbewegt? Betrachten wir, wie man das auf ein sich selbst steuerndes Arbeitsteam anwenden kann, das den Arbeitsprozeß effektiver gestalten soll! Das unten als Beispiel angeführte Werk produziert Unterbrecherkontakte.

Der erste Schritt besteht aus der Bestimmung der wichtigsten drei oder vier erfolgsentscheidenden Parameter und der Festlegung ihrer Kennzahlen.
Für diese Kennzahlen muß vor allem der Zeitzyklus ganz klar festgelegt werden. Da das Team in der Produktion arbeitet, bedeutet das hier also, wieviel Zeit es für ein Produkt benötigt. Vielleicht findet das Team heraus, daß vier Personen sechs Stunden für die Herstellung eines bestimmten Teils aufwenden. Wie macht man das in anderen Organisationen? Wenn Sie ein Benchmark erstellen, werden Sie vielleicht entdecken, daß ein anderes Unternehmen ähnliche Resultate mit nur zwei Leuten in nur drei Stunden erzielt. Daher ist die Reduzierung des Zeitzyklus ein entscheidender Faktor, um Ihre Ware wettbewerbsfähiger zu machen.
Wenn Sie feststellen, daß das Team 20% aller Produkte dreimal bearbeiten muß, bevor die Verkaufsreife erreicht ist, sind die Produktionskosten für diese Teile ebenso verdreifacht. Das wird sich direkt auf das Betriebsergebnis auswirken.

Und was ist mit der Zufriedenheit der Kunden? Wenn gehäuft berechtigte Kundenbeschwerden eingegangen sind wegen nicht eingehaltener Verpflichtungen oder schlechtem Service im Außendienst, sollte die Steigerung der Kundenzufriedenheit an höchster Stelle auf Ihrer Prioritätenliste stehen. Vielleicht führen diese Informationen sogar zu Änderungen der Produktionsverfahren oder des Produktdesigns.

Die Art der Erhebung ist wesentlich von dem zu messenden Gegenstand abhängig. Wenn Sie z.B. meinen, daß das Team ein Teil in zwei Tagen produzieren kann, überprüfen Sie diesen Bereich am besten jeden zweiten Tag. Andererseits werden Sie, wenn es um die Reklamationsbearbeitungszeit geht, diese regelmäßig kontrollieren, da die Kundenzufriedenheit ebenso ein fortlaufendes Ziel ist.

Um sicherzustellen, daß die Teams die Aufgaben bearbeiten, die für ihr übergeordnetes Ziel am wichtigsten sind, müssen sie immer wieder zu den Grundfragen zurückkehren: Was ist unsere Aufgabe? Was ist unser Ziel? Was ist unser Ergebnis? Womit beschäftigen wir uns? Die Antworten werden zu Kennzahlen führen, die die Teams an das übergeordnete Leitbild der Organisation binden.

Das Abschätzen der Teamentwicklung

Ein weiteres nützliches Beurteilungskriterium ist die Effektivität, mit der die Gruppe als Team arbeitet.

»Wissen Sie, was ich gern zuerst bei einem Team von Spitzenmanagern überprüfe?« fragt Anne Farrell. »Das ist der Zeitzyklus für eine Entscheidung. Das sagt mir, wie funktionell das Team arbeitet. Ich frage dann: ›Wie oft revidieren Sie im allgemeinen eine Entscheidung?‹ Die Teammitglieder antworten zum Beispiel: ›Bei der letzten Entscheidung änderten wir sie dreimal, bevor wir uns schließlich einigten.‹ Das sagt mir eine Menge darüber, wie effektiv sie ihre eigene Arbeit organisieren.

Dann lege ich Kennzahlen fest, um herauszufinden, wie gut sie kommunizieren. Sogar die Integrität werde ich messen, diese ungeschriebenen Regeln, nach denen Vertrauen aufgebaut wird. Integrität bedeutet einfach: Werden Teammitglieder das tun, was sie sagen, und werden sie sagen, was sie tun? Wenn es kein Vertrauen untereinander gibt, kann man auch nicht zusammen in einem Team arbeiten. Es ist schwierig, Integrität direkt zu messen, doch ich kann Fragen stellen, die mir das Gefühl für den Integritätsgrad im Team vermitteln können. Alle diese Ergebnisse sind Indikatoren für den positiven Zustand des Teams und zeigen, wie effektiv es als Entscheidungsorgan ist.

»Bei einem Team im Produktionsbereich möchte ich wissen, wie sich die Mitglieder im Team zusammenfügen«, fährt Farrell fort. »Das heißt, ich muß

auf die Punkte achten, die für diesen Faktor entscheidend sind. Zum Beispiel die Kommunikation. Nehmen wir mal an, ein sich selbst steuerndes Arbeitsteam ist von Berichten am Montag abhängig, um bestimmte Produktionszahlen der vorhergehenden Woche festzustellen. Ich würde sie fragen: ›Erhalten Sie die Informationen, die Sie für Ihre Arbeit brauchen, rechtzeitig? Welchen Stellenwert würden Sie diesem Punkt geben?‹
Ich würde sie auch fragen wollen: ›Erhalten Sie ein rechtzeitiges Feedback von Ihren Teammitgliedern und Teamleitern über Ihre Leistung?‹ Und natürlich würde ich auch die Zufriedenheit im Team messen.«

Welche häufigen Fehler sollten Sie vermeiden?

Zahlenbesessenheit

Betriebe, die zu Teams übergehen, entwickeln oft eine »Zahlenbesessenheit«. Was arbeiten die Teams? Entwickeln sie sich schnell genug? Wie wirken sich die Teams auf die betrieblichen Ergebnisse aus? Das Management kann sich an eine Menge von Kennzahlen zwanghaft klammern, besonders wenn es als Wegbereiter der Teaminitiative seine ganze Autorität und vielleicht sogar seine Karriere auf diese Karte gesetzt hat.
Das kann sich manchmal als Falle erweisen. Wenn Sie Teams mit zu vielen Kennzahlen überlasten, können diese schließlich das Gefühl haben, daß ihr ganzes Arbeitsergebnis nur aus Zahlen besteht. Auch Teammitglieder können selbst zahlenbesessen werden. Denn wenn sie die Vorteile der Teamarbeit für sich erkannt haben, verspüren sie meist die Notwendigkeit, selbst zu überprüfen, ob eine Entscheidung des Managements klug war oder nicht. Dieser Wunsch nach immer mehr internen Kontrolldaten kann leicht außer Kontrolle geraten.
Um das zu vermeiden, müssen Sie die Zielrichtung angeben und dem Team helfen, sich nur wenige, aber die wichtigsten Daten auszuwählen. Zum Beispiel: Ein Team möchte die Produktionsdaten anstatt einmal wöchentlich nun mehrmals am Tage aktualisieren. Das könnte eine kluge Entscheidung sein, wenn das die Arbeitsabläufe tatsächlich effizienter gestaltet. Eine übertriebene Sammlung von solchen Daten ist allerdings nur zu oft eine Reaktion der Unsicherheit auf die Vielzahl von Diagrammen und Grafiken, die das Team daran erinnert, daß seine Leistung unter Beobachtung steht.

> *Ein Informationsserviceteam verschwendete einen hohen Prozentsatz seiner Arbeitszeit mit Überlegungen, welche Informationen ihm noch fehlten. Die Teammitglieder liefen ständig in andere Abteilungen, um weitere Daten zu sammeln. Sie hielten selber jede Einzelheit, die sie machten, minutiös fest. Sie entwickelten sogar ihre eigenen Computer-*

programme, um genau zu wissen, womit sie sich gerade beschäftigten. Nach einer gewissen Zeit bemerkte das Management, daß sich die Teammitglieder so viel Arbeit mit dem Sammeln von Daten über ihre Teamleistung machten, daß ihre eigentliche Aufgabe dabei zu kurz kam. Das alles kam durch ihr absinkendes Leistungsniveau zu Tage.

Da die Organisation die Zielrichtung nicht oder unzureichend vermittelt hatte, wußten die Teams nicht, welche Kennzahlen die eigentlich wichtigen für sie waren. Denken Sie daran, daß die Unterscheidung zwischen den wenigen, aber lebensnotwendigen Zahlen und den vielen weniger wichtigen Daten vom Management vorgegeben werden muß.

Das Versäumnis, eine Atmosphäre der Sicherheit zu schaffen

Egal, auf welcher Ebene der Organisation Sie sich bewegen – jeder kämpft mehr oder weniger verbissen mit einer allen gemeinsamen Erfahrung: mit der Angst. Angst, daß die Leistung nicht ausreicht; Angst, nicht gut auszusehen; Angst, die Arbeit zu verlieren. All das ist mit einer einzigen Besorgnis in Verbindung zu bringen: die Kontrolle zu verlieren.
Man denkt oft nicht daran, wie sich Mitarbeiter fühlen, wenn ihre Leistung durch Kennzahlen unter die Lupe genommen wird. Wenn man ihnen den Grund für diese Messungen vorenthält, befürchten sie meist das Schlimmste. »Sie müssen das richtige Umfeld schaffen«, sagt Farrell. »Ohne die Teammitglieder zu beruhigen, sie aufzuklären und ihnen zu sagen, wie diese Zahlen zustande kommen, steigern Sie deren Angstgefühl. In manchen Fällen kann das zu verfälschten Daten führen, da sich die Teammitglieder bedroht fühlen und in ihren Antworten weniger aufrichtig sind.«

Daten sind gesammelt, aber es folgen keine Konsequenzen

Ein anderer Fehler, den Organisationen begehen, ist das Versäumnis, den Ergebnissen, die die gesammelten Daten geliefert haben, entsprechende Handlungen folgen zu lassen. Ein Mangel an korrektiver Tätigkeit ist ein schlechtes Signal für die Teams. Es bedeutet, daß die Organisation und die Teams nicht in einer wirklichen Partnerschaft zueinander stehen. Es läßt vermuten, daß das Zahlenmaterial einfach nur erhoben wurde, damit das Management die Teamleistung nach Belieben loben oder kritisieren kann. Werden die Daten dagegen zusammen mit dem Verwendungszweck bekanntgemacht – nämlich der Steigerung der Teameffizienz –, werden die Teams kaum zu solch einer Schlußfolgerung kommen.

Das Fehlen eines klaren Verständnisses

Man sollte meinen, daß ein gutes Einvernehmen im Team dessen Ergebnisse steigert und qualitätsmäßig verbessert. Leider ist das nicht immer der Fall. Anne Farrell erinnert sich an die Zeit, in der sie als Manager in einer großen Gesellschaft tätig war.

»Fünfzehn Teamleiter hatten über mehr als 100 Mitarbeiter Bericht zu erstatten«, erinnert sich Farrell. »Es war das erste Mal, daß ich diese Gruppe direkt leitete. Es war eine Trainingsabteilung für Produktmarketing. Und ich wollte sehen, womit sie sich überhaupt beschäftigten. So nahm ich meine 15 Manager in Klausur. Es gab genug Zeit, in der wir die Teamleistung in ihrer Komplexität untersuchen konnten. Wir benutzten dabei eine Vielfalt an Beurteilungsmethoden.
Ich ließ sie auf einer großen Pinnwand die Ergebnisse ihrer Abteilung auflisten. Dann fragte ich sie: ›Wer ist der Abnehmer dieser Leistung? Was für Schlüsselbedürfnisse hat Ihr Kunde? Was tun Sie für die Erfüllung dieser Bedürfnisse? Wie viele Mitarbeiter haben Sie, und was sind die Kosten pro Person?‹
Wir füllten den ganzen Raum mit diesen Pinnwänden aus. Und können Sie erraten, was ich herausfand? Ich hatte drei Teams, die eigentlich keine Kunden besaßen. Ich stellte Fragen wie: ›Warum erstellen Sie diesen Bericht? Wo liegt sein Nutzen?‹ Und der Befragte antwortete: ›Wir haben immer solche Berichte angefertigt.‹ In einigen Fällen stellte sich heraus, daß es für ein bestimmtes Team einfach keinen Existenzgrund gab. Es war einfach eine Fehlinvestition. Vielleicht hatte es einmal eine nützliche Funktion gehabt, doch der Betrieb hatte sich in eine andere Richtung hin entwickelt, und die Tätigkeit dieses Teams war damit nutzlos geworden.«

Kennzahlen wirken kontraproduktiv

Die Menschen kleben oft an traditionellen Kennzahlen und sind so sehr von ihnen überzeugt, daß es schwer ist, sie davon abzubringen. Das häufigste ist das »Je-mehr-desto-besser«. In vielen Fällen ist ein »Mehr« tatsächlich besser, doch manchmal ist diese Ansicht verheerend. So kann eine höhere Produktion zu unnötigen Lagerbeständen führen und in Zeiten, in denen sich eine Just-in-time-Produktion durchsetzt, unnütz Kapital binden.
Noch ein Beispiel, das der Regel »je mehr, desto besser« zuwiderläuft. Nehmen Sie an, daß Sie Manager eines Verkaufsteams sind. Nach der Geschäftspolitik werden Boni für Bestellungen und nicht für installierte Produkte gezahlt. Am Jahresende sagen Sie Ihren Verkäufern: »Entweder Sie erreichen diese Zahl im vierten Quartal oder Sie werden Ihren Bonus nicht bekommen.«

Nun haben Sie einen Verkäufer vor sich, der eine Hypothek zu zahlen und zwei kleine Kinder hat. Wird er diese Zahl erreichen? Natürlich wird er es. Aber vielleicht wird er am Ende Scheinbestellungen vorlegen oder solche, von denen er weiß, daß sie nicht realisiert werden. Und das Resultat? Die Zufriedenheit der Kunden läßt nach. Wenn Sie das Buch zum Quartal schließen, stellen Sie fest, daß Sie nicht nur die Verkäufe nicht realisiert, sondern auch einige Kunden verloren haben.

Wie schon oben erwähnt, können Kennzahlen auch kontraproduktiv werden, wenn man sie in Fällen verwendet, in denen eine Person oder ein Team in Schwierigkeiten gerät. In solch einem Klima werden sogar wohlwollende Maßgrößen als Bedrohung angesehen. Ihre Existenz allein wird unter den Teammitgliedern Angst auslösen. Der Ausweg ist, die Daten gemeinsam zu erheben. Solch eine Vereinbarung dämpft die Angst, weil gleichzeitig erklärt wird, daß die Kennzahlen nur einen normalen Teil des Arbeitsablaufes darstellen.

Noch ein paar Tips

Die folgenden Ratschläge können eine bedeutende Wirkung auf die nutzbringende Anwendung von Maßgrößen haben.

- Stellen Sie immer ganz gezielte Fragen! Fragen Sie nie allgemein wie z.B. »Sind Sie mit Ihrer Bezahlung zufrieden?« Fehlt die Genauigkeit, werden Sie nicht genügend Informationen erhalten, um dementsprechend handeln zu können.
- Stellen Sie keine Fragen nach Dingen, die anzugehen Sie nicht vorbereitet sind! Stellen Sie z.B. nicht die Frage, ob Teammitgliedern ihre EDV-Technik gefällt, wenn Sie nicht beabsichtigen, ihnen andere Optionen einzuräumen. Handlungsdefizit kann nur zu Unwillen führen.
- Fragen Sie nicht nach Dingen, die nicht von Ihnen abhängen! Wenn Sie auf die erhaltenen Informationen hin nicht handeln, wird das vielleicht als ein Zurückweisen der Teaminteressen gedeutet werden.

Welche Kennzahlen sind das »Herzstück«, mit dem Sie beginnen müssen?

Natürlich kann eine beliebige Anzahl von Kennzahlen in einem Team oder einer Organisation angewandt werden. Wir haben jedoch herausgefunden, daß die folgenden Informationstypen für das erfolgreiche Funktionieren jedes beliebigen Teams grundlegend sind:

1. Leistungsbeschreibung.
An welchem Punkt seiner Entwicklung ist das Team angelangt? Die Einschätzung des Teamfortschritts, zu der man die »forming-storming-norming«-Leistungsbeschreibung verwendet, kann Ihnen helfen, die Art der Teamentwicklung zu verstehen und gleichzeitig aufzeigen, ob das Ergebnis dem Entwicklungsstand des Teams entspricht.

2. Instrument zur Bestimmung der Individualität des Teams.
Aus welchen Persönlichkeiten besteht das Team? Die Beschreibung ihrer Intro- oder Extrovertiertheit, ihrer Kompromißbereitschaft, ihres Gewissens, ihrer emotionalen Stabilität und ihrer Experimentierfreude verhilft dazu, die individuellen Stile der Teammitglieder zu erkennen. Man kann dadurch die verschiedenen Charaktere in einem Team besser ausbalancieren und ein Gesamtbild des allgemeinen Teamcharakters erhalten.

3. Der Teamgeist.
Die Fähigkeit, Teamgeist zu messen und mit der Teamleistung zu vergleichen, hilft Ihnen bei der Feststellung, inwiefern sich der Teamgeist auf die Leistung auswirkt.

4. Produktionsindex.
Wo ist der Einsatz eines Teams in Hinblick auf das Geschäft am sinnvollsten? Die Entwicklung des Produktionsindex hilft Ihnen zu verstehen, auf welche Geschäftsbereiche sich das Team konzentrieren soll.

Die Instrumente, die Ihnen bei diesen vier Messungen helfen werden, sind im Teil »Mittel und Techniken« aufgelistet (ab Seite 201).

Fünftes Kapitel
Die Anpassung Ihrer Strategie an den Grad des Engagements in der Organisation

Man braucht keinem Manager zu sagen, daß es bestimmte Abweichungen im Verhalten der Angestellten gibt. Begriffe wie »blaumachen« und »krankfeiern« sind nur zu bekannt. Sind die Manager aber auch bereit, größere Innovationen vorzunehmen, die die Arbeitsabläufe so verändern, daß die Ursachen für diese »inneren Kündigungen« effektiv beseitigt werden?
Richard Walton

> *Fragen, die in diesem Kapitel gestellt werden:*
> - Welche verschiedenen Stufen des Engagements von seiten des Managements gibt es für die Teams?
> - Wie sollte Ihre Teamstrategie verändert werden, um sie dem Engagement des Managements für die Teams anzupassen?

Geschäftsleiter unterschätzen oft den Grad des Engagements, das für die Einführung von Teams aufgebracht werden muß. Das kommt daher, weil sie oft meinen, daß dieser Prozeß dem einer Qualitätsinitiative ähnelt. Und der ist ihnen bereits bekannt. Wenn sie dann bemerken, daß diese beiden Einführungsprozesse in Wirklichkeit sehr unterschiedlich sind, und ihre frühere Erfahrung nur sehr wenig dabei helfen kann, kommt es unter Umständen zu komplizierten Situationen.

Eine Qualitätsinitiative verläuft gewöhnlich von oben nach unten: Das Management vermittelt den Mitarbeitern seine Vision. Die höheren Geschäftsleiter setzen die Zielrichtungen dafür fest, und man erwartet, daß die Angestellten sich demgemäß verhalten.

Eine Teaminitiative geht jedoch einen anderen Weg, wie Lyman Ketchum in seinem Buch »All Teams Are Not Created Equal« (»Nicht alle Teams werden gleich geschaffen«) festgestellt hat. Teams werden in den seltensten Fällen vom Spitzenmanagement gebildet, sondern werden meist von Personen des mittleren Managements initiiert, die dann die Unternehmensleitung dazu zwingen, sie zu akzeptieren und zu unterstützen.

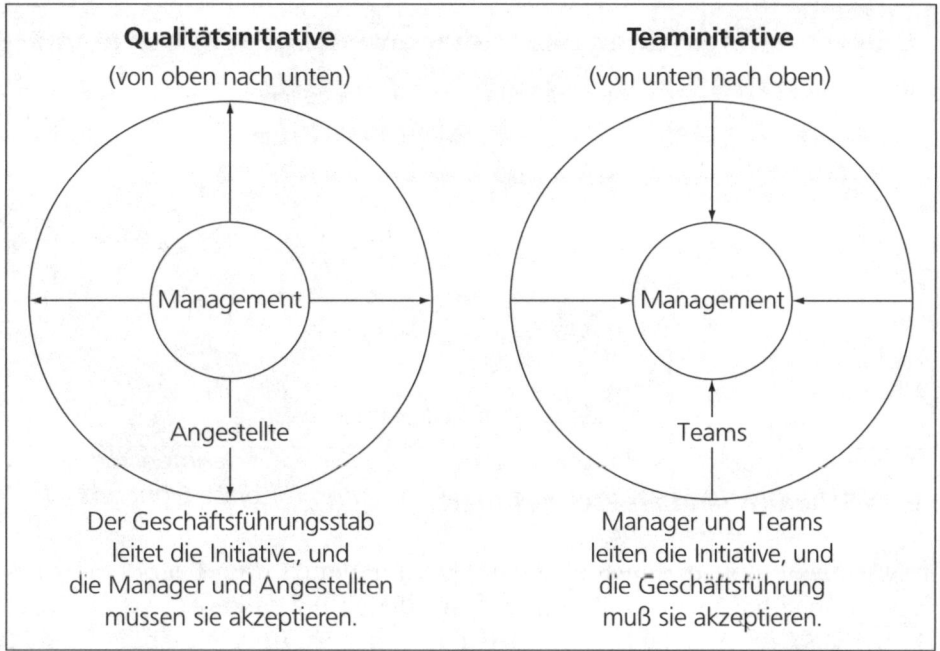

Der Betriebsleiter bei Air Products and Chemicals, Inc., Don Emert, meint dazu: »Wenn man nach der Einführungsmethode verfährt, die eine Umstrukturierung von unten nach oben vorsieht, bezieht man jeden Mitarbeiter darin ein. Das erhöht die Möglichkeiten eines Erfolges bei der Umsetzung, weil es dann weniger Ressentiments gibt.«
Es gibt allerdings auch ein höheres Risiko. Da die Schlagkraft vom Team ausgeht, können sich die Führungskräfte in ihrer »Sicherheitszone« bedrängt fühlen und befürchten, daß sie die Kontrolle verlieren. Daher kann sich das Management zögernd verhalten oder dem Team nur unzureichende Unterstützung leisten.

Welche verschiedenen Unterstützungsstufen des Managements existieren gegenüber Teams?

Wenn eine Einführung von Teams ins Auge gefaßt wird, muß der Manager realistisch abschätzen, wieviel Unterstützung er von der Geschäftsleitung erwarten kann.
Wenn der Manager weiß, wie sich die Organisation dazu stellt, kann er leichter beurteilen, was für einen Schwierigkeitsgrad die Umsetzung haben wird und ob er selbst ein ausreichendes Durchhaltevermögen hat. Es erleichtert auch die Festlegung der Strategie, die angewandt werden soll.

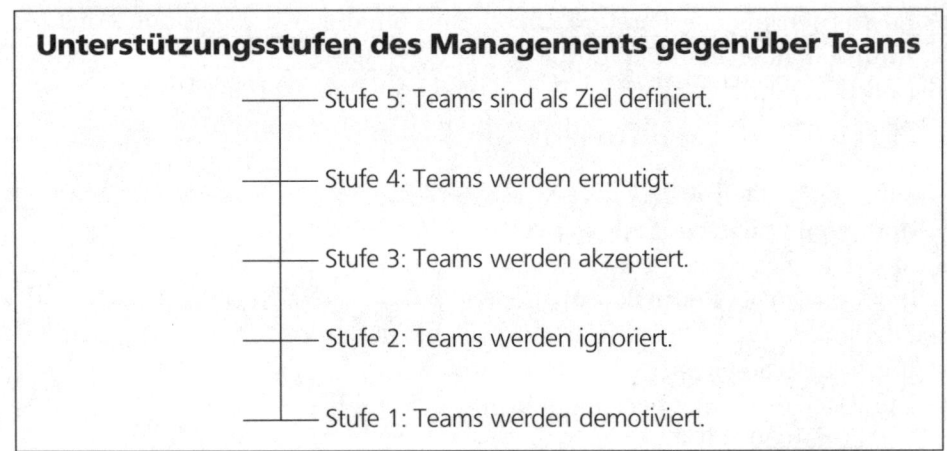

Stufe 5: Teams sind als Ziel definiert.

In Organisationen, in denen sich das Management ganz und gar den Teams verschrieben hat, arbeitet die ganze Geschäftsleitung daran, allen im Betrieb klar zu machen, daß die Zukunft den Teams gehört. In solch einem Umfeld kann man davon ausgehen, daß die Teams in jedes Vorhaben einbezogen werden, und alle Systeme, die nicht auf Teamunterstützung eingestellt sind, Gegenstand von Umorganisationen sein werden.
In solchen Organisationen werden Kompetenzen mit rastloser Energie weitergegeben. Die Teams sind ein integrierter Bestandteil der Unternehmensvision, und das wirkt sich bis in die überall ausgehängten Unternehmensziele aus.
In solch einem Umfeld ist der gesamtbetriebliche Erfolg eng mit dem Erfolg der Teams verbunden. Werksleiter werden zum Beispiel nicht befördert, wenn ihre Leistungen nicht auf Teams bezogen sind, auch wenn sie ansonsten gute Ergebnisse vorweisen können. Der Ansatz einer hohen Integration der Belegschaft gilt hier als die einzige Methode zur Erreichung der Organisationsziele.

Stufe 4: Teams werden ermutigt.

Die Stufe 4 beschreibt ein etwas geringeres Engagement gegenüber Teams. Die Geschäftsleitung ist hier der Meinung, daß die Teamidee zwar die bessere ist, doch ist sie sich nicht hundertprozentig sicher, ob Teams tatsächlich die beste Methode sind. Daher setzt sie sie nicht als primäre Arbeitsmethode ein. Trotzdem stellt das Management Bereichen, die zur Teamarbeit übergehen wollen, eine Vielzahl an Ressourcen zur Verfügung. Im folgenden finden Sie Kennzeichen, die für diese Unterstützungsstufe typisch sind:

- Es werden interne Personen bestimmt, Training für Angestellte durchzuführen, oder man beauftragt dazu einen Berater.
- Den Beschäftigten werden die Vorteile von Teams erläutert. Dazu wählt man vor allem Beispiele für erfolgreiche Teams. Ein großes Unternehmen führt zum Beispiel regelmäßig interne Konferenzen durch, um zusammenfassend darzustellen, welche Arbeit die Teams geleistet haben und womit sie sich an den verschiedenen Stellen beschäftigen.
- Man hält Network-Veranstaltungen ab, um die Leistungen der Teams an bestimmten Stellen bekanntzumachen. Bei diesen Sitzungen haben die Mitglieder von Teams auch die Möglichkeit, persönlich über ihre Arbeit und ihre Teamerfahrung zu berichten.
- Die Betriebszeitung berichtet darüber, was die verschiedenen Teams geleistet haben.
- Die interne Koordinationsstelle arbeitet mit allen Bereichen und Abteilungen zusammen, die am Übergang zu Teams interessiert sind. Außerdem investiert sie ausreichend Zeit und Ressourcen in die Veränderung der Arbeitsabläufe und für gute interne Berater, die die Organisation bei der Planung der Umorganisation unterstützen sollen.

Stufe 3: Teams werden akzeptiert.

Bei solch einer Realisierung der Teamidee werden Teams nur als eine der möglichen Optionen angesehen. Man kann seine Ziele mit oder ohne Teams anpeilen. Es gibt weder Schulterklopfen noch Strafpunkte. Das Management in solch einer Organisation hat im allgemeinen nichts gegen die Teams in ihrer Belegschaft und ist durchaus bereit, Kapital für Training einzusetzen. Sie erkennen dieses Umfeld an folgenden Merkmalen:

- Damit das Teamumfeld weiterhin bestehen bleibt, müssen gute Ergebnisse für alle sichtbar sein.
- Das Management ist weniger bereit, seine Politik, Praktiken und Systeme zugunsten der Teams zu verändern.
- Die Geschäftsleitung wird sich nicht weiter bemühen, wenn in einem Bereich Teams eingeführt werden sollen, da sie nicht vollkommen davon überzeugt ist, daß Teams die beste Lösung darstellen. Andererseits wird sie auch nicht sofort beim Auftreten von ersten Problemen die Initiative zurückziehen.
- Die Auswirkungen auf das Management sind ebenso gering. Mißerfolg oder Erfolg der Teams wird seine Karriere kaum beeinflussen, da Teams nicht zu den vorgegebenen Zielrichtungen der Organisation gehören.
- Zwar wird die Belegschaft ermutigt, die Teams zu unterstützen, doch gleichzeitig wird auch ein gewisser Druck ausgeübt, der verhindert, daß sich das Teamkonzept weiter ausbreitet.

Stufe 2: Teams werden ignoriert.

Auf dieser Unterstützungsstufe werden Teams zwar toleriert, doch auch das nicht allzusehr. Wie bei Kindern, deren Eltern immer beschäftigt sind und nur wenig Zeit für sie haben, schenkt das Management den Teams keinerlei Aufmerksamkeit oder Interesse. In solch einem Umfeld müssen Teams mit folgenden Reaktionen rechnen:

- Den Teams werden keine zusätzlichen Ressourcen, die über das vorgegebene Budget hinausgehen, zugewiesen.
- Wenn der derzeitige Manager weggeht, können Teams keine Unterstützung vom Nachfolger erwarten.
- Das Management ist geneigt, die Augen vor dem, was vorgeht, zu verschließen.
- Die Teaminitiatoren sind nicht nah genug an der Führungsspitze angesiedelt, so daß sie über die langfristige Planung des Unternehmens nicht im Bilde sind. Da die Teams nur in einem genau bestimmten Bereich eingesetzt werden, sind sie von der Vision und dem Leitbild der Organisation abgeschnitten. Auf diese Weise isoliert, fehlt ihnen eine klare Richtlinie und die Kenntnis der Unternehmensziele.

Stufe 1: Teams werden demotiviert.

Welche Faktoren schaffen eine Anti-Team-Atmosphäre? Wenn Teams keine Unterstützung erhalten, liegt der Grund oft darin, daß man das Ganze mehr als ein Experiment betrachtet. Nach der Einführung hat man bemerkt, daß Teams zu schwer kontrollierbar und zu kompliziert zu führen sind und daß sich die Mühe eigentlich nicht lohnt. Hier sind einige Situationen dargestellt, in welchen der Mangel an Teamunterstützung deutlich wird:

- Die Organisation hatte bisher nur wenig Erfolg mit allen durchgeführten organisatorischen Veränderungen, und diese Erfahrung hat sich in den Köpfen festgesetzt. Folglich sind sowohl das Management als auch die Angestellten voller Zynismus und Bedenken, auch wenn sich die ersten Erfolge der Teams einstellen.

Man hält sich strikt an den »alten erprobten und wahren Weg«. Das Credo der Firma ist »Laß den Ball nicht aus den Augen!« und »Behalte die Zügel fest in der Hand!«. Das Wichtigste ist für sie, fest auf dem Boden zu stehen. Es gibt keine Toleranz für Innovationen, weder für die Organisation im ganzen, noch für die einzelnen Bereiche. Das Management scheint nur dann zufrieden zu sein, wenn sich alles in Reih und Glied bewegt. Solch eine Haltung paßt nicht zu Teams. Teams brauchen weitgesteckte Grenzen, damit sie Arbeitsabläufe und -methoden selbst finden und ausarbeiten können.

- Die Beziehungen zu Teams sind grob und feindselig.
- Die Geschäftsleiter sind Veränderungen gegenüber skeptisch und schnell zum Rückzug bereit.
- Es herrscht allgemein ein geringes Vertrauen in allen Bereichen der Organisation.
- Frühere Ansätze zur Umgestaltung waren erfolglos.
- Personen, die gegenüber Veränderungen offen eingestellt sind, werden isoliert und als solche, die »die Karre in den Dreck fahren«, angesehen.

Es kann niemanden verwundern, daß es nutzlos ist, in solch einem Umfeld Teams einführen zu wollen. Ohne jemanden, der die Sache fördert, wird wohl kaum irgendein Team Erfolg haben.

Wie kann eine Strategie zur Einführung von Teams an die Förderbereitschaft des Managements angepaßt werden?

Wieviel Mühe muß die Geschäftsleitung investieren, um die Erfolge von Teams sicherzustellen? Hier sind einige Überlegungen, die zu berücksichtigen sind, je nachdem, wieviel Unterstützung vom Topmanagement zu erwarten ist.

1. Niedriges Unterstützungsniveau.
Sie müssen sich hier wahrscheinlich überlegen, ob Teams die angemessene Strategie sind. Denn eines ist sicher: Sie können nichts im Alleingang machen. Sie können eine Unterstützung nicht erzwingen. Sie müssen in der Lage sein, einen Fürsprecher aus den etwas höheren Etagen der Organisation zu finden, der an Teams glaubt und der die Veränderung fördert. Ist das nicht der Fall, riskieren Sie damit einen Mißerfolg des Teams.

2. Mittleres Unterstützungsniveau.
Sie können sich wahrscheinlich mit Teams durchsetzen, doch müssen Sie die Umorganisation aus der ersten Reihe miterleben. Sie können sich hier nicht auf die Berichte anderer verlassen. Die betreffenden Personen erzählen Ihnen vielleicht das Richtige, handeln aber nicht oder nur inkonsequent danach.

3. Hohes Unterstützungsniveau.
Ihre Hauptaufgabe ist es, die Eigendynamik der Teams zu erhalten. Dies sind die Aufgaben, die Ihnen zufallen:

- Den Gruppenführungsstil auf allen Ebenen zu fördern und zu ermutigen und gleichzeitig Barrieren abbauen, die den Fortschritt des Teams behindern.
- Zeigen Sie Entscheidungsfreude, indem Sie vor der Gruppe ab und zu Ad-hoc-Entscheidungen treffen.
- Weiterhin das Team vor Anfeindungen und Widerständen schützen.
- Unaufhörlich sich selbst fragen, was Sie tun und wie Sie es erfolgreicher tun könnten.
- Die Erfolge der Teams verbreiten und einen »Tag der offenen Tür« organisieren.

Wie erfolgreich und geschickt Sie dies alles umsetzen können, wird sich schließlich an der Leistung der Teams erweisen. Max DePree machte die Beobachtung, daß eine gute Führung am besten an den Ergebnissen beurteilt werden kann. Kommen alle potentiellen Fähigkeiten zum Tragen? Wie hoch ist ihr Nutzen? Erreichen Sie die erwarteten Ergebnisse? Führen sie die Veränderungen geschickt aus? Lösen sie Konflikte effektiv? Wenn all das geschieht, können Sie annehmen, daß Sie die richtige Strategie ergriffen haben.

Zweiter Teil
Reaktionsmöglichkeiten bei unerwarteten Ereignissen

Sechstes Kapitel
Was tun, wenn immer wieder Probleme auftauchen?

Wir landeten vier Meilen vor unserem Bestimmungspunkt auf dem Mond, und das nur deswegen, weil wir nach dem Start des Space Shuttle eine Korrektur des Mittelkurses vorgenommen hatten.
Neil Armstrong

> **Probleme, die in diesem Kapitel behandelt werden:**
> - Welches sind die 11 häufigsten Probleme, die bei Teams auftreten?
> - Woran erkennen Sie, daß Sie vom Kurs abgekommen sind?
> - Wie können Sie die Stärken und Schwächen des Teamumfelds beurteilen?
> - Warum sollten Sie das Unerwartete erwarten?

In einem der vorigen Kapitel haben wir schon erwähnt, daß Mitarbeiter, die zu einem Team zusammengeschlossen werden, vor ähnlichen Herausforderungen stehen wie jede beliebige andere Gruppe, die lernen muß, mit einer ungewohnten Welt umzugehen. Zum Beispiel eine Gruppe, die sich in einen Überlebenskurs in der Wildnis eingeschrieben hat. Malen wir uns dieses Bild weiter aus:
Ihr Team hat schon mehrere Tage in der Wildnis verbracht. Das Umfeld ist schon vertrauter geworden, und die Leute beginnen zu verstehen, was von ihnen gefordert wird. Doch plötzlich entstehen innere Konflikte im Team. Das Lehrprogramm kann nicht mehr eingehalten und einige Arbeiten nicht erledigt werden. Verschiedene Mitglieder der Gruppe laufen andauernd zu Ihnen und stellen Fragen, anstatt selbst nachzudenken. An diesem Abend stolpern Sie fassungslos um das völlig falsch eingerichtete Camp. Das Team sitzt anscheinend ohne Beschäftigung da, und Sie kommen nicht dahinter, was vorgeht und wissen nicht, was zu tun ist.
So ähnlich fühlt sich auch ein Teammanager, wenn die Zeit vergeht, aber Probleme weiterhin auftauchen. Das Team befindet sich in unaufhörlichen Schwierigkeiten, und Sie können die Wunde nicht finden, die Sie dann behandeln könnten. Vielleicht finden Sie heraus, daß das Team zuviel Zeit be-

nötigt, um zu einer Gruppe zusammenzuwachsen und daher die Ziele vernachlässigt. Oder die Mitarbeiter sind sich nicht im klaren, warum sie überhaupt zu einem Team geformt wurden.

Obwohl Sie überzeugt waren, die Anlaufphase richtig gemanagt zu haben, scheint nun nichts mehr irgendeinen Sinn zu machen. Man kann allgemeingültig sagen, daß, wenn Teamarbeit allen Bemühungen zum Trotz nicht funktioniert, irgendein Bereich im Teamumfeld nicht mitarbeitet. Das ist die Wunde, die Sie heilen müssen. Sie müssen nochmals genau überprüfen, wie das Umfeld organisiert ist.

Die 11 häufigsten Probleme

Obwohl jedes Team seinen eigenen, besonderen Charakter und Stil besitzt, gibt es doch viele Probleme, die allen gemeinsam sind. Viele dieser Probleme erscheinen nur sporadisch in der Zeit, in der die Mitglieder des Teams Erfahrungen in ihrer Zusammenarbeit sammeln. Wenn der Manager den möglichen Schwierigkeiten zuvorkommt, bestehen gute Chancen für die Funktionsfähigkeit des Teams. In den nächsten Unterkapiteln zeigen wir Ihnen die häufigsten Probleme, die zu beachten sind, und die Methoden, sie anzugehen.

Problem 1: Die alte Farbe überstreichen

Ein Hauptgrund, weswegen ein Team nicht richtig funktioniert, ist: Einfach nur das Erscheinungsbild einer Gruppe oder Abteilung so zu verändern, daß es wie ein Team wirkt. Das bedeutet nicht, daß es damit automatisch auch ein Team ist – obgleich dies eine häufig vorkommende Methode in vielen Unternehmen ist. Um eine wirkliche Umwandlung zu bewirken, müssen Sie der Gruppe einen neuen »Motor« geben. Dazu müssen Sie die Verantwortungen neu verteilen, die Mitglieder des Teams mit Kompetenzen und Mitbestimmung ausstatten und ihre Zufriedenheit steigern. Ohne solch einen »Motor« und ohne das Arbeitsumfeld zu verändern, lassen sich nur kosmetische Korrekturen erzielen.

Um eine Vorstellung davon zu bekommen, wie der Schein trügen kann, lesen Sie die folgende Geschichte über die Treuhandabteilung einer großen amerikanischen Bank. Diese Bank war auf der Suche nach einer Methode zur Produktionssteigerung und zum Abbau der Unzufriedenheit der Mitarbeiter.

> *Es gab in dieser Treuhandabteilung zwei Arten von Kollegen: Die bevollmächtigten Angestellten waren für die grundlegende Investitionsstrategie und Zielrichtung zuständig. Ihre Assistenten hatten diese Strategie umzusetzen, indem sie lukrative Investitionsmöglichkeiten aufspürten.*

Bei erfolgreicher Ausführung waren es jedoch die Angestellten, die die Abschlußverträge unterzeichneten. Obwohl die Mitarbeiter beider Gruppen vollausgebildete MBAs waren, also den gleichen Ausbildungsstand hatten, existierten wesentliche Unterschiede in den Befugnissen. Viele Assistenten fühlten sich wie bloße Gehilfen. Sie besaßen keinerlei Spielraum, die Investitionsstrategien in Frage zu stellen, auch dann nicht, wenn sie auf Neuigkeiten stießen, die ihrer Treuhandabteilung außerordentlich nützlich hätten sein können. Diese einseitige Kompetenz begünstigte die eine Gruppe der Angestellten, obwohl die Assistenten die hauptsächliche Arbeit verrichteten.

Um diese schwelenden Probleme zu lösen, wurde der Vizepräsident der Treuhandabteilung beauftragt. Alle Partner, auch der Präsident der Bank, nahmen an einem großartigen Lunch teil, bei dem ein neues Prämienmodell vorgestellt wurde. Der Vizepräsident machte viel Aufheben um das neue Bonussystem, das jedem den Erhalt der Prämie ermöglichte. Die Basislohnstufen wurden ebenfalls korrigiert. Die Supervisors wurden nun »Teamleiter« genannt und alle Angestellten in Teams organisiert.

Vier Monate später hatte sich nur wenig verändert. Die Assistenten beklagten sich auch weiterhin. Der bescheidene Zuwachs der Ergebnisse deckte noch nicht einmal die Kosten für den neuen Bonusplan. Das erstaunte Spitzenmanagement rief nun einen externen Teamberater, der die Situation untersuchen und Vorschläge machen sollte.

Der Berater erkannte schnell das Problem, das nur allzu oft anzutreffen ist. Obwohl die Treuhandabteilung sich einen neuen Anstrich verpaßt hatte, lief alles auf dieselbe alte Weise weiter. Da der Vizepräsident dieser Abteilung keine nennenswerte Unterstützung von der Geschäftsleitung hatte, vergab er auch keine zusätzlichen Befugnisse und Verantwortungen. Vom Standpunkt der Assistenten aus hatte sich nichts geändert. Zwar gab es tatsächlich die Möglichkeit, mehr Geld zu verdienen, doch die eigentliche Motivation, die durch die Veränderung angestrebt wurde, blieb aus. Die Assistenten waren eben nicht im Besitz von mehr Verantwortung. Sie kamen sich weiterhin wie Untergebene vor, denen die Möglichkeit, gute Verträge durch eigene Leistungen zu erbringen, untersagt war. Sie vermißten die Zufriedenheit, die sich durch eine Arbeit mit größerer Verantwortung einstellt.

Der Berater kam zu dem Schluß, daß, solange dieser Vizepräsident mit dem Aufbau des Teamumfelds beauftragt war, Unzufriedenheit und niedrige Leistung auch weiterhin bestehen würden.

Dieses Beispiel ist auch eine gute Illustration dafür, inwiefern sich ein Arbeitsteam von einer Arbeitsgruppe unterscheidet. In einer Arbeitsgruppe – also das, was der Vizepräsident der Bank eigentlich geschaffen hatte – ist der Blickpunkt auf den Beitrag einer einzelnen Person in einem bestimmten

Prozeßsegment gerichtet. Die Personen arbeiten zwar zusammen, um Informationen auszutauschen oder sich gegenseitig zu unterstützen. Doch es gibt kein generelles Ziel für die Gruppe als Ganzes.

Ein Arbeitsteam erfordert seinerseits von allen gemeinsame Wertvorstellungen und Ziele. Persönliche Beiträge sind wichtig, werden aber immer im Kontext der Teamziele beurteilt. Alles muß genaustens ausbalanciert sein, alle Entscheidungen müssen in bezug darauf abgestimmt sein, wie sie das Gleichgewicht im Arbeitsprozeß des Teams und innerhalb seiner sozialen Beziehungen beeinflussen könnten.

»Der Leiter«, sagte Mary Parker Follett, eine Expertin des Managements in den zwanziger Jahren, »muß eine Situation verstehen, muß die Wechselbeziehungen aller Bestandteile erkennen. Sogar noch mehr: Er muß einen Vorausblick über die Entwicklung der Situation haben. Seine Weisheit und seine Urteilskraft werden nicht für statische Situationen gebraucht, sondern für solche, die sich unaufhörlich verändern.«

Problem 2: Übertriebene Anzahl von Meetings

Wie oft sollte ein Team zusammenkommen? Wieviel Zeit sollte ein Team für Meetings aufwenden? Mit welchen Problemen sollte sich das Team dabei beschäftigen? Da Teams einen hohen Grad an persönlichem Einsatz erfordern, ist es falsch, anzunehmen, daß alle Teammitglieder in jeden neuen Aspekt des Entscheidungsprozesses einbezogen werden müßten. Manchmal führt solch eine Annahme zum Verlust der Übersicht. Sehen Sie selbst an dem Beispiel eines Stahlwerks an der Ostküste, wie solch eine nicht aufzuhaltende Situation entstehen kann:

Kurz nachdem die Stahlfirma zu Teamarbeit übergegangen war, bemerkte man ein so deutliches Absinken der Produktivität, daß das Management tatsächlich mit dem Gedanken spielte, diese Einrichtung zu schließen. Man berief eine Beraterin zur Analyse. Sie begann ihre Untersuchung mit einer Befragung der Teams, um u.a. den Zeitverbrauch durch Meetings festzustellen und eine Durchschnittsquote zu erhalten.

Die Resultate waren schockierend. Die Gesellschaft entdeckte, daß die Teammitglieder über 90% ihrer gesamten Arbeitszeit in Meetings verbrachten. »Wie konnte das sein?« fragten die Manager.

Das Unternehmen hatte durch die Vergabe der Verantwortlichkeiten dieses Problem selbst geschaffen. Es hatte geglaubt, daß jeder in alle wichtigen Entscheidungen einbezogen werden müßte. Daher versammelten sich immer alle Teams bei den Meetings.

Auch die Meetings selbst bargen viele Probleme. Die Teammitglieder verbrachten viel Zeit mit überflüssigen Gesprächen. Auf einer Sitzung führte zum Beispiel eine Angestellte umständlich aus, wie unberechtigt die Ent-

lohnung des Werksmanagers sei. Auf einer anderen drehte sich das Thema vor allem um das Rauchen, verschiedene Hygienemaßnahmen, das richtige Aufstellen von zu weit auseinander stehenden Tischen und zu weit weg stehenden Abfallkörben usw.
Die Beraterin arbeitete zunächst mit den Teams, um ihnen Richtlinien darüber zu geben, wer zu welchen Themen an welchen Meetings teilnehmen sollte.
Das Unternehmen reduzierte die Zeit für Meetings der Teams auch auf eine andere erfolgreiche Weise. Anstatt jeden zu so vielen verschiedenen Teammeetings kommen zu lassen, forderten die Manager nun Vertreter jedes Teams auf, wichtige Sitzungen zu besuchen und danach Bericht zu erstatten. Auf diese Weise wird jede gute Idee in jedem Team verbreitet.

Wenn ein Team ein Meeting abhält, sollte es sich auf zwei Hauptthemen beschränken. Ein Thema beinhaltet die täglichen Entscheidungen des Teams wie z.B. Feedback von Kunden und Produktionsprobleme, oder es dreht sich dabei um laufende Geschäftsprobleme, um Themen der Teamentwicklung und der effektiven Zusammenarbeit der Mitglieder. Wenn man die Gespräche auf relevante Themen konzentriert, verhindert man Zeitverschwendung. Wenn Mitglieder eines Teams frustriert sind oder sich über Zeitmangel beklagen, müssen die Meetings und ihre Dynamik das erste sein, was zu untersuchen ist.

Problem 3: Kompetenzdefizit

Stellen Sie sich vor, jemand schenkt Ihnen ein hochleistungsfähiges Auto, begrenzt aber gleichzeitig Ihren Benzinverbrauch auf monatlich fünf Gallonen. Dazu teilt er Ihnen noch jemanden zu, der aufpaßt, daß Sie nicht über 45 Meilen die Stunde fahren. Genau so behandeln einige Organisationen ihre Teams. Sie schaffen zwar einen Gestaltungs- und Aktionsraum, doch ohne sie mit den notwendigen Kompetenzen und Ressourcen zu versorgen. Die meisten Manager ziehen die Zügel stärker an als es den meisten Teams guttut. In der oben erwähnten Studie von Zenger Miller wird berichtet, daß 61% der Teammitglieder keine Entscheidungsbefugnis besitzen. Sie hatten jedoch den Wunsch, noch mehr Verantwortung zu übernehmen und empfanden die Organisation als Hemmschuh. Das folgende Beispiel stellt ein typisches Szenarium für solch eine Entwicklung dar:

In einer Fast-food-Kette kam man zu der Entscheidung, sich selbststeuernde Teams einzuführen und jedem Geschäftsmanager eine Zweigstelle zu überantworten. Obwohl die Manager bereitwillig das Entwerfen von Terminplänen und die Festlegung der täglichen Ladenöffnungs- und -schließzeiten den Teams überließen, zögerten sie sogar nach einem Jahr noch sehr, ihnen ein Eingreifen in den Arbeitsprozeß selbst zu ermöglichen. Die Arbeitsabläufe und die Gestaltung der Filialen waren vom Unternehmen standardisiert worden. Das Team hatte jedoch Ideen zur Verbesserung und unterbreitete sogar einige Vorschläge zur Steigerung der Produktivität und zur Reduzierung von Leerläufen, doch das Management war nicht davon zu überzeugen. Schließlich wurde jedoch ein »richtiger« Weg gefunden.

Das Team reagierte darauf mit einer Mischung aus Zynismus und Ärger. Es begann sich ein Gerücht zu verbreiten, daß es dem Management mit der Teamarbeit gar nicht ernst sei, sondern es sich dabei um eine Art der Manipulation handle. Erst nach einer Zeit, nachdem bereits viel des anfänglichen Engagements verlorengegangen war, wachte das Management auf und begann dem »Aktionsplan« der Teams Gehör zu schenken.

Eine seltsame Entdeckung in der Zenger-Miller-Studie war die häufig anzutreffende zwiespältige Einstellung der meisten Geschäftsführer gegenüber der Teamarbeit. Nach der Untersuchung unterstützen fast drei Viertel (71%) der Geschäftsführer die Teaminitiative nur passiv. In solchen Organisationen mit passiver Unterstützung der Geschäftsführer sind nur 49% der Arbeitnehmer zufrieden. Umgekehrt beträgt in Unternehmen, in denen die Geschäftsführer die Teaminitiative aktiv unterstützen, die Ausprägung der Arbeitszufriedenheit 84% oder übersteigt sogar 100%.

Von den Managern, die direkt mit Teamarbeit zu tun haben, sehen die meisten (80%) vor allem Vorteile. In Unternehmen, deren Manager die Teamarbeit aktiv unterstützen, beträgt die Arbeitszufriedenheit 67%. Fehlt diese Unterstützung, sinkt diese Zahl auf 27%.

Warum widersetzen sich Manager, Verantwortung zu delegieren oder den Teams die nötige Hilfestellung zu ermöglichen? Hier einige Gründe dafür:

1. Angst, die Arbeit wird nicht korrekt erledigt.

»Solange ich kontrolliere«, denkt der Manager, »wird die Arbeit sicher richtig ausgeführt. Schließlich kenne ich den Tagesablauf auswendig. Warum soll die Firma Zeit verschwenden, um andere an etwas experimentieren zu lassen, das ich doch schon beherrsche.«

Da könnte etwas Wahres dran sein, besonders in den ersten Tagen einer Teameinführung. Denn wer hat letzten Endes mehr Erfahrung, Entscheidungen zu treffen, als der Manager? Ebenfalls ein Grund zum Widerstand ist, daß es auf den Manager zurückfällt, wenn andere die an das Team gerichteten Erwartungen nicht erfüllen. Zudem erlebt der Manager ein Gefühl der tiefsten Befriedigung, wenn er Entscheidungen treffen und Richtlinien vorgeben kann. Da ist er in seinem Element. Sein Selbstbewußtsein steigt, wenn er seine Macht in der Unternehmung spürt. Kein Wunder, daß man auf solch ein Hochgefühl nur schwer verzichten will.

Don Emert von Air Products and Chemicals, Inc. beschreibt seine Beobachtungen folgendermaßen: »Die zweifache Schwierigkeit liegt darin, daß diese Leute aus der oberen Etage zu dem geworden sind, was sie sind, weil sie genau das getan haben, was wir von ihnen wollten: Kontrolleure und Autoritätspersonen vom alten Stil. Nun sagen wir ihnen, daß dieses Verhalten früher richtig war, heute jedoch etwas anderes gefordert wird.«

2. Angst vor zu hoher Selbständigkeit des Teams.
Wenn Mitglieder eines Teams entdecken, wie sinnvoll und befriedigend ihre Arbeit durch die Umgestaltung geworden ist, ist es gut möglich, daß sie noch mehr Verantwortung übernehmen möchten. Doch dies scheitert oft am Widerstand der Manager. Sie richten ihren Blickwinkel auf die Zeit und Energie, die das Team für Sitzungen aufwendet, und glauben, daß sich die Teammitglieder zuviel zumuten. Die Folge ist, daß Mittel, die das Team braucht, zurückbehalten werden und die Energie und Motivation des Teams gerade in dieser Phase enorm zurückgeht. Wenn Teamarbeit sich nicht positiv entwickelt, liegt es oft daran, daß man ihnen die nötige Unterstützung verweigert hat.

3. Angst vor negativen Auswirkungen.
Manager in Dienstleistungsfirmen sind oft zu argwöhnisch, um den Teams bestimmte Befugnisse zu erteilen, da das nicht nur Einfluß auf das Team, sondern auch auf andere Bereiche der Unternehmung haben könnte. Ein gutes Beispiel dafür ist die Hypothekenbank. Wenn solche Gesellschaften zur Teamarbeit übergehen, delegieren sie häufig Tätigkeiten wie die Annahme von Hypothekenanträgen, Ausstellung von Kreditschecks und Kreditberichten, Überprüfung der realen Bewertung usw. Zwei der schwierigsten Aufgaben, die Verwaltung von Hypotheken und das Anlegen der Fonds, werden Teams selten überlassen.

Dabei wäre es recht sinnvoll, wenn Teams auch diese Funktionen übernehmen könnten. Damit würde Zeit gespart, und die Firma könnte den Kundenwünschen besser entsprechen, was sich zu einem Wettbewerbsvorteil ausbauen ließe. Doch Manager widersetzen sich dem. Sie verstehen sich als Kontrollgremium, und sie sind nicht bereit, sich oder die Firma einem Risiko auszusetzen.

Schwierigkeiten treten also überall dort auf, wo Manager sich die Entscheidung letztendlich vorbehalten. Man kann diese Probleme leicht erkennen, wenn man das Team fragt: »Auf welche Entscheidungen müssen Sie warten?« Viele solcher Entscheidungen könnten gut an das Team delegiert werden. Sie sollten dem gesamten Team genügend Autorität verleihen, damit anstatt nur einige wenige Auserwählte viele Personen den Innovationsprozeß vorwärts treiben können.

4. Festhalten an alten Werten.

Manager beschränken die Selbstverantwortlichkeit eines Teams manchmal auch, indem sie es zwingen, irgendwelchen alten »erprobten« Regeln zu folgen, anhand derer die Kunden befriedigt werden sollen. Hat das Team keinen direkten Kundenkontakt, kann es nur schwer ermessen, welche Schritte wirklich notwendig sind. Somit bleiben diese Probleme auch weiterhin bestehen. Wenn Sie aber andererseits einem Team die Chance geben, selbst zu beobachten, wie die Zufriedenheit der Kunden beeinflußt wird, werden die Resultate sicher besser werden.

> *Als von einem Kunden Reklamationen eintrafen, begannen Produktionsteams eines Textilbetriebs diese Kundenfirma zu besuchen, um genau zu untersuchen, was vor sich ging. Die Lösungsansätze konzentrierten sich auf die Fragen: »Welches Element unserer Ware bzw. im Warenversand hat das Problem hervorgebracht, und wie können wir es beseitigen?« In enger Zusammenarbeit mit dem Kunden versuchten die Mitglieder des Teams den Schwierigkeiten auf den Grund zu gehen. Umgekehrt kamen Vertreter der Kundenorganisation zu den Teammeetings, um wichtige Kritik und Anregungen weiterzugeben und die Sachlage aus Kundensicht darzustellen.*

Ein unterstützungswilliger Manager, der neue Ideen zuläßt, ist der halbe Erfolg der Teamarbeit. Wenn Mitglieder eines Teams einen Mangel an Arbeitsmittel und Befugnissen fühlen, liegt das Problem vielleicht am Manager, der ebenso Unterstützung und Training benötigt wie das Team.

5. Manche Mitglieder im Team fürchten die Übernahme von Verantwortung.

Es kann Teammitarbeiter geben, die nicht unter dem Druck stehen wollen, selbst Entscheidungen treffen zu müssen. Die meisten Beschäftigten haben ihr bisheriges Arbeitsleben in Unternehmen verbracht, in denen eine hierarchische Struktur die Regel war. Sie sind daran gewöhnt, daß ein anderer für sie die Grenzen absteckt und die Last der Verantwortung trägt. Es ist bequemer, am Ende des Tages den Arbeitsplatz und damit alle Überlegungen und Sorgen hinter sich zu lassen.

Was sind das für Leute? Lohnt es sich, sie für Teamarbeit vorzubereiten? Wenn sie kompetent und bereit sind, mit dem Team zu arbeiten, probieren Sie es! Ein geringer Prozentsatz wird jedoch ablehnen. Ihre Einstellung wird immer mit dem vorherrschenden Teamdenken zusammenstoßen. Das beste ist, solche Angestellte frühzeitig zu erkennen und ihnen zu ermöglichen, in ihr traditionelles Umfeld zurückzukehren und sie durch andere zu ersetzen, die von den Herausforderungen der Teamarbeit angespornt werden.

→ Das Mittel zur Bestimmung der Charaktere im Team auf S. 256 kann Ihnen beim frühzeitigen Erkennen der Personen, die für Teamarbeit nicht geeignet sind, behilflich sein.

Wieviel Autorität sollten Sie dem Team geben?

Nur die Erfahrung kann einem sagen, wieviel Autorität man einem Team zuteilen kann. Die Antworten auf die folgenden Fragen können jedoch als Richtlinien dazu dienen:

1. Wie gut ist das Team für die Befugnisse vorbereitet, die Sie ihm übertragen wollen?

Um beurteilen zu können, ob das Team für mehr Verantwortung geeignet ist, müssen Sie seine Fähigkeiten, seine Autorität und seinen Wissensstand sehr gut abschätzen. Sie können das erreichen, indem Sie den Mitgliedern des Teams den gesamten Arbeitsprozeß anschaulich machen und aufzeigen, welche Situationen dies mit sich bringt. Dann beobachten Sie ihre ersten Versuche! Zu diesem Zeitpunkt werden Sie vielleicht noch eingreifen müssen, bis das Team genügend Fähigkeiten und Erfahrungen aufweisen kann, mit den neuen Verantwortlichkeiten allein umzugehen.

2. Ermächtigen Sie das Team für die richtigen Bereiche?

Ein Unternehmen erteilte seinem Team Befugnisse hinsichtlich der Einnahmen, nicht jedoch bezüglich der Gewinne. Folglich scheiterte das Team an einer Anzahl unkluger Entscheidungen, da es niemals den Einfluß seiner Entscheidungen auf das Betriebsergebnis erfahren hatte.

3. Bemühen Sie sich aktiv, um dem Team die notwendige Unterstützung zu geben?

Um Don Emert von den Air Products and Chemicals, Inc., zu zitieren: »Sie werden auf Ihrem Weg auf Hindernisse stoßen, und Sie müssen mit ihnen fertig werden. Wenn Sie meinen, die Antwort zu wissen, werden Sie es wünschen, die betreffenden Probleme selbst zu lösen. Doch Sie müssen den Menschen im Betrieb und im Außendienst genug Zeit einräumen, durch einen eigenen Lernprozeß weiterzukommen. Sie müssen geduldig sein.«

Problem 4: Das Versäumnis, Fähigkeiten mit Verantwortlichkeiten zu verbinden

In den frühen Entwicklungsphasen der Teamarbeit benötigen die Mitglieder neue technische Fertigkeiten, um ihre Arbeit beschleunigen zu können. Sie müssen lernen, wie das Computersystem funktioniert, die Maschinen in Gang zu halten und besondere Operationen durchzuführen sind, sowie auch, wie sie sich ein bestimmtes Fachwissen aneignen können. Wenn das

Team erfahrener wird und sich sein Tätigkeitsbereich erweitert, müssen die Mitglieder Fähigkeiten in der Telekommunikation erwerben, die ihnen helfen, Entscheidungen zu fällen, Ideen zu präsentieren, ergebnisorientierte Sitzungen abzuhalten usw.

Einige Unternehmen investieren horrende Summen in weiterführendes Training für ihre Teammitglieder. Leider sind Mitarbeiter, die man mit Training übersättigt, oft mehr verwirrt als aufgeklärt. Sie haben meist keine klare Vorstellung davon, wofür sie diese neuen Fertigkeiten überhaupt brauchen und wissen sogar nicht, wo und wann sie diese Fertigkeiten anwenden sollen. Effektiv ist es, die zu trainierenden Fähigkeiten auf einer just-in-time-Basis auszuwählen, sobald das Team zusätzliche Verantwortung erhält. Wenn Mitglieder eines Teams einen verwirrten oder überlasteten Eindruck machen, ist eine zielgerichtete Methode angebracht, wie sie im folgenden Plan dargestellt ist.

Bei Enfield, Connecticut, einer Zweigstelle von DEC, bestimmten die Teams selbst, wann sie zusätzliches Training benötigten. Dazu führten sie selbst die Lückenanalyse für ihren Trainingsbedarf durch. Immer wenn die Produktionsziele nicht erreicht wurden, untersuchte das Team das Niveau der Fertigkeiten aller Mitglieder. Die Trainingsabteilung stellte Materialien zum Training von Fertigkeiten zur Verfügung, die alle wichtigen Funktionen berücksichtigten. Außerdem konnten die Teammitglieder bei Bedarf noch zusätzliches Material anfordern. Alles wurde im DV-System gespeichert.

Der Computer speicherte die Resultate, verglich die Informationen, stufte den Trainingsbedarf des Teams ein und bot eine Lückenanalyse an. Das ermöglichte dem Team, seine Trainingsprioritäten und die weiteren Lernziele zu bestimmen. Kein Wunder, daß sich die Teammitglieder im Laufe der Zeit ein ungeheueres Wissen aneigneten, da sie ihren eigenen Bedarf kontinuierlich festlegten und mit viel Energie und Motivation neue Fertigkeiten erlernten.

Problem 5: Mangel an Managementtraining

Max DePree von Herman Miller beobachtete, daß »Leadership viel mehr eine Kunst ist, ein Glaube, eine Frage der seelischen Haltung als eine Bündelung von Dingen, die zu tun sind. Die sichtbaren Merkmale für ein gelungenes Leadership zeigen sich schließlich in der Praxis.«

Gewöhnlich ist es klar sichtbar, wenn die Fertigkeiten von Teammitgliedern weiter trainiert werden müssen. Doch das Defizit an Fertigkeiten bei Geschäftsleitern und Managern bleibt oft verborgen. Für die meisten Führungskräfte unterscheidet sich ein Teamumfeld erheblich von ihrer Welt der Kommandos und Kontrollen. Es ist für die Teammitglieder nicht leicht, ihre Aufmerksamkeit zu gewinnen.

Ein Projektteam bei Westinghouse Norden warf einst das Problem des Unterstützungsdefizits der Geschäftsführer auf. Einige Führungskräfte dieses Unternehmens hatten nur wenig Verständnis für die Teamkultur und widersetzten sich ein ganzes Jahr lang jedem Antrag für ein Training, das dem Team weitergeholfen hätte. Entweder hatten sie keine Zeit oder sie hielten es nicht für notwendig.

Das Projektteam gab zu seiner Ehre nicht auf. Es traf sich wiederholt mit dem Vorstand, um ihn über seine Tätigkeit zu informieren. Schließlich wurden mehrere Vorstände überredet, Teamsitzungen zu besuchen, wo sie zunächst zu hören bekamen, wie verärgert die Mitglieder über deren Unterstützungsdefizit waren. Die Situation glättete sich, als das Unternehmen einen neuen Geschäftsführer einstellte, der in der Teamarbeit keine Vorteile sah und den schon erreichten Fortschritt rückgängig machen wollte. Da schaltete es bei den Vorständen, da sie zu diesem Zeitpunkt bereits einige Erfolge des Teams bemerkt hatten. Sie wollten die positiven Resultate der Teaminitiative nicht verlieren und stimmten endlich einem vertiefenden Training zu.

Das alles ist natürlich ein sehr harter Weg, den man vermeiden sollte. Um Teams bei ihren Fortschritten zu unterstützen, sollte man den Trainingsbedarf zu Beginn festsetzen.

Alan Cheney von den Air Products and Chemicals, Inc. bemerkt, daß in traditionellen Organisationen »Manager dafür bezahlt werden, daß sie den Wind der Veränderungen abhalten«. Es ist daher kein Wunder, daß in solchen Organisationen die Innovationsbemühungen gewöhnlich keinen Erfolg haben. Die Ermutigung der Manager, neue Fertigkeiten zu erlernen, enthält zudem auch eine andere Botschaft: daß der Übergang zu Teams etwas ist, was sich zu unterstützen lohnt. Durch die Weiterbildung der Manager verhilft man ihnen zu mehr Selbstbewußtsein im Umgang mit den sich wandelnden Systemen und Kulturen. Zusätzliches Training kann Praktiken wie die Erweiterung der Teamarbeit, Prozeßverbesserung der Teamentscheidungen und die Beseitigung störender Verhaltensweisen vermitteln.

Problem 6: Vertrauensdefizit für den Teamprozeß

Für einen gewissen Teil der Bevölkerung ähnelt die Arbeit in einem Teamumfeld einem Gang über heiße Kohlen. Diese Menschen glauben einfach nicht an die Effektivität von Teams, und mit allen ihren Tätigkeiten wollen sie die Wahrheit ihrer Sprüche beweisen, nämlich daß Teamarbeit eben nicht funktioniert. Eine nationale Studie vom »Work in America Institute« zeigt tatsächlich, daß 1 bis 2 % der Bevölkerung niemals bei Teamarbeit mitmachen würde. John Saunders, Direktor bei Binney und Smith, kann zu diesem Thema sogar noch dramatischere Angaben liefern. Während der beiden Jahre, in denen Saunders mit Teams bei Binney and Smith arbeitete, entließ er über die Hälfte seines ihm direkt unterstellten Managerstabs, weil sie nicht bereit waren, das Teamkonzept zu unterstützen.

Wie kann man den Glauben von jemandem verändern? Fordern Sie die Person geradewegs heraus? Wahrscheinlich nicht. Der Glaube der Menschen entwickelt sich über eine lange Zeit durch persönliche Erfahrung. Daher ist es fast unmöglich, sie allein durch Worte davon abzubringen. Aber Sie können skeptisch eingestellten Personen eine klare Vision und eine eindeutige Demonstration vor Augen führen, wie Teams zu unterstützen sind. Wenn Sie es richtig angepackt haben, wird das Team mit einem höheren Leistungsniveau reagieren. Und Sie haben damit die Skepsis mit der alterprobten Regel »Wer sieht, der glaubt« überwunden.

Es ist wichtig daran zu erinnern, daß den Managern am meisten das Wohlergehen der Firma am Herzen liegt. Sie können aber einfach nicht glauben, daß die Leistung eines Teams über die Möglichkeiten seines schwächsten Mitglieds hinausgehen könnte. Sie haben weder Erfahrung noch Einsicht in die Synergie eines Teams.

1. Wählen Sie den Bereich für die Teameinführung sehr genau aus!

Wählen Sie nicht den Bereich, in dem ein Großteil der Mitarbeiter der Teamarbeit skeptisch gegenübersteht. Damit würden Sie nur einen Mißerfolg riskieren. Suchen Sie solche Bereiche der Organisation aus, in denen ein Erfolg am wahrscheinlichsten ist. Als die ersten Organisationen ihre Teaminitiativen starteten, hatten sie nicht viele Anhänger auf ihrer Seite. Doch das Management konnte den Widerstand beseitigen, indem es solche Geschäftsführer und Teamleiter in sein Pilotteam aufnahm, die das Teamkonzept mit Energie unterstützten. Als diese Bemühungen gute Resultate brachten, entwickelte sich auch bei den anderen mehr Vertrauen.

2. Setzen Sie nach Möglichkeit niemanden durch Anordnung von oben ein!

Warten Sie auf einen Freiwilligen! Früher wurden die Teammitglieder einfach von oben zur Mitarbeit beordert. Das bestätigen die Untersuchungen aus der Studie über Teams von Zenger Miller, die zeigen, daß 57% aller Teammitglieder keine andere Wahl gehabt hatten. Die Studie stellt ebenfalls fest, daß 41% der Teammitglieder tatsächlich aus freiem Willen in Teams arbeiten, und daß in diesen Teams der allgemeine Erfolg bedeutend höher liegt als in solchen, in denen die Teilnehmer von oben eingesetzt wurden. Wenn jemand nicht im Team arbeiten will, sollte man ihn auch nicht dazu zwingen.

3. Vertrauen Sie auf die Eigendynamik im Teamprozeß!

Wenn ein Team erst mal etabliert ist, verbreiten sich die Informationen über die Teamdynamiken und -prozesse mit rasanter Schnelligkeit. Die Angestellten sprechen darüber in Cafeterias und auf Korridoren. Sie tauschen ihre Erfahrungen im Team untereinander aus, sowohl die guten als auch die schlechten. Natürlich gibt es da auch Frustrationen, doch auch eine mitreißende Begeisterung. Die Teammitglieder werden über ihre Erfolge reden, über die größere Zufriedenheit mit ihrer Arbeit und über ihre fast berauschende Erfahrung mit der Selbstbestimmung.

Die Skeptiker können dadurch langsam überzeugt werden. Wenn solche Leute einmal von ihrem alten Glauben ab- und in den Zustand des Zauderns gebracht worden sind, werden sie auch für die Teilnahme an Teamarbeit bereit oder können in ihrem Bereich für die nächste Phase der Teamentwicklung vorbereitet werden.

4. Wählen Sie Pilotbereiche aus, damit die anderen Angestellten den Verlauf beobachten können und sich dadurch an den Teamprozeß gewöhnen!

Ermutigen Sie Skeptiker, an Teammeetings teilzunehmen, sich mit den Resultaten bekanntzumachen, und selbst zu sehen, wie Probleme hier gemeistert werden.

5. Geben Sie den Ton in der Organisation an!

Erfühlen Sie die Verständigungsbereitschaft! Wir verstecken uns oft hinter dem Vorwand, daß die Veränderung so stürmisch vor sich geht, daß man nicht Schritt halten kann. Man sollte eine Organisation wie eine einzelne Person behandeln. Man kann niemandem sein Denken auf Befehl aufzwingen. Sie müssen schrittweise Ihre Ideen an sie heranbringen, so daß die Person sie assimilieren und akzeptieren kann. Sie müssen Geduld haben, bis die Gesprächspartner hinter den Sinn kommen und aufmerksam Ihren Worten folgen. Jeder Verkäufer kann Ihnen sagen, daß es Momente gibt, den Verkauf abzuschließen, und solche, bei denen man besser abwartet, da der Kunde noch nicht überzeugt ist.

> *Steve Terni, Präsident von Carter Mining, erinnert sich an zwei Personen aus seinem Team, die dem Teamprozeß sehr skeptisch gegenüberstanden. Der eine war der Leiter der Sicherheitsabteilung, der andere der technische Leiter. Terni wußte, daß er ihren Bedenken aufmerksam zuhören mußte, da sie verschiedene Themen ansprachen und Namen innerhalb der Organisation erwähnten, die ihm unbekannt waren. Da er aufnahmebereit war und ihre Bedenken nicht gleich vom Tisch fegte, begann er zu erkennen, wie er Probleme umgehen und alle Teilnehmenden leichter in die Teamkultur einführen könnte. Wenn er ihre Bedenken ignorieren und*

versuchen würde, seine Ideen mit Gewalt durchzusetzen, würde er genau die Probleme haben, vor denen die Geschäftsführer ihn gewarnt hatten, und das in einem viel höheren Grade. Auch das hatte er erkannt.

Gehen Sie nie einfach über Skeptiker hinweg! Oft ist man geneigt, ihren Standpunkt zu ignorieren und sie zur Seite zu schieben. Wenn Sie aber lernen, ihre Bedenken anzuhören und mit ihnen zusammenzuarbeiten, können Sie die Teaminitiative so vorantreiben, daß sowohl die Organisation als auch ihre Mitarbeiter sie akzeptieren können.

6. Halten Sie die Organisation auch weiterhin über die Erfolge der Teams auf dem laufenden!

Wenn die Zweifler sehen, daß gute Resultate erzielt werden, wird ihr Widerstand langsam dahinschmelzen. Daher verstecken Sie nicht ihre Erfolge! Ergreifen Sie jede Möglichkeit, über die laufende Arbeit zu berichten! Sie können das auf Sitzungen tun oder die Ergebnisberichte aushängen.

Problem 7: Kommunikationsdefizite unter den Teams

In dem Buch »De-engineering the Corporation« hebt Meg Wheatley folgendes hervor: »Wir haben in uns selbst die Fähigkeit, Anweisungen zu generieren, wenn die Umstände es erfordern. Solche Umstände kommen auf, wenn – kurz gefaßt – Menschen gezwungenermaßen aufeinanderstoßen und plötzlich mit einer Vielzahl von Beziehungen konfrontiert werden.«
Manager leiten geschickt Teammeetings und pflegen die informelle Kommunikationen unter den Mitgliedern, aber sie überlegen selten, wie sie es Teams erleichtern könnten, Informationen untereinander auszutauschen. Zur Gegensteuerung sollte man die Erweiterung der Dialogmöglichkeiten zwischen den Teams planen.
In »The Fifth Discipline« unterscheidet Peter Senge zwischen zwei Typen von Teamkommunikation: die geschickt geleitete Diskussion und der Dialog. Zweck einer ergebnisorientierten Diskussion ist es, zu einer bestimmten Schlußfolgerung zu kommen, mit der man eine klare Entscheidung treffen kann, ein Einvernehmen zu erzielen oder eine Priorität zu setzen. Der Zweck eines Dialoges ist einfach eine Erkundung, eine Entdeckungsfahrt und ein Einblick. Es gibt kein anderes Ziel für einen Dialog, als Menschen zusammenzuführen, deren Kreativität dadurch angeregt werden soll.

Der Dialog, ein Schlüssel zum kreativen Denken

Da der Dialog etwas ist, was die Leute für etwas Selbstverständliches halten, vergessen Organisationen oft, ihm einen Wert beizumessen oder diese Art der menschlichen Interaktion durch die Einrichtung zeitlicher und räumlicher Gelegenheiten zu fördern. Denn sehr wahrscheinlich entspringt der innovativste Gedanke einem intellektuellen Anreiz aus geführten Dialogen.

Senge glaubt fest daran, daß eine Organisation möglichst viele Dialoge benötigt. Je mehr geführt werden, desto mehr Möglichkeiten bieten sich für die Teammitglieder, dazuzulernen und Informationen auszutauschen.

Die meisten Manager erkennen schnell die Vorteile des Dialogs innerhalb des Teams, die anregenden Gespräche, die immer beginnen, wenn Teammitglieder zusammenkommen, um über die Arbeit zu reden. Trotzdem denken sie selten daran, das Teamumfeld so zu strukturieren, daß Möglichkeiten für Dialoge zwischen den Teams entstehen. Eine bemerkenswerte Ausnahme davon ist Canada Life.

> *Als Canada Life seine Planungsteams für Informationsservices einführte (Anwendungen für verschiedene Software und Hardware), strukturierte die Gesellschaft die Teammeetings formal so, daß immer jemand von einem anderen Team dabei war. Tatsächlich agierten die Vertreter von den anderen Teams wie Meetingsleiter.*
>
> *Das wirkte sich ungeheuer fruchtbar aus. Die Gäste konnten den Teams alle neuen Ideen mitteilen, die ihr eigenes Team entwickelt hatte. Umgekehrt brachten die Besucher die Informationen von dem Meeting zu ihren eigenen Teams, wo sich der Prozeß wiederholte. Auf diese Weise gelangten alle wertvollen Ideen in alle Teams bei Canada Life.*
>
> *Zunächst hatten die Teammitglieder die Notwendigkeit eines Informationsaustausches kaum einsehen können. Doch nachdem sie einmal andere Teammeetings besucht hatten, erkannten sie, daß die von ihnen bearbeiteten Anwendungen sich auch auf Gebiete jenseits ihres beschränkten Arbeitsbereiches ausdehnten.*

Viele Geschäftsleiter haben gelernt, daß Kommunikation über formelle Kanäle laufen muß. Daher sehen sie oft den Vorteil spontaner Dialoge nicht. Wenn die Angestellten jedoch durch Dialog und Diskussion ihre Teamgrenzen überwinden, schaffen sie ein fließendes, flexibles, zum Lernen stimulierendes Umfeld, in dem Teams zu einer wichtigen Quelle von Innovation und Produktivität werden. Diese Kommunikation wirkt auch der Entfremdung entgegen, die sich einstellen kann, wenn nur einige wenige Teams erfolgreich sind. Es ist nützlich, Teammitglieder wissen zu lassen, daß sie nicht ganz allein mit diesen Problemen und Sorgen sind, sondern daß es auch woanders für sie aktive Hilfe gibt.

Problem 8: Unklare Kommunikation über den Zweck des Teams

Könnten Sie jeden Tag ohne ein klares Ziel arbeiten und ohne zu wissen, wie Ihre Arbeit bei den Kunden ankommt? Wäre es dann nicht schwer für

Sie, irgendeine Begeisterung dafür aufzubringen? Leider werden Teams oft ohne konkrete Zielsetzung und Absicht eingesetzt.

Hier liegt die ganze Wahrheit. Damit Teams ein hohes Leistungslevel erreichen, müssen sie an klar verständlichen Geschäftszielen und, das ganz besonders, an den Bedürfnissen der externen Kunden ausgerichtet sein. Unter dieser Bedingung können Teammitglieder ihre Aufgaben und Rollen selbst bestimmen. Sie können auch die Wirkung ihrer Arbeit auf den Kunden beurteilen. Und umgekehrt können damit die Teammitglieder ihren eventuellen Bedarf an neuen Fertigkeiten und zusätzlichen Rollen festlegen. Diese Methode, ein von allen geteiltes Verständnis zu schaffen, kommt leider viel zu selten vor. Typischer ist folgendes Szenarium: Ein Geschäftsleiter erinnert sich, wie man in einer vorigen Organisation die Arbeit bewältigte. Er gräbt die alten Rollenbeschreibungen aus und reicht sie den Teammitgliedern weiter mit dem Vorschlag: »Was dort funktioniert hat, wird es auch hier tun«. Er kommt zu noch einer falschen Schlußfolgerung. Er nimmt an, daß diese Rollenbeschreibungen etwas wie eine allgemeingültige Formel sind, die immer zum Erfolg führt. Er vergißt dabei, daß sie nur ein spezifisches Problem in einem spezifischen Umfeld gelöst hat. Und er vergißt, daß nicht alle Kunden oder Situationen gleich sind, daß Problemlösungen nicht beliebig einsetzbar sind.

Mangelnde Zielsetzung setzt ein Team einem Risiko aus, besonders, wenn gleichzeitig die Führungsspitze ausgewechselt wird.

Bei Carter Mining existierten Teams schon seit etwa 18 Monaten, und sie zeigten insgesamt gute Ergebnisse. Doch trotz der guten Leistung waren sich viele Teammitglieder über ihre Ziele im unklaren. Als der neue Präsident kam, befanden sich die Teams noch in der Übergangsphase. Das Teamumfeld erschien ihm zu »lasch« geleitet und zu verschieden von dem, was er vorher gewohnt war. Die Probleme, die sich ihm stellten, waren ihm fremd. Er hatte keine klare Vorstellung darüber, wie man die Entwicklung von Teams unterstützen muß. Er verstand, wie man Einzelpersonen zu einem klaren Verantwortungsbewußtsein und einer besseren Mitarbeit verhilft. Daher war eine seiner ersten Maßnahmen, das Teamkonzept zu verbannen, die Teams aufzulösen und die Organisation zu einer ihm vertrauten Struktur zurückzuführen.

Eine neu hinzukommende Führungskraft hat manchmal nur wenig Verständnis für eine vorhandene Teamkultur und glaubt eher, daß ein gutes Management strenge Kontrolle bedeutet. Ohne die ihm vertrauten Positionen steigt Angst in ihm hoch. Von diesem Moment an sind die Tage des Teams gezählt. Wenn also ein neuer Geschäftsleiter in die Organisation kommt, ist es für ein Team die beste Verteidigungspolitik, Ziel und Zweck klar aufzuzeigen.

Teams können daraufhin gecoacht werden, einen neu eingestiegenen Geschäftsleiter für sich zu gewinnen. Sie sollten zum Beispiel ihre eigenen Produktionsdaten vorzeigen. Nichts überzeugt eine Führungskraft mehr als schwarze Zahlen, und wenn die Teams solche parat haben, wird ihre Position bedeutend besser sein. Teams können auch die Initiative ergreifen und den Geschäftsführer »erziehen«. In speziellen Präsentationen können sie ihm genau auseinandersetzen, wie sie funktionieren, was für Ergebnisse sie erbracht haben und was sie vom Management benötigen, um ihre Ziele zu erreichen.

Umgekehrt sollte eine Führungskraft auch den Mut haben, selbst ein Gespräch mit den Teammitgliedern zu suchen. Nichts gibt ihm mehr Sicherheit als die Feststellung, daß die Teammitglieder geschickte Geschäftsleute mit einem enormen Engagement und hoher Loyalität zur Organisation sind. Er kann sich auch direkt bei den Kunden über die Leistung des Teams erkundigen.

Problem 9: Mangelnde Identifikation mit den Zielen und Richtlinien der Organisation

Wenn eine Organisation sich für eine Insel- oder eine Abteilungsstrategie entscheidet, existieren die Teams anfänglich nur in einigen ihrer Bereiche. Das bedeutet, daß Systeme, politische Richtlinien und Arbeitsabläufe noch nach der traditionellen, hierarchischen Struktur ausgerichtet sind. Möglicherweise entsteht sogar ein gewisser Druck, Engagement, Energie und Ressourcen zu generieren, die zur Umgestaltung der Organisation in ein teamorientiertes System benötigt werden.

Viele Organisationen haben zum Beispiel ein auf Fertigkeiten beruhendes Belohnungssystem, das diejenigen Teammitglieder bevorteilt, die neue Arbeitsfertigkeiten erlernen müssen. Wenn sie diese Aufgabe abgeschlossen haben, schwindet plötzlich die Möglichkeit für eine finanzielle Verbesserung. Wenn ein Angestellter sieht, daß seine Bemühungen keine finanziellen Vorteile bringen, wird das seine Begeisterung bremsen.

Als Allied Signal Lawrence A. Bossidy, den Vorsitzenden eines sechsjährigen, 47-Millionen-Dollar-Unternehmens, im Juni 1994 auszeichnete, berichtete der »Philadelphia Enquirer«, daß diese Steigerung vor allem den Gewinnen des Qualitätsteams am Claymont-Werk, Delaware, zu verdanken war. Die Arbeiter am chemischen Werk hatten die Betriebskosten um 8 % senken können. Doch als der Vorstand ihre Prämien zurückzog, meinten die Arbeiter verärgert, daß phantasievolle Fernsehsendungen und Berichte nicht gerade der gebührende Dank für ihre Ergebnisse wären.

Wenn die Teaminitiative einmal eingeführt und im Gange ist, denkt die Geschäftsführung oft nur wenig darüber nach, wie sie die Motivation des Teams auch weiterhin erhalten könnte.

Wenn die Teamergebnisse direkt mit den spezifischen Geschäftszielen in Verbindung stehen, ist es jedoch wahrscheinlicher, daß das Unternehmen sein Entlohnungssystem und seine politischen Richtlinien dahin verändert, daß die Teams am Erfolg beteiligt werden. Denn es ist hier ja klar erkennbar, wieviel die Erfolge der Teams zur Erfüllung der Geschäftsziele beitragen. Wenn Teams anscheinend auf einen toten Punkt angekommen sind und ihre Fortschritte nachlassen, ist es ratsam, die Systeme und die Politik der Organisation ins Visier zu nehmen.

Die Integrierung von Teameinführungen in den Geschäftsplan

Es kann vorkommen, daß der Vorstand einer Organisation Teams aufgeben will, falls ihre Arbeit nicht ganz reibungslos läuft. In dem Fall kann das Management ihm den Wind aus den Segeln nehmen, wenn es die Teaminitiative in den Geschäftsplan der Organisation integriert. Gleichzeitig stellt es damit den Erfolg der Teams sicher. Diese Vorgehensweise wählten zwei Drittel (69%) der in der Zenger-Miller-Studie befragten Gesellschaften, und 67% von ihnen wiesen einen zufriedenstellenden Fortschritt auf. Teams in die Unternehmensplanung zu integrieren, bedeutet, daß sie nicht länger am Rande stehen. Es bedeutet, daß jedes Teammitglied – nicht nur die Führungskräfte – den Geschäftsplan vor Augen haben muß. Das öffnet alle Kanäle, so daß jeder seinen Beitrag leisten kann. Darin liegt die wahre Kraft des Teams. Umgekehrt gaben nur 35% der in der erwähnten Studie befragten Organisationen, in denen die Teameinführungen nicht in den formellen Geschäftsplan eingebunden waren, einen befriedigenden Fortschritt an.

Es ist tatsächlich sehr lehrreich zu beobachten, wie der Erfolg von Teams sinkt, sobald die Teaminitiative immer mehr isoliert wird. Zufriedenstellender Fortschritt wurde angegeben in:

- 64% der Programme, in denen Teams integriert waren. 59% der Programme, in denen Team- und Qualitätsinitiativen koordiniert, aber voneinander getrennt waren.
- 30% der Programme, in denen Team- und Qualitätsinitiativen vollständig getrennt waren.

Die Beete in einem Garten werden sicherlich viel üppiger blühen, wenn der Boden angereichert wird. Auch Teams müssen mit der Betriebskultur angereichert und von den vorhandenen gesunden Kräften innerhalb des Betriebumfeldes unterstützt werden. Geschieht das, entwickelt sich auch die Synergie, die ein Team während der schweren Tage nach dem Start wachsen läßt.

Problem 10: Managersabotage

Fast jeder Hausbesitzer weiß zumindest eine Geschichte über Probleme zu erzählen, die man erst später erkennt. Termiten, Schimmelpilz, Sprünge in den Grundmauern, Kurzschlüsse im Stromnetz, all das greift die Stabilität des Hauses an. Man ahnt von nichts, bis plötzlich eine Wand einbricht oder Funken sprühen, während man den Haartrockner bedient. »Unsichtbare« Bedrohungen sind am schwersten zu bekämpfen, da man sie erst bemerkt, wenn der Schaden da ist.

Das gilt auch für ein Teamumfeld. Geschäftsleiter sind im allgemeinen davon überzeugt, daß Mitglieder von Teams bestrebt sind, immer neue Möglichkeiten zur Mitbestimmung zu finden. Leider fehlt solch ein Enthusiasmus oft bei den mittleren und Topmanagern. Diese Personen haben nicht selten das Gefühl, es würde ihnen etwas verlorengehen, wenn das Team erfolgreich ist.

Manchmal erhebt sich Widerstand, weil einfach zuviel auf einmal passiert. Jim Lawler von Union Camp erinnert sich an einen mißlungenen Versuch, in seiner früheren Gesellschaft Blue Cross/Blue Shield in Virginia Teams einzuführen. Das Unternehmen hatte gerade fusioniert, wobei es größere Teile seines Geschäftes Roanoke abgetreten hatte.

»Sie versetzten die Beschäftigten und mußten sie umschulen«, erzählt Lawler. »Direkt danach starteten sie einen Versuch mit dem Teamkonzept, so daß diese Beschäftigten mit ihren neuen Stellen und gleichzeitig mit ihrem Self-Management zu kämpfen hatten.« Die Einführung von Teams bei Union Camp lief auch nicht ohne Schwierigkeiten ab, allerdings aus anderen Gründen. »Ich weiß nicht, ob es so sehr Widerstand oder fehlendes Verständnis war«, sagte Lawler. »Es war schwer, gut organisiert zur Teamarbeit überzugehen, und die Erwartungen der Mitarbeiter lagen oft ganz daneben.«

Sabotage kann schwer zu fassen sein

Manager, die sich von einem Team bedroht fühlen, können zu subtilen Arten von Sabotage greifen. Oft nehmen sie ein passives-aggressives Verhalten ein. Ebenso kann ein Manager notwendige Informationen zurückhalten oder dem Team einen Prozeß vorenthalten, den es zu einer Problemlösung oder Entscheidung benötigt. Diese Art von Sabotage, die auf jedes Ziel gerichtet sein kann – auf die Auswahl geeigneter Technologien bis zur Einstellung neuer Mitarbeiter – ist nicht leicht zu erkennen. Hier ein Beispiel:

> *Die Einstellung und Einführung neuer Arbeitnehmer gehört zu den traditionellen Funktionen eines Managers. Da viele Manager sich dagegen sträuben, diese Verantwortung aus den Händen zu geben, haben schon mehr als einer zu beweisen versucht, daß Teams nicht in der Lage sind,*

Verantwortung zu tragen. Solch eine »Beweisführung« kann recht spitzfindig durchgeführt werden.
So weiß der Manager zum Beispiel spezifische Einzelheiten über Einstellungen und Richtlinien, die nicht im Handbuch stehen. Es gibt vielleicht auch ärgerliche logistische Probleme wie zum Beispiel die Vernetzung mit Voice-Mail- oder E-Mail-Systemen. Ist niemand da, der Teams darüber informiert, oder behält der Manager diese Information für sich, erscheint das Team in der Ausführung der gleichen Tätigkeiten natürlich ineffizienter.

Mit einem anderen Szenarium kann man eine Situation so verschlechtern, daß es fast zu einem Zusammenbruch kommt. Dann kann der Manager hereinstürzen und das Team mit Informationen retten, in die allein er eingeweiht war. Mit dieser Methode kann der Manager manipulieren, ohne den Auswirkungen eines völligen Zusammenbruchs des Teams ausgesetzt zu sein, die auch ein wenig auf ihn zurückfallen würden.
Ein anderer Typ passiver Sabotage ist es, wenn der Manager Teammitgliedern, die persönliche Schwierigkeiten haben, seine Hilfe verweigert.
Wenn ein Teammitglied persönliche Probleme hat, widerstrebt es ihm vielleicht, diese mit dem Team zu besprechen. Es ist oft leichter, sich dem Manager anzuvertrauen. Ein Manager, der gern hilft, kann diese Notlage den anderen Teammitgliedern so vermitteln, daß er die Unterstützung des gesamten Teams erhält. Der Manager kann die Mitglieder des Teams coachen, damit sie die Arbeit neu einteilen können. Der Manager kann auf vielerlei Art dazu beitragen, die feindselige Stimmung gegenüber dem in Sorgen geratenen Mitglied abzufangen, ohne das Team zu strafen und ohne das Team zu bevormunden. Wenn der Manager andererseits die Autonomie des Teams boykottieren will, braucht er nur die aktive Unterstützung vorzuenthalten, und dann in Ruhe abwarten, bis das Problem eskaliert, um dann einzuschreiten und eine dramatische Rettung zu inszenieren.
Genau so verhält es sich, wenn Mitarbeiter sich abkapseln und ignorieren, daß Manager und Teams etwas Hilfe benötigen. Die Teams brauchen jemanden, der ihre Angelegenheiten auf höherer Ebene vertritt, und die Manager brauchen jemanden, der ihnen moralische Unterstützung gibt und bereitwillig auf alle auftretenden Probleme eingeht.

Was tun, um Sabotage zu verhindern?
Ein positiver Schritt dazu ist, wenn die Geschäftsleitung ihre Manager in verschiedenen Teams einsetzt, so daß jeder neu beginnen muß. Ein weiterer Schritt in diese Richtung ist die Übertragung von mehr Entscheidungskompetenz für die Manager der mittleren Ebene. Das bedeutet eine Erweiterung ihres Aufgabenfeldes wie zum Beispiel die Entwicklung von strategischen Plänen, Festlegen von Zielen und Kennzahlen, Entscheidungen für neue Tech-

nologien sowie das Führen von Kundengesprächen. Mit der Erweiterung ihrer Entscheidungskompetenz ermöglicht ihnen die Geschäftsleitung, ihre Einflußsphäre auf andere Bereiche auszudehnen. Auf diese Weise wird die Einführung von Teams auch für sie zum Gewinn.

Jim Lawler von Union Camp bietet hierzu einen Vorschlag an: »Wenn der Plan einmal steht, glaube ich, daß Sie die Teamarbeit stufenweise einführen müssen, so daß die Mitarbeiter sich daran gewöhnen können. Sie müssen die Manager dafür gewinnen, indem Sie ihnen erklären, warum die Teams notwendig sind. Sie müssen sie dazu bringen, daß sie von selbst verstehen, warum Sie Teams haben wollen und wie positiv sie sich auf die gesamte Unternehmung auswirken werden.

Problem 11: Mangel an konstanter Managementunterstützung

In den ersten Tagen der Teameinführung ist ihnen die Unterstützung meist sicher. Haben sich jedoch nach geraumer Zeit die Teamfertigkeiten entwickelt, reduziert sich diese Unterstützung zusehends. Das ist sehr bedauerlich, weil sich die Bedürfnisse der Teams zwar verändern, aber nicht verschwinden.

Einige Führungskräfte verzichten auf ihre alten Gewohnheiten, um über die laufenden Bedürfnisse der Teams zu wachen. Als Harvey Golub, der jetzige Präsident von American Express, die Finanzabteilung der Gesellschaft leitete, beschloß er, sich einen Tag monatlich der Service-Hotline zu widmen, um aus erster Hand die Probleme und Frustrationen zu erfahren, mit denen Teams täglich konfrontiert werden. Weil er dadurch ihre Probleme besser verstand, konnte er auch für eine geeignete Unterstützung der Teams sorgen. Führungskräfte sind nicht immer zu solchen Schritten bereit, doch sie sollten sich wenigstens die Zeit nehmen, zu den Teams zu gehen und mit ihnen zu sprechen. Gibt die Arbeit ihnen ein größeres Gefühl von Geltung und Zufriedenheit? Gibt die Organisation den Teams ausreichenden Rückhalt? Fehlt etwas, das die Tätigkeiten der Teammitglieder lohnenswerter machen könnte? Die Führungskräfte müssen regelmäßig den Puls des Teams überprüfen, um über ihren gegenwärtigen Gesundheitszustand informiert zu sein.

So können sie zum Beispiel entdecken, daß Teams keinen Zugang zu relevanten Informationen haben. Die Mitglieder der Teams können ohne Basiswissen die vorhandenen Daten nicht interpretieren und sind auch nicht in der Lage, genau die Informationen anzufordern, die sie benötigen.

Wie kann man sicherstellen, daß die Unterstützung für die Teams nicht unbemerkt entgleitet? Dagegen kann man ein Steuerungskomitee einsetzen, in dem Geschäftsführer sitzen, die sich aktiv an der Teaminitiative beteiligen. Dieses Komitee besitzt ausgewählte Informationen aus erster Hand über den gesamten Arbeitsbereich der Teams. Es signalisiert aufgrund seiner Erkenntnisse dem Management, was die Teams benötigen. Gleichzeitig dient es als eine Art Vertreter (Ombudsmann) für die Teammitglieder, da sie sich für ihre Interessen einsetzen und bei kontroversen Problemen die Rolle eines Schiedsrichters annehmen.

Kurzsichtigkeit von Führungskräften

Manchmal kann eine Führungskraft einfach nicht verstehen, warum ein Team nicht effektiv funktioniert. Solch eine Kurzsichtigkeit kann die Leistung eines Teams in vieler Hinsicht negativ beeinflussen:

- *Die Geschäftsführer haben ein ureigenes Interesse, bestimmte Prozesse aufrechtzuerhalten.* Diese Situation tritt häufig in einem technischen Bereich auf, zum Beispiel wenn ein Geschäftsführer dank seiner anerkannten Fachkenntnisse auf einem Spezialgebiet Karriere gemacht hat. Diese Fachkenntnisse können ihn daran hindern, praktische Vorschläge von technisch schlechter ausgebildeten Teammitgliedern anzuhören. Solche Geschäftsführer können oft nicht anders, als den herkömmlichen Prozeß und seine Sequenz genaustens beizubehalten.
- *Der Geschäftsführer nimmt eine »Vater-weiß-es-am-besten«-Haltung ein.* Ein Beispiel für dieses Verhalten ist der Manager eines Informationsservice (IS), der die Mitarbeiter davon abhält, sich ihre Hardware und Software selbst auszusuchen, weil sie kein »richtiges« IS-Training absolviert haben. Dabei stehen sie der Anwendung viel näher und können die geeigneten Ressourcen viel besser beurteilen.
- *Betriebsrichtlinien werden unerbittlich beibehalten.* Die Politik der Gesellschaft kann neue Definitionen und Verbesserungen des Arbeitsprozesses verhindern. Hier ein Beispiel dafür:

Die Teammitglieder der Schlußmontage eines Hubschrauberwerks wollten die Reihenfolge verändern, in der verschiedene Bestandteile montiert werden. Nach den Instruktionen mußten zuerst die Türen und dann die Fenster installiert werden. Die Teams fanden aber heraus, daß es viel schneller geht, wenn man zuerst die Fenster und zum Schluß die Türen einsetzt, weil sie dann die Türen verkeilen konnten, um alles genau anzupassen. Dieselben Einstellungen konnten nicht vorgenommen werden, wenn man die Fenster zum Schluß verkeilte. Doch das Team konnte die Geschäftsführung leider nicht dazu bewegen, die in den Richtlinien vorgeschriebenen Arbeitsabläufe zu verändern.

- *Die Teams besitzen Autorität, ohne ausreichend über die wesentlichen Geschäftsentscheidungen informiert und in Kenntnis gesetzt zu werden.* Somit erhalten Teammitglieder die Möglichkeit, Entscheidungen über Dinge zu treffen, für die sie ungenügend vorbereitet sind.

Bei GenCorp, einem Werk für bestimmte Teile für die Automobilindustrie, entdeckte ein Team in der Qualitätsabteilung die Möglichkeit, die Qualitätsüberprüfung durch eine Verkürzung der Testzeit zu beschleunigen. Es war der Ansicht, daß das Produkt auch dann noch dieselben Qualitätsstandards aufweisen konnte. Schwächen in der Produktgüte, die die kürzere Testzeit verursacht hatte, zeigten sich jedoch erst einige Jahre später. Diese Situation hätte vermieden werden können, wenn der Geschäftsleiter die Fähigkeiten und Kenntnisse des Teams realistischer beurteilt hätte.

- *Die Umorganisation der Arbeit ist nicht der Teamstruktur angepaßt.* Bei der Einführung von Teams geht man nur allzuoft von dem Gedanken aus, die Arbeitsabläufe unverändert zu lassen, obwohl gerade hieraus Probleme entstehen.

Die Kunden einer Gesellschaft beklagten sich, daß sie immer wieder verschiedenen Angestellten dieser Gesellschaft dieselben Informationen durchgeben mußten. Die Ursache lag in der Struktur der Rechnungsstelle. Wenn eine Forderung einen Zahlungsrückstand von über 30 Tagen erreichte, wurde sie von dieser Abteilung an die nächste zuständige Abteilung geschickt. Folglich mußte ein Kunde, dessen Rechnungsausgleich noch nicht eingegangen war, in jeder Abteilung immer wieder das gleiche erzählen. Das verärgerte die Kunden, die legitime Gründe für ihre Rückstände hatten. Eine effizientere und kundenfreundlichere Methode wäre es, die Daten auf den Files alphabetisch zu ordnen, damit dieselben Angestellten einen Rückstand durch alle verschiedenen Bearbeitungsstufen verfolgen können.

- *Der Geschäftsleiter führt Teamarbeit in Bereiche ein, in die sie nicht passen.* Dr. Sue Freedman, Chef der Knowledge Work Associates, rät, daß Sie auf drei Dinge achten sollten, wenn Sie Teams einsetzen: (1) auf wichtige Arbeitsabläufe, (2) ausreichende Beratung und (3) die Verknüpfung der Teams untereinander. Sie können kein Arbeitsteam organisieren, wenn sich die Mitglieder nicht aufeinander verlassen können. Ohne gemeinsame Ziele und Arbeitsprozesse gibt es kaum Chancen für eine effiziente Teamarbeit.

Woran erkennt man, daß man vom Kurs abkommt?

Woran erkennen Sie, daß die Dinge nicht so laufen, wie sie sollten, und etwas verändert werden muß? Nach welchen Kriterien beurteilen Sie die Entwicklung eines Teams? Wonach suchen Sie? Das Mosaik, das sich aus den

Antworten der folgenden Fragen ergibt, wird Ihnen ein deutlicheres Bild von den Stärken und Schwächen Ihres Teamumfeldes vermitteln:

1. Wie werden Entscheidungen getroffen?
2. Wie oft und wie schnell werden Informationen an die Teams weitergegeben?
3. Wie lange sollen die Teams existieren?
4. Wieviel tägliche Kontrolle ist erforderlich?
5. Welchen Umfang haben die gestellten Aufgaben?
6. Wieviel wurde in die Teams investiert?
7. Welchen Gebrauch machen Teamleiter von ihrer Funktion?
8. Wie hoch ist das Engagement des Teams?
9. Wie groß ist das Vertrauen innerhalb des Teams?
10. Wie klar ist der Zweck des Teams?
11. Welche Kommunikationsmöglichkeiten stehen zur Verfügung?
12. Wie hoch ist das Involvement und die Verantwortung, die auf dem Team lastet? Ist die Verantwortlichkeit gleichmäßig verteilt? Wann wurde sie verteilt?
13. Sind die Teams eng am Arbeitsprozeß orientiert? Sind sie gerade erst dabei, ihn zu verstehen, oder sind sie auf einem Entwicklungsstand, auf dem sie bereits ständig nach Verbesserungsmöglichkeiten suchen?
14. Was sind die größten Herausforderungen, vor denen das Team steht?
15. Welche Ergebnisse können Sie vom Team erwarten?
16. Welches Training ist notwendig? Welche Fertigkeiten sind erforderlich?
17. Welcher Zusammenhang besteht zwischen Position und Verantwortlichkeit?
18. Ist das Team ermächtigt, Probleme zu definieren, Vorschläge zu machen oder seine Vorschläge innerhalb des laufenden Arbeitsprozesses zu verbessern?
19. Wer führt Leistungsbeurteilungen durch, und wer legt das Entlohnungssystem fest?
20. Wie reagieren die Mitarbeiter beim Auftreten von Problemen? Akzeptieren sie auch Rückschläge oder verzweifeln sie an der Teaminitiative?
21. Unterbreiten die Teammitglieder dem Management Lösungsvorschläge, sobald sie mit Problemen konfrontiert werden?
22. Welche Charaktere besitzen die Teammitglieder: Sind sie Spielernaturen oder eher kühle Rechner?
23. Werden Probleme jetzt schneller gelöst?
24. Messen die Teams ihren Fortschritt? Benutzen sie dabei Fakten, oder verlassen sie sich auf ihre Intuition?
25. Hat es einen erkennbaren Bewußtseinswandel gegeben? Erkennen die Mitarbeiter bereits, daß sie ihre Fertigkeiten unter Umständen ändern müssen und daß ihre Arbeitsaktivität mit anderen Ressourcen inner-

halb des Systems verbunden werden muß, damit ihre Arbeit effizient erledigt wird?

Ein erfolgreiches Team zu leiten, erfordert hohe Wachsamkeit. So bemerkt Dick Kamischke von Herman Miller: »Wir müssen lernen, das Teamumfeld beizubehalten und Entscheidungen schnell genug zu treffen. Wir müssen lernen, unsere Daten zu organisieren und sie richtig einzusetzen. Wir müssen außerdem wissen, wie wir das Team ständig auf dem laufenden halten. Wir müssen dem Team die Möglichkeit geben, sich selbst zu reflektieren und auch solche Fragen zu stellen wie: ›Was geht gerade vor, und was haben wir daraus gelernt?‹«.

Warum sollte man das Unerwartete erwarten?

In einer berühmten Science-fiction-Geschichte von Ray Bradbury »A Sound of Thunder«, reist der Abenteurer Eckels in die Zeit der Dinosaurier. Bevor er seine Reise antritt, wird Eckels davor gewarnt, irgend etwas in der prähistorischen Umwelt zu zerstören. Doch als er durch den urzeitlichen Wald floh, zertrat er aus Versehen einen Schmetterling. Nach seiner Rückkehr von der Zeitreise sah er, daß die Auswirkung dieses unbedeutenden Ereignisses sich in unvorstellbarer Weise potenziert hatte. Durch die Anhäufung vieler kleiner, sich einschleichender Zufälle hatte das Zertreten eines vorgeschichtlichen Schmetterlings eine entscheidende Selektion hervorgerufen.
Die Geschichte zeigt, wie anscheinend unbedeutende Ereignisse eine ungeheure Auswirkung haben können. Verändern Sie die Abrechnungsprozeduren, und Sie werden Auswirkungen auf Ihr Finanzsystem haben. Modifizieren Sie die Just-in-time-Produktion, und Sie werden Auswirkungen auf die Planung und Kontrolle beobachten können. Veränderungen in einem Teamumfeld bekommt man oft zu spüren, wenn man es am wenigsten erwartet, da sowohl das technologische als auch das soziale System von ihnen geleitet wird und sich daher viele Prozesse synchron umwandeln. Die Dinge werden nie so verlaufen, wie Sie sie geplant haben, egal wie sorgfältig die Planung und wie hoch die Unterstützung der Geschäftsleitung war.
Dem Unerwarteten zuvorzukommen, ist ein wichtiger Teil der Teamerfahrung. Die Bereitwilligkeit, Hindernisse und deren Ursachen auf allen Ebenen zu suchen, ist absolut entscheidend. Wenn Teamentwicklung zu Teamkonfusion wird, muß der Übergangsplan selbst revidiert werden, damit das Problem gelöst werden kann.

Siebtes Kapitel
Die Stabilisierung des Arbeitsprogramms

Solange die Verantwortlichen nicht die beiden grundlegenden Prinzipien einer Organisationsstruktur – die bürokratische oder die demokratische – und ihre völlig unterschiedlichen Resultate richtig verstehen, werden sie weiterhin kurzfristige Lösungen wählen und somit die bürokratische Organisationsstruktur beibehalten.
Fred Emery, 1995

> *Fragen, die in diesem Kapitel gestellt werden:*
> - Die Charakteristik einer Teamkultur.
> - Wie wichtig ist die Unterstützung von seiten des Vorstands?
> - In welcher Weise kann eine Teamkultur den Teams in schweren Zeiten helfen?

Ihre Überlebensgruppe in der Wildnis war nun einige Tage von ihrem Kurs abgekommen. Doch nun scheinen sich die Leute Gott sei Dank gefaßt zu haben. Sie legen mehr Selbständigkeit und Initiative an den Tag, und es scheint, daß sie sich langsam an die rauhe Umwelt gewöhnen.
Würden Sie die nun schon zusammengewachsene Gruppe zu einer zweimonatlichen Wanderung in den peruanischen Dschungel mitnehmen? Sicherlich nicht. Zumindest noch nicht.
Um eine bleibende Teamkultur aufzubauen und dem Team damit eine Polsterung für problematische Situationen zu geben, müssen Sie Denkweise und Bewußtsein des Teams grundlegend verändern. Das geschieht nicht über Nacht, und es wird sich auch nicht von selbst einstellen, solange Sie nicht eine psychologische und soziale Grundlage dafür schaffen.
Hat man in einigen Organisationsbereichen Teams eingeführt, denken die Angestellten meist, daß sie daher in einem teamorientierten Unternehmen arbeiten. Sie können sogar auf Meetings und andere Äußerlichkeiten, die zur Teamkultur gehören, verweisen. Doch ist es wirklich eine eigenständige Kultur oder nur eine traditionelle mit Teams? Eine wahre Teamkultur zeigt sich in einigen sehr spezifischen Charakteristiken.

Die charakteristischen Kennzeichen einer Teamkultur

Eine übergeordnete Vision

Da eine Teamkultur dynamisch und flexibel ist, scheint alles sehr schnell darin abzulaufen. Die Geschwindigkeit, mit der sich Dinge verändern, macht es unmöglich, immer alle Entscheidungen und Probleme des Teams zu überblicken. Oft existieren daher in solchen Kulturen bestimmte Regeln, Richtlinien und Grundsätze.
Wie gelingt es dann den Teammitgliedern, ihre Ziele nicht zu verfehlen? Die Antwort lautet: Sie haben eine übergeordnete Vision, die jeden einzelnen durch vertraute und nicht vertraute Situationen führen kann, eine Vision, die als Kriterium für Entscheidungen dient. Das folgende Beispiel zeigt Ihnen, wie solch eine Vision auf Teams mit starken gemeinsamen Wertvorstellungen wirken kann. Wenn es ihre Aufgabe ist, den Marktanteil zu verbessern, brauchen sie nicht viel darüber zu diskutieren, wer was zu tun hat. Jeder versteht seine Arbeit und weiß Bescheid. Sie geben alles, was ihnen möglich ist. Das gleiche Prinzip kann auch auf höhere Ebenen übertragen werden.

In einem Rehabilitationszentrum fragte der Vorsitzende die Abteilungsleiter immer wieder: »Was für eine Vision haben Sie über ihre Kundenarbeit?« Er wiederholte diese Frage regelmäßig innerhalb von 18 Monaten. Einige Abteilungsleiter waren über diese andauernde Fragerei verärgert und frustriert. »Warum fragt er uns andauernd?« beklagten sie sich. »Warum ergreift er nicht selber die Initiative oder tut etwas?«
Schließlich stellte er auf einer Weihnachtsfeier eine andere Frage: »Wie fühlen Sie sich mit Ihrer Vision von der Kundenarbeit, da Sie ja schon seit 18 Monaten darüber nachgedacht haben?« Die Mitarbeiter waren höchst erstaunt. Jetzt erst erkannten sie, daß sich – noch während sie ihre Vision definierten – diese bereits ihre Arbeitseinteilung, ihre Art, mit Kunden umzugehen und Entscheidungen zu treffen, beeinflußt hatte. Sie begannen, begeistert darüber zu berichten, wie motiviert sie sich fühlten, wieviel sich bereits verändert hatte. Als sie dann weiter darüber nachdachten, erkannten sie, daß sie durch die Aufforderung, über ihre Vision nachzudenken, ganz automatisch und ohne bewußte Anstrengungen ihre Tätigkeiten genau fokussiert hatten.
Die Geschäftsleitung wußte aus Erfahrung, daß nur Menschen mit einer Vision vorwärtskommen können. Sie wußte ebenfalls aus Erfahrung, daß entsprechende Anweisungen »von oben« bei den Mitarbeitern nur auf Widerstand gestoßen und damit ihre Bemühungen höchstwahrscheinlich vergebens gewesen wären.

Erfolgreiche Teams basieren immer auf einer Vision. Diese Vision dient wie der Polarstern als Orientierungspunkt bei der Standortbestimmung. Wenn sich Teams in einer Sackgasse befinden und nicht weiterwissen, hilft ihnen diese Vision, die richtigen Entscheidungen zu treffen.

Der Glaube an die einzigartige Kraft von Teams

Eine Teaminitiative wird mit größerer Wahrscheinlichkeit Erfolg haben, wenn die Führungskräfte nicht nur eine Vision, sondern auch einen tiefen Glauben an die Kraft und Synergie von Teams besitzen. Dieser Glaube ist außerordentlich wichtig, um schwierige Momente in den hektischen Wochen und Monaten nach dem Anlauf durchzustehen.
Brenda Overton, die Betriebsmanagerin einer Unternehmung für Luftfahrtprodukte bei Air Products and Chemicals, Inc. glaubt, daß jeder in ihrer Organisation sein Teil zum Gesamterfolg beiträgt und daß Teamarbeit den Menschen ermöglicht, ihr Bestes zu geben. Sie hat nach ihren Worten nie daran gezweifelt, nie Rücksicht genommen auf Zeit und Aufwand, die für die Entwicklung der Teams notwendig gewesen waren. Sie sind völlig überzeugt, daß das Unternehmen durch das Engagement der Teams die Ergebnisse erhält, die es benötigt.
Overton beschreibt Teamkultur als eine Kultur, in der »jeder das Gefühl hat, daß er selbst bestimmen kann, was er tut. Sie können sagen, was sie denken, und wenn sie meinen, im Recht zu sein, dies äußern, ohne daß die anderen sich ärgern oder wütend werden. Die wesentliche Frage lautet: ›Wie kann ich Ihnen behilflich sein?‹ Auf niemanden wird mehr mit dem Finger gezeigt, weil wir alle ein gemeinsames Ziel haben. Wenn wir als Einheit gut funktionieren, kommt das davon, daß jeder weiß, daß jede einzelne Person gebraucht wird. Wenn daher jemand ein Problem hat, ist das Team schnell dabei, ihm zu helfen.«
Ed Luttenberg, ein Manager bei derselben Firma, beobachtet, daß man Geduld haben muß, bis man an den Teamprozeß glaubt. »Wir wuchsen in dem Glauben auf, daß immer irgend jemand da sein wird, um für uns zu sorgen«, sagt er. »Doch wenn sie plötzlich entdecken, daß niemand mehr hereingeeilt kommt, um sich ihrer Probleme anzunehmen, beginnen sie selbst, die Situation zu meistern. Sie beginnen, Eigenverantwortung für die Planung von Arbeitsprozessen und für Änderungen am Arbeitsplatz zu übernehmen.« Die persönliche Philosophie Luttenbergs ist, Teams mit Kompetenzen auszustatten. Er meint, wenn es etwas gäbe, was nicht im Sinne der Teammitglieder sei, sollten sie selbst die Möglichkeit haben, es zu verändern.
Beide, Overton und Luttenberg, haben erkannt, was selbständige Teams tun können, und glauben fest daran. Doch bevor nicht mehr Manager solche Erfahrungen aus erster Hand gemacht haben, ist es wichtig, jemanden an der

Führungsspitze zu haben, der an die Kraft von Teams glaubt, der sich für die Teaminitiative engagiert.

Offene Kommunikation

In traditionellen Organisationen verläuft der Informationsfluß von oben nach unten: von der Geschäftsleitung zum Manager der mittleren Etage, von dort zum Meister, und schließlich gelangt sie zum einzelnen Arbeitnehmer. In einem Teamumfeld ist der Informationsweg viel komplizierter. Die Informationen fließen in alle Richtungen. Sie können wichtige Neuigkeiten ebensogut auf dem Parkplatz wie auch auf einer Teamsitzung oder in der Werkhalle zu hören bekommen.

Ein Berater nennt das ein »bungee information management«, wenn die Informationen von einem Platz zum anderen zu schnellen scheinen. Die Beschäftigten sind jederzeit offen und empfänglich, und es gibt keine Geheimnisse voreinander. Das unterscheidet sich wesentlich von dem Informationsfluß in der hierarchisch strukturierten Organisation, in der nur bei Bedarf und wenn man zusammenarbeitet, Wissen vermittelt wird.

Informationen werden natürlich auch in einem traditionellen Umfeld ausgetauscht. Doch nur in einem Teamumfeld sind die Beschäftigten selbst daran interessiert, ihr Wissen weiterzugeben und sich immer auf dem laufenden zu halten. Informationen werden als ein wertvolles Gut angesehen. Daher ist die Art, wie Teammitglieder untereinander kommunizieren, ein Merkmal für das Zusammenwachsen eines Teams.

Dick Kamischke hat bei Herman Miller beobachtet, daß Sie bei einem Gang durch die Cafeteria an den Tischen weniger Gespräche über Basketball hören werden als über die neuesten Technologien oder Kundeninformationen. Seiner Meinung nach gehört das zu den wichtigsten Veränderungen in seiner Organisation. Die hohe Wertschätzung der Information ist eines der Kennzeichen eines entwickelten Teamumfelds. Das ist keine strukturelle Innovation, sondern eine fundamentale Veränderung, die anzeigt, daß sich das Team als der Eigentümer seiner Arbeit fühlt.

Es gibt noch andere Unterschiedsmerkmale, die die offenen Kommunikationen in einem Teamumfeld charakterisieren:

Herausfordernde Fragen sind erwünscht

Dr. Sue Freedman, Chef bei den Knowledge Work Associates, berichtet, daß in traditionellen Organisationen oft nur solche Fragen akzeptiert werden, die zur Klärung verschiedener Sachen dienen. In einem Teamumfeld ist es ganz anders. Die Beschäftigten werden nicht nur aufgefordert, arbeitsbezogene, sondern auch herausfordernde Fragen zu stellen, die sich auf grundsätzliche Entscheidungen oder Ideen beziehen. Wenn Sie nicht die Frage nach dem Warum erheben, würden die anderen daraus schließen, daß Sie zuwenig engagiert sind. Man wird annehmen, daß Sie sich nicht bemühen, selbständig zu denken und Verantwortung zu tragen.

Ideen werden bereitwillig ausgetauscht
In traditionellen Unternehmensstrukturen ernten Sie Anerkennung, wenn Sie gute Ideen vorschlagen; das heißt, soweit jeder weiß, daß es tatsächlich Ihre Ideen sind. Wenn neue Ideen einen solch hohen Wert besitzen, ist natürlich nur wenig Motivation vorhanden, sie anderen weiterzureichen. In einem kommunikationsreichen Teamumfeld sieht es dagegen ganz anders aus: Ideen, die immer reichlich vorhanden sind, werden dort jederzeit sofort ausgetauscht. Doch nicht die Idee als solche erntet Anerkennung, sondern das, was man aus ihr machen kann, ihre Umsetzung.
In einer echten Teamkultur sind die Mitarbeiter außerdem auch eher bereit, Ideen für Dinge anzubieten, die außerhalb ihres eigentlichen Arbeitsbereichs liegen. Jill Heiden erinnert sich an einen Mitarbeiter, der nicht zum unmittelbaren Arbeitsbereich gehörte und ihnen trotzdem einen kosteneinsparenden Vorschlag unterbreitete. »Das Stück [ein Handbuch] war zweifarbig gedruckt. Der Mitarbeiter fragte, ob die zweite Farbe denn tatsächlich notwendig sei. Sie war es tatsächlich nicht, und so machten wir es einfarbig. Sein Vorschlag erspart uns immer noch etliche Dollars, weil wir jährlich Tausende von diesen Broschüren drucken.«

Jeder konzentriert sich auf den Kunden
In traditionellen Organisationen fällt die Aufgabe, Kunden zu betreuen, nur wenigen Leuten im Marketing zu. In einem Teamumfeld ist es jedermanns Aufgabe. Baxter Health Care bringt Kunden und Teams zusammen, indem er ausgewählten Teammitgliedern die Werkführungen übergibt. Das bietet den Teammitgliedern die Möglichkeit, offen mit den Kunden über Schwierigkeiten bei der Warenlieferung zu plaudern. Mitglieder von Hochleistungsteams können Kunden sogar vorsichtig ihre eigenen Probleme näherbringen. Die Kunden schätzen nicht nur die Möglichkeit, dazuzulernen, sondern behalten auch einen bleibenden Eindruck vom allgemein hohen Wissensstand der Teammitglieder.

Ein hohes Vertrauensniveau

Bei der Einführung von Teams wird kein Thema eingehender untersucht und besprochen – kein anderes findet so viel Beachtung der Geschäftsleitung – als das Vertrauen. Warum ist es so schwierig, diesen Zustand zu erreichen, der für den Zusammenhalt des Teams so wichtig ist?
Einer der Gründe dafür ist, daß Vertrauen etwas ist, das die Geschäftsleitung nicht unter direkter Kontrolle hat. Sie können neue Systeme einführen. Sie können Arbeitsplätze umstrukturieren. Sie können Diagramme, Pro-

gramme und Anreize schaffen. Aber Vertrauen? Man kann es nicht anordnen.

Mitglieder eines Teams brauchen Zeit, um Vertrauen in ihre Organisation zu entwickeln. Der Aufbau von Vertrauen ist ein sehr langsamer Prozeß. Doch dazu können Sie nicht mehr tun, als solch eine Umgebung zu schaffen, in der Vertrauen gedeihen kann. Danach müssen Sie geduldig abwarten.

Die Geschäftsleitung steht meist unter Druck, kurzfristige Aufgaben zu erfüllen bzw. schnelle Ergebnisse zu bringen. Viele Führungskräfte fühlen sich zudem in einer autoritären Rolle besser. Sie würden es vorziehen, Anweisungen zu geben, ihre Mitarbeiter diese Anweisungen ausführen zu lassen und die Ergebnisse zu überprüfen: alles übersichtlich, alles effizient. Es ist daher verständlich, daß sie nicht die Geduld aufbringen, die für den Aufbau von Vertrauen notwendige Zeit zu investieren, zumal sie selbst diesem Prozeß keine große Bedeutung zumessen.

Vertrauen begründen

Wir leben immer noch in einer Kultur der einsamen Wanderer und individuellen Helden. Bücher, Zeitschriften und andere Medien vermitteln immer noch den Glauben, daß Erfolg nur durch die Taten einzelner erzielt werden kann. Arbeitnehmer können von der Teamidee angetan sein. Trotzdem sind sie schwer zu überzeugen, daß sich Arbeit im Team auch für sie selbst lohnen würde.

Sehen Sie es mal vom Standpunkt eines Arbeiters an: Die Organisation führt Teams ein, und nach einer gewissen Zeit zeigen sich positive Resultate. Es gibt eine Steigerung der Effektivität und der Zufriedenheit der Kunden und, vor allem eine Senkung der Kosten. Die Manager sind glücklich, die Geschäftsleitung ist erfreut, und das Topmanagement macht einen guten Eindruck auf die Aktionäre, da die Aktien steigen. Und welche Vorteile erwachsen den Mitgliedern der Teams?

Steigt das Einkommen? Vermehren sich die individuellen Vorteile? Kaum. Wenn es Teams gelingt, die Kosten zu senken, werden nur wenige Manager sie durch höhere Gehälter sofort wieder ansteigen lassen.

Können Angestellte schneller Karriere machen? Nein, können sie nicht, da es in einem Teamumfeld weniger Ränge zum Hochklettern gibt.

An diesem Punkt kann leicht Zynismus aufsteigen. Mitarbeiter treten in ein Team mit der Erwartung ein, daß es sich für sie lohnen wird. Zwar stellt auch eine höhere Zufriedenheit mit der Arbeit einen Vorteil dar, doch in einer statusorientierten Welt setzt sich eher das Gefühl durch, »steckengeblieben« oder beiseite geschoben zu sein.

Die Geschäftsleitung kann solche traditionellen Entlohnungen wie beruflichen Aufstieg und Privilegien nicht mehr vergeben, denn diese Optionen stehen nicht mehr zur Verfügung. Um das Vertrauen von Teammitgliedern zu gewinnen, müssen Sie den Umgang mit ihnen persönlicher gestalten. Sie müssen beweisen, daß Sie vertrauenswürdig sind. Wenn Sie ein Vorbild für andere sein wollen, müssen Sie zuerst Ihr eigenes Verhalten ändern.

Das Vertrauen der Teammitglieder gewinnen
Es gibt mehrere erfolgreiche Wege, Engagement aufzubauen und die Mitarbeiter für sich zu gewinnen. Einer davon ist es, die Kluft zu überbrücken, die gewöhnlich zwischen Führungskräften und Angestellten existiert. Das kann zum Teil getan werden, indem man auf die sichtbaren Statussymbole verzichtet, die die Führungskräfte von den niedrigeren Etagen in der Organisation trennen.
Dazu kann man zum Beispiel arrogantes Auftreten, reservierte Parkplätze, Zeiterfassungsuhren und zu häufige Dienstreisen der Führungskräfte beseitigen. Auch Zurückhaltung bei der Kleidung und Verzicht auf übertriebenen Luxus sind eine effektive Art, die auffallenden Unterschiede zwischen Chef und Untergebenen zu tilgen.

> *In einer Werkanlage in Bloomington, Illinois, gestaltete man die Büroräume der Executives mit ungewöhnlicher Phantasie um. Das Management verwandelte die mit Mahagoni getäfelten Zimmer in Sitzungsräume. Die Executives selbst landeten in kleinen, offenen Kammern oder in Gemeinschaftsbüros. Einigen paßte diese Änderung zweifellos ganz und gar nicht; doch auch an den Teams ging sie nicht unbemerkt vorbei. Man registrierte sehr wohl, daß die Executives alles taten, um das Vertrauen der Belegschaft zu gewinnen und offen zu demonstrieren, daß ihnen ihr Engagement für die Organisation wichtiger war als ihr eigener Status.*

Eine ähnliche Methode wandte eine andere Gesellschaft an:

> *Ein Betrieb besaß an seiner Peripherie eine große offene Fläche mit den Büroräumen ihrer Führungskräfte. Nachdem man dort zu Teams übergegangen war, bemerkten die Angestellten, daß sie keinen Raum zur Verfügung hatten, den sie benutzen konnten, wenn persönliche oder private Probleme zu besprechen waren. Wieder einmal wurden die Büros der Geschäftsführung geopfert. Sie mußten umziehen, und ihre Räume konnten von allen Mitarbeitern benutzt werden, wenn sie heikle Probleme unter sich besprechen wollten. Dieser Betrieb setzte sogar durch, daß die Führungskräfte die gleiche Werkuniform zu tragen hatten wie die Leute in der Halle.*

Eine Reihe weiterer Strategien wird es Ihnen erleichtern, dem Team zu zeigen, daß Sie vertrauenswürdig sind, sich um sein Wohlergehen sorgen und die Übertragung von mehr Kompetenz ernst nehmen. Hier noch einige wichtige Strategien:

1. Geben Sie dem Team die ihm notwendigen Informationen!

Das Zurückhalten von Informationen gibt Ihnen vielleicht ein stärkeres Gefühl der Kontrolle, aber das Team wird daran erkennen, daß Sie ihm nicht voll vertrauen. Der offene Austausch von Informationen hat die umgekehrte Wirkung.

2. Legen Sie die Gründe für eine Entscheidung dar!

Teilen Sie den Teammitgliedern nicht einfach Entscheidungen mit! Wenn Sie ihnen die Hintergründe erläutern, verstehen sie voll und ganz, warum eine bestimmte Entscheidung gefaßt worden ist. Machen Sie Ihre Mitteilung möglichst persönlich, am besten unter vier Augen. Der lange Weg zum Vertrauen führt über die Achtung, die man der Intelligenz und dem Urteilsvermögen jeder einzelnen Person entgegenbringt. Wenn Sie weiterhin nur mitteilen, was beschlossen wurde, spüren die Beschäftigten Ihre autoritäre Rolle und daß Ihr Einsatz nur gering geschätzt wird.

3. Ermöglichen Sie den Teammitgliedern, an inhaltsreichen und ergebnisorientierten Aufgaben zu arbeiten!

Bemerken Sie, daß Sie manchmal denken: »Der Kunde spielt verrückt. Es ist besser, wenn ich mit ihm spreche.«? Wenn Sie Teammitgliedern solche Situationen vorenthalten, behindern Sie deren Entwicklung. Denn in diesem Fall könnten die Teammitglieder durch das direkte Gespräch mit dem Kunden etwas dazulernen, sie würden ihre eigenen Analysen durchführen, um das Problem zu lösen.

4. Verhindern Sie nicht den Zugang zu wichtigen Ressourcen!

Teammitglieder werden es nicht verstehen können, wenn Sie ihnen den Zugang zu notwendigen Arbeitsmitteln verweigern.

5. Bestehen Sie nicht darauf, in alle Geheimnisse des Teams eingeweiht zu sein!

Erlauben Sie dem Team, bestimmte Sachen unter sich auszumachen, insbesondere persönliche Themen. Wenn Sie darauf bestehen, laufend Informationen über alle persönlichen Konflikte zu bekommen, zeigen Sie damit, daß Sie dem Team die Fähigkeit absprechen, mit wichtigen Problemen fertig zu werden.

6. Lassen Sie nicht zu, daß Anregungen aus dem Team durch Anweisungen und Richtlinien der Organisationspolitik erdrückt werden!

In ihrem Bedürfnis, Abläufe festzusetzen, können Manager unersättlich sein. Ein Beispiel dafür ist der Manager, der eine Liste von Vorgaben aushängen läßt, die die Teilnahme an Teams regeln soll: in welchen Teams eine Person wann mitmachen darf u.ä. Man sollte Teammitglieder als erwachsene Menschen behandeln, die selbst in der Lage sind, Erwartungen abzuwägen und ihre Belastungsmöglichkeiten abzuschätzen. Ein Teamumfeld mit einem Minimum an Regeln, Vorschriften und Vorgaben vermittelt den Teammitgliedern, daß man ihnen Vertrauen und Respekt entgegenbringt.

7. Versuchen Sie nicht beständig, die Teams zu »retten«!
Ein Team zu unterstützen ist wie die Erziehung eines Kindes. Fehler müssen einkalkuliert werden. Oft sieht der Manager in einem mißgeleiteten Bestreben, das Selbstvertrauen des Teams aufzubauen, über Aufgaben, die das Team nicht richtig erledigt hat, hinweg. Doch das ist ein Spiel mit den Schwächen der Personen. Sie müssen Teammitgliedern auch die Gelegenheit einräumen, die Konsequenzen ihrer Tätigkeiten zu spüren. Sie müssen sich selbst immer zurückhalten, wenn Sie den Drang verspüren, einzuspringen, um etwas zu »retten«. Menschen lernen durch Erfolg, aber auch durch Fehler.

Dieser Drang, den Retter zu spielen, kann auch der eigenen Unsicherheit des Managers entspringen. Mit der Abgabe eines Großteils seiner Kontrollfunktionen mag er das Gefühl haben, nicht mehr so notwendig zu sein wie früher. Das kann eine ernüchternde und erschreckende Erkenntnis sein. In extremen Fällen kann sie Manager dazu verleiten, die Bemühungen des Teams zu sabotieren, einfach nur um zu beweisen, daß die Teammitglieder nicht ohne ihre Unterstützung funktionieren können.

8. Übertragen Sie Entscheidungskompetenzen auf das Team!
Untersuchungen haben ergeben, daß genau dieses das wichtigste Signal ist, womit Manager ihr Vertrauen und ihre Unterstützung zu erkennen geben. Besprechungen unter Kollegen können für die Entscheidungsfindung sehr nützlich sein.

➜ Zur Technik der Kollegengespräche siehe S. 281

Offen ausgetauschte Geschäftsinformationen

Teams festen Boden unter die Füße zu geben, bedeutet sicherzustellen, daß Informationen genau denjenigen zugänglich sind, die die meisten Vorteile daraus schlagen können. Es bedeutet ebenfalls, daß man denjenigen die Daten und ihre Interpretation zukommen läßt, die gerade lernen, das selbst zu tun. Hier einige Beispiele:

- Ein Ingenieur muß dem Team für Prozeßverbesserung vielleicht erklären, warum ein Teil des Prozesses nicht abgeändert werden kann.

- Ein Controller muß einem Team eventuell genau vorrechnen, warum ein bestimmtes Detail für die Berechnung von Kennzahlen wesentlich ist.
- Ein ansässiger Arzt muß vielleicht seinem Team für Prozeßverbesserung, das aus Krankenschwestern und Technikern besteht, erklären, warum eine bestimmte Reihenfolge von Protokollen und Anweisungen eingehalten werden muß.

In allen diesen Beispielen hat der Fachmann vielleicht schon vergessen, wie lange er selbst für die Aneignung des Wissens gebraucht hatte. Geduldsfäden können reißen, doch Geduld zahlt sich meist sehr aus, vor allem wenn Teammitglieder anfangen, informierter und intelligenter an Entscheidungen heranzugehen.

Ermöglichen Sie Partizipation an Entscheidungen

Der Unternehmensberater und Schriftsteller Marvin Weisbord entwickelte eine Methode, mit der man nicht nur die Kreativität der gesamten Organisation steigern, sondern den Beschäftigten auch ein größeres Mitspracherecht einräumen kann.

In Weisbords Konzept der sogenannten »Forschungskonferenzen« kommen größere Gruppen zur Untersuchung dringender Probleme zusammen. Die Einbeziehung zahlreicher Personen ermöglicht der Organisation nicht nur, vom kollektiven Wissen der Belegschaft Gebrauch zu machen, sondern auch enthusiastische Mitarbeiter zu gewinnen, die für die Ergebnisse kämpfen werden, die das Management erreichen will.

> *Als jemand von Baby Belt bemerkte, daß man außergewöhnlich viele Kunden verloren hatte, fühlte sich das Management gezwungen, zur Lösung dieses Problems einen größeren Kreis heranzuziehen. Dazu griff die Gesellschaft zu einer neuen und ungewöhnlichen Methode. Sie versammelte die 800 Beschäftigten an einem außerhalb gelegenen Ort zu einem eintägigen Problemlösungsseminar.*
>
> *Die Manager hatten schon vorher einige Vorschläge zu dieser Situation unterbreitet. Diese hatte man auf großen Bögen an den Wänden des Meeting-Saals ausgehängt. Der Raum selbst war mit 80 Tischen mit je 10 Stühlen eingerichtet. Man bat jeden Tisch über die Kunden, die sie verloren hatten oder nicht zum Abschluß eines Vertrags bewegen konnten, zu diskutieren und dabei alle ausgehängten Lösungen als Ausgangspunkt für weitere Überlegungen zur Verbesserung der Ergebnisse zu benutzen.*
>
> *Die Sitzordnung stellte sicher, daß die Eingeladenen keine Hemmungen zu haben brauchten, das zu sagen, was sie dachten. Direkte Mitarbeiter oder Personen, die oft miteinander zu tun hatten, saßen an verschiedenen*

Tischen. Nach der Anweisung stellten sich die Sprecher mit Namen und Arbeitsbereich vor, nicht aber mit ihren Titeln oder Arbeitsstellen.
Vor dem Beginn der Diskussion stellte eine Gruppe aus fünf Personen zusätzliches Material vor: (1) Ein Analyst von der Wall Street zeichnete ein Bild der Gesellschaft vom Gesichtspunkt des Finanzwesens; (2) ein früherer Kunde begründete, warum er einen anderen Spediteur ausgesucht hat; (3) ein laufender Kunde erklärte, warum er sich entschieden hat, sich nicht mit der Spedition vertraglich zu verpflichten, und (5) eine Führungskraft des Kommunikationsbereichs sprach über die vorausgegangenen Veränderungen in der Branche.
Der Rest des Tages wurde mit »brainstorming« verbracht. Die Vorschläge wurden aufgeschrieben und danach an die Wände gepinnt.
Einige Tage danach wurde eine zweite Gruppe von 500 Beschäftigten eingeladen, die das zur Kenntnis nahm, was die erste hinterlassen hatte. Unter Benutzung der Ideen der ersten Gruppe sollten sie überlegen, was der Gesellschaft helfen könnte, neue Wertvorstellungen zu entwickeln und klar definierte Leitbilder und Visionen zu schaffen. Diese Gruppe arbeitete zwei volle Tage an den Entwicklungsproblemen. Nach diesen Workshops benutzte die Geschäftsleitung die zusammengetragenen Informationen, um eine offizielle Erklärung zum zukünftigen Leitbild und zur neuen Vision und ein Paket von Wertvorstellungen auszuarbeiten.

Die Durchführung dieser Methode stellte zweifellos eine enorme Herausforderung für die Gesellschaft dar, und der Umfang der Informationen, die immer noch bearbeitet und ausgewertet werden mußten, war erschreckend groß. Doch unabhängig davon, was man schließlich daraus lernte, eines war bereits erreicht: Die 1300 Beschäftigten, die in den Prozeß einbezogen wurden, kehrten mit einer ganz anderen Aufmerksamkeit und Haltung gegenüber ihrem Unternehmen, seiner Probleme und seinem Potential an ihre Arbeitsplätze zurück. Das Bewußtsein, daß sie mitgeholfen hatten, der Organisation einen neuen Kurs zu geben, machte sie stolz, und ihre neue Haltung und ihr Engagement wurde von allen der 9000 Beschäftigten der Gesellschaft geteilt. Auch noch so viele Memos und Artikel in Betriebszeitungen hätten die Angestellten nicht in solch einem Maße motivieren können. Sie hätten auch kein so starkes Gefühl der Solidarität unter den 9000 Mitarbeitern hervorrufen können, das Gefühl, zusammen für ein gemeinsames Ziel zu arbeiten.

Innovative Ideen wie diese sind Eckpfeiler einer Umstrukturierung. Sie erfordert die Reduktion von Widerstand und Unstimmigkeit und eine Steigerung des Engagements, und sie basiert darauf, daß sich alle an den Bemühungen um die Organisationsveränderungen beteiligen.

Wie wichtig ist die Unterstützung von seiten des Vorstands?

Ein weiteres wichtiges Element in der Entwicklung einer Teamkultur ist der Vorstand (CEO = chief executive officer), der dem Teamumfeld seine ganze Unterstützung gibt. Die Haltung des Vorstands gegenüber Teammitgliedern ist von außerordentlicher Bedeutung. 29% der in der Zenger-Miller-Studie Befragten hatten spezielle Anforderungen an den Vorstand:

- *Richtungen vorgeben.* Über ein Viertel der Befragten waren der Meinung, daß die Prioritäten der gesamten Organisation vom Vorstand neu bestimmt, kommuniziert und in allen Ebenen umgesetzt werden müßten. Sie sprachen ebenfalls die Hoffnung aus, daß der Vorstand ihnen bei der Bewältigung von Reibereien und des Widerstands von seiten des höheren und mittleren Managements Hilfestellung geben werde.
- *Auf Kontrolle verzichten und Mitarbeiter ermächtigen.* Fast ein Fünftel der Antworten brachten Probleme auf den Tisch wie: »Vertrauen Sie Ihren Angestellten! Sie sind nicht Ihre Feinde.« Andere forderten: »Verbringen Sie mehr Zeit unter den Arbeitern in der Werkhalle und weniger in Ihrem Büro!« Einige sagten: »Verlassen Sie Ihren Elfenbeinturm, und arbeiten Sie einmal mit Ihren Angestellten!«
- *Worte allein genügen nicht.* Teammitglieder bemerkten sehr schnell, wenn die Taten der Führungskräfte nicht deren Worten entsprechen. Tatsächlich erwähnten 17% der Befragten eine Vertrauenslücke zwischen der Führungsspitze und den Angestellten. Immer wieder forderten die Befragten ihren Vorstand auf, sein Verantwortungsgefühl durch Taten unter Beweis zu stellen. »Fünfundneunzig Prozent der amerikanischen Manager sagen heutzutage das Richtige, aber nur fünf Prozent tun es. Das muß geändert werden«, schrieb John Huey 1994 in dem Artikel »New Post-Heroic Leadership« in der Zeitschrift »Fortune«.
- *Investieren Sie in gut qualifizierte Mitarbeiter – Training.* 7% der Befragten wünschten, daß der Vorstand mehr in das Training seiner Angestellten investiert. Nach der Meinung vieler von ihnen sind gerade die Geschäftsleiter und das Management der mittleren Etagen diejenigen, die ein Training am meisten benötigten.
- *Sich auf den Kunden konzentrieren.* 6% der Befragten fühlten sich gezwungen, ihre Vorgesetzten anzuhalten, »auch mal mit den Kunden zu reden« und »bei Entscheidungen nicht nur an die Aktionäre zu denken«.

Der Vorstand meint vielleicht, daß er sich bequemer in einen Elfenbeinturm zurückziehen kann. Doch einem Vorstand kann man nicht nur mißtrauen, wenn man ihn ständig vor Augen hat, sondern auch, wenn er sich nicht zeigt.

Auf welche Weise hilft die Teamkultur den Teams in schweren Situationen?

Wie Sie sehen, beinhaltet ein stabiles Programm, das Teams über einen langen und oft schwierigen Weg hinweg wirkungsvoll unterstützen soll, wohlüberdachte Planung und ehrliche Selbstkritik. Eine Gruppe von einzelnen Personen – egal, ob es sich um Arbeiter oder um leitende Angestellte handelt – zu einem echten Team zusammenwachsen zu lassen, erfordert eine Teamkultur. Solch eine Kultur, die die Organisationsvision, den Glauben an Teams, offene Kommunikation und ein hohes Vertrauensniveau unterstützt und zudem die Rückendeckung des Topmanagements besitzt. Teams müssen Zugang zu allen wichtigen Informationen haben. Es muß außerdem genügend Raum für Mitbestimmung existieren. Nichts von all dem geschieht schnell. Daher sind Teams verurteilt, eine Konfliktphase zu durchlaufen, bevor sie zu effizienten Arbeitseinheiten zusammenwachsen.

Achtes Kapitel
Der Umgang mit Streß

Wenn ein Job keinen Streß verursacht, ist es kein richtiger Job.
Malcolm Forbes

> *Fragen, die in diesem Kapitel gestellt werden:*
> - Streß durch ein neues Umfeld.
> - Streß durch zusätzliche Verantwortung.
> - Was unternimmt das Top-Management gegen hohen Streß?
> - Wie können Manager den Streß ihrer Angestellten in Grenzen halten?

Man sagt, daß es nur zwei Dinge im Leben gibt, die sicher sind: der Tod und die Steuern. Wir können dem noch den Streß hinzufügen, der immer auftritt, wenn sich Menschen in einer ungewohnten Umgebung befinden. Ob es die Stadtbewohner sind, die Überleben in der Wildnis trainieren, oder eine Gruppe von Arbeitern, Managern oder Führungskräften, die zu einem Team zusammenwachsen soll – jeder von ihnen muß lernen, auf einem ungewohnten Gebiet zu funktionieren und zu überleben.
Man ist geneigt, jeden Streß als etwas Negatives aufzufassen. Das ist ein allgemein verbreiteter Fehler. Eine gewisse Dosis Streß wirkt motivierend, bringt die Menschen in Bewegung. Streß kann einen bei der Arbeit mit zusätzlicher Energie versorgen. Das kann Ihnen jeder professionelle Schauspieler bestätigen. Ohne diese emotionelle Erregung würde er nur eine fade Vorstellung darbieten können.
Wenn Streß jedoch gewisse Grenzen übersteigt, kann er Leistung verhindern und mindern. Daher sollte man die Faktoren, die den Streß von Teammitgliedern vergrößern, rechtzeitig erkennen und vorbeugend eine Strategie für den Umgang mit Streß finden.
Es gibt verschiedene Arten von Streß, die Teammitglieder wahrscheinlich am eigenen Leibe erfahren. Die erste entsteht am Arbeitsplatz selbst, die zweite durch die Übernahme von zusätzlicher Verantwortung.

Streß durch ein neues Umfeld

Teammitglieder sind manchmal einem ungeheuren Druck ausgesetzt, da in einer Teamkultur Mißverständnisse und Zwietracht aufkommen können, wie es in einem traditionellen Arbeitsumfeld kaum denkbar ist. Einige besonders streßerzeugende Situationen sind folgende:

- Angestellte sind in bestimmten Situationen, in denen sie normalerweise alleine arbeiten würden, auf andere Teammitglieder angewiesen.
- Autoritätslinien sind verschwommen, da die Rollen im Team immer wieder neu verteilt werden.
- Die Aufgaben der Teammitglieder sind vielfältig.
- Erfolg ist schwerer meßbar, weil er stufenweise und in kleinen Schritten vor sich geht.
- Teams sind von der Unterstützung und Mitwirkung vieler anderer Arbeitnehmer abhängig.

Funktionsübergreifende Teams sind einem zusätzlichen Streß ausgesetzt, da ihre Mitglieder verschiedenen Managern gerecht werden müssen.

Streß durch zusätzliche Verantwortung

Jeder, der einmal in einer leitenden Position gearbeitet hat, wird Ihnen sagen, daß die Arbeit selbst Streß erzeugt. Wettbewerbsstrategien entwickeln, Kennzahlen erfüllen und all die übrigen Aufgaben eines Managers sind höchst komplexe, oft nicht leicht lösbare Probleme. Da Manager häufig nicht die Entwicklung bestimmter Situationen beeinflussen können, müssen sie also lernen, in ständiger Unsicherheit zu leben.

Teammitglieder sind diesen chronischen Streß nicht gewohnt, der ihnen aus den neuen Verantwortlichkeiten erwächst. In einem traditionellen Umfeld kann ein Arbeiter wegen einer anstehenden Leistungsüberprüfung, eines technischen Problems, Personalabbaus oder wegen eines schwer umgänglichen Meisters oder Kollegen unter Streß geraten. Doch der Streß geht, sobald die Probleme verschwunden sind.

Wenn Mitglieder eines Teams eine gemeinsame Verantwortung für das Wohlergehen der Organisation empfinden, ist es ihnen nicht mehr möglich, anstehenden Problemen einfach den Rücken zu kehren und nach Hause zu gehen. Beim Übergang zu Teams verlagert sich der Managerstreß auf die Teammitglieder, da sie nun mit neuen und komplizierteren Aufgaben konfrontiert werden. Dazu folgende Beispiele:

- Was kann das Team tun, damit sich die Investitionen der Firma schnell amortisieren?
- Wie kann das Team die Kosten der Abteilung senken?
- Könnten Teilzeitkräfte zur Unterstützung des Arbeitsablaufes eingestellt werden? Was für Kosten entstehen dann für jede neue Person?

Teammitglieder haben jetzt Einfluß auf die Ergebnisse der Organisation, die Marktposition, die Zufriedenheit der Kunden, auf langfristige Projekte und dergleichen. Und wenn es nicht rosig aussieht, ist das genauso ihre Angelegenheit wie die des Managements.

Was, ich auf Meetings?

In einem Teamumfeld kann jeder dazu angehalten werden, an Meetings teilzunehmen, enger mit Kollegen zusammenzuarbeiten, Informationen zur Leistungsprüfung anderer zu geben und mit anderen Ebenen zu kommunizieren. Das kann die Beschäftigten weit von ihrem vertrauten Bereich hinausdrängen, da sie ungewohnte Rollen übernehmen müssen.
Der Manager kann den Mitarbeitern beim Übergang helfen, indem er ihnen erklärt, daß dieses Unbehagen ganz natürlich ist und der Erweiterung ihrer Rollen und ihrer neuen Verantwortung innerhalb der gesamten Organisation entspringt. Tatsächlich wäre »das streßfreie Team« eine Illusion. Streß ganz beseitigen zu wollen, ist bestenfalls ein vergebliches Unterfangen. Also müssen Teammitglieder lernen, mit dem Streß umzugehen, der mit den höheren Verantwortlichkeiten auf sie zukommt.

Was kann das Top-Management gegen Streß tun?

Ist die Unterstützung des Managements vorhanden, spüren die Teams, daß ihre Existenz auf Felsen und nicht auf Sand gebaut ist. Ist die Unterstützung jedoch zu schwach oder überhaupt nicht vorhanden, werden sich die Teams sehr bald wie in einem Niemandsland fühlen, und ihr Streß wird infolgedessen ansteigen. Die Situation ähnelt dann der des Landvermessers in Kafkas klassischer Erzählung »Das Schloß«, der immer wieder vergeblich versucht, seine Stellung durch höhere Autorität zu festigen.
In ähnlicher Weise suchen Teammitglieder Richtungslinien und Bestätigung von oben. Reagiert das Top-Management nicht mit eindeutigen Weisungen, versinken die Teammitglieder in solche kafkaesken Zustände.
Die Zenger-Miller-Jahresstudie von 1994, »Team Members Speak Out« (»Teammitglieder sprechen sich aus«) bestätigt, daß das Unterstützungsdefizit des Top-Managements oft der Hauptgrund für die Unzufriedenheit der Mitarbeiter im Team ist. Es wurde u.a. gefragt, in welchem Grade sich ihre Führungs-

kräfte aktiv für die Teams einsetzen. Sie mußten dieses Engagement auf einer Tabelle von 0 (kein Engagement) bis 3 (sehr engagiert) bewerten. Als Gesamtbewertung des Managementeinsatzes erhielt man nur die Zahl 2,21, was nicht sehr überwältigend ist.

Woran ist solch ein Mangel an Engagement zu erkennen? Den Befragten, deren Management als entweder überhaupt nicht, wenig oder nur mäßig engagiert eingestuft worden war, stellte man die Frage, welche Faktoren dieses Defizit kennzeichnen. Beachten Sie dabei, daß jeder Faktor als zusätzlicher Stressor gilt:

60,6% Mangel an Entscheidungsfreude
56,7% fehlende/zu niedrige Entlohnung
52,9% unzureichende Ressourcen
49,6% fehlende Teilnahme der Manager
47,3% Mangel an Vertrauen
46,3% fehlende Anerkennung
38,5% fehlendes Coaching
33,3% zuwenig Zeit für Meetings
28,7% unzureichendes Training

Warum bietet das Management den Teams oft nur halbherzige Unterstützung, besonders, wenn schon viel Energie in die Errichtung eines Teamumfeldes geflossen ist? Ist es die Angst und die Unsicherheit gegenüber der neuen, ihnen unbekannten Bereiche? In bestimmten Situationen kann das tatsächlich der Grund dafür sein.

Eines ist jedoch klar: Entscheidungskompetenz ist ein zu Kopf steigendes Elixier. Je mehr Autorität man hat, desto mehr kämpft man für ihre Erhaltung.

Diese Beobachtung könnte erklären, warum sich gerade Manager in kleineren Betrieben mehr einer Autoritätsübertragung widersetzen. Sie haben mehr zu verlieren. Die Zenger-Miller-Studie zeigt auf, daß in kleineren Unternehmen, in denen die Autorität noch auf die Führungsspitze beschränkt ist, die Befragten angeben, daß ihre Vorgesetzten nicht bereit seien, Entscheidungskompetenzen abzugeben. In größeren Organisationen, in denen Manager insgesamt mit weniger Kompetenzen ausgestattet sind, war die Bereitschaft größer.

➜ Zur Beurteilung des Teamgeistes s. »Beurteilung des Teamgeistes«, S. 266

Wie kann der Manager den Streß der Angestellten in Grenzen halten?

Auch wenn es unwahrscheinlich ist, daß Teammitglieder jemals in einem streßfreien Umfeld arbeiten werden, können die Leiter und Manager von Teams einiges tun, um den Streß in ertragbaren Grenzen zu halten.

Vermeiden Sie Situationen, die die Mitarbeiter überfordern!

Einige Gesellschaften wirken Streß entgegen, damit er überhaupt nicht auftaucht. So wird zum Beispiel in einer Papierfabrik in jedem Team ein Mitglied zum Assistenten ernannt. Dieser hat die Aufgabe, Mitarbeiter, die unter starkem Streß stehen, zu beobachten. Wenn jemand chronisch darunter zu leiden scheint, unterstützt er ihn zum Beispiel mit Ratschlägen, wie man sich damit zurechtfinden kann.

Schaffen Sie ein sicheres Umfeld, ohne zu tadeln!

Teams sind besonders gegen Tadel allergisch. Es ist ein deutliches Signal dafür, daß sich ein Teamgeist gebildet hat, wenn es auf Teamsitzungen nur selten vorkommt, daß eine Einzelperson kritisiert wird. Ozzie Hager, Teamleiter für Training, Organisationsentwicklung und Arbeitnehmerbeziehungen bei Air Transport Systems von Honeywell, hat beobachtet, daß die Mitarbeiter in den Meetings nicht daran denken, eine Person zu beschuldigen, wenn etwas nicht läuft. »Wenn etwas nicht glattgeht«, sagt Hager, »fühlt jeder bei sich die Verantwortung, das vorliegende Problem zu lösen.« Sie fragen: »Wie können wir unsere Ressourcen nutzen, um aus dieser jetzigen Lage herauszukommen?«

Lassen Sie sich für einen gut strukturierten Teamaufbau Zeit!

Streß kann auch durch gut durchdachte, gezielte Sitzungen in erträglichen Grenzen gehalten werden. Solche Meetings geben den Mitgliedern die Gelegenheit, persönliche Probleme zur Sprache zu bringen. Der Meetingleiter kann die Sitzung beispielsweise mit der Frage beginnen: »Womit beschäftigen wir uns gerade?« Ist diese Frage einmal gestellt, können die einzelnen Teammitglieder die Diskussion leicht übernehmen. Andere Fragen können sein:

- Was läuft gut und was nicht?
- Was macht es uns leicht, als Team zu arbeiten? Was hindert uns daran?
- Was für Arten von persönlichen Schwierigkeiten sind aufgetreten, und wie können wir sie beseitigen?

- Welche grundlegende Vision haben die Mitarbeiter für das Team?
- Was könnte uns eine effektivere Zusammenarbeit ermöglichen?
- Hat es Innovationsmöglichkeiten gegeben, die wir verpaßt haben?
- Was hat sich geändert, seit wir ein Team geworden sind?

Wenn die größeren Probleme einmal auf dem Tisch sind, kann das Team eine Problemlösungssitzung einberufen. Bei dieser Sitzung kann der Teamleiter oder jemand von der Personalabteilung behilflich sein. Falls die Probleme sich als besonders hartnäckig erweisen, ist es zu überlegen, ob das Team die Dienste eines externen Beraters anfordern sollte.

➔ Zur Beurteilung eines externen Beraters siehe »Bewertung des Teamleiters/-förderers«, S. 285

Es ist nützlich, solche Meetings mindestens einmal im Jahr abzuhalten. Einige Organisationen sehen sie sogar viermal oder sogar einmal monatlich vor, wenn das Umfeld einem »Hexenkessel« gleicht. Für diese Sitzungen kann man auch die »Instrumente für Teamgeist« anwenden, die besonders bei Teams, die hohem Streß ausgesetzt sind, außerordentlich nützlich sind.

➔ »Beurteilung des Teamgeistes«, siehe S. 266

Geben Sie den Teams ein Ziel!

Menschen können sich leicht täuschen, wenn sie denken, sie seien nur deswegen ein Team, weil sie den vorgeschriebenen Anweisungen und Tätigkeiten für Teams folgen. Es gibt tatsächlich häufig eine übertriebene Betonung der Teametikette.
Wenn ein Team keine überzeugenden Zielvorgaben hat, bleibt auch ihr Handeln ohne Sinn. Teams werden nur zu oft gebildet, weil es andere auch tun oder weil der Manager sich über die Popularität von Teams Anerkennung verschaffen will. Doch das sind dann Kartenhäuser, die sehr schnell einstürzen werden. Die Ziele der Organisation müssen vorangestellt werden, damit die Teammitglieder fühlen, daß ihre Arbeit Sinn und Zweck hat, und daß sie im Besitz ihrer eigenen Arbeit sind.
Ein Team mit klaren Geschäftszielen handelt selbstbewußter. Die Meetings werden dann nicht abgehalten, um Protokolle zu füllen, sondern gehen wesentliche Probleme und deren Hintergründe an. Die Themen beziehen sich auf die Leistung der Gesellschaft wie zum Beispiel: »Was haben wir in der vorigen Woche falsch gemacht?« und »Wie können wir eine Wiederholung dieses Fehlers vermeiden?« Die Mitglieder denken sich verschiedene Szenarien aus, diskutieren eingehender und lernen mehr dazu.
Auf diese Weise kreisen die Gedanken der Teammitglieder nicht nur inner-

halb ihres eigenen Teamkanons. Wenn sie die gesamte Organisation als »ihr« Umfeld empfinden, sind sie auch einverstanden, in Bereichen mitzuwirken, mit denen sie nicht direkt zu tun haben.

Bei Baxter Health Care in Oklahoma, einem Betrieb für Krankenhauseinrichtungen, erhalten die Teams jeden Monat ihre Zielvorgaben zur Produktion, zur Kostensenkung und zur Zufriedenheit der Kunden. Diese Zielsetzungen werden in jedem Produktionsbereich eines Teams dort aufgehängt, wo sie für jedermann sichtbar sind. Alle Probleme, Nachlässigkeiten, nicht erreichte Ergebniszahlen oder andere Leistungsangaben sind ebenfalls aufgeführt.
Eines Tages lief ein Teammitglied durch einen anderen Produktionsbereich und sah auf der Tafel, daß es hier dasselbe Problem gab wie in seinem eigenen Team. Es ging um einen Arbeitsschritt, bei dem auf hypodermische Spritzen bestimmte Kennzeichen aufgetragen werden mußten. Diese Kennzeichen waren an den falschen Stellen angebracht worden, und das Team hielt diese Produktionsserie für untauglich.
Der zufällige Besucher wußte aber, daß es nicht so war. Sein eigenes Team hatte einen Weg gefunden, diese falsch plazierten Zeichen zu beseitigen und die Spritzen von neuem zu kennzeichnen. Er hielt an, sprach mit den Mitgliedern des anderen Teams und beschrieb den notwendigen Arbeitsschritt. Das Team hörte ihm begeistert zu und setzte den Prozeß erfolgreich selbst um. Das ersparte der Gesellschaft eine ansehnliche Summe.

In einem Umfeld, das nicht auf Teams abgestimmt ist, hätte ein Angestellter, der dasselbe ausgehängte Blatt gesehen hätte, bei sich gedacht: »O je, Pech gehabt!« und wäre seiner Wege gegangen. Warum hätte er schließlich dafür seine Zeit verschwenden sollen? Ihm hätte es nichts eingebracht. Initiative wird nur ergriffen, wenn Teammitglieder ihr Ziel und ihre Verantwortung deutlich vor Augen haben, wenn sie sich ausreichend unterstützt fühlen und wenn der aus der ungewohnten Umgebung einbrechende Streß durch die Begeisterung, etwas anderes zu sein, ausgeglichen wird.

Neuntes Kapitel
Die Motivation der Teammitglieder

Die Taten der Führungskräfte werden immer eine weitaus größere Wirkung haben, als es Worte je könnten. Sie können ihre Mitarbeiter führen, indem Sie mit gutem Beispiel vorangehen und somit Möglichkeiten zur Nachahmung aufzeigen.
Paul Levesque

> *Fragen, die in diesem Kapitel gestellt werden:*
> - Warum sollten Manager die speziellen Bedürfnisse eines Teams beachten?
> - Inwieweit können Statussymbole ein Team demotivieren?
> - Welche Möglichkeiten zur Motivation gibt es?
> - Woran erkennen Sie eine Kultur, in der sich die Teammitglieder selbst motivieren?

Es wäre wundervoll, wenn Arbeitserfahrung allein ausreichte, um zu hohen Leistungen zu gelangen. Doch das Leben der Menschen ist sehr komplex. Sie haben Familien, Verpflichtungen, Babysitter und was nicht alles noch. Sie machen sich um ihre wirtschaftliche Sicherheit Sorgen. Sie machen sich Gedanken darüber, was andere über sie denken, nicht nur die engen Mitarbeiter, sondern auch die übrigen in ihrem Unternehmen. Wenn eine Organisation Teammitglieder nicht auf persönliche Art unterstützt, wird sogar auch das beste Umfeld nur apathische oder verdrossene Arbeitnehmer erzeugen.
Wenn also nach der Einführung die erste Euphorie verflogen ist, wenn die Zeit der anfänglichen Konflikte überwunden ist und die Ergebniszahlen steigen, dann werden die Teammitglieder die unvermeidliche Frage stellen: »Und was bringt mir das alles?« Vielleicht sagen sie es nicht laut. Vielleicht denken sie es noch nicht einmal bewußt, doch diese Frage spiegelt sich in der Art wider, wie sie ihre Arbeit verrichten.
Wie das Unternehmen darauf reagiert, hängt von der Entwicklungsstufe des Teams ab. In den ersten Phasen kann das Unternehmen den Teammitglie-

dern die Aneignung weiterer Fertigkeiten und mehr Sicherheit für den Arbeitsplatz anbieten. Später, wenn das Team schon zusätzliche Kompetenzen übernommen hat, besteht sein Entgegenkommen vielleicht in der Anerkennung der Leistungen. Sobald die Sollwerte und hohe Kundenzufriedenheit erzielt werden, kann die Leistung enger mit einem Bonussystem verbunden werden.

Es gibt jedoch noch weitere Möglichkeiten, mit denen der Manager seine Mitarbeiter motivieren kann.

Die speziellen Bedürfnisse des Teams beachten

Ein guter Manager oder Teamleiter sollte, um die Motivation von Teams nicht zu gefährden, über die speziellen Bedürfnisse des Teams Bescheid wissen, sie beobachten, überprüfen und sich die Sorgen der Arbeitnehmer erzählen lassen.

Ein Teammanager bei einer Rehabilitationsorganisation im Mittleren Westen war mit einem chronisch hohen Krankenstand konfrontiert. Er hatte den Sorgen der Angestellten immer Aufmerksamkeit geschenkt und mit der Zeit erkannte er den Hauptgrund dieses Problems. Viele der Angestellten waren alleinstehende Mütter, die mehr Zeit für ihre häuslichen Probleme brauchten. Wenn es zu Hause wichtige Angelegenheiten gab, für die ihre Zeit nicht ausreichte, ließen sie sich oft krank schreiben. Als das Team mit der Zeit effizienter wurde, schlug der Manager daher eine Veränderung vor. Anstatt acht Stunden am Tag zu arbeiten, sollten es zehn werden. Somit gewannen die alleinstehenden Mütter einen ganzen Tag für ihre häuslichen Angelegenheiten.

Dank des Einfühlungsvermögens des Managers in die persönlichen Belange seiner Angestellten übertraf das Team seine Leistungsvorhaben, und der Krankenstand sank abrupt. Dies wurde erreicht, indem der Manager die ausgetretenen Spuren verlassen und Verständnis dafür gezeigt hatte, daß ein Teil seines Teams spezielle Probleme hatte, die es zu lösen galt.

Statussymbole beseitigen

Eine der effektivsten Arten, mit denen ein Manager das Teamumfeld motivierend gestalten kann, ist die Beseitigung der üblichen arbeitsbezogenen Statussymbole. Imageträger wie Luxusbüros oder spezielle Rechte und Privilegien sollten nicht mehr Begleiterscheinungen von Rängen und Titeln sein. Wenn jeder seine Funktion einfach nur im Arbeitsbereich ausführt, fühlen sich Teammitglieder viel eher als Partner und weniger als Angestellte. Das macht sie gegenüber Innovationen, die ihre Arbeit verbessern könnten, wachsamer. Es können sich jedoch auch unter solchen Bedingungen Statussymbole einschleichen. Wenn das geschieht, muß der Teamleiter genau beobachten, ob dadurch der Teamgeist untergraben wird.

Ein Teamleiter empfand, daß zwischen den Teammitgliedern und dem Managerstab eine Kluft des Schweigens bestand. Er kam aber nicht dahinter, woran das genau lag. Um es herauszufinden, ging er zu ihnen, überprüfte alles und hörte sie an. Es dauerte nicht lange, und er hatte das Problem erfaßt: Es war der Unterschied in der Kleidung. Teammitglieder waren angehalten, Arbeitskleidung zu tragen, während der Managerstab mit Anzug und Krawatte herumlief. Diese Ungleichheit schuf den sichtbaren Statusunterschied. Das Problem räumte man leicht aus dem Wege, indem man Anzüge und Krawatten wegließ, so daß bald alle ähnlich angezogen waren. Mit der Angleichung des Äußeren erleichterte man die Kommunikation zwischen Teammitgliedern und dem Managerstab.

Eine ähnliche Situation gab es auch in einer anderen Organisation. Teammitglieder beklagten sich, daß sie sich wie »Menschen zweiter Klasse« fühlten. Wieder einmal wurde das Problem vom Teamleiter schnell aufgespürt.

Teammitglieder mußten die Anlage über die Tür betreten, zu der ein ungepflasterter Weg führte. Bei schlechtem Wetter wurde dieser Weg schlammig, und man mußte sich sorgfältig die Schuhe abputzen, bevor man das Werk betreten konnte. Zur Tür der Manager führte dagegen ein asphaltierter Weg. Die Lösung bot sich von selbst an: den zweiten Weg auch zu asphaltieren. Die Beschwerden hörten danach sofort auf.

Man kann sich nur schwer vorstellen, daß etwas so »Abwegiges« wie schmutzige Schuhe solch eine Wirkung auf die Haltung eines Teams haben kann. Organisationen, die solche Erfahrungen gemacht haben, können bestätigen, daß anscheinend unbedeutende Probleme Teammitgliedern sehr nahegehen können. Daher ist es ungeheuer wichtig, daß der Teamleiter Einfühlungsvermögen besitzt und jeder Situation offen entgegentritt. Wenn man den Teammitgliedern aktiv zuhört und danach Maßnahmen ergreift, trägt ein solches schnelles Reagieren auf die Belange der Teams ungeheuer viel zum Aufbau ihres Geistes bei.

Weitere leicht zugängliche Möglichkeiten zur Motivation

Trotz aller Vorteile von Teams werden Arbeitnehmer in einem Teamumfeld immer in gewisser Weise benachteiligt sein. In einer typischen traditionellen Unternehmensstruktur bieten sich den Beschäftigten Wege in der Hierarchie nach oben. Ein Fließbandarbeiter kann zum Beispiel Meister oder Vorarbeiter werden. Ein Manager kann in einen größeren Betrieb wechseln oder vielleicht Vizepräsident werden. Position bedeutet Status, und Status ist der sichtbare Beweis für Erfolg.

In einer dynamischen Organisationsstruktur haben Teammitglieder keine solche Möglichkeiten. Es gibt nur wenige Wege, die nach oben führen. Folglich müssen Sie den Beschäftigten Möglichkeiten schaffen, durch Erweiterung und Vertiefung ihrer Kenntnisse und ihrer Erfahrung weiterzukommen. Dabei müssen Sie genau wissen, wie Sie den Mitarbeitern, die Ihre Erwartungen erfüllen oder sogar übertreffen, auf persönliche Weise entsprechende Kompensationen verschaffen können. Nicht alle reagieren auf eine bestimmte Entlohnungsart gleich. Einige sind vor allem durch ihre eigene Zielstrebigkeit motiviert. Solch einen Arbeitnehmer können Sie mit einem »persönlichen Schulterklopfen« zufriedenstellen. Zusätzliche Anerkennungen können in Form von Privilegien erteilt werden wie Zugangserlaubnis zu bestimmten Ressourcen oder die Möglichkeit, Trainer zu werden usw. Das letztere ist eine effektive und leichte Art, die Talente eines Angestellten ins rechte Licht zu setzen.

Andere Teammitglieder werden eher durch eine öffentliche Anerkennung motiviert. Das kann die Erwähnung in den Veröffentlichungen der Gesellschaft oder das Aushängen seiner Fotografie sein. Manchmal werden besondere Leistungen mit Präsenten belohnt, zum Beispiel mit speziellen Jakken. Solch eine Jacke zu gewinnen kann ein Leistungsanreiz sein. Um eine genauere Vorstellung darüber zu erhalten, welcher Belohnungstyp am besten dem Teammitglied entspricht, sollten Sie für jeden das Instrument »Bestimmung des Teamcharakters«, hier S. 256, anwenden.

Weitere effektive Motivationsinstrumente sind die folgenden:

Dienstreisen

Dienstreisen geben Teammitgliedern die erfrischende Perspektive einer Luftveränderung auf Kosten des Unternehmens. Eine Dienstreise kann auch gut zum Statusaufbau genutzt werden, da das Teammitglied durch häufige Lieferantenbesuche dort die Behandlung einer wichtigen Person erfährt. Zusätzlich bieten diese Reisen die Gelegenheit zu einem direkten Gespräch mit dem Zulieferer über alle möglichen Materialprobleme. Vielleicht hat er sogar ein Wort bei der Auswahl des geeigneten Rohmaterials mitzusprechen. Mit solch einer Kompetenz wird die Dienstreise zu einem großartigen Motivationsinstrument.

Privilegien

Wer repräsentiert das Team beim nächsten Managementseminar? Oder, noch wichtiger: Wer leitet die Besucherführungen? Wenn Sie ein Teammitglied zur Führung von Besuchern in der Organisation wählen, wird dieses Ihre Wahl als ein großes Vertrauensvotum auffassen. Die Anerkennung, die das Teammitglied dadurch von seinen Mitarbeitern erhält, trägt ebenfalls zur Motivation bei.

Fort- und Weiterbildung

Wenn sich Teammitglieder ausgezeichnet entwickeln, kann man sie für spezielle Workshops und Seminare auswählen. Das ermöglicht ihnen, ihre Fertigkeiten zu erweitern und somit ihre Arbeit zu bereichern. Durch diese Weiterqualifikation können sich Teammitglieder neue Arbeitsschritte oder die Bedienung komplizierter Maschinen mit erhöhter Geschwindigkeit aneignen und damit zu Fachleuten werden, die ihr Wissen im Team weitergeben können.

Motivation durch die Aufgabe

Die Möglichkeit, eine Arbeit zu verrichten, die interessant und vielseitig ist, kann die Beschäftigten ebenfalls zu höheren Leistungen anspornen.

Informationen aus erster Hand

Eine der effektivsten Wege zur Motivierung der Beschäftigten ist es, ihnen das Gefühl zu geben, daß sie der Organisation etwas bedeuten. Manager können dieses Gefühl vermitteln, indem sie sicherstellen, daß die Mitglieder von Teams die Neuigkeiten inner- und außerhalb der Organisation aus erster Hand erhalten. Sind die Umsätze wesentlich gestiegen? Ist eine Fusion geplant? Gibt es Verschiebungen auf dem Weltmarkt? Die meisten Beschäftigten hören solche Nachrichten an Stammtischen oder aus den Veröffentlichungen ihres Unternehmens. Das impliziert das Bewußtsein: »Du bist nicht wichtig genug, um persönlich verständigt zu werden.«
Da Teams ermutigt werden – es sogar erwarten –, daß sie sich für das Wohlergehen der gesamten Organisation einsetzen, ist es angebracht, sie auch so zu berücksichtigen wie das Management, wenn wichtige Neuigkeiten weitergeleitet werden sollen. Dies kann über regelmäßige Aushänge geschehen.
Traditionell eingestellten Managern gefällt es ganz und gar nicht, daß sie ihr

Wissen, das früher allein ihre eigene Domäne war, nun weitergeben sollen. Doch das Weiterreichen von Informationen bedeutet keinen Gesichtsverlust. Im Gegenteil, als Person, die die Neuigkeiten bereitwillig austauscht, wird die Figur des Managers in ein sehr positives Licht gesetzt.

Verzichten Sie auf übermäßige Kontrolle

Sie kennen die zu treffenden Entscheidungen. Sie haben dem Team alle nötigen Informationen und Arbeitsmittel zukommen lassen, doch es ergreift keine Initiative. Oder sie arbeiten nicht so, wie sie sollen, zumindest Ihrer Meinung nach. Wo liegt das Problem? Es ist leicht, die Schuld beim Team zu suchen. Doch manchmal liegt es nicht eigentlich dort.

> *»Ich erinnere mich, wie wir in einer Gruppe aus sechs Leuten, die wir ein PDS (Performance Development System = Leistungsentwicklungssystem) nannten, über die Idee diskutierten, daß wir unsere Probleme lösen könnten, wenn die Manager die Entwicklung der Teams mehr unterstützen als kontrollieren würden. Es ist interessant, daß unsere Gruppe selbst von einem der Führungskräfte unserer Organisation geleitet wurde, der am meisten auf Kontrolle aus war. Wir beschäftigten uns schon 18 Monate lang mit diesem Team und versuchten alle Taktiken, um die Manager von der übermäßigen Kontrolle abzubringen, doch nichts nützte. Wir trafen uns im Laufe von einanhalb Jahren jeden zweiten Dienstag, und schließlich erkannten wir, worin das Problem lag. Wir waren das Problem, wir, die Führungskräfte. Wir waren das größte Kontrollproblem, das wir hatten.«*

Leider kann man im Eifer des Gefechts das Nützliche und Funktionelle leicht aus den Augen verlieren. Es scheint manchmal ganz unmöglich, einfach dazusitzen und sich auf die Zunge zu beißen, anstatt sich einzumischen. Doch wenn Sie Teammitgliedern Kompetenzen übertragen, müssen Sie ihnen die Möglichkeit bieten, selbst zu ihrem eigenen Verständnis auf ihre eigene Weise und in einer von ihnen selbst festgelegten Zeit zu kommen.

Unterstützung von Innovationen

Innovationen entstehen leichter im Team, weil die Arbeitnehmer hier wissen, daß es sich auch für sie lohnt. In einer traditionellen Organisation ist eine Innovation oft ein risikoreiches Unterfangen, da die Beschäftigten niemals wissen, wer sich die Lorbeeren einholen wird, wenn sie etwas Neues und Besseres für den Arbeitsprozeß vorgeschlagen haben. Also macht man seine Arbeit wie immer. Folglich strengen sich die Beschäftigten darüber hinaus kaum an. Sie haben die Motivation, nach den Regeln zu spielen, und es ist ihnen leicht zu sagen, was sie tun werden und was nicht.

In einem Teamumfeld und besonders, wenn der Manager diejenigen, die gute Ideen haben, aktiv anerkennt und belohnt, werden die Beschäftigten jedoch dazu ermutigt, eine aktive Rolle im Verbesserungsprozeß der Organisation zu spielen. Wenn Teammitglieder Kompetenzen erhalten, sprudeln Ideen oft nur so aus ihnen heraus. Der Prozeß ist spontan und unbewußt.

Ermutigung zur Offenheit

Menschen sind im allgemeinen bereit, mehr zu tun, wenn sie es für die Ihren machen. Baut also ein Manager ein Vertrauensklima auf, in dem die Mitarbeiter eine offene und persönliche Beziehung zueinander haben, wird das Team aller Wahrscheinlichkeit nach effektiver sein.
Mitglieder solcher Teams sind oft dazu bereit, sich auf eine Weise mitzuteilen, wie es in weniger familiären Gruppen kaum möglich wäre. Der Teamleiter kann die Entstehung solch einer Atmosphäre erleichtern, indem er selbst den anderen gegenüber aufrichtig ist und ihnen seine Gedanken anvertraut. Damit zeigt er auch Schwächen und vermittelt außerdem, daß niemand etwas zu befürchten hat. Die Teammitglieder lernen, daß sie alles aussprechen und mitteilen können, ohne Angst haben zu müssen, daß es jemand ausnutzen wird. Der Leiter kann die Mitglieder auch dadurch zur Offenheit ermutigen, indem er auch ihre negativen Einwände wohlwollend aufnimmt.

Ein Betriebsmanager mußte 35 Personen über eine Veränderung im Entlohnungssystem informieren. Er wußte, daß das, was er zu sagen hatte, keine gute Resonanz finden würde. Die Gehaltsstufen waren neu festgelegt, und nichts konnte mehr geändert werden. Er sah, daß es wichtig war, die Mitarbeiter aus ihrer negativen Stimmung herauszuziehen. So bereitete er ein Meeting vor und schuf solch eine Atmosphäre, die es den Mitarbeitern erlaubte, ihren Gefühlen freien Lauf zu lassen.
Er begann diese Sitzung mit den Worten: »Laßt uns eine Liste mit Pro und Contra für das neue Programm machen! Dann werden wir im Einzelnen betrachten, was es für uns in der Gruppe bedeutet.« Die Gruppe hatte sofort die Contra-Punkte parat. Der Manager ermutigte jeden, über diese Punkte zu sprechen und schuf damit einen sicheren Raum, in dem die Mitarbeiter ihrem Ärger und ihrer Unzufriedenheit gegenüber dem neuen Prämiensystem Luft machen konnten.
Schließlich sagte er: »Okay, schauen wir uns mal einige der Pro-Argumente an!« und zählte einige von ihnen auf. Das Team nahm das Thema auf und bemerkte plötzlich auch die positiven Seiten der Veränderung. Schließlich sagten sie sich in etwa: »Na ja, man kann es auch anders sehen.« Nachdem das Team seinen Gefühlen zunächst freien Lauf lassen konnte, war der Manager in der Lage, die Informationen so darzustellen, daß jeder die Vorteile der neuen Struktur erkennen konnte.

Die Menschen fühlen sich am meisten in Gefahr, wenn sie offen dem Management widersprechen. Daher reden sie weniger auf den Teammeetings über ihre Beschwerden, sondern warten auf ungefährlichere Gelegenheiten in der Cafeteria, im Duschraum oder auf dem Korridor. Für einen Teamleiter, der Vertrauen, Offenheit und Ehrlichkeit aufbauen möchte, ist diese Haltung sehr schwierig.

Der Leiter oder Teamhelfer, der offenes Auftreten ermutigen will, darf keine Ad-hoc-Entscheidungen darüber treffen, wie offen ein Team sein »sollte«. Hier einige Tips:

1. Ermöglichen Sie ein allmähliches Auftauen!
Teams durchlaufen oft die Phase eines »Honeymoons«, wenn alle Mitglieder meinen, daß sie ein großartiges Team sind. Sie wagen es, ganz offen zu sein, und teilen alles mit, was sie wollen, bis es ihnen dämmert, daß sich nicht jeder im Team mit solch einer Offenheit wohl fühlt. Daher ist es wichtig, daß die Offenheit nicht den Punkt erreicht, an dem die Teammitglieder negative Erfahrungen machen.

So ist es zum Beispiel nicht empfehlenswert, sofort alles mit Offenheit anzugehen. Man beginnt besser auf einer niedrigeren Stufe persönlicher Offenheit und steigert sie nur dann, wenn das ganze Team sie bejaht und bereit ist, sie zu akzeptieren. Der Leiter ist für das Sicherheitsgefühl der Teammitglieder verantwortlich. Er muß die Gruppe, bildlich gesprochen, an die Hand nehmen, um mit ihnen zusammen die neue Welt der Offenheit zu betreten.

2. Ermutigen Sie das Team, seinem Ärger Luft zu machen!
Wenn Sie die Angestellten auffordern, über Dinge zu sprechen, die sie verärgern, könnten Sie zunächst fragen, was ihnen bei ihrer Arbeit gefällt bzw. nicht so gut gefällt. Wenn zum Beispiel Teammitglieder herausfinden, daß es einer bestimmten Person großen Spaß macht, öffentlich zu reden oder an Meetings teilzunehmen, werden sie ihr gern erlauben, solche Aufgaben zu übernehmen. Solch eine Aufgabenverteilung bildet sich langsam heraus. Es ist ein langer Weg zum gemeinsamen Gefühl von gegenseitiger Akzeptanz und Vertrauen.

3. Vergessen Sie nicht, daß einige Kulturen Offenheit begünstigen, andere aber nicht!
Geeignete Ausprägungen der Offenheit hängen auch von der jeweiligen Kultur ab. In einem High-Tech-Umfeld fällt es den Angestellten wahrscheinlich weniger leicht zuzugeben, daß sie irgend etwas falsch gemacht haben. In einem Kreis von Wissenschaftlern aus Ingenieuren und Physikern wird die Tatsache, daß jemand zugibt, etwas nicht zu wissen, nicht gern gesehen, und man erwartet, daß der Betreffende diese Lücke sofort schließt. In ei-

nem Dienstleistungsumfeld hingegen würde eine Unkenntnis nicht automatisch bedeuten, daß jemand seine Arbeit nicht gut erledigt, sondern würde nur signalisieren, daß bestimmte Informationen nicht ankommen.

Erliegen Sie nicht dem Teamleiter-Syndrom

»In einer Teamkultur sind die Beschäftigten begierig zu lernen«, sagt Jim Lawler von Union Camp. »Sie begrüßen lebhaft jedes Training und erkennen seine unmittelbare Anwendung. Das ist ganz anders als in einer traditionellen Kultur, wo Sie lang und breit erklären müssen, in welchem Bezug das Training zu ihrer Arbeit steht, und warum sie sich darum bemühen sollten.«

Diese Medaille hat jedoch auch ihre Kehrseite. Da in einem Teamumfeld die Angestellten ganz besonders sensibel sind, müssen Manager sehr aufpassen, wie sie ihre Mitteilungen machen. Das gilt für jeden, vom Geschäftsleiter bis zum niedrigen Management.

Wenn Sie jemals bemerkt haben, wie Ihre kleine Tochter schalkhaft mit dem Finger droht, wissen Sie, wie schnell andere Ihre unausgesprochenen Botschaften verstehen können. Obwohl das Töchterchen noch nicht sprechen kann, hat sie Ihre Gesten sofort richtig erfaßt. Was Sie für sie fühlen, ist genau herübergekommen, und nun gibt sie es Ihnen zurück.

Teri Zurfluh, ein Berater für Leistungssteigerung bei Union Camp, bemerkt, daß sich Teamleiter oft nicht der ungeheuren Wirkung bewußt sind, die sie auf ihre Team ausüben, und inwieweit ihr persönlicher Stil von den Teammitgliedern unbewußt nachgeahmt wird. Wenn sich ein Teamleiter zum Beispiel gern beschwert, mit dem Finger auf jemanden deutet und tadelt, tun es Teammitglieder ihm oft nach. Sie werden das bekommen, was Zurfluh »Teamleiter-Syndrom« nennt.

Daher müssen Teamleiter die unterschwelligen Botschaften beachten, die sie aussenden, und ein Gespür für ihre direkte und indirekte Wirkung auf das Team entwickeln. Sie müssen beständig daran denken, daß, wenn sie die Teams nicht als eine positive und stärkende Erfahrung ansehen, es die Teammitglieder wahrscheinlich auch nicht tun werden.

Finden Sie Wege, um die Unterstützung des Managements zu gewinnen!

Teamaktivitäten berühren so viele Facetten der Organisation, daß immer Möglichkeiten für Konflikte existieren. Trotzdem legen Teams oft eine erstaunliche Lebensfähigkeit an den Tag, die den Grad der Synergie beweist, die sich immer bildet, wenn gleichgesinnte Personen zusammenarbeiten. Doch auch ein deutlicher Erfolg von Teams ist keine Garantie dafür, daß sie die fortlaufende Unterstützung des Top-Managements gewinnen. Und ohne diese Unterstützung wird die Überlebensfähigkeit irgendwann erschöpft sein.

Die nationale Verkaufsorganisation eines großen Einzelhändlers führte Verkaufsteams ein, die den Kundenbedürfnissen effektiver entgegenkommen sollten. Obwohl die Teams bald Erfolge vorweisen konnten, stiegen die Verkäufe für die Organisation im ersten Jahr nicht so, wie man erwartet hatte. Die Kosten schienen im Verhältnis zum Aufwand für die Teams noch zu hoch. Trotzdem erwiesen sich die Teams in der Übernahme neuer Verantwortlichkeiten ungewöhnlich energisch und versuchten auf kreative Weise, ihre Ziele zu erreichen.

Die Teams wollten unter anderem frei entscheiden können, wie sie das Hilfspersonal einsetzen, und die Option haben, Hilfskräfte von auswärts einzustellen. Sie beharrten auch auf einem verbesserten Zugang zu Informationen.

Das Management widersetzte sich. Ohne Ergebnissteigerung waren die Manager nicht bereit, die Teams mit mehr Kompetenzen auszustatten.

Das Management hatte das Gefühl, daß es doppelte Kosten aufwenden müsse, wenn es zusätzliche Hilfskräfte von auswärts engagieren würde. Auch im Fall, daß sie effektiver arbeiteten, hätte das Management damit für Dienstleistungen ein zweites Mal zu zahlen, da die fest angestellten Mitarbeiter ohnehin verfügbar waren.

Ein weiterer Stolperstein hatte mit dem Zugang zu Informationen zu tun. Die Teams brauchten ihn über eine entsprechend neue Hard- und Software; doch der Informationsservice war nicht bereit, sein DV-System genügend schnell zu verändern, um den Teams das zu ermöglichen.

Widerstand kam auch von den Bezirksmanagern, die sich der Autonomie der Teams widersetzten und sich dagegen wehrten, Kontrollfunktionen an die Teams abzugeben. Die Situation spitzte sich noch mehr zu, als der neu berufene Vizepräsident dieser Verkaufsorganisation kein Verständnis für das Teamumfeld aufbrachte. Die Teams reagierten ihrerseits, indem sie ihre Informationen zurückhielten und sich einigelten, womit sie sagen wollten: »Warum sollten wir denen etwas mitteilen, wenn sie uns vorenthalten, was wir so dringend benötigen?«

Das Management verweigerte auch weiterhin, Kontrollfunktionen abzugeben, da nach seiner Meinung die Teams schwer zu führen waren. Rückschauend stellte sich jedoch heraus, daß die Teamkultur einfach in einem krassen Gegensatz zu den übrigen Teilen der Organisation gestanden hatte, und die Teammitglieder mehr gefordert hatten, als die Organisation zu geben bereit war. Unter all diesen Umständen war es für die Teams zu schwierig weiterzuarbeiten, und nach zwei Jahren wurden sie aufgelöst.

Dieses Beispiel illustriert, wie ein Team beim Versuch, ohne Rückendeckung vom Management, von den Schwierigkeiten und Frustrationen erstickt wird. Und schließlich schwindet die Motivation des Teams vollständig. Daher ist es wichtig, beständig die Unterstützung des Managements zu suchen.

Woran erkennen Sie, daß Sie eine Teamkultur haben, in der sich die Teammitglieder selbst motivieren?

Wenn Sie herausfinden, daß Ihre Teams voll von Zweifler und Skeptiker sind, sollten Sie überprüfen, ob Ihre Teams nicht in Wirklichkeit in der alten, autoritären Struktur existieren, die nur übertüncht wurde. Hier ist eine Liste von Fragen, die Ihnen eine realistische Einschätzung darüber ermöglicht, ob Sie eine echte Teamkultur aufgebaut haben oder nicht.

1. Arbeiten die Teammitglieder gern im Team?
Mit der Antwort können Sie am leichtesten bestimmen, ob Sie ein funktionierendes Team haben. Die Angestellten sind gern im Team, weil die Arbeit sie zufriedener macht und weil sie die Möglichkeit erkennen, eigenen Einfluß auszuüben. Wenn Sie sehen, daß die Bereitschaft der Teammitglieder, Verantwortung zu übernehmen, wächst, wenn sie Initiative zeigen und wenn sie über ihr unmittelbares Ziel hinausschauen und die Konsequenzen der Teamaktivitäten erkennen, dann wissen Sie, daß Ihr Team geistig verankert ist.

2. Suchen die Beschäftigten von sich aus Gelegenheiten, um Informationen auszutauschen, oder kommunizieren sie nur, wenn sie auf Teammeetings dazu aufgefordert werden?
Sie erkennen, daß ein Team eine Teammentalität besitzt, wenn seine Mitglieder über ihren eigenen Arbeitsplatz hinaussehen und von sich aus Informationen austauschen, Vorschläge zur Verbesserung des Arbeitsprozesses machen oder die Wirkung von Veränderungen und Ideen zur Organisation besprechen. Beim Mittagessen und während der Pausen unterhalten sich die Angestellten dann weniger über Privates, sondern vielmehr über aktuelle Geschäftsprobleme.

3. Finden die Beschäftigten neue Möglichkeiten zur Zusammenarbeit?
Die Mitarbeiter erkennen schnell die Vorteile, in funktionsübergreifenden Aufgaben zu arbeiten. Überzeugte Teammitglieder suchen selbst Gelegenheiten zur Zusammenarbeit für gemeinsame Zielsetzungen und Projekte, weil sie gemeinsame, übergeordnete Ziele haben.

4. Werden neue Prozesse und Arbeitsabläufe schneller in Gang gesetzt?

Wenn Menschen zusammenarbeiten, geht alles schneller. In einem Lebensmittelunternehmen zum Beispiel kommunizierten die Ingenieure früher mit den Arbeitern nur über schriftliche Anweisungen. Als ein Team mit echtem Teamgeist eingesetzt wurde, arbeiteten die Ingenieure Schulter an Schulter mit den Arbeitern in der Halle und brachten so eine neue Produktlinie sehr schnell in Gang. Wenn sich wichtige Kennzahlen nicht verbessern, ist Ihr »Team« vielleicht nur dem Namen nach ein Team.

5. Verhalten sich die Beschäftigten gegenüber dem Teamleiter, als ob er der Manager wäre?

Die Art, wie sich Teammitglieder gegenüber dem Teamleiter verhalten, ist ein weiteres Kennzeichen für die Kultur des Teams. Sind die Beziehungen zwischen den Teammitgliedern und dem Leiter vorsichtig und formal? Wenden sich die Beschäftigten an den Teamleiter als ihre wichtigste Informationsquelle? Wenn es so ist, besteht die Möglichkeit, daß der Teamleiter als Führungskraft angesehen wird. In diesem Fall herrscht wahrscheinlich noch die alte autoritäre Struktur.

6. Benutzen die Teams Kundendaten für ihre Entscheidungen?

Wenn nicht, so sind die Teams vielleicht bei ihren Entscheidungen vom Top-Management abhängig und haben kein Kundenfeedback aus erster Hand. Nur wenn Teams einen direkten Zugang zu Kundendaten haben, können sie das Auf und Ab des aktuellen Kundengeschäftes verstehen.

7. Werden dem Team beständig größere Kompetenzen übertragen?

Teamleiter, die sich fürchten, dem Team mehr Verantwortung zu übertragen und damit seine Autorität und Stärke beschränken, handeln wie Manager des alten autoritären Stils. Wenn Sie wirklich vorhaben, ein effektives Teamumfeld aufzubauen, ist der Einsatz von Teamleitern, die an ihren Kompetenzen hängen, kontraproduktiv und wirkt der Teamidee entgegen.

Follett, eine Professorin für Managementtheorie, deren Ideen der ihres Kollegen und Zeitgenossen Frederick W. Taylor weit voraus waren, bemerkte: »Ich sehe an einigen Stellen, daß die Mitglieder einer Gruppe ihrem Leiter nicht blind folgen, sondern ihm eher helfen, eine Situation unter Kontrolle zu halten.«

Dieser Sinn in der Arbeit kann tatsächlich viele begeistern, die sich früher nur wie ein Schräubchen in der Maschinerie vorgekommen sind. Die echte Teamarbeit motiviert die Anhänger dazu, ständig nach etwas Neuem zu streben, gleichzeitig aber bekehrt sie auch die Skeptiker, wenn sie selbst die neuen Vorteile für sich erkennen.

Zehntes Kapitel
Arbeitet Ihr Bonussystem für oder gegen Sie?

[Ein betriebsstättenweiter Produktivitätsbonus] kann in vielerlei Hinsicht eine angemessene Neuerung sein: durch das weitere Verteilen der Früchte der menschlichen Arbeit könnte Gleichheit geschaffen werden; der gesamte Betrieb würde auf eine Weise zusammenwachsen wie nie zuvor; Beschäftigte, die keine Möglichkeiten zur Gehaltssteigerung haben, können so ihr Einkommen selbst beeinflussen. In einem umfassenden Sinn könnte ein betriebsstättenweiter Produktivitätsbonus dem Arbeitssystem einen zeitgemäßen Aufwind geben.«
Richard Walton

Fragen, die in diesem Kapitel gestellt werden:
- Welche Charakteristiken kennzeichnen ein dysfunktionales Bonussystem?
- Wann sollte man ein Bonussystem einführen?
- Welche Form sollte das Bonussystem haben?
- Wie können Sie sicherstellen, daß Ihr Bonussystem bei den Teams effektiv funktioniert?

Es gibt eine Geschichte über zwei Männer, die unter der glühenden Sommersonne in einem Steinbruch arbeiten. Ein Fremder kommt vorbei und hält an, um zuzuschauen. Nach einer Weile fragt er, beeindruckt von ihren Anstrengungen: »Was macht ihr da eigentlich?« Der eine sieht auf, wischt sich mit dem Arm den Schweiß vom Gesicht und antwortet: »Ich haue Granitblöcke ab.« Dann steht der zweite Arbeiter auf, wischt sich auch den Schweiß vom Gesicht und antwortet: »Ich helfe, daß eine Kathedrale gebaut wird.«
Wenn es etwas gibt, was ein Teammitglied von einem gewöhnlichen Arbeiter unterscheidet, dann ist es die Vision. Denn eine Vision ist so umfassend, daß sie jeden Aspekt der Teamaktivitäten berührt.
»Wenn der Bonusplan direkt mit dem Leitbild und der Vision des Unternehmens verbunden ist«, sagt die Beraterin Patricia Haddock aus San Fran-

cisco, »kann sich ein Arbeitnehmer sagen: ›Das ist die Vision unseres Unternehmens. Und das ist jetzt der Bonusplan.‹ Durch diese Verbindung können die Beschäftigten verstehen, wieviel und warum sie Zusatzleistungen erhalten.«

»Ohne ein solches Verständnis«, sagt Haddock, »werden sie auf zusätzliche Verantwortlichkeiten beispielsweise so reagieren: ›Warum sollte ich das tun? Was bringt es mir ein?‹«

Leider machen sich viele Organisationen nicht die Mühe, ihren Bonusplan mit dem Zweck und der Richtung der Teams in Verbindung zu bringen. Das Resultat davon ist, daß die Zusatzleistung nicht die Teamaktivitäten unterstützt und sogar kontraproduktiv werden kann.

Heutzutage wird es immer schwieriger, Teamarbeit zu entlohnen. Nach einem Artikel im »Wall Street Journal« von 1995 setzen zwei Drittel der größeren amerikanischen Unternehmen – 1987 waren es nur 28% – Arbeiter in sich selbst steuernde Teams ein. Im Artikel wird bemerkt, daß »viele dieser Arbeitgeber ihr Entlohnungssystem überarbeiten, besonders für sich selbst steuernde Teams, weil die hierarchisch bestimmten Gehaltssysteme, die nur die Leistung des einzelnen Beschäftigten berücksichtigen, keinen Sinn mehr machten.«

»Viele Firmen, die wir kennen, versuchen, von dem Schema ›Jahresberichte und Gehaltsanpassungen‹ wegzukommen«, beobachtet Dr. Michael Schuster von den Competitive Human Resources Strategies. »Doch in Wirklichkeit erhalten bei weitem die meisten Arbeitnehmer in den Vereinigten Staaten jedes Jahr eine Gehaltserhöhung. Sie kann gering sein, es kann sogar eine ganz mickrige Summe sein, doch sie erhalten etwas.«

»Wir sind zu dem Schluß gekommen«, sagt Huey Greene von Baxter Health Care, »daß wir den Teams ein festes Ziel und bei Erreichung desselben eine Belohnung dafür geben müssen. Schließlich erhalten wir als Unternehmen die Vorteile der Teams. Daher haben wir uns den Teams gegenüber verpflichtet, gegen Ende jeden Jahres – wenn sie sowie auch das Werk ihre Ziele erreicht haben – einen zusätzlichen Bonus zu zahlen.«

Einige Organisationen bieten den Teammitgliedern weitere Anreize für besondere Leistungen an. Als bei der Tochtergesellschaft Defense Systems von Textron Inc. Teams eingeführt wurden, konnten die Arbeitnehmer einen zusätzlichen Bonus bis zu 10 Prozent ihres Grundgehalts für besondere Leistungen verdienen, wie zum Beispiel für die Erfindung eines wichtigen Patents oder das Erkennen und Abwehren eines Risikos.

»Wenn sich die Menschen die Frage stellen: ›Was bekomme ich für meine Arbeit?‹«, sagt Schuster, »muß die Organisation die Ohren spitzen. Die Entscheidungsträger müssen erkennen, daß die Angestellten durch den Teamprozeß mehr Verantwortlichkeiten auf sich nehmen und größere Beiträge für die Organisation erbringen. Wenn Menschen mehr leisten, muß das bei der Bonusanalyse auch registriert werden.

Eine bloße Zuwendung von Boni garantiert nicht, daß sie produktiv oder auch nur angemessen sein werden. Wenn Boni nicht die erwartete Entlohnungseffekte liefern, liegt es oft daran, daß irgendein Aspekt des Kompensationsprogramms nicht mit den individuellen Charakteristiken eines Teamumfelds in Übereinstimmung gebracht worden ist.

Welche Zeichen deuten auf ein unausgewogenes Kompensationssystem?

Die Belohnung ist nicht gerecht

»Organisationen müssen tatsächlich hart arbeiten, damit ihre Kompensationen den gewünschten Effekt bringen«, bemerkt Schuster. »Wenn Sie den zu vergütenden Gesamtbetrag festgelegt haben, erhebt sich die Frage, in welcher Form er verteilt werden soll. Sie wollen ein Kompensationssystem finden, das dem Teamprozeß neuen Antrieb gibt. Es passiert jedoch häufig, daß das Management ein Entlohnungssystem vorsieht, das einzelne Mitarbeiter auf Kosten des Teams begünstigt.
Ich bekomme vielleicht ein halbes Dutzend Anrufe von Führungskräften, die mir berichten, daß ihre Organisationsstruktur auf Teams basiert, daß jedoch das schlechteste Team die Mitarbeiter im eigenen Stab seien. Um der Sache auf den Grund zu gehen, führe ich Einzelinterviews durch. Und wissen Sie, was ich oft herausfinde? Ihr Entlohnungssystem basiert auf einem Nullsummenspiel. Wenn ich mich also in einem Entlohnungssystem befinde, in dem unser Chef eine festgelegte Geldsumme zur Verfügung hat: Wir sind zu fünft, also ist der gleichmäßige Anteil ein Fünftel. Sie erhalten jedoch die Hälfte, dann bedeutet es, daß der Rest sich die andere Hälfte teilen muß. So ist es nicht verwunderlich, daß das Team nicht funktioniert. In solch einer Situation macht es mehr Sinn, die Leistung des Stabes zu berechnen, als die der einzelnen Personen im Stab.«
Damit erhebt sich eine interessante Frage: Warum ersetzt man nicht sofort ein Kompensationssystem, wenn es seinen angestrebten Zweck nicht erfüllt, durch eines, das dies tut? Die Antwort liegt zum Teil im Wesen der menschlichen Natur. Wir neigen dazu, Opfer unserer Vergangenheit zu sein. Alles, was wir bisher getan haben, möchten wir auch weiterhin so machen. Das gilt vor allem für Kompensationspläne. Wenn in fest etablierten Betriebsstrukturen Teams eingeführt werden, ist die Gesamtzeit, die man für die Veränderung des Kompensationssystems benötigt, so lang, daß man oft in Versuchung gerät, aufzugeben.

Schlechte interne Kommunikation

Eine Organisation verfügt über vielerlei Mittel, mit denen sie die Details des Kompensationsplans bekanntmachen kann, z.B. Belegschaftssitzungen abhalten, die Angestellten persönlich ansprechen oder Rundbriefe und Broschüren drucken. Sie kann sogar ein paar Dollar mehr investieren und einen Videofilm produzieren, der alle Aspekte der Kompensation beinhaltet. Patricia Haddock beobachtet, daß nach ihrer Erfahrung das Problem Nummer eins die unzureichende oder mißgeleitete Kommunikation über das Kompensationsprogramm darstellt. Organisationen wenden einfach nicht die notwendige Mühe auf oder setzen das, was sie sich vorgenommen haben, nicht richtig um.

Undurchsichtiges Verteilungssystem
Da in einer Teamkultur alles so eng miteinander verbunden ist, ziehen Teammitglieder leicht falsche Schlüsse. Daher ist es die Pflicht der Geschäftsleitung, alle Wechselwirkungen der – anscheinend in keiner Verbindung zueinander stehenden – Veränderungen im Kompensationsprogramm auf die Teamleistung zu berücksichtigen.
Was geschieht, wenn das Management ein Bonussystem einführt, ohne das Vergabeprinzip dafür genau zu erläutern? Der Bonus steht dann in keiner Beziehung zur Leistung des Teams. Doch vor allem weiß das Team nicht, was es tun soll, um den Bonus wieder zu erhalten. Das ist die schlechteste Belohnungsform, da das Management dabei gleichsam nur Geschenke verteilt. Der Anreiz ist in keiner Weise mit der Leistung verbunden.
Das Gegenteil ist ebenfalls wahr. Nehmen wir an, daß, obwohl die Mitarbeiter mehr Verantwortung übernommen haben, die Geschäftslage nur einen beschränkten finanziellen Anreiz oder vielleicht überhaupt keinen zuläßt. Wenn das Management nicht richtig herüberbringt, warum die erwarteten Boni nicht gezahlt werden können, werden die Teammitglieder sofort annehmen, daß die Organisation sie ausnutzt.

> *Ein Unternehmen faßte die Entscheidung, sich selbst steuernde Arbeitsteams einzuführen, und traf Maßnahmen für die Umsetzung. Zur gleichen Zeit schloß das Management gerade seine Verhandlungen über einen Tarifvertrag ab, wonach die Gehälter um 15% gesenkt werden sollten. Da diese beiden Entscheidungen nicht aufeinander abgestimmt waren, und man sich auch nicht bemühte, den Grund für die Lohnsenkung zu erklären, stand die Startphase des Teams unter sehr schlechten Bedingungen.*

Unterschiede in Kompensationsprogrammen müssen ebenfalls den Teams erklärt werden. »Noch ein Grund mehr«, sagt Haddock, »die Kompensation als einen Teil des strategischen Plans anzuerkennen und ihn darin einzubinden.«

Seien Sie offen!

»Ich hatte Informationen von größeren Unternehmen vor mir, in denen ausgiebig die Änderungen in den Kompensationsprogrammen erklärt wurden«, sagt Haddock. »Die darin dargelegte Botschaft war die, daß diese Neuerungen großartig sein würden. Es sei eine deutliche Steigerung. Doch als wir das Team befragten, stellten wir fest, daß die Einstellung dazu ganz und gar nicht günstig war. Die Angestellten murrten: ›Sagen Sie uns nicht, daß das gut sei! Lassen Sie uns selbst urteilen! Geben Sie uns einfach die Fakten!‹« Nach Haddocks Meinung sind Offenheit und Ehrlichkeit die entscheidenden Punkte. »Die Arbeitnehmer wissen, wenn Sie ehrlich zu ihnen sind. Einige Unternehmen wollen zum Beispiel nicht zugeben, daß sie nicht zu den ersten fünf Prozent der am besten zahlenden Organisationen gehören. Aber Arbeitnehmer wissen, wann Sie ihnen etwas verheimlichen und wann nicht.« Haddock bemerkt, daß, wenn Sie in einer Organisation sind, die ihre Arbeitnehmer nicht direkt anspricht, diese alles mit Argwohn aufnehmen. Wenn Sie aber in einem Unternehmen sind, das immer offen gewesen ist, werden Sie keine solchen Probleme haben.

Das Management geht von falschen Annahmen aus

»Viele Menschen meinen, sie seien Fachleute in Fragen der Kompensation«, sagt Michael Schuster. »Sie wissen nämlich, wie sie gern bezahlt würden. Daher nehmen sie an, daß jeder andere auf dieselbe Art bezahlt werden möchte. Dieser Prozeß beruht dann nicht auf Fakten. Damit kommt die ganze Sache auf ein falsches Gleis, weil jeder das Thema mit seinen eigenen Interessen und Vorstellungen vernebelt.«

Schwerpunktgruppen sind etwas Nützliches

Eines der besten Mittel, die wirkliche Meinung der Arbeitnehmer zu ermitteln, ist das Einsetzen von Schwerpunktgruppen.
»Ich glaube nicht, daß irgendeine andere Art der Kommunikation wertvoller sein kann als eine Schwerpunktgruppe, wenn sie richtig eingesetzt wird«, sagt Haddock. »Sie erhalten dadurch ungeheuer wertvolle Informationen.« Auch Schuster ist derselben Meinung. »Wir bemühen uns oft, von den Arbeitnehmern zu erfahren, wie oft der Bonus ausgezahlt werden sollte. Einige Unternehmen würden ihn gern einmal jährlich auszahlen, während ihre Arbeitnehmer ihn vielleicht lieber in Raten hätten.
Folgende Fragen können zusätzlich nützliche Informationen geben:

- Was ist Ihrer Meinung nach bei der Kompensation wichtig?
- Meinen Sie, daß Ihre Kompensation Ihrer geleisteten Arbeit entspricht?
- Haben Sie eine Idee, wie die ideale Art der Bezahlung in Ihrer Organisation aussehen könnte?
- Wenn Sie zwischen einer betriebsstättenweiten Verteilung der Gewinne auf alle Mitarbeiter und einer, die auf kleinen Gruppen oder Teams basiert, auswählen könnten, welche würden Sie dann vorziehen?

»Manchmal«, sagt Schuster, »kommen Arbeitnehmer mit Vorschlägen oder Gedanken, die die Manager nicht in ihrer Analyse berücksichtigt haben.« Viele Manager zeigen zum Beispiel eine Vorliebe für eine Prämienregelung auf Teambasis, während Arbeitnehmer das oft nicht wollen. Sie würden einen bereichsbezogenen Bonus vorziehen, weil sie nicht sicher sind, ob das Management diese Prämie innerhalb des Teams fair verteilen wird. Arbeitnehmer wissen, daß es schwierig sein kann, die Leistung eines bestimmten Teams zu messen. Prämien auf Teambasis werden daher eher in solchen Branchen akzeptiert, in denen quantifizierbare Daten vorliegen.

Zu wenige Teams sind eingeführt

»Wir erhalten Anrufe von Leuten«, berichtet Schuster, »die uns manchmal sagen: ›Wir sind im Begriff, eine Organisationsstruktur auf Teambasis einzuführen. Wir wissen, daß wir Anreize schaffen müssen. Wie sollen wir das tun?‹ Dann gehen wir zu ihnen hin und sehen, daß sie erst kürzlich ihr erstes von insgesamt 22 Teams gestartet haben. Wir sagen ihnen dann, daß es etwas übereilt ist, jetzt schon finanzielle Anreize zu schaffen. Wir erklären ihnen das folgendermaßen:
»Nehmen wir an, Sie installieren das Anreizsystem, haben aber nur ein Team. Plötzlich werden Teammitglieder zusätzlich entlohnt, aber 90% der Organisation ist noch nicht in Teams zusammengefaßt. Also können die Teammitglieder noch nicht das Ergebnis ihrer Bemühungen sehen. Damit entwerten Sie Ihr Anreizsystem, weil 90% der Belegschaft ihren Lohn auch ohne sichtbare Leistungssteigerung erhalten.
Sie sollten erst dann ein Anreizsystem ins Auge fassen, wenn sie so weit im Teamprozeß fortgeschritten sind, daß die Teams tatsächlich Verbesserungen vorweisen können. Dazu müssen Sie aber auch genügend Beschäftigte in Teams haben. Sie können nicht verlangen, daß nur einer rudert, während sich die anderen im Boot treiben lassen.
Wenn nach Ihren Plänen nur ein Team aufgebaut werden soll, muß man diesem Team aber genügend Zeit einräumen, Ergebnisse zu bringen, durch die dann ein Zusammenhang zwischen Kompensation und Ergebnis hergestellt werden kann.«

Es gibt zu wenige Mechanismen zur Verbesserung

Das Team ist eingeführt. Der Bonusplan ist vorhanden. Doch seltsam: Es gibt immer noch keine Verbesserungen. Was könnte hier falsch sein? Organisationen müssen sehen, ob genügend Mechanismen existieren – kooperative Arbeitsbeziehungen, Veränderungen der Arbeitsabläufe etc. –, um Fortschritte zu erzielen. Teams sind nur eines der Mittel, die zu Verbesserungen führen. Wenn Sie nur einen einzigen Weg zur Leistungssteigerung ermöglichen, geben Sie Ihren Arbeitnehmern keinen sehr großen Spielraum. Sie müssen genügend Mechanismen zur Verfügung haben, damit Sie verschiedene Möglichkeiten haben, die Probleme anzugehen. Damit können diese dann zu besseren Ergebnissen kommen und schließlich auch eine Zusatzbezahlung erhalten.

An den Erwartungen der Arbeitnehmer vorbeigehen

In einigen Organisationen ist es sehr schwierig, die Beschäftigten ohne irgendeine Art von zusätzlicher finanzieller Anerkennung zur Übernahme von mehr Verantwortung zu bewegen. In anderen Organisationen sind die Arbeitnehmer für solche Veränderungen auch ohne zusätzlichen Anreiz motivierbar. Dieser Unterschied kann mit Variationen in der Organisationskultur und den unterschiedlichen Erwartungen der Arbeitnehmer erklärt werden. Die Kultur der Organisation wird von mehreren Faktoren geprägt:

- *Die Geschichte der Organisation selbst.* Wenn es sich um ein Unternehmen handelt, das immer Anreize geboten hat, ist das Verhalten der Arbeitnehmer durch ein geldorientiertes Umfeld geprägt, in dem sie auch erwarten, daß Leistung und Verantwortung eng mit einem monetären Anreiz verbunden sind.
- *Niveau der laufenden Bezahlung.* Wenn es sich um eine Belegschaft handelt, die noch nicht hoch bezahlt wird, sollte eine zusätzliche Entlohnung das erste Anliegen sein. Das Gegenteil ist auch richtig. Arbeitnehmer, die immer gut entlohnt wurden, werden wahrscheinlich durch andere Arten der Gegenleistung motiviert werden, wie zum Beispiel durch die Möglichkeit, mehr Kontrolle über ihr Arbeitsumfeld auszuüben.
- *Die gemeinsamen Wertvorstellungen in der Gemeinschaft.* Ist es eine Gemeinschaft, in der die Normen wie »Gib niemals etwas für nichts« dominieren, oder wo die Kleidung und die Automarke eine ungewöhnlich wichtige Rolle spielen? In einem Umfeld, in dem Dollars das Sagen haben, ist der Druck spürbar, mehr Geld zu verdienen. Die Beschäftigten erwarten hier irgendeine Art von finanzieller Entlohnung.
- *Die Spezifität des lokalen Arbeitsmarktes.* Wie werden die Arbeitnehmer in anderen Organisationen der Gegend bezahlt? Wenn die Arbeitnehmer

höher oder niedriger als der Durchschnitt liegen, sind zusätzliche finanzielle Kompensationen ebenfalls von Bedeutung.

Wenn die Teamleistung nicht ausreichend ist, kann das daran liegen, daß man den Erwartungen hinsichtlich der Zusatzzahlung nicht entsprochen hat. In einer traditionellen Organisationsstruktur kann ein Angestellter, wenn er zusätzliche Verantwortung übernimmt, zu seinem Manager oder zur Personalabteilung gehen und bitten, seinen Arbeitsplatz neu zu bewerten. Seine zusätzliche Leistung erlaubt ihm logischerweise, eine Gehaltserhöhung zu fordern.

In einem Teamumfeld ändert die *ganze Organisation* ihre Aufgabe. Daher ist es natürlich, daß das Team finanzielle Anreize erwartet, wenn es zusätzliche Kompetenzen übernimmt. Wenn die Mitglieder glauben, ihr Gehalt entspricht nicht ihrer Leistung, werden sie ihre Anstrengungen so weit zurückschrauben, bis Vergütung und geleisteter Aufwand sich wieder ausbalancieren.

Arbeitnehmer haben keine Gelegenheit, ihre Meinung einzubringen

»Entwickelt das Management ein ganz neues Kompensationssystem, zu der die Arbeitnehmer aber ihre Meinung nicht beitragen konnten«, sagt Schuster, »wird es skeptischer aufgenommen, als wenn die Angestellten die Gelegenheit gehabt hätten, ihre Ideen dazu frühzeitig darzulegen.

Nehmen wir an, Sie haben eine Abteilung von 300 Beschäftigten und befragen sie nach ihrer Meinung zum neuen Entlohnungssystem. Wenn dann die Zeit der Umsetzung kommt und die Kritiker fragen: ›Wer hat sich das denn ausgedacht?‹, können Sie antworten: ›Wissen Sie denn nicht, daß wir die Mitarbeiter zur Festlegung der neuen Gehälter einbezogen haben?‹ In dieser Situation wird der Kritiker wahrscheinlich einen Rückzieher machen und sagen: ›Ach so, das wußte ich nicht. Vielleicht ist es auch besser, als ich gedacht habe.«« Wenn man Arbeitnehmer auffordert, ihre Ideen beizusteuern, verleiht man dem neuen Kompensationsprogramm mehr Glaubwürdigkeit und macht es für die Geschäftsleiter einfacher, das Konzept zu vermitteln.

Das Management beachtet nicht die kompletten Wechselwirkungen, die ein Bonussystem hervorrufen kann

Bei der Festlegung der Kompensation trifft gewöhnlich das Top-Management die letzte Entscheidung, nachdem es Informationen von internen und externen Experten und aus seiner eigenen Erfahrung in der Vergangenheit ausgewertet hat. Leider wenden Geschäftsleiter oft nicht genügend Zeit auf, um den Zusammenhang zu verstehen, in dem ein Kompensationssystem gesehen werden muß. Daher sind Kompensationssysteme oft nicht klar durchdacht.

»Ich hatte einen Anruf von einem Unternehmen, mit dem wir vor vier oder fünf Jahren zusammengearbeitet haben. Zu dieser Zeit hatten wir ihm empfohlen, individuelle Anreize wegzulassen, da sie sich auf den Teamprozeß destruktiv ausgewirkt hätten. Gleichzeitig hatten wir einen Weg ausgearbeitet, um das Lohnniveau der Arbeitnehmer zu sichern.

Der neue Präsident, der nun kam, erzählte uns sofort, daß das [was wir vor vier Jahren gemacht hatten] die dümmste Sache auf der Welt sei und daß es viel zusätzliches Geld koste. Diese Person kannte nicht die Geschichte des Problems und hatte keinen realistischen Begriff davon, wie die Themen anzugehen waren. Er hatte keine Ahnung, warum man die Kompensation zunächst verändert hatte und wie kompliziert es gewesen war, die Änderung umzusetzen. Er machte Vorschläge, die einfach falsch waren. Alles, was er wußte, war, wie er gern bezahlt werden würde.«

Wann sollte man ein Anreizsystem einführen?

Die meisten Firmen betrachten eine Vielzahl von Faktoren, wenn sie einen angemessenen Kompensationsplan ausarbeiten: (1) Wie ist die Lage auf dem nationalen und regionalen Arbeitsmarkt? (2) Wie wird die Wettbewerbsfähigkeit des Unternehmens gesteigert? Und (3) was wird die Arbeitnehmer zufriedenstellen? Im allgemeinen ist keiner dieser Punkte ein Kontrollfaktor. Der Wettbewerbsfähigkeit des Unternehmens wird gewöhnlich mehr Gewicht beigemessen.

»Wir ziehen es vor, neue Entlohnungssysteme erst nach der Einführung von Teams einzuführen«, sagt Schuster. »Zuerst installieren wir den Teamprozeß, setzen die Teams ein und lassen den Prozeß so laufen, daß er ohne viel Reibungsverluste funktioniert. Erst dann, so zwischen dem 6. bis 24. Monat, beginnen wir, uns mit einer leistungsbezogenen Entlohnung zu beschäftigen.«

Doch das ist kein allgemeingültiger Termin. In einigen Fällen haben Organisationen es für notwendig befunden, eine neue Entlohnungsstruktur oder einen Bonusplan in einem viel früheren Stadium einzuführen. Hier sind zwei Beispiele dafür:

Nehmen wir an, das Management beschäftigt sich mit der Entscheidung über die Vergütung im nächsten Jahr und stellt fest, daß kein Geld für Lohnerhöhungen zur Verfügung steht. Um die Motivation der Arbeitnehmer aufrechtzuerhalten, wird ein leistungsabhängiger Faktor für die Gehaltszahlung installiert. Doch wie wird die Organisation eine Leistungssteigerung erreichen? Die Antwort darauf ist, durch die Einführung von Teams. In diesem Fall liegt der Kompensationsplan vor der Bildung des Teams.

In anderen Fällen befindet sich eine Organisation, die auf Teams basiert, in einem engen Wettbewerb, der ihnen kaum eine Möglichkeit zur Erhöhung von Löhnen und Gehältern läßt. Das Management weiß, daß dies einen negativen Effekt auf die Teamleistung haben würde. Daher entscheidet es sich, einen Gruppenbonus oder einen Gewinnbeteiligungsplan als Motivationsmittel einzuführen.

Ob eine Kompensation primär als Verstärker oder als Motivator benutzt wird, hängt letzten Endes von der Geschichte der jeweiligen Organisation, den Erwartungen der Arbeitnehmer und besonders von der individuellen Kultur und dem Charakter dieser Organisation ab.

Welche Form sollte die Kompensation haben?

Nach der Meinung Schusters können vier verschiedene Kompensationsstrategien in einem Teamumfeld effektiv angewandt werden: Bezahlung für Wissen oder ausbildungsbezogene Bezahlung, Gewinnbeteiligung, Teamprämien und Wettbewerbe. Betrachten wir kurz die Vor- und Nachteile jeder dieser Strategien:

Bezahlung für Wissen oder ausbildungsbezogene Bezahlung

Dieses System entlohnt Arbeitnehmer auf der Basis der Fertigkeiten und der Kenntnisse, die sie besitzen. Seine *Vorteile* liegen darin, daß die Arbeitnehmer motiviert werden, mehr zu lernen, um bei der Kompensation höher eingestuft zu werden, und die Organisation verfügt dann über besser ausgebildete und flexible Arbeitskräfte. Die *Nachteile* sind, daß Arbeitnehmer für Fertigkeiten bezahlt werden, unabhängig davon, ob sie diese Fertigkeiten umsetzen oder nicht. Die Personalkosten sind gewöhnlich für den Arbeitgeber höher, und teure Beurteilungen, Training usw. ziehen zusätzliche Kosten nach sich.

Gewinnbeteiligung

Cash-Boni für Teammitglieder sind mit Verbesserung der Produktivität, der Qualität und der Gesamtleistung verbunden. Die *Vorteile* liegen in der Entlohnung aller Arbeitnehmer, wenn die Organisation ihre Leistung steigern kann. Die Arbeitnehmer sind durch das gemeinsame, übergeordnete Ziel motiviert. Alle Angestellten erhalten den gleichen Bonus. *Nachteile* sind, daß Arbeitnehmer, die es nicht verdient haben, auch diese Kompensation erhalten, und die gleiche Leistung auch ohne Gewinnbeteiligung erbracht werden kann. Zudem liegt die Maßgröße für die Leistungen nicht immer im Kontroll- oder Einflußbereich der Arbeitnehmer.

Teamboni

Durch Boni können Teams für ihre Zielerreichung beurteilt und entlohnt werden. Die *Vorteile* der Teamboni sind: (1) Sie ermöglichen, nur die Teams anzuerkennen, die tatsächliche Verbesserungen erbracht haben. (2) Sie stärken den Teamzusammenhalt. (3) Sie brauchen nur gezahlt zu werden, wenn die Leistung erbracht ist. Die *Nachteile* sind, daß man die Leistung von Unterstützungsteams schlecht messen kann, und die Maßgrößen für Boni zwischen verschiedenen Teams unangemessen sein können. Das Management findet es wahrscheinlich schwierig, den Beitrag eines einzelnen Teams isoliert zu beurteilen. Teamübergreifende Arbeiten können dabei zu kurz kommen.

Wettbewerbe

Die Arbeitnehmer werden nach diesem Schema für ihre individuelle Leistung, die nach einer Reihe von Kriterien bewertet wird, belohnt. Die *Vorteile* sind, daß diese Zahlungen nur solche Personen betreffen, die sie verdienen. Die *Nachteile* liegen darin, daß Arbeitnehmer gezwungen sind, um einen festgesetzten Geldbetrag miteinander in Wettbewerb zu treten. Teammitglieder fühlen sich oft peinlich berührt, wenn sie sich gegenseitig beurteilen sollen, und lehnen solch eine Verantwortung gewöhnlich ab. Manager dagegen sind bei der Einschätzung individueller Leistungen weniger effektiv.

Organisationen können auch Kompensationspläne verwenden, die aus mehreren oder allen diesen Elementen bestehen. Die Tage sind vorbei, in denen das Management einen Plan aussuchte und dann für immer nach ihm arbeitete. Heutzutage sind die Organisationen weiter in der Beurteilung von Teamleistung. Daher ist es wahrscheinlicher, daß Pläne, die alle Komponenten berücksichtigen, effizient sein werden und die Kompensationspläne sich den neu entwickelnden Bedürfnissen des Teamumfelds anpassen werden.

Wie können Sie sicherstellen, daß Ihr Kompensationssystem bei Teams effektiv funktioniert?

Die Kompensation ist ein komplexer Gegenstand und ist eingehend in vielen Büchern und Artikeln behandelt worden. Daher war in diesem Kapitel nicht beabsichtigt, einen umfassenden Überblick über das Kompensationsthema zu liefern, sondern nur einige der Probleme zu beleuchten, die sich aus dem individuellen Charakter eines Teamumfelds ergeben.
Zur Zusammenfassung sind hier noch einige wichtige Themen aufgelistet,

die man bei der Entwicklung eines Kompensationsplans, der sich leistungssteigernd auf Teams auswirken soll, in Erwägung ziehen muß.

1. Stellen Sie sicher, daß Ihr Bonussystem die richtige Einstellung belohnt!
2. Lassen Sie die Teams nicht im Dunkeln! Pflegen Sie eine gute Kommunikation mit ihnen, in der alle bedeutsamen Aspekte oder Veränderungen im Kompensationsplan besprochen werden können! Überladen Sie das Programm nicht! Seien Sie offen! Seien Sie direkt! Geben Sie dem Team ausreichend Gelegenheit, um sich vom Plan überzeugen zu lassen!
3. Vermeiden Sie Vermutungen darüber, was die Teams wünschen! Hören Sie die Meinung der Arbeitnehmer selbst an, untersuchen Sie die Situation! Wann immer es möglich ist, verwenden Sie die Schwerpunktgruppen!
4. Verbinden Sie Boni mit Teamaktivitäten! Stellen Sie sicher, daß die Teams in der Lage sein werden, die Ergebnisse ihrer Bemühungen zu sehen, schon bevor Sie Entlohnungen festsetzen!
5. Erleichtern Sie den Überzeugungsprozeß, indem Sie Arbeitnehmern erlauben, ihre Gedanken und Ideen für das Kompensationsprogramm beizutragen!
6. Stellen Sie sicher, daß Sie die Erwartungen der Arbeitnehmer berücksichtigen!
7. Sie müssen sicher sein, daß Ihr Kompensationssystem auf rationalen Erwägungen beruht. Fällen Sie nicht nur Entscheidungen auf der Basis Ihrer eigenen persönlichen Vorlieben!
8. Stellen Sie sicher, daß Sie genügend viele Mechanismen zur Verfügung haben, um die angestrebten Gewinne erzielen zu können!

Einen guten Kompensationsplan zu haben ist noch keine Garantie dafür, daß er effektiv funktionieren wird. Kompensation kann großartig motivieren und die Leistung wunderbar steigern. Doch, wie auch bei den meisten anderen Aspekten hinsichtlich Teams, muß sie im Rahmen der gesamten Teamkultur betrachtet werden.

Elftes Kapitel
Funktionsübergreifende Teams effizient einsetzen

Hierarchie ist ein Mittel zur Integration, doch nicht das einzige. Hierarchie zerstört Flexibilität und garantiert fast immer, daß Wissen und Autorität aneinandervorbeigehen.
William Passmore

Fragen, die in diesem Kapitel gestellt werden:
- Was behindert funktionsübergreifende Teams?
- Welche Taktiken gibt es?
- Können gemeinsame Ziele Teamschwierigkeiten beseitigen?
- Warum ist der Aufbau von Vertrauen entscheidend?
- Wie können Funktionsmanager unterstützt werden?
- Wie können interne Probleme geschlichtet werden?
- Wie geht man strukturiert vor, um die Prozesse zu verbessern?

Wenn Sie die Leiter von den verschiedenen Abteilungen einer Kommune zusammenbringen, um mit ihnen das Budget auszuarbeiten, erkennen Sie sehr schnell, wie hart es sein kann, zu einer Übereinstimmung zu gelangen. Jede Person bringt die Wertvorstellungen, Loyalitäten, Interessen, Kompetenzen und Verantwortlichkeiten einer bestimmten Gruppe mit, und jeder fühlt sich gezwungen, eine loyale Haltung denen gegenüber einzunehmen, die er zu vertreten hat.
Hausbesitzer wünschen zusätzliche Aufwendungen für sichere Straßen und mehr Dienstleistungen. Die Angestellten von der Stadt wünschen sich die Absicherung fortlaufender Vorteile und eine Stelle auf Lebenszeit, und die höheren Beamten sorgen sich um die verfügbaren Einkünfte. Alle Konflikte, die unter diesen Gruppen existieren, sind im Saal anwesend. In solch einem »Hexenkessel« ist es nicht ungewöhnlich, wenn Emotionen frei und verschiedene Personen in entgegengesetzte Richtungen gezogen werden.

Was behindert funktionsübergreifende Teams?

Mitglieder funktionsübergreifender Teams sitzen oft zwischen zwei Stühlen. Einerseits fühlen sie sich gezwungen, ihrem ursprünglichen Team gegenüber loyal zu bleiben. Andererseits aber müssen sie mit Mitgliedern ihres funktionsübergreifenden Teams kooperieren, um Probleme zu lösen, die über die Abteilungsgrenzen hinausgehen.

Funktionsübergreifende Teams sind in der Lage, auf einer breiteren Basis von Fertigkeiten und Kenntnissen Probleme und Arbeitsprozesse anzugehen, die mehrere Funktionen umfassen. Jede Person besitzt Erfahrung aus erster Hand, die andere nicht haben, und die daraus resultierende Synergie kann sehr kreative Lösungen hervorbringen. Doch Schwierigkeiten entstehen, wenn eine Entscheidung, die die eine Gruppe unterstützt, die Verpflichtungen gegenüber anderen Gruppen in Frage stellt.

> *Boing gab der Commercial Aviation Division von Honeywell im Jahre 1987 den Rat, sie solle als Zulieferer Qualitätszirkel einrichten. Honeywell befolgte ihn. Die meisten Teams, die Honeywell aufbaute, waren übergreifende Qualitätszirkelteams. Doch 1991 bemerkte das Unternehmen, daß es gleichzeitig auch Ingenieurteams benötigte, um die Arbeit, die für die Boing 777 zu leisten war, unterstützen zu können. Das waren funktionsübergreifende Teams, für die Angestellte aus verschiedenen Abteilungen wie z.B. aus der Qualitäts-, Ingenieur-, Prozeß- und Planungsabteilung ausgesucht wurden.*
>
> *Honeywell wurde bald mit einem unangenehmen Problem konfrontiert. Je mehr die Mitglieder dieser funktionsübergreifenden Teams zusammenarbeiteten, desto mehr wuchs ihre Loyalität zu ihren eigenen Funktionsbereichen. Diese Situation führte in den Teams zu Konflikten, Feindseligkeiten und Widerstand. Die Teammitglieder fühlten sich nicht nur genötigt, ihre Funktionen zu verteidigen, sondern hielten ihre Kollegen im Team für unloyale und unglaubwürdige Personen, sobald sie die Interessen ihrer eigenen Funktionsbereiche oder Teams nicht energisch vertraten.*

Leider stellen viele Organisationen ihre Teams ohne Vorbereitung, ohne eine unterstützende Infrastruktur und ohne eine überzeugende Vision zusammen. Die Ursachen für Fehler und Uneinigkeit werden oft schon geschaffen, bevor das Team anläuft, und Hunderte von Arbeitsstunden schwinden in fruchtloser Aktivität dahin.

Den funktionsübergreifenden Teams ist ein spezielles Kapitel in diesem Buch gewidmet, weil die Teamprobleme, die hier aufkommen, in diesem besonderen Teamumfeld sehr individuell sind. Wenn ein funktionsübergreifendes Team von Konflikten überschüttet wird, liegt der Hauptgrund im allgemeinen an den folgenden Situationen:

- Das Team reflektiert Probleme, die von der hierarchischen Struktur der Organisation verursacht werden und einen Konsens erschweren.
- Abgrenzungskonflikte sind nicht eindeutig gelöst.
- Teammitglieder sind nicht vom Teamprozeß überzeugt.
- Die Organisation hat keine unterstützende Infrastruktur eingerichtet.
- Das Team zweifelt an einer möglichen Verwirklichung seiner Ziele.

Dieses Kapitel untersucht die Strategien, die zur Lösung dieser mit funktionsübergreifenden Teams verbundenen Probleme eingesetzt werden sollten.

Welche Taktiken sind geeignet?

In dem Artikel »Work Teams Boost Productivity« (»Arbeitsteams steigern Produktivität«) bemerkt J. Schinder, daß, wenn sich selbst steuernde Teams die Verantwortung für alle Funktionen übernehmen, die Wirkung auf die Organisation sehr deutlich und dramatisch sein kann. Das Management muß mehr tun, als nur Kompetenzen zu übertragen. Es muß die Teams vor allem so unterstützen, daß diese ihr ganzes Potential entwickeln können. Lassen Sie uns sehen, was für Formen diese Unterstützung annehmen kann!

Taktik 1: Festsetzung eines gemeinsamen Ziels

Funktionsübergreifende Teams werden häufig gebildet, ohne daß ihnen ein gemeinsames Ziel oder ein Leitbild gegeben wird. Ohne ein klares Ziel, für das die Teammitglieder ihren Arbeitseifer und ihren Geist hingeben könnten, verfallen sie leicht dem Glauben, daß sich die Arbeit im Team keiner Anstrengung lohnt. Sie wissen, daß die organisatorischen Grenzen heilig sind, und sie bezweifeln, daß sie überhaupt in der Lage sein werden, das irgendwie beeinflussen zu können. Das bewirkt bald Frustrationen.
Es gibt kaum ein Teammitglied, das bereit wäre, in seine Abteilung zurückzugehen und seinem Abteilungsleiter ins Gesicht zu sagen, daß er nicht die Interessen der Abteilung vertreten hat. Daher befinden sich die Mitglieder in dem Dilemma, wichtige Vorschläge abzulehnen, die die Teaminteressen fördern könnten, die der eigenen Abteilungen jedoch zuwiderlaufen würden. Wenn das geschieht, können sich die Teammitglieder wie Hamster in einem Käfig fühlen, die angestrengt auf ihrem Laufrad rennen, ohne irgendwohin zu gelangen.

Viele Mitglieder, ein Ziel

Die meisten funktionsübergreifenden Teams treffen sich nur einmal wöchentlich, und in der Zwischenzeit beschäftigen sich die Mitglieder mit den Erfordernissen ihrer eigentlichen Aufgaben. Die Zeit, die sie also im Team verbringen, ist nur ein Bruchteil der Zeit, die sie für ihre eigenen Funktionen aufwenden. Wenn das Ziel des Teams die Mitglieder aber nicht persönlich anspricht, ist es schwierig, ihren Enthusiasmus aufrecht zu erhalten, wenn sie den Großteil ihrer Arbeitszeit nicht zusammen sind.
Um dieses Problem anzugehen, muß man ein gemeinsames Ziel definieren, ein Ziel, das über die Gruppe hinweg für die gesamte Organisation gilt. Es muß solcher Art sein, daß es alle Teammitglieder wirklich überzeugt und motiviert.

> *Erinnern Sie sich an das Beispiel von dem Haushalt der Stadt, das wir zu Beginn dieses Kapitels anführten! Wenn Sie einige Interessengruppen der Kommunen zusammenbringen und sie während einer Naturkatastrophe, wie zum Beispiel einem Erdbeben oder Überschwemmung, ad hoc in ein Team organisieren, werden individuelle Differenzen sofort beiseite gelegt werden. Die Menschen, die sich noch einen Tag vorher an den »Kragen gegangen« sind, werden nun eng als Team zusammenarbeiten, um ein gemeinsames Problem zu lösen. Es kommt Leistungsbereitschaft auf, Kommunikationsbarrieren fallen, und der Grad an Vertrauen steigt, wenn sich Menschen auf gemeinsame Probleme konzentrieren.*

Das gleiche Prinzip gilt auch in Organisationen. Menschen brauchen eine gemeinsame Aufgabe. Obwohl der Start der Boing 777 den Malcolm-Baldridge-Preis einbringen konnte oder auch die Aussicht auf Heilung von Krebs Menschen motiviert, in Harmonie zusammenzuarbeiten, ist die zwingendste Aufgabe in der Wirtschaft einfach die, Kundenwünsche zu erfüllen. Ein übergeordnetes Ziel vor Augen zu haben, rückt die Konzentration eines Teams von internen Konflikten hinweg und bewegt es in eine Richtung. Genau so ging die Commercial Aviation Division von Honeywell vor, als sie das oben beschriebene Problem zu lösen begann.

> *Honeywell entdeckte, daß man den Teams einen neuen Schwerpunkt geben mußte, um ihre Loyalitätskonflikte zu überwinden. Dieser Schwerpunkt war der Kunde. Anstatt das Team auf das beste Design oder die niedrigsten Kosten zu fixieren, fragte sich das Management: »Welches ist das übergeordnete Ziel des Kunden? Was machen wir, um den Kunden das zu geben, was sie wünschen?« Das wurde der neue Akzent, der die Teammitglieder veranlaßte, sich von ihren Loyalitäten zu distanzieren und kooperativ miteinander zu arbeiten.*

Taktik 2: Eine Vertrauensbasis schaffen

Ein Teamumfeld erfordert Zusammenarbeit und Austausch von Informationen. Wenn einem die Motive der anderen Mitarbeiter suspekt sind oder wenn sich jemand beständig in Gefahr fühlt, ist es ein natürlicher Impuls, sich zurückzuziehen. Das beeinflußt die Gesamtleistung eines Teams höchst negativ. Wie wirkt sich solch ein Defizit an Vertrauen aus?

Interessenkonflikte

Teammitglieder fühlen sich oft gezwungen, die Interessen ihres eigentlichen Bereichs zu verteidigen. Es ist nicht ungewöhnlich, daß ein Abteilungsleiter zu seinem Arbeitnehmer sagt: »Denk jetzt daran, keine Angst zu haben, für deine Gruppe den Kopf hinzuhalten, wenn immer irgendein Problem auftaucht! Du mußt sicher sein, daß du uns gut vertrittst!« Manager, die ihre Arbeitnehmer auf solch eine Weise belasten, verstärken die funktionalen Loyalitäten und halten die Angestellten von einer kooperativen Mitarbeit in funktionsübergreifenden Teams ab. Das führt mit der Zeit dazu, daß eben solche Mitarbeiter damit beginnen, das Team mit feindseligen Beziehungen zu belasten.
Um solche Einstellungen rückgängig zu machen, müssen die Leiter funktionsübergreifender Teams ein gemeinsames Ziel des Teams, das das Vertrauen aller Parteien gewinnen kann, genau definieren und kommunizieren. Danach sollten sie sich fragen, was für verschiedene Ressourcen jeder von ihnen anzubieten hat. »Was sind wir als Gruppe? Welche individuellen Fähigkeiten besitzen wir?« Wenn die Teammitglieder dann einverstanden sind, die Ressourcen für die Gruppe einzusetzen, wird auch die Synergie des Teams bald zu erkennen sein.

Abgrenzungsstreitigkeiten

Vertrauen kann auch durch Streitigkeiten über Kompetenzbereiche zerfallen, da die Grenzen in übergreifenden Funktionen oft nicht eindeutig sind. Dies führt zu Verwirrung und Ressentiments, da die Mitarbeiter leicht befürchten, daß andere ihr Territorium betreten. Das Ergebnis davon ist, daß man mißtrauisch und zanksüchtig wird und versucht, seine Position und damit seine Interessen zu verteidigen.

Ein funktionsübergreifendes Team für das Rechnungswesen in Verkauf und Service wurde eingeführt, um die Abläufe der Bestellungsaufnahme, des Verkaufs und der Lieferung zu verbessern. Das Team bestand nicht nur aus regionalen und nationalen Verkaufsmanagern, sondern auch aus Vertretern der strategischen und taktischen Dienstleistungsstellen. Die

Aufgabenverteilung dieses funktionsübergreifenden Teams ließ jedoch eine bedeutende Grauzone frei, in der ungewiß blieb, wer für was verantwortlich ist.

So wurden zum Beispiel regionale Verkaufsmanager nicht nur mit den Verkäufen vor Ort beauftragt, sondern auch mit der nationalen Finanzstrategie. Sie sollten ebenfalls mitbestimmen, wie man das Controlling der Dienstleistungen festlegen sollte. Das hatte ursprünglich zu den Kompetenzbereichen verschiedener anderer Manager im Team gehört. Das neue Mitspracherecht löste Konkurrenzdenken, Eifersucht und Konflikte aus.

Zwischenmenschliche Probleme

Vertrauen kann leicht zerbrechen, wenn Teammitglieder unfähig sind, sich gegeneinander auf persönlicher Ebene zu helfen. Subtile Angriffe, offene Konkurrenz, Intoleranz gegenüber den Ideen anderer und persönliche Kritik lassen die Mitglieder eine defensive Haltung einnehmen, was die Zusammenarbeit erschwert.

Wie könnte ein Team eine unterstützende Atmosphäre schaffen, in der die Mitglieder eher bereit sind, Risiken einzugehen? Hier werden fünf Grundprinzipien vorgestellt, die die Ecksteine einer jeden Infrastruktur darstellen.

Fünf Grundsätze, die zu Vertrauen führen

Als Teammanager oder -leiter sind Sie in einer außerordentlich guten Position, ein vertrauenerweckendes Verhalten vorzuleben. Vor allem, wenn Sie im Umgang mit Teammitgliedern diesen Grundprinzipien folgen, werden Sie die einzelnen Personen stärken und eine Atmosphäre schaffen können, in der sich die Teammitglieder gern gegenseitig unterstützen.

Grundsatz 1: Konzentrieren Sie sich auf die Situation, auf ein Thema, auf das Verhalten oder auf ein Problem, aber nicht auf eine Person!

Funktionsübergreifende Teams stellen ein bedeutendes Risiko dar: Das Umfeld ist neu. Die Probleme sind ungewohnt. Die Teammitglieder werden aufgefordert, ein unbekanntes Territorium zu betreten. Die Folgen davon sind oft unvorhersehbar. Zudem verbringen die Teammitglieder wöchentlich nur wenig Zeit miteinander, so daß sich nur schwer solch eine vertraute Atmosphäre entwickeln kann, wie sie in ihrer eigenen Abteilung herrscht.

Das Teamumfeld selbst verursacht noch zusätzlich einen außerordentlich hohen Druck, der Möglichkeiten für Mißverständnisse und Zwietracht schafft, wie sie in einem traditionellen Arbeitsumfeld kaum erscheinen würden.

Die Mitarbeiter können aus Furcht vor Niederlagen leicht aufgeben. In heiklen Situationen kann unpassend angebrachte Kritik sehr destruktiv wirken. Sie kann der Selbstachtung einer einzelnen Person oft einen schweren

Schlag versetzen. Es ist gewöhnlich nicht die sachliche Kritik, die so schädlich wirkt, sondern die persönliche.

Die Menschen nehmen viel leichter eine negative Kritik in Kauf, wenn sie objektiv vorgetragen wird, das heißt, wenn sie ein Thema, einen Prozeß, das Verhalten oder ein Problem, nicht aber einen Mitarbeiter persönlich betrifft. Wenn Teammitglieder erkennen, daß sie nicht »vor Gericht stehen« werden, haben sie eher Mut, Chancen wahrzunehmen, für neue Projekte zu arbeiten und offen auszusprechen, was sie benötigen. Wenn etwas nicht nach Plan geht, merken sie, daß es dafür keine Strafpunkte gibt. Die Situation wird dann einfach zu einem Teamthema gemacht, zu etwas, das man untersuchen und verbessern muß. Der beste Indikator dafür, daß sich Teammitglieder in der Gruppe sicher fühlen, ist das Fehlen des »erhobenen Zeigefingers« und der Abwehrhaltung. Statt dessen haben die Mitarbeiter eine klare und objektive Einstellung zu den aktuellen Problemen.

Grundsatz 2: Bewahren Sie das Selbstvertrauen Ihrer Gesprächspartner!

Selbstbewußtsein und Selbstachtung stellen sich ein, wenn die Teammitglieder über ihre selbst definierten Fähigkeiten hinaus mehr leisten können, als sie jemals gedacht haben. Wenn sie außerhalb ihres gewohnten Bereichs arbeiten, entdecken sie, daß sie bisher ungeahnte Ressourcen besitzen. Manager oder Teamleiter können solche Gefühle fördern, indem sie positive Erfahrungen der Mitarbeiter fördern.

Ein Mittel dazu ist das Eingeständnis der Schwierigkeiten bestimmter Aufgaben und die Anerkennung, wenn die Mitarbeiter sie erfolgreich gelöst haben. Menschen mit selbstkritischer Einstellung können die eigenen Leistungen am besten beurteilen und benötigen weniger moralische Unterstützung von ihren Kollegen. Doch häufiger anzutreffen sind diejenigen, die sich ihr Selbstbild durch die Meinung anderer verschaffen. Sogar der unerschütterlichste Mensch kann einen Auftrieb verspüren, wenn er die Anerkennung seiner Leistung von anderen erhält.

Der ärgste Feind der Selbstachtung und des Selbstbewußtseins ist der Mensch selbst. Die Menschen richten sich oft sehr schnell selbst, wenn etwas nicht wie beabsichtigt läuft. In diesen Fällen können Sie helfen, die Situation objektiv und emotional neutral zu halten, indem Sie die Bemühungen der betreffenden Person anerkennen und die negativen Ergebnisse nur im Sinne eines nützlichen Feedbacks interpretiert.

Ein weiteres Mittel, die Selbstachtung des Teams aufzubauen, ist der Austausch von Informationen, die früher nur zum Ressort des Managers gehörten. Das gilt vor allem in Zeiten von Veränderungen. Wenn das Team erkennt, daß Informationen nicht auf die herkömmlichen Kommunikationskanäle wie Bulletins und offizielle Rundbriefe beschränkt sind, treten die Mitglieder viel selbstbewußter auf, besonders, wenn man sie auffordert, bei Entscheidungen auf einer höheren Ebene mitzusprechen. Sie müssen dem Team ebenfalls ermöglichen, Änderungen nicht nur zu empfehlen, sondern auch umzusetzen.

Grundsatz 3: Fördern Sie konstruktive Zusammenarbeit!
Damit ein Team effektiv als ein Team funktioniert, müssen die einzelnen Mitglieder bereit sein, ihre Hand auszustrecken und einander zu vertrauen. Das ist in einem funktionsübergreifenden Team besonders schwierig, da die Arbeit der Mitglieder in ihren eigenen Funktionsbereichen die Zeit für Zusammenkünfte gewöhnlich sehr beschneidet. Zu dem kommt, daß viele Teammitglieder gewohnt sind, nur über Manager und Vorgesetzte zu kommunizieren und nicht recht wissen, wie man effiziente Arbeitsbeziehungen herstellt.

Sie können als Leiter einiges tun, um starke teaminterne Beziehungen zu fördern. Sie haben zum Beispiel ein Teammitglied, das sich freiwillig angeboten hat, bestimmte Verantwortlichkeiten für das Team zu übernehmen, dann aber nicht in der Lage ist, sie auszuüben. Vielleicht kann er wegen irgendeiner übermäßig schwierigen Aufgabe außerhalb des Teams nicht zu einigen Teammeetings kommen. Unabhängig von den Gründen sind Beziehungen immer in Gefahr, wegen nicht eingehaltener Verpflichtungen zu zerfallen.

Wenn andere Teammitglieder verdrossen werden, sollten Sie herausfinden, ob die betreffenden Personen Hilfe benötigen und, wenn es tatsächlich Schwierigkeiten gibt, versuchen, sie zu lösen. Das mindeste, was Sie tun können, ist es, das Problem mit den anderen Teammitgliedern zu besprechen und ihre Unterstützung zu gewinnen.

Die unterschiedlichen Meinungen in einem funktionsübergreifenden Team veranlassen manchen, sich zu fragen: »Warum muß ich mit diesen Leuten überhaupt zusammenarbeiten? Ich kann darin einfach keinen Sinn sehen.« Sie können dem Team zum besseren Verständnis verhelfen, indem Sie ihm klarmachen, daß gerade in dieser Verschiedenheit seine größte Stärke liegt, und daß die Kombination, und nicht die Nivellierung dieser Verschiedenheit zu besseren Ideen und Lösungen führt.

Grundsatz 4: Ergreifen Sie die Initiative, die Dinge zu verbessern!
Sicherlich wissen Sie, wie angenehm es ist, wenn Ihr Automechaniker einige extra Überprüfungen an Ihrem Auto vorgenommen hat, obwohl Sie keine nennenswerten Geräusche bemerkt hatten. Sie fühlen, daß der Mechaniker sich wirklich um Sie sorgt. Menschen, die ihre Arbeit gewissenhaft verrichten, suchen beständig nach neuen Wegen, um ihre Sache besser zu machen. Ihre Philosophie kann mit der Verdrehung eines Sprichworts zusammengefaßt werden: »Und wenn es noch nicht zerbrochen ist, muß es doch geflickt werden.«

Jede Arbeit kann man verbessern, und sei es nur ein bißchen. Wenn jeder sieht, daß andere ständig Wege zu Verbesserungen suchen und das Team unterstützen, werden sie merken, daß sich Teammitglieder tatsächlich umeinander kümmern. Sie werden sehen, daß die Mitarbeiter nicht bloß durch den Gang laufen, um ihre vorgegebenen Aufgaben zu erfüllen, sondern daß sie den Teamerfolg zu ihrer Priorität gemacht haben.

Solche engagierten Personen verlassen oft ihre gewohnten Gleise, um auch unangenehme Arbeiten anzupacken. Oder sie geben einen Teil ihrer eigenen Verantwortung ab, um die für den Prozeß notwendigen Veränderungen zu ermöglichen. Die Anerkennung solcher Menschen, die zusätzliche Schritte unternehmen, ist ein weiteres gutes Mittel, um solch ein Verhalten zu stärken.

Grundsatz 5: Gehen Sie mit gutem Beispiel voran!

Keshavan Nair, Autor von »*A Higher Standard of Leadership: Lessons from the Life of Ghandi*« (»Ein höherer Führungsstandard: Lehren aus dem Leben Ghandis«), beobachtet: »Wir verlieren den Respekt vor unseren Führungskräften, wenn wir nicht ihre Lebensweise, sowohl die öffentliche als auch die private, wertschätzen. Leiter, die unseren Respekt nicht verdienen, schmälern die Legitimation ihrer Führungsgewalt und verlieren somit unser Vertrauen.«

Wie wahr! Der Leitsatz: »Mach, was ich sage, aber nicht, was ich tue« ist weder bei der Erziehung von Kindern noch beim Leiten eines Teams nützlich. Man kann geradezu behaupten, daß genau diese Einstellung einer der Hauptgründe für das Mißlingen von Änderungen in einer Organisation ist.

Ob Sie es gern hören oder nicht, Manager und Geschäftsleiter geben auf allen Organisationsebenen den Ton für das Team an. Teammitglieder greifen die Stichworte auf, die sie für wichtig halten, und ihr Benehmen basiert auch auf dem Vorbild anderer. Wenn Sie durch Ihre Tätigkeiten beweisen, daß Sie das Team unterstützen, motivieren Sie dadurch die Teammitglieder, sich entsprechend anzupassen. Wenn Sie die Mitarbeiter fair und verständnisvoll behandeln, wenn Sie sich auf die Teamleistung konzentrieren, ohne Urteile zu fällen, werden die Teammitglieder ermutigt, Ihrem Vorbild zu folgen. Wenn Sie Ihnen vertrauen und daher auch Ihre eigenen Fehler eingestehen, werden die Teammitglieder das wahrscheinlich bald nachahmen. Wenn Sie ihnen Informationen anvertrauen und genug freien Raum für Entscheidungen gewähren, werden sie seltener wichtige Informationen für sich behalten, sondern sie an die anderen Mitarbeiter weitergeben. Wenn Sie beim Aufbau von Vertrauensbeziehungen gute Arbeit leisten, werden Sie Ihre Angestellten zu Teammitgliedern machen, die dem Team gegenüber loyal sind.

All das braucht seine Zeit. Je nach dem Charakter der Beschäftigten und den Umständen im Team oder in der Organisation benötigen einige Personen mehr Zeit, um sich zu adaptieren. Doch schließlich zahlt sich Hartnäckigkeit aus. Führen über eine Vorbildfunktion ist nicht leicht: Sie müssen aufrichtig und bereit sein, aus Ihrem gewohnten Bereich herauszukommen. Doch es ist immer effektiv.

Taktik 3: Integrieren Sie die Abteilungsleiter!

In einem erfolgreichen funktionsübergreifenden Team wird oft die indirekte Rolle des Abteilungsleiters übersehen. Seine Einstellung zu Teammitgliedern beeinflußt die gesamte Leistung des Teams. Wenn jeder Teamleiter seine Mitarbeiter aufrichtig schätzt und sich für ihr Mitspracherecht öffentlich einsetzt, werden die Teammitglieder auch mit mehr Enthusiasmus und Kompetenzen arbeiten. Wenn man aber diese Manager außen vor läßt, werden sie die Teaminitiative lediglich als Maßnahme sehen, die ihnen Macht und Kontrolle genommen hat. Die Auswirkungen davon wird man bald zu spüren bekommen.
Aus diesem Grunde ist es eine gute Idee, Manager in den Zweck und die Richtlinien eines funktionsübergreifenden Teams einzuweihen, bevor Sie es starten.

Ermutigen Sie die Teammitglieder, in ihren funktionsübergreifenden Verpflichtungen mit ihren Abteilungsleitern zusammenzuarbeiten!

Wenn man einen Arbeitnehmer veranlaßt, in einem funktionsübergreifenden Team mitzuarbeiten, kann das für die Organisation als Ganzes Resultate erbringen. Es zahlt sich aber nicht unbedingt für die Abteilung des betreffenden Beschäftigten aus. Daher widersetzen sich Abteilungsleiter oft dagegen, die Arbeitsstunden und -tage eines Mitarbeiters zu opfern, ohne daß es der Abteilung zugute kommt.
Wenn ein Manager nicht vom Gegenteil zu überzeugen ist, muß der Arbeitnehmer über den Zeitaufwand für seine funktionsübergreifenden Tätigkeiten mit ihm verhandeln. Der Manager wird vielleicht nicht sofort mit dem notwendigen Zeitaufwand einverstanden sein. Wird ihm jedoch versichert, daß die Arbeit seines Angestellten nicht darunter leiden wird, wird er sich schließlich doch bereit finden, zumindest einen Teil der Zeit, die der Mitarbeiter zur funktionsübergreifenden Arbeit benötigt, abzutreten.

Geben Sie Abteilungsleitern das Gefühl von Kontrolle!

Wenn funktionsübergreifende Teams eingeführt sind, befürchten Manager oft, daß ihnen die Kontrolle aus den Händen gleitet und daß die Arbeitnehmer ihnen entschlüpfen. Das kann zu einem ernsten Problem werden, da Entscheidungen der funktionsübergreifenden Teams einen direkten Einfluß auf die Führungsweise der Abteilungsmanager haben kann.
Geschäftsleiter, die ein funktionsübergreifendes Team zusammenstellen, sollten sich persönlich mit jedem Abteilungsleiter treffen und ihnen die Möglichkeit anbieten, sich im Team einzubinden. Das kann in Form von einer Kontrollfunktion sein, die in der Hand des Abteilungsleiters verbleibt. Bei den Meetings können Manager ihre Sorgen und Meinungen zum Ausdruck bringen. Vielleicht haben sie auch neue Themen für das Team. Auch wenn sie nur ein ganz wenig Kontrolle darüber behalten, welche von ihren Mitarbeitern teilnehmen werden, bleibt ihnen der Trost, wenigstens angehört worden zu sein.
Wenn Sie den Abteilungsmanagern Aufmerksamkeit schenken, werden die oben besprochenen Probleme das Team wahrscheinlich weniger behindern und seinen Einfluß in geringerem Maße beschneiden.

Helfen Sie dem Abteilungsleiter, seine Ressentiments zu überwinden!

Eine der Begleiterscheinungen von Teams sind die Eifersucht und der Unwille. Nicht auserwählte Mitarbeiter mögen die auserwählten nicht. In Worten ausgedrückt, sehen diese Gefühle dann so aus:

> »*Großartig für dich! Dich wählte man für das Team, und daher bekommst du jetzt ein neues Training. Neue Technologien lernst du jetzt kennen. Sogar Dienstreisen kannst du machen, während ich in dieser Kammer verschimmle. Und nicht nur das: Ich sitze hier und kann meine Projektaufgabe nicht zu Ende bringen, weil du zu deinem Team gegangen bist, ohne mir deinen Teil des Projektes zu geben!*«

Der Abteilungsmanager, der denkt, er müsse jeden neuen Teilnehmer persönlich einführen, handelt übertrieben väterlich. Eine solche Haltung ist vielleicht bei neuen Teams angebracht, doch bei erfahrenen kann es nur störend sein. In solchen Fällen ist es besser, wenn diese Person selbst dem Team seine Erwartungen und Kompetenzen darlegt. Schließlich kennt er seine eigenen Motivationen besser als jeder andere. Vielleicht besitzt er Interessen und Fähigkeiten, die die anderen nicht bemerkt haben und die ihn qualifizieren.

Ermutigen Sie die Teammitglieder, ihren Abteilungsleitern nur über das Notwendigste Bericht zu erstatten!

Vorgesetzte können sehr interessiert daran sein, zu erfahren, was in den funktionsübergreifenden Teams vorgeht. Und das mit gutem Grund. Die vom Team getroffenen Entscheidungen haben oft eine bedeutende Wirkung auf die Arbeit des Abteilungsmanagers. Daher erwarten besorgte Vorgesetzte wahrscheinlich nach jedem Meeting von ihren Angestellten einen Bericht.

Sie wollen wissen, was gerade läuft. Wie funktioniert die Gruppe? Was stört die Gruppe? Sie wollen jede Kleinigkeit mitkriegen. Je mehr Negatives im Bericht des Teammitglieds vorkommt, desto mehr glaubt er, daß dieses Teammitglied weiterhin seiner Abteilung loyal geblieben ist. Funktionsübergreifende Teams sind aber viel produktiver, wenn wichtige Punkte intern gehalten werden. Auch das trägt zur Einbindung eines Mitarbeiters im Team bei. Was machen Arbeitnehmer, wenn sie sich zwar dem Team bereits zugehörig fühlen, aber nach wie vor ihren eigenen Abteilungen Rede und Antwort stehen müssen?

Teams schaffen sich oft einen Kommunikationsplan darüber, wie und was jedes Mitglied seiner Abteilung mitteilen soll. Erwarten Sie aber nicht, daß diese Richtlinien fromm eingehalten werden! Die Informationen, die Teammitglieder weitertragen, werden ebenfalls von der Art der Beziehung zu ihren Vorgesetzten sowie auch durch ihre Ängste, ihre Persönlichkeit und ihre Selbstschutzreaktionen reguliert.

Eine nützliche Richtlinie ist die Vorgabe, daß Teammitglieder nur dann Bericht erstatten sollten, wenn sie Hilfe oder Aufklärung benötigen. Wenn Teammitglieder mit dem Fortschritt des Teams eigene Erfolge aufweisen können, wird sich dieses Problem von selbst erledigen. Sie beginnen dann, auf ihre Teamerfahrung stolz zu sein, und sind dann automatisch bereit, sich vor das Team zu stellen.

Fordern Sie Abteilungsleiter auf, die Arbeitnehmer selbst über ihre Teilnahme an mehreren Teams bestimmen zu lassen!

In einem entwickelten Teamumfeld sind Arbeitnehmer oft in mehreren funktionsübergreifenden Teams beschäftigt. Die meisten Manager führen darüber Buch, wer in welchem Team mitarbeitet. Dadurch können die Manager überprüfen, ob die betreffenden Mitarbeiter nicht in mehr Teams beteiligt sind, als sie zeitlich schaffen könnten. Wenn der Manager dies bezweifelt, kann er die Zeit, die sie im funktionsübergreifenden Team verbringen, verkürzen.

Abteilungsleiter sind oft schnell dabei, die Notbremse zu ziehen, wenn Beschäftigte aus ihrer Abteilung bitten, an Teams teilnehmen zu dürfen, besonders dann, wenn die Manager meinen, daß sie dadurch zu viele Arbeitsstunden verlieren. »Wie sollen wir unsere Ziele erreichen, wenn meine Leute ein Fünftel ihrer Zeit außerhalb der Abteilung verbringen?« fragt dann der Manager. »Natürlich, auch mir liegen die übergeordneten Organisationsziele am Herzen. Natürlich mache auch ich mir Gedanken über dieses Kundenproblem. Aber ich habe jetzt weniger Arbeitsstunden zur Verfügung und bin immer noch für meine Abteilung verantwortlich!«

In Wirklichkeit ist sein Mitarbeiter wahrscheinlich vollkommen in der Lage, in einem oder mehreren Teams mitzuarbeiten und trotzdem seine Abteilungsfunktion erfolgreich zu erfüllen. Der Manager bemerkt das allerdings nicht und zieht ihn zurück. Wenn das geschieht, wird sich die Unternehmensspitze vielleicht sagen: »Okay, wir werden eben nicht mehr solche Mitarbeiter nehmen, die aus niedrigeren der Ebenen kommen. Wir werden von jetzt an nur noch solche aus den Managerebenen wählen, da diese offenbar ihre Arbeit besser einteilen können.« Das erzeugt aber wieder ein anderes Problem: Manager kennen sich nicht so gut mit den Details der Arbeit aus wie die Arbeitnehmer, die direkt damit zu tun haben.

Es ist im allgemeinen effektiver, wenn der Manager dem Arbeitnehmer die Verantwortung in die Hand gibt. Er sollte die Mitarbeiter wie Erwachsene behandeln und ihnen die Entscheidung überlassen, ob sie dem Team Zeit widmen können oder nicht. Wenn sie diese Entscheidungsfreiheit besitzen, werden sie auch verantwortungsvoll handeln.

Taktik 4: Finden Sie einen Weg, interne Probleme zu schlichten!

Stellen Sie sich vor, ein Team hat keine vorgegebene Zielsetzung! Stellen Sie sich weiterhin vor, dieses Team besitzt auch keine klare Vision, hinter der es steht, oder, wie es oft der Fall ist, es kann die Kundenbedürfnisse nicht genau verstehen. Sie müssen den Teammitgliedern dann genügend Information geben, durch die sie ihre Tätigkeiten mit den übergeordneten Zielen der Organisation verbinden können. Sie müssen ihnen ebenfalls Möglichkeiten offenlassen, damit sie sich zur Ausführung ihrer Themen eine Infrastruktur aufbauen können, in der sie interne Probleme besser lösen und neue Rollen und Verantwortlichkeiten schaffen können.

Schauen wir uns ein funktionsübergreifendes Team in der Zweigstelle eines Fahrstuhlwerks an! Die Verkäufer möchten Kundenfahrstühle verkaufen, weil sich das Modell ihres Unternehmens von dem ihrer Mitbewerber unterscheidet. Der Kundenfahrstuhl ist teurer. Daher erhalten sie höhere Kommissionen und eine eindrucksvolle Referenz in ihrem Verkaufsbereich. Doch die Dienstleister sind ganz und gar nicht darauf erpicht, daß Kun-

denfahrstühle verkauft werden. Denn (1) müssen sie mit dem Werk verhandeln, um sicherzustellen, daß es sich um das richtige Modell handelt (es ist es oft nicht); (2) erwartet man von ihnen, daß sie die Fahrstühle im selben Zeitrahmen installieren wie die Standardfahrstühle (das können sie gewöhnlich nicht). Da keine zusätzliche Installationszeit im Gesamtpreis für den Fahrstuhl vorgesehen ist, stehen die Dienstleister am Ende nicht gut da. Außerdem ist ein Kundenfahrstuhl schwieriger zu warten. Es gibt für sie mehr Anrufe, was sich schlecht auf den Service insgesamt auswirken kann. Daher ist es kaum wahrscheinlich, daß die Vertreter der Serviceangestellten die Verkaufstätigkeiten unterstützen und die von den Verkäufern vereinbarten Verpflichtungen einhalten werden.

Viele Organisationen setzen Teams zusammen, ohne zu berücksichtigen, daß sie grundlegende Überlebensfertigkeiten und eine Stelle haben müssen, an die sie sich wenden können, wenn es Probleme gibt. In Situationen wie in der oben beschriebenen muß entweder das Team selbst einen Schlichtungsweg finden, oder man braucht einen internen Schlichter, der das Team aus der Sackgasse führen kann. Dieser Schlichter sollte ein funktionsübergreifendes Team aus Managern sein, die die Probleme aus einer breiteren Perspektive betrachten können. Jedoch auch Teamförderer, die beide Bereiche gut kennen und fähig sind, Lösungen zu beiderseitigem Vorteil zu finden, können diese Aufgabe übernehmen.

Taktik 5: Gehen Sie gezielt vor!

Es gibt verschiedene Arten, ein funktionsübergreifendes Team aufzubauen, das seine Aufgaben erfüllt. Eine einzigartige Methode ist in dieser Hinsicht das *Strategic Process Management* (SPM), durch das effektive funktionsübergreifende Prozeßverbesserungsteams gebildet werden. Diese Teams haben weniger mit den bisher besprochenen Problemen zu kämpfen.
Ein strategischer Prozeß ist für die Marktposition und das Überleben der Organisation von existentieller Bedeutung. Gebündelt zeigen diese Prozesse klar und deutlich, was die Organisation konkret arbeitet. Sie sind fast immer funktionsübergreifend. Die Liste der zusammengehörigen Prozesse umfaßt folgende Punkte:

- Planen und Entwickeln neuer Produkte und/oder Dienstleistungen;
- Produktion von Waren;
- Wettbewerbsvorsprünge und Umsätze schaffen;
- Auftragsbearbeitung;
- Rechnungserstellung und Inkasso;
- Service und Wartung.

Das SPM baut eine Kaskaden ähnelnde Unternehmensstruktur auf, die aus Gruppen von miteinander verbundenen Teams auf allen Ebenen besteht. Einige Teams werden speziell für Probleme des Prozeßmanagements gebildet. Andere, wie die Management- oder Abteilungsteams, übernehmen zu ihren regulären Pflichten zusätzliche Verantwortungsbereiche.

Diese Infrastruktur besteht aus drei Teilen: ein Leitungsteam, strategische Teams und Projektteams.

Das *Leitungsteam* besteht fast immer aus hohen Führungskräften. Diese Teams bestimmen (1) die strategischen Prozesse in der Organisation, (2) welche von ihnen für die Organisationsentwicklung oberste Priorität haben, (3) welche Priorität für die Prozesse gewählt wird, (4) welche Funktionsgruppen einen bestimmten Prozeß umsetzen sollen und (5) wer im strategischen Team mitmachen soll.

Ein eingesetztes *strategisches Team* definiert das Problem und formuliert es als ein spezifisches Ziel. Wenn das Team eine breit angelegte und detaillierte Dokumentation anfertigt, schafft es damit langfristige Kennzahlen, um die Arbeitsschritte genau auf das Ziel auszurichten. Es analysiert den Gesamtprozeß, um die lebenswichtigen Bereiche ausfindig zu machen, in denen eine Umstrukturierung zu den allerhöchsten Gewinnen führen kann. Schließlich bildet man die Projektteams, die jeden von diesen schwierigen Punkten anpacken müssen.

Die *Projektteams* arbeiten an der Entwicklung verschiedener Methoden, um ihre Subprozesse zu verbessern. Wenn sie Verbesserungen ausfindig gemacht haben, geben sie ihre Empfehlungen an das strategische Team zur Ansicht und Billigung weiter. Ihre Empfehlungen müssen je nach Größenordnung und Rang der Umstrukturierung auch noch vom Leitungsteam bewilligt werden. Danach wird die Umorganisation in ihrer ganzen Reichweite umgesetzt.

Mit SPM können die Teams sicher sein, daß ihre Vorschläge zur Problemlösung auch tatsächlich die angestrebten Ergebnisse erbringen werden. Zudem können die Organisationen, anstatt ihre Probleme ad hoc zu lösen, nun kenntnisbasierte Entscheidungen darüber treffen, auf welchen Punkt sich

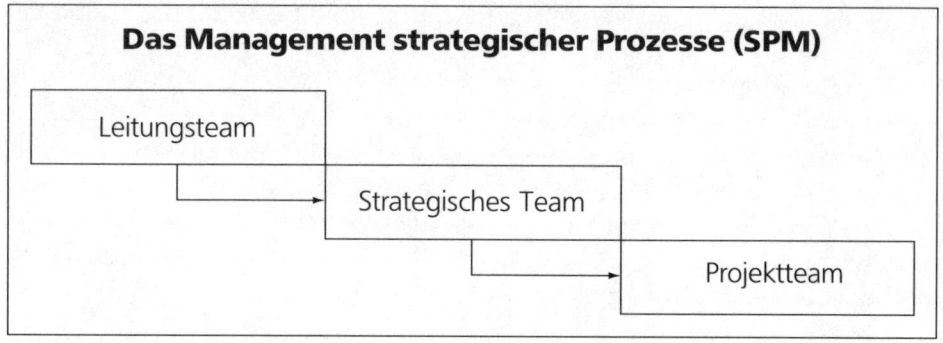

die Änderung konzentrieren muß, ob überhaupt durchgreifende Änderungen unternommen werden sollen oder nicht und wie man am besten dabei vorgeht.

Heutzutage setzt man funktionsübergreifende Teams mit steigender Tendenz als ein effektives Mittel ein, Organisationen effizienter und wettbewerbsfähiger zu machen. Das Zusammenstellen von Personen aus verschiedenen Funktionsbereichen schafft ein fruchtbares Umfeld, in dem leicht kreative Lösungen formuliert und entwickelt werden können. Die Verantwortlichen sollten aber keinen Moment vergessen, daß dieses einzigartige Teamumfeld wie eine empfindliche Pflanze ist. Wie eine kostbare Orchidee hat es seine eigenen spezifischen Ansprüche, ohne die es nicht gedeihen kann.

Dritter Teil
Alles zusammenfügen

Zwölftes Kapitel
Das Profil einer erfolgreichen Teameinführung

Die Frage, die bleibt, ist die, ob die Organisationen die notwendigen, grundlegenden Änderungen organisationsweit umsetzen können ... Wir glauben, daß Unternehmen, die die Einbeziehung ihrer Arbeitnehmer mit den Praktiken des Total Quality Management kombinieren, bereits den Grundriß einer neuen amerikanischen Methode für Management definiert haben ... [und daß diese] den Firmen in bedeutendem Maße helfen wird, auf der Seite der Gewinner zu stehen.
Edward E. Lawler III

Bei jeder komplexen Operation, vom Betrieb eines Golfclubs bis zur Leitung eines Teamumfelds, ist es nützlich, wenn man sich vorstellen kann, wie das letztlich zusammengefügte Gesamtbild aussehen wird. Daher meinen wir, daß es auch nützlich sein wird, das Profil des Managementstils eines Geschäftsleiters aufzuzeichnen, der in seiner Organisation mit Erfolg ein Teamumfeld aufgebaut hat.

Bill Johnson ist Werksmanager der Distribution Systems Division bei ABB Power T&D in Florence, South Carolina, ein führendes Unternehmen für Unterbrecher. Johnson ist eigentlich kein typischer Executive. Er hat eine steile Karriere hinter sich. Mit 28 war er Testmanager der Switchgear Systemabteilung bei ABB Power Distribution in Sanford, Florida (jetzt ABB Power T&D). Mit 29 wurde er Geschäftsführer in derselben Abteilung. Mit 30 war er bereits Werksmanager in der Abteilung zur Herstellung von Unterbrechern in Florence, wo er den Posten des General Managers einnahm. Johnsons Resumee über seinen Erfahrungsschatz als Manager, den er als Offizier bei den Atom-U-Booten und als Angestellter in verschiedenen Positionen bei der ABB Power T&D gesammelt hat, ist ebenfalls ungewöhnlich.

Johnson hat auf den ersten Blick das entwaffnende Aussehen eines Jungen. Sein rundliches Gesicht wird von einem dünnen Schnurrbart unterbrochen, und mit seinem recht stämmigen Körperbau wirkt er eher wie ein Fußballtrainer. Doch hinter seinem jugendlichen Charme verbirgt sich eine schnell reagierende, natürliche Intelligenz, gepaart mit viel Einfühlungsvermögen und der starken, einnehmenden Ausstrahlung eines sehr menschlichen Charakters. Sie fühlen, daß, auch wenn Johnson Ihnen die Leviten lesen würde, er immer noch die Person wäre, mit der Sie gern stundenlang Bowling spielen und ein oder zwei Gläschen Bier trinken würden. Mit seinem athletischen Körperbau war er Mannschaftsführer der Fußballmannschaft seiner High School, und während seiner ganzen Schulzeit hatte er schon verschiedene Führungsrollen übernommen.

Johnson erreichte den B.S. für Ingenieurwissenschaften, ging dann auf die Atomingenieurschule der Kriegsmarine, eine ganz besonders harte Ausbildung, für die sich nur ein Prozent aller Bewerber qualifizieren. Danach machte er sein Diplom als MBA am Rollins College. Er fühlt sich der Idee verpflichtet, die Kompetenzen anderer zu erweitern, und setzt sie mit einem klaren Verständnis seiner eigenen Rolle und Verantwortung konsequent durch.

Wenn wir hier dieses Interview wiedergeben, geschieht das nicht in der Annahme, daß Johnsons Vorgehensweisen als ein genaues Modell dafür dienen könnte, wie man mit einem Teamumfeld umgehen *sollte*. Sein Führungsstil reflektiert ganz deutlich seine eigene einzigartige Persönlichkeit. Zudem sollte dieses Interview nicht einfach als das Profil eines erfolgreichen Mannes, sondern vor allem als die Geschichte einer erfolgreichen Teambildung aus der Sicht des Top-Managers gelesen werden. Das Interview gibt Ihnen eine Vorstellung über den komplexen Charakter von Teams und über die Vielseitigkeit der Probleme, die jeder Manager einkalkulieren muß. Es zeigt ebenfalls die Einstellungen und die Fähigkeiten auf, die ein Manager besitzen muß, um Teams effektiv zu motivieren und zu leiten.

Interview mit Bill Johnson, ABB Power T&D

Die Fragen und Kommentare des Interviewers sind kursiv gedruckt. Alle übrigen Abschnitte geben die Worte von Bill Johnson wieder.

Wie stand es um die Firma, als Sie hierher kamen?
Unsere Situation war sehr ernst. Dieses Werk hatte in den vergangenen fünf bis sieben Jahren eine bedeutende Geldsumme verloren und befand sich in roten Zahlen. Sie stellten jede Menge Fachleute ein, um die Organisation wieder in Schwung zu bringen, doch es klappte nicht. Ich hatte das Glück, daß ich Testmanager für die Switchgear Abteilung war, bevor ich Geschäftsführer in Florida wurde. Daher war eines der Dinge, die ich als erstes tat, verschiedene Zeitpläne einzuführen und das gesamte System zu überprüfen. Das ermöglichte mir zu sehen, wo sich die Löcher befanden.

Was hatten die vorigen Manager versucht, um eine Wende herbeizuführen?
Sie hielten stundenlange Besprechungen ab und versuchten ihre Verbesserungen rücksichtslos durchzusetzen. Außerdem zahlten sie einigen externen Beratern Tausende von Dollar. Doch insgesamt betrachtet hatten sie keinen großen Erfolg. [Ausführliche Darstellungen der dramatischen Wende, die eintrat, nachdem Johnson das Ruder übernommen und Teams eingeführt hatte, sind am Ende dieses Interviews zu finden.]

Wie sah Ihr erster Tag aus?
Ich muß gestehen, daß ich etwas nervös war. Ich war erst 30 Jahre alt und sollte mich um ein 25-Millionen-Geschäft kümmern. Alle Leute starrten auf mich. Und das Geschäft ging tatsächlich schlecht. Wir hatten gerade den General Manager und die Stelle des Operationsmanagers gestrichen, unseren ganzen Stab verändert, und jeder dachte nun: »Was wird wohl jetzt noch passieren? Und wer in aller Welt ist dieser junge Bursche da?« So stand ich vor der Belegschaft, und das erste, was ich von mir gab, war: »Alles, was ich zu sagen habe ist: Die Zeit der dummen Späße ist vorbei!« Alle waren wie vom Donner gerührt, und das Eis brach tatsächlich. In diesem Moment fuhr ich fort: »Mein Name ist Bill Johnson. Einige von Ihnen kenne ich schon. Und hier nun, was wir in der nächsten Zeit zu tun haben.«
Das Management legte die Anlage in Florida mit dieser hier zusammen, setzte mich hier als Betriebsleiter ein. Ich habe alle Funktionen unter mir: Marketing, Qualitätsabteilung, Personalabteilung, den Ingenieurbereich, die Produktion und so weiter. Ich unterstehe direkt dem General Manager in Florida.

Sie haben eine sehr verantwortungsvolle Stelle für jemanden, der gerade 31 geworden ist. Woher haben Sie Ihre Erfahrung?
Ich ging auf die Alfred University, wo ich meinen BS in Ingenieurwissenschaften für Keramikproduktion machte. Gleichzeitig hatte ich mich in das Programm für Offiziersanwärter für die Marine eingeschrieben. Nach der Universität war ich fünf Jahre bei den Atom-U-Booten.

Das muß eine sehr lehrreiche Erfahrung gewesen sein.
Oh ja. Man lernt dort eine Menge. Sehen Sie, man kommt an Bord und ist gerade 22 Jahre alt. Und plötzlich sind Sie der Chef eines Mannes in den Vierzigern. Er hat 20 Jahre Erfahrung hinter sich. Er kennt seine Arbeit. Er hat sie schon so lange verrichtet, fast so lange wie Ihr ganzes Leben. Und nun sind Sie sein Vorgesetzter. Sie müssen schnell herausfinden, wie Sie *ihm* von Wert und Nutzen sein könnten, obgleich Sie sein Vorgesetzter sind. So war es auch mit den anderen Leuten auf dem Boot. Man braucht Sie eigentlich nicht. Sie sind zwar Offizier, doch Sie stellen für sie nur ei-

nen Teil der hierarchischen Struktur dar, sogar dann, wenn Sie ein Atomingenieur sind.

Was Sie herausfinden müssen ist: Wie sprechen Sie solche Personen an? Wie bringen Sie sie dazu, ihnen zuzuhören? Und wie reagieren Sie darauf, was man Ihnen sagt? Sie entdecken dann sehr schnell, daß die erfolgreichen Offiziere aktiv zuhören, was andere Ihnen zu sagen haben, und dann Wege finden, deren Arbeit so gut wie möglich zu erleichtern. In den meisten Fällen ging es um Papierkram. Wenn man frisch aus dem College kommt, versteht man viel von Dokumentationen und dergleichen. Andererseits ist es notwendig, daß Sie selbst so viel wie möglich von den Leuten lernen. Denn der nächste, der kommen wird, wird jung und unerfahren sein. Als höherer Offizier müssen Sie ihn dann anlernen.

Sie hatten dort sicherlich ideale Gelegenheiten, eine Menge über Menschen zu lernen.
Ohne Frage. Wenn man drei Monate lang in einem schwarzen Rohr mit 150 Männern sein muß, lernt man ungeheuer viel über Psychologie, ob Sie es wollen oder nicht. Sie lernen, Menschen zu motivieren. Sie müssen lernen, sich um die Menschen zu kümmern, da Sie in einer Situation leben, in der es um Leben oder Tod geht. Ich habe Fluten und Brände miterlebt. Ich sah eine Menge Leute sterben. All das formt einen als Person.

Es führte mich sicherlich zu einer ganzen Reihe von Managerfähigkeiten, die sich andere Jugendliche, die frisch vom College kommen, nur selten aneignen können. Sie geraten meist als junge Ingenieure in ein Unternehmen und arbeiten sich hoch. Und somit sind sie immer die jüngsten und unerfahrensten Leute dort.

Eines, was ich dort gelernt habe und auch hier anwende, ist, daß man den Geist der Menschen berühren muß. Das ist die Möglichkeit, einen Menschen mitzureißen und ihn zu einem Menschen zu machen, der, wenn er nach Hause zurückkehrt, von seiner Frau gefragt wird: »Was ist denn heute wieder losgewesen?«, antwortet: »Du wirst nicht glauben, was wir heute alles gemacht haben.« So ist es, wenn Menschen wirklich leben. Solche Jobs suchen sie. Denn wenn sie sich mit anderen langweiligen Dingen befassen müssen, werden ihnen die Tage lang.

Sie sind nun erst zwei Jahre hier, doch Sie haben bereits ein Teamumfeld eingerichtet, das nicht nur schwarze Zahlen liefert, sondern auch eine starke Wirkung auf die Angestellten hier hat. Was waren die ersten Sachen, die Ihnen auffielen, als Sie diese Stelle übernahmen?
Das erste und offensichtlichste, was ich bemerkte, war der Vertrauensmangel. Vertrauen ist eine Sache, deren Defizit viele Manager nicht bemerken, wenn sie sagen: »Wir werden sich selbst steuernde Teams einführen.« Ich meine damit, daß Sie die Herzen und Gemüter vieler Leute öffnen müssen.

Wenn Sie keinen Plan besitzen, wie Sie Vertrauen aufbauen können, werden die Angestellten irgendwann mal sagen: »Ich streckte bisher 50 % vor, aber Sie sind noch nicht einmal bis zur Hälfte der Strecke gekommen.«

Sie meinen, daß Manager oder Executives den ersten Schritt machen sollen?
Das stimmt. Denken Sie daran, daß Sie derjenige sind, auf den sie schauen. Daher müssen Sie aufpassen: Was immer Sie machen, es wird eine Wirkung auf sie haben. Wenn ich mich gerade mit Problemen herumschlage, und jemand fragt mich, wie es mir gehe, antworte ich immer: »Prächtig«, egal, wie ich mich tatsächlich fühle. Das müssen Sie machen, denn sonst lesen die Angestellten aus ihrem Benehmen alle möglichen, nicht existierenden Hintergedanken heraus. Aus demselben Grund müssen Sie auch gut überlegen, wie Sie Fragen stellen. Wenn Sie tatsächlich ein Problem haben, das direkt mit Ihnen zu tun hat, bringen Sie es ins Team ein, nicht aber zu Einzelpersonen!

Welche Dinge veränderten Sie zuerst, nachdem Sie diesen Job übernommen hatten?
Das war das erste: Als ich in mein Arbeitszimmer kam, sah ich einen Stapel von Berichten der Manager über die Leistungen der Angestellten auf einer Schreibtischecke liegen. Ich rief den gesamten Stab in mein Arbeitszimmer. Nachdem sie in großer Anzahl gekommen waren, nahm ich diesen Papierkorb hier, stellte einen Reißwolf obenauf und schob beides in die Mitte des Raumes. Dann fragte ich: »Wer hat mir diesen Bericht gegeben?« Einer von ihnen meldete sich: »Ich war's.« Darauf ich: »Ich brauche das nicht mehr«, und steckte es in den Reißwolf, der es in den Papierkorb ausspuckte. So gingen wir durch den ganzen Stapel von Berichten. Schließlich hielt ich ein kleines Stück Papier in der Hand. Das war es, was ich gesucht hatte. Ich hielt es hoch und sagte: »Wer immer mir dieses Stück Papier gegeben hat, genau das brauche ich. Aber ich brauche es nicht jeden Tag, sondern nur einmal monatlich. Nun gehen Sie bitte, und tun Sie etwas Wertschöpfendes für die Organisation! Und machen Sie sich keine Gedanken darüber, was Sie mir über Ihre Arbeit erzählen müssen!«
Übrigens paßt meine Strategie zu einem Excel-Arbeitspapier, auf dem folgendes steht: »Das hier sind die übergeordneten Ziele, und das hier ist das, was wir machen werden.«

Damit lösten Sie die Schicht der Manager aus den mittleren Ebenen auf. Das muß das Klima dramatisch verändert haben.
Oh, natürlich. Früher war es so: Wenn jemand zum Personalchef ging, um sich zu beschweren und dann zu seinen Maschinen zurückkehrte, wurde er sofort von seinem Meister mit den Worten begrüßt: »Wir beide haben ein

Problem. Dein Fehler ist dein Benehmen!«, was ungefähr soviel heißt wie: »Ich werde dir dein Leben hier schwer machen, und es ist nur noch eine Frage der Zeit, bis du entlassen wirst!«

Wir fanden heraus, wer diese Leute waren, stellten sie zur Rede und vereinbarten mit ihnen, daß sie woanders hingingen. Dann rief ich alle Arbeitskräfte zusammen und sagte: »Soweit ich kann, werde ich Ersatz für diese Leute finden. Heute ist der Tag Eins in Ihrem neuen Leben. Das haben Sie sich seit 15 Jahren gewünscht. Nun haben Sie es. Lassen Sie uns also damit gut weitermachen!« Die Angestellten hatten das Gefühl, als wären ihnen Fesseln abgenommen. Sie konnten jetzt alles aussprechen. Sie konnten sagen, was für Probleme sie haben. Seitdem ist es immer so positiv geblieben.

Was taten Sie außerdem noch in diesen ersten Wochen?
In dem Managermeeting, das ich schon erwähnte, hatte ich meinem Stab auch gesagt: »Ich habe vor, gegen Ende des Jahres den Stab um etwa die Hälfte zu vermindern, da ich mit so vielen Leuten nicht effektiv arbeiten kann. Ich kenne Sie nicht. Ich weiß nicht, wer bleiben wird. Ich sage Ihnen nur, daß es möglich ist und was passieren wird.« 13 Manager waren im Stab, als ich hierherkam. Gegen Ende des Jahres hatte ich noch sechs.

Bestand keine Gefahr, daß die Dinge aus dem Lot gerieten?
Eigentlich nicht. Verantwortung ist etwas Seltsames. Es gibt eine Menge Leute, die sie nicht wollen. Daher zogen sie es vor zu gehen, anstatt hierzubleiben und sie auf sich zu nehmen. Die meisten Personen gingen von selbst, wir schrieben nur wenige Entlassungen. Es ist erstaunlich, was passiert, wenn Menschen erkennen, daß sie zur Verantwortung gezogen werden können. Wir hatten viele Angestellte, die sagten: »Das ist nichts für mich. Ihr arbeitet zu schwer und erwartet zu viel.«

Können Sie in etwa sagen, welcher Prozentsatz der Angestellten in einer Organisation für Teams geeignet ist?
Ich würde sagen, zu Anfang, vor irgendeinem Training, etwa 30 Prozent.

Wie würden Sie diejenigen charakterisieren, die für Teams geeignet sind?
Die eine Art sie zu charakterisieren ist, wie sie zu der Vision stehen. Martin Luther King sagte nicht: »Ich habe einen strategischen Plan.« Er sagte: »Ich habe eine Vision.« Wenn Sie Mitarbeiter ohne Vision haben, ist es sehr schwierig, Teams aufzubauen, da Teams etwas mit großer Tragweite sind.

Gilt das für alle Teams?
Vielleicht nicht für alle. Sie sagen zum Beispiel einem Projektteam: »Arbeiten Sie diese Idee zur Kostensenkung durch, und setzen Sie sie um! Sie haben dafür zwei Wochen.« Und dann tun sie es, lösen die Aufgabe und fertig.

Man braucht keine große Vision dafür, weil alles schon genau vorgeschrieben ist. Doch sich selbst steuernde Teams sind in einer viel weitreichenderen Position. Sie können vom Durchschnittsarbeiter nicht verlangen, daß er ohne eine Art von Vision oder Hilfe den Gesamtprozeß auf Anhieb versteht und sich dafür engagiert.

Eines sollte ich unbedingt dabei erwähnen: Sie können nicht einfach eine Vision mitteilen. Sie müssen sie in ihre Sprache übersetzen. Denken Sie immer daran, daß es viele Leute gibt, die ein und dasselbe auf immer die gleiche Art 15 Jahre lang gemacht haben. Wenn Sie diese für die Veränderung einnehmen möchten, müssen Sie ihnen vor allem vermitteln, wie sich diese Veränderung auf ihr Leben und ihre Sicherheit auswirken wird. Und Sie müssen das mit Worten ausdrücken, die sie verstehen.

Sie können die Mitteilung machen: »Wenn ihr diese Kosten senkt, wird die Kapitalrendite für das Unternehmen 12 Prozent betragen.« Sie werden Sie anstarren, als würden Sie Chinesisch sprechen. Daher sollten Sie es besser so formulieren: »Das bedeutet, daß wir im nächsten Juli pro Person eine Gehaltserhöhung von 4 statt 3 Prozent geben können.« »Oh«, werden sie dann sagen, »das können wir hinkriegen!« Oder Sie wenden sich an sie mit den Worten: »Wir werden keine 20 Personen entlassen müssen, wenn wir die Kostensenkung schaffen.« Solche Zusammenhänge können sie verstehen.

Wie gehen Sie mit Angestellten um, die nichts vom Geschäft verstehen?
Wir haben einmal monatlich Betriebsmeetings, und ich berufe einmal wöchentlich Meetings am runden Tisch ein. Wenn ich dann über Konzepte rede, versuche ich vieles mit Bildern zu erklären. So zum Beispiel, wenn ich Leuten erkläre, was Investition bedeutet, egal, ob es ein Manager oder ein Bursche aus der Werkhalle ist. Ich mach das etwa so: »Sie haben gerade Ihren Gehaltsscheck bekommen. Das sind 500 Dollar. Nun gehen sie zum Laden. Sie müssen Toilettenpapier einkaufen, und daher kaufen Sie für 500 Dollar Toilettenpapier. Sie tragen alles nach Hause und füllen das ganze Badezimmer damit. Nun, macht das einen Sinn?« »Natürlich nicht«, ist die Antwort. Dann frage ich weiter: »Warum sollten wir dann auf solch eine Weise arbeiten und Schrauben für 500 Dollar einkaufen, wenn wir doch nur welche für 2 Dollar brauchen?«

Auf ähnliche Weise erläutere ich, was Cash-flow bedeutet: »Sie haben gerade 500 Dollar für Toilettenpapier ausgegeben. Ist Ihnen etwas übriggeblieben, um Lebensmittel einzukaufen? Was, Sie sagen, nichts mehr? Dann können Sie also keine Lebensmittel einkaufen, nicht wahr? Sie sehen also, wie es ist. Wenn wir unser ganzes Geld für Investitionen ausgeben, haben wir keinen Cash mehr, um Ihre Löhne auszuzahlen. Genau das ist der Cash-flow.« Nun kommt ihnen das Konzept nicht mehr so fremdartig vor.

Sie können erklären, was eine Einnahmen-/Ausgabenübersicht und eine Bilanz ist, wenn Sie sie mit ihrem Scheckbuch und Sparkonten vergleichen.

Das kann man so machen: »Sie überweisen das Geld auf Ihre Spar- und laufenden Konten, nicht wahr? Wir machen es auch so. Wir nehmen das Geld aus der Bilanz heraus und legen es in unsere Einnahmen-/Ausgaben-Übersicht. Wenn Sie von Ihren Ersparnissen Geld abheben, ist es schlecht, weil dann nicht mehr viel übrigbleibt, nicht wahr? Nun, manchmal ist das auch für ein Unternehmen nicht gut.«
Es ist erstaunlich, wie viele Leute, sogar diejenigen, die sich für Fachleute halten, nicht genau wissen, wie ein Geschäft läuft und welchen Aufwand es wirklich erfordert. Was ist eine Kreditlinie? Viele von ihnen können solche Fragen nicht beantworten. Daher berufe ich jede Woche einmal meinen Stab zu einem Meeting ein, in dem wir über die Gewinn-und-Verlust-Rechnung sprechen. Manchmal reden wir zehnmal über ein und dasselbe, bis es jeder genau verstanden hat. Es ist sehr wichtig, darüber zu sprechen, und wenn sich dabei jemand langweilt, so sei's!

Präsentieren Sie die Informationen selbst?
Es hängt davon ab. Manchmal tue ich es, manchmal macht es der Buchhalter, den wir hier haben.

Wie sehen Ihre Stabsmeetings aus? Wie würden Sie sie charakterisieren?
Unsere Stabsmeetings sind nicht offen, wie sonst viele solcher Art sind. Wir beginnen immer damit, daß jeder etwas Positives berichten soll, etwas, das er privat oder im Team während der Woche erlebt hat. Da kann jemand zum Beispiel sagen: »John hat mir sehr geholfen, mit dieser letzten Bestellung zurechtzukommen.« So etwas notiere ich mir. Und wenn ich dann in mein Arbeitszimmer zurückkehre, nehme ich eine kleine Karte und schreibe an John hinsichtlich seines Verhaltens: »Ich schätze es wirklich hoch ein, daß Sie Jill in dieser Woche bei der Verkaufsbestellung so gut geholfen haben. Arbeiten Sie auch weiterhin so gut!« Dann unterzeichne ich mit »Bill« und lasse sie John an seinem Arbeitsplatz zukommen.
Die Leute im Werk brauchten sechs Monate, um herauszukriegen, wie ich es schaffte, alles genauestens kennenzulernen. Zuerst dachten sie wohl, daß ich ein bißchen blöd sei. »Das ist wirklich übertrieben einfühlsam«, sagten sie sich wahrscheinlich. Doch nach geraumer Zeit konnten sie selbst sehen, daß sich alle dabei wohl fühlten und sich die Kultur in die Richtung »Laßt uns überall die guten Seiten sehen« hin veränderte. Ich wollte, daß mein Stab versteht, daß es hier mehr gute als schlechte Seiten gibt. Sicher, die schlechten erfordern mehr unsere Aufmerksamkeit, doch um sie mit der richtigen Einstellung und der richtigen Problemlösungsmethode anzugehen, brauchen die Menschen ein positives Denken. Lassen Sie uns daher zuerst all die guten Dinge betrachten, mit denen wir uns beschäftigen!

Ich gehe jede Wette ein, daß 90 Prozent der Geschäftsleiter in anderen Unternehmen nicht daran denken, solch ein positives Klima zu schaffen. Woher kommt das Ihrer Meinung: Weil sie nicht wissen, wie es geht, oder weil sie nicht daran denken, es zu tun?

Das eine oder das andere. Oder auch beides. Als ich bei der Marine war, bemerkte ich diese jungen Matrosen, die niemand informierte. Man erwartete von ihnen nur, daß sie wie hirnlose Roboter immer wieder ein und dieselbe Arbeit verrichteten.

Das zweite Interessante war, daß niemand seinen Frauen irgend etwas erzählte. Da haben Sie diese Frauen zu Hause, doch die haben keine Ahnung, was ihre Ehemänner den ganzen Tag machen. Sie wissen nicht, wann das Schiff losfährt und was überhaupt los ist. Als ich meine Arbeit in Florida aufnahm, schrieb ich daher allen Ehefrauen meiner Angestellten. Ich schrieb einfach: »Hey, Mary, ich wollte Ihnen nur diesen Brief über John schreiben. John macht seine Arbeit als Werksmanager großartig, und ich schätze es hoch ein, daß sie ihm die Zeit abtreten, damit er im Werk sein kann. Ich weiß, daß ich viel von ihm verlange, doch ich glaube, daß seine Karriere sehr wichtig ist. Ich meine, daß, wenn er seine Ausbildung fortsetzt, er eines Tages Betriebsmanager werden kann. Somit möchte ich Ihnen nochmals für Ihre Unterstützung danken.« Dazu schicke ich ihnen noch eine Pralinenschachtel oder einen Blumenstrauß. Es gab Ehemänner, die zu mir kamen und sagten: »Mensch, ich kann jetzt zur Weiterbildung gehen, und meine Frau streitet nicht mehr mit mir darüber!«

Ich habe auch Briefe von diesen Ehefrauen erhalten. Es gab einmal einen Manager, den ich einige Wochen auf Dienstreise geschickt hatte. Daher ließ ich seiner Frau einen Blumenstrauß mit dem Kärtchen schicken, auf dem stand: »Ich weiß, daß ich ihn Ihnen für eine lange Zeit genommen habe, aber es war wichtig.« Einige Tage später bekam ich ein Kärtchen von dieser Frau, und darauf stand: »Ich habe mich wirklich sehr gefreut. Ich hatte an jenem Tag ein Bridgeclubkränzchen, und die Blumen machten sich wunderbar auf dem Tisch. Vielen Dank!«

Die Moral der Geschichte ist wahrscheinlich die, daß Manager im allgemeinen nicht daran denken, daß hinter einem Angestellten eine ganze Familie steht, für die er arbeitet und sich einsetzt. Auf diese Weise schaffen Sie Ihre Superhelden: Sie versuchen, die ganze Person zu motivieren, doch Sie schaffen es nicht, wenn Sie nicht auch die Familie motivieren. Die meisten Manager ignorieren das einfach, weil diese Gedanken ihnen zu fremd oder zu sensibel und intim vorkommen. Doch ich bin anderer Meinung. Ich glaube, daß die Menschen das sehr schätzen.

Ich sehe, daß so etwas gut in einem Werk von 138 Angestellten wie in diesem hier funktioniert. Doch wie könnten Sie das mit der Belegschaft einer viel größeren Firma machen?
Das kann man nicht, zumindest nicht auf die gleiche Weise. Daher müssen Sie Ihren Stab gut entwickeln. Sie müssen in der Lage sein, die Werte ihrer nächsten Managerebene zu vermitteln, damit diese ebenfalls in der Lage ist, sie der nächsten Ebene weiterzuleiten.
Außerdem sollte man den Wunsch haben, eine enge Beziehung auch zu den unteren Ebenen aufzubauen. Durch solche persönlichen Beziehungen lernen Sie die Sichtweisen anderer Abteilungen am besten kennen und erhalten somit ein wichtiges Feedback.

Nehmen Sie mal an, Sie merken, daß die Mitarbeiter nicht in Teams arbeiten wollen?
Ich bin sicher, daß ich einmal in eine Abteilung kommen werde, in der ich Teams einführen möchte, aber jemand behauptet dann: »Mit dieser Gruppe läßt sich das nicht machen.« Dann müssen Sie fragen: »Muß es wirklich sein?« Es ist mir egal, ob Sie der Chef sind oder wer sonst Sie sind. Wenn die Leute keine Teams wollen, können Sie es vergessen.«

Haben Sie Schwierigkeiten mit Personen, die hoffen, daß Sie keinen Erfolg haben werden, da sie sich davon bedroht fühlen?
Das kommt vor, und das zeigt deutlich, wie wichtig es ist, für die Teams zu kämpfen. Sie haben mit drei Personengruppen umzugehen. Die erste sind Ihre Vorgesetzten, die zweite sind Ihre direkten Untergebenen und die dritte Ihre Kollegen. Von allen sind die wichtigsten die Kollegen. Ihre Untergebenen tun das, was Sie von ihnen verlangen, doch die Kollegen haben denselben Zugang zum Chef wie Sie. Das sind tatsächlich die Leute, die Ihre Karriere unterstützen oder scheitern lassen können, da es in ihrer Macht steht, Sie auszubremsen oder einige Ihre Projekte gelingen zu lassen.

Was tun Sie, wenn die Kollegen Ihnen das Leben schwer machen?
Man hat immer Leute, die einen kritisieren. Man bekommt sie nicht los. Ich meine, Sie müssen sich einfach von ihrer Kritik abschotten und sagen: »Sehen Sie, das sind die Ergebnisse, die ich erreicht habe.« Sie müssen sich kennen, auf sich vertrauen und an die Werte und die Kultur glauben, die Sie aufbauen.

Wie werden Sie vom Management beurteilt?
So und so. Ich glaube, daß sie prinzipiell eine sehr vorsichtige Haltung gegenüber Teams einnehmen. Sie brauchen lange Zeit, um zu verstehen, wie man diesen Unterstützungslevel von den Beschäftigten erreichen kann.

Zugegeben, das ist ein Paradigmenwechsel für Geschäftsleiter, die ihr ganzes Berufsleben in einer traditionellen Struktur verbracht haben. Es ist so, als verlange man von ihnen, ihre Religion zu wechseln.
Das stimmt. Deswegen lebe und sterbe ich immer noch nur durch die Ergebnisse, und der Himmel stehe mir bei, wenn sie sich verschlechtern. Doch ich habe genügend Vertrauen auf meine Mitarbeiter, daß sie uns nicht enttäuschen werden.

Immer scheint alles auf das Vertrauen zurückzugehen, nicht wahr? In diesem Fall haben Sie festes Vertrauen in den Prozeß und in Ihre Angestellten.
Sicherlich. Ich riskiere dafür jeden lieben Tag meine Karriere. Doch in vielerlei Hinsicht meine ich, daß das ein sicherer Wetteinsatz ist. Denn ich setze meine Karriere lieber für 138 Menschen aufs Spiel als nur für eine Person, nämlich mich. Ich garantiere, daß ich mehr Fehler mache, als alle 138 Leute zusammen, weil ich Hunderte von Entscheidungen wöchentlich zu treffen habe. Wenn ich nur 90 Prozent von ihnen richtig treffe, habe ich immer noch sehr viele Fehler begangen. Um diese Zahl zu minimieren, gebe ich jedem freien Zugang zu allen Informationen, so daß jeder die Kompetenz hat, vernünftige Geschäftsentscheidungen zu treffen. Ob sie sich dieser Macht bedienen, das hängt natürlich von ihnen selbst ab.

Information ist etwas, das viele Manager lieber zurückhalten.
Deswegen haben sie ja auch die ganze Macht. Doch die Übertragung von Entscheidungskompetenz an die Beschäftigten ist eine persönliche Entscheidung, die jeder für sich selbst treffen muß. Ich kann niemanden zwingen, die Hand danach auszustrecken. Ich kann nur die Informationen für sie verfügbar machen.

Wie reagieren die Beschäftigten im allgemeinen auf diese Möglichkeit?
Ich würde sagen, wahrscheinlich 70 Prozent von ihnen reißen sich darum. Die übrigen 30 Prozent wollen nur einfache, treue Mitstreiter sein. Sie wollen nicht Anführer eines Zuges werden. Sie wollen schlicht und einfach zur Arbeit gehen, sie verrichten und dafür ihren Lohn erhalten. Sie werden immer das ausführen, was Sie ihnen sagen. Man braucht auch solche Leute. Wichtig ist, herauszufinden, welche es von den Beschäftigten sind, denn man kann leicht getäuscht werden. Ich habe mich oftmals getäuscht.
Ich glaube, daß, wenn man den Leuten ermöglicht, das zu tun, was man von ihnen erwartet, sie alles erfüllen werden, was man ihnen sagt, und sogar noch mehr. Aus solchen Menschen werden später Geschäftsleiter. Man muß aber jedes Signal auffangen. Man muß auf die Körpersprache aufpassen und auf die Art, wie sie mit ihren Kollegen umgehen. Man muß mit ihnen zu Mittag essen, man muß Zeit mit ihnen verbringen. Sie müssen zum Verständnis gelangen, daß wir alle auf sehr unterschiedliche Weise kommuni-

zieren. Einige Menschen können keinen normalen Satz zusammenbringen, um Ihnen zu sagen, was sie wünschen. Sie müssen das aus ihren Tätigkeiten herauslesen.
Wir haben hier einen jungen Burschen, vielleicht 26 Jahre alt. Er übernahm vor drei oder vier Monaten die Aufgabe des Teamleiters. Er war eine absolute Überraschung. Ich glaube, er macht es deshalb so gut, weil er keine vorgefaßte Meinung darüber hatte, wie »man es macht«. Er machte es einfach. Sie müssen solche Menschen finden und ihnen die Möglichkeit geben, erfolgreich zu sein. Und schrauben Sie nie Ihre Erwartungen herunter! Menschen springen immer nach der Meßlatte. Daher halten Sie Ihre Erwartungen immer hoch!

Das ist sozusagen ein springender Punkt: Man muß ein guter Beobachter sein.
Das stimmt. Und das bedeutet, daß man viel Zeit in der Werkhalle verbringen muß. Ich bin die ganze Zeit dort. Ich nehme an, ich brauchte keine ganze Woche, um die Namen aller Angestellter im Werk zu kennen. Und das ist für sie wichtig.

Ich verstehe, in welcher Hinsicht das solch einen großen Eindruck auf die Leute macht. Es ist wirklich symbolisch. Was für andere symbolische Aktivitäten unternehmen Sie?
Etwas, was ich sehr gern mache, ist folgendes: Wir haben zum Beispiel einen Geschäftsleiter, einen Vizepräsident oder irgendeinen anderen zu Besuch hier. Natürlich möchte jeder eine Werksbesichtigung machen. In dem Fall schlage ich einem Mitarbeiter vor wie zum Beispiel: »Hör zu, Thomas, das ist Herr Geschäftsleiter Sowieso.« Ich suche dazu immer einen Angestellten aus, der besonders leistungsstark ist. Dann trete ich zurück. Ich stehe dann nicht daneben und stelle ihn auch nicht vor: »Nun, er macht dies und das.« Ich gehe einfach zur Seite und lasse Thomas selbst das Gespräch führen. Somit bekommt Thomas die Chance, seinen Bereich zur Schau zu stellen. Schließlich sind die Leute wirklich sehr stolz auf ihren Bereich und auf das, was sie tun.

Ist es ein anderes Problem, Angestellte zu motivieren, die ihr festes Einkommen haben?
Da sind ungeheuer große Unterschiede. In den letzten drei Monaten haben wir solche Teams in der Werkhalle eingesetzt, damit sie die Arbeitsteams dort unterstützen. Das Problem ist, daß man ihnen nicht versprechen kann: »Wenn Sie gut arbeiten, können Sie aufsteigen« oder etwas Ähnliches. Diese Zeiten sind vorbei.

Wie motivieren Sie sie dann?
Es gibt Ideen wie Gewinnbeteiligung, die wir ins Auge gefaßt haben. Doch vor allem macht man es durch Vertrauen, Fürsorge und Mitgefühl. Gestern kam ich zu einem jungen Mann in der Marketingabteilung. Ich sah ihm ins Gesicht und bemerkte sofort, daß etwas nicht stimmte. Daher fragte ich: »Ist alles okay?« Er gab die Frage zurück: »Warum fragen Sie?« Und ich: »Sie sehen einfach nicht gut aus.« Da erzählte er: »Mein Vater ist krank. Gestern abend mußte ich ihn ins Krankenhaus fahren.« Man muß solche Sachen nur bemerken. Mehrere solcher Fälle wie dieser hier, und er selbst wird genauso reagieren. Er wird die Bestellungen besonders gewissenhaft im Bewußtsein bearbeiten, daß er damit etwas tut, was mir wichtig ist. Doch das kann man nicht in sechs Monaten aufbauen. Es ist eine lange Durststrecke bis dahin.

Mußten Sie Mitarbeiter entlassen?
Das ist eine weitere bemerkenswerte Sache. Seit wir hier sind, haben wir 50 Stellen abgebaut. Wir kamen runter von 188 auf 138 Mitarbeiter. Und wenn Sie die beiden Personalberichte, die wir anfertigten, miteinander vergleichen – der eine vom Februar 1994 und der andere vom November 1994 –, können Sie sich überzeugen, daß in fast allen Fragen die positiven Antworten trotzdem sprunghaft angestiegen sind. In dieser Zeit entließen wir zwar recht viele Leute, doch der Unterschied lag darin, daß die Angestellten wußten, was auf sie zukam. Sie konnten ihr Leben planen. Sie spürten, daß sie wie menschliche Wesen und nicht wie überflüssige Gegenstände behandelt wurden.
Wir halfen den Arbeitnehmern bei ihrer Versetzung. Jill (Jill Heiden, Personalmanager) hatte über zwanzig Jahre in diesem Bereich gearbeitet und besaß ein großes Netz von Beziehungen zu einflußreichen Geschäftsleuten in der Gemeinde. Sie hatte in jedem Aufsichtsrat der gemeinnützigen Organisationen in der Stadt gesessen. Daher war sie in der Lage, für viele Personen, die wir entlassen mußten, Jobs zu finden.
Diese Art von Unterstützung war nicht nur für die Entlassenen wichtig. Sie war ebenso wichtig für die Überlebenden. Man muß viel mit diesen Verbleibenden arbeiten, denn alles, was man tut, kann eine langfristige Wirkung auf sie haben. Sie sagten sich zum Beispiel: »Erinnern Sie sich, als Sie vor einem Jahr diesen Mitarbeiter entließen? Es machte mich wirklich krank.«

Lassen Sie uns zu einem etwas anderen Thema übergehen: Wie sieht die Kommunikation in einem Teamumfeld aus? Wie gehen Sie hier vor?
Ich habe ein Produktionsmeeting, in das alle Teamleiter kommen. Meist sitze ich nur da und höre aktiv zu. Wenn es irgend etwas gibt, was ich genauer wissen muß, oder wenn ich spüre, daß sie sich verrennen, stelle ich ihnen Fragen. Wie zum Beispiel: »Warum ist dieser Schaltungsunterbrecher

noch nicht fertig?« und lasse sie dann berichten. Dann gebe ich vielleicht zurück: »Nein, das kann ich nicht verstehen. Warum haben Sie keine Teile?« Ich versuche, ihnen beim Definieren der Probleme zu helfen und sie davon abzuhalten, immer wieder in alte Lieblingslösungen zurückzufallen. Das müssen Sie viele Male durchexerzieren. Es braucht seine Zeit. Doch das nächste Mal kommen Sie in das Meeting und brauchen nur noch drei Fragen zu stellen. Und danach werden es nur noch zwei sein. Es ist verblüffend, wie klug sie sind und wie schnell sie lernen: »Er will nur herausfinden, ob wir wissen, wo die Wurzel des Problems liegt.« Es ist Ihre Aufgabe als Manager, durch Fragen festzustellen, wie sich Ihre Kultur entwickelt.

Sie haben also diese wöchentlichen Produktionsmeetings, in denen Sie über Grafiken und Dokumentationen sprechen. Außerdem haben Sie Ihre monatlichen Meetings. Gibt es auch Meetings für den gesamten Betrieb?
Ja. Ich teile ihn in drei Gruppen, und das nur aus einem technischen Grund: Wir passen nicht alle in die Cafeteria hinein. Wir betrachten alle Finanzdaten für die Abteilung und den Arbeitsbereich. Wir gehen die tatsächlichen Zahlen und die Berichtszahlen durch, weil sich die Berichts- von den tatsächlichen Zahlen unterscheiden. Dann wechseln wir über zu beliebigen, besonderen Problemen, die ich sehe. Vielleicht werden wir erläutern, was ein Crash Flow ist. Vielleicht werden wir erklären, was eine Bilanz ist. Das liebe ich. Genau das ist es, die Arbeit richtig zu verrichten. Hier wird die Kultur genährt. Danach sehen wir uns vielleicht einige Videos von der Firma an.
Am Ende werde ich 30 Minuten oder länger mit Fragen bombardiert. »Was werden wir weiterhin machen?« und »Wie wird das aussehen?« oder »Werden wir noch weitere Entlassungen haben?«

Was halten Sie von einem Feedback der persönlichen Leistung? Wie gehen Sie damit um?
Ich versuche es und habe es alle sechs Monate für jeden aus meinem Stab vorgesehen, unabhängig davon, ob es Zeit für ihren Bericht ist oder nicht. Ich sage: »Hier liegen meiner Ansicht nach Ihre Stärken, und hier, das sind Ihre Möglichkeiten zur Verbesserung.« Das nimmt den Mitarbeitern nicht wenig Angst ab, da sie nicht ein ganzes Jahr warten müssen, um zu wissen, wie ihre Leistung beurteilt wird.
Ich versuche, meinen Stab dazu zu bringen, mit den unter ihnen zugeteilten Mitarbeitern genauso zu verfahren. Ich versuche ihnen zu zeigen: »Wenn Sie sich mit Mitarbeitern umgeben, die genau wissen, was Sie wollen, können Sie mit dem Papierkram aufhören, der keinen Wert schafft, und viel mehr Zeit finden, um etwas Gewinnbringendes zu tun.«

Gibt es irgend etwas, das Sie für sich selbst steuernde Arbeitsteams über eine längere Zeit hinweg tun müssen, um sicherzustellen, daß sie auf dem gleichen hohen Niveau weitermachen?

Die Bedürfnishierarchie von Maslow trifft auch auf Teams zu. Wenn Sie sich selbst steuernde Teams aufbauen, sorgen sich die Mitarbeiter tatsächlich vor allem um »Schutz und Nahrung«, ob sie einen Job haben werden und um ähnliches. Dann aber gewöhnen sie sich schnell an das neue Modell. Wenn ihre Bedürfnisse ein höheres Niveau erreichen, beginnen die Teams den Wunsch zu verspüren, ihre Mitarbeiter zu disziplinieren. Dann beginnen sie zu fragen: »Wann werden wir mit den Einstellungsentscheidungen beginnen?« Und dann: »Wie werden wir dafür entlohnt?« Sie finden sehr schnell heraus, daß sie die Schlüsselressource für die Funktionsfähigkeit ihrer Organisation sind. Daher wollen sie herausgefordert, anerkannt und belohnt werden.

Was können Sie zum Kompensationsplan sagen? Was unternehmen Sie in dieser Hinsicht?

Unsere Entlohnungsstruktur ist in einem erbärmlichen Zustand. Wir sind auf das Schulterklopfen und hier und da auf ein freies Abendessen angewiesen. Ich meine, daß es von einem gewissen Punkt an zur Verantwortung des Managements gehört, zu sagen: »Wenn diese Angestellten jetzt mehr geben als früher, müssen wir sie auf eine neue Weise einstufen.«

Wir haben auch begonnen, eine Gewinnbeteiligung und ähnliches ins Auge zu fassen, doch man muß auch vorsichtig sein, das nicht zu schnell einzuführen. Denn man kann leicht alles zerstören, was man aufgebaut hat. Das geht mit Geld sehr schnell. Sie müssen gute Maßgrößen haben.

Einige Ihrer Veränderungen wurden sehr schnell umgesetzt. So hatten Sie zum Beispiel ein Planungsteam, das die Umstrukturierung der Arbeit im Werk vorbereitete und die Teamstruktur definierte. Wie lange dauerte es, bis diese Umstrukturierung umgesetzt wurde?

Ich kam im Oktober hierher, und wir hatten das gesamte Werk – insgesamt 103 Ausrüstungsstücke – bis gegen Ende Dezember hierhergebracht. War alles in Ordnung? Nein. War alles so zusammengebaut, wie es sollte? Nein. Aber erfüllten wir unsere Aufgabe? Ja. Wir versandten im Dezember sogar mehr Unterbrecher als im September, Oktober oder November.

Wie managten Sie das in dieser Unruhe?

Ich erlaubte meinen Mitarbeitern nicht, den »Fuß vom Gaspedal« zu nehmen. Ich sagte ihnen: »Das Produktionsniveau muß erreicht werden. Ich sehe, daß es verflucht schwer ist, doch es ist möglich.« Wenn Sie die Angestellten überzeugen, daß etwas möglich ist, wird es auch geschehen. Ich weiß, das klingt sehr simpel. Doch es ist tatsächlich verblüffend, was Menschen leisten können, wenn Sie sie nur lassen. Sie müssen sich jedoch ganz im klaren sein, was Sie wollen.

Was meinen Sie genau damit?
Wenn Sie ihnen sagen: »Versetzen Sie das ganze Werk!«, werden Sie das ganze Werk versetzt bekommen, doch das Produktionsniveau wird fallen. Wenn Sie aber einfach sagen: »Stellen Sie sicher, daß wir unser Produktionsniveau erreichen!«, werden Sie das Produktionsniveau erreichen, doch von der Werkausstattung werden vielleicht nur drei Stücke versetzt werden. Wenn Sie aber sagen: »Ich möchte, daß das Produktionsniveau erreicht *und* daß das Werk versetzt wird«, was meinen Sie, geschieht? Es geschieht! Sie müssen sich also ganz im klaren sein, was für Aufgaben Sie von den Mitarbeitern verlangen. Natürlich, dafür werden wir auch bezahlt, nämlich in der Lage zu sein, solche Situationen zu beurteilen und auch genügend Fachkenntnisse zu haben, um die richtigen Leute am richtigen Platz einzusetzen.

Sie erwähnten früher, daß Sie während des Teambildungsprozesses etwa 50 Mitarbeiter entließen. Was bedeutet das? Wie machten Sie es? Wie wählten Sie diejenigen aus, die gehen mußten?
Man hat nicht die Personen selbst vor Augen. Wenn Sie mich fragen, wie ich bestimme, wer gehen muß, so kann ich Ihnen folgende Antwort geben: Ich überlege, welche Prozesse für uns nicht wertschöpfend sind. Wenn wir diese Prozesse umstrukturieren, sehen wir, ob jemand dadurch überflüssig wird. Den muß man dann gehen lassen.

Was antworten Sie den Mitarbeitern, wenn sie fragen, wie sie sich vor Entlassungen schützen könnten?
Ich erzähle ihnen vom übergreifenden Training. Ich sage ihnen: »Die Zeiten, in denen Leute wie mein Vater und Ihre Väter 30, 40 und 50 Jahre für ihr Unternehmen arbeiteten, werden nicht mehr wiederkommen. Der Umfang der Information verdoppelt sich alle fünf Jahre. Die Bedeutung des Computers und aller Innovationen, deren Entwicklung sich heute überstürzt, sind absolut phänomenal. Wenn Sie denken, Sie können in den nächsten 50 Jahren an der Lochpresse stehen und weiterhin diese Teile auslöchern, wenn Sie denken, daß sich niemand damit beschäftigt, eine bessere Lösung dafür zu erfinden, dann sind Sie nicht sehr weitdenkend. Die besten technologischen Colleges des Staates sind keine fünf Minuten von hier. Sie können alle möglichen neuen Fertigkeiten erlernen, wofür das Unternehmen die vollen Kosten übernehmen wird. Wenn Sie eine Garantie Ihres Arbeitsplatzes suchen, dann gehen Sie und bilden Sie sich weiter! Besuchen Sie einmal wöchentlich die Abendschule! Lernen Sie, machen Sie ein übergreifendes Training, werden Sie Teamleiter, werden Sie für die Organisation wertvoll!«

Doch was sagen Sie einem Ingenieur, der die gleichen Sorgen hat? Ich las kürzlich in einer Untersuchung, daß 80 Prozent der Arbeit, die Ingenieure verrichten, an Teams übergeben werden kann. Und tatsächlich hat man in einer Abteilung bei Exxon, mit der wir arbeiteten, von einem Ingenieurstab aus 45 Mitarbeitern alle außer drei entlassen. Die Angestellten meinen immer, Sie werfen die Meister hinaus, doch eigentlich sind es die Ingenieure, die die Opfer der Umstrukturierung sind.

Wenn eine Umstrukturierung der Arbeit einige Ingenieure überflüssig macht, versetzen wir sie in unsere Spezialteams. Es gibt immer eine Menge Aufgaben zur weiteren Kostenreduzierung. Daher beteiligen wir sie an unseren wichtigsten Projekten. Geben Sie ihnen solche Aufträge! Sie können Ingenieure Hunderte von Jahren mit solchen Arbeiten beschäftigen, und sie werden immer noch für die Organisation wertvoll sein. Sie beschäftigen sich ja mit sinnvollen Sachen. Wir haben hier einige davon, die schon 25 Jahre hier sind und nichts mehr mit der täglichen Produktion zu tun haben. Das sind die Mitarbeiter, die herausfinden, welche Bereiche wir wieder in die Produktion zurückführen könnten. Wie können wir die Kosten in diesen Bereichen senken? Mit gewissen Verkäufen umgehen? Es handelt sich um solche Sachen. Das ist eine gute Arbeit für sie, da sie damit außerhalb der täglichen Tretmühle und des Stresses, schwarze Zahlen zu erreichen, stehen. Doch sie fühlen, daß sie für die Organisation immer noch einen Wert darstellen. Sie sind immer noch in hohem Maße im Team integriert.

Sind die Teams unabhängiger von den Ingenieuren als früher?
Ja, sie sind viel unabhängiger. Wenn sie eine Frage haben, bringen sie nicht einfach den Ingenieuren einen Fragebogen. Sie sammeln alle Informationen, schreiben alles auf und fügen es so zusammen, wie sie es für richtig halten. Dann bringen sie es zu einem der Ingenieure, der in der Halle eine Unterstützungsrolle übernommen hat. Das ist ganz anders als in einem traditionellen Betrieb.

Sie legen also Lösungsempfehlungen vor und gehen dann zum Ingenieur, der es überprüfen soll.
Richtig. Der Mitarbeiter, der es vornimmt, ist ein ausgezeichneter Fachmann. Man braucht dazu keinen akademischen Titel. Nun, Sie möchten vielleicht die Druckproben ändern und haben dafür eine Anweisung. Oder wenn es ein spezielles Problem ist mit all den typischen Eigentümlichkeiten, kann Ihnen der Ingenieur dabei helfen.

Vor kurzem hörte ich dem Gespräch eines Industriellen zu, der über 200 Unternehmen besitzt. Seine Bruttogewinne betragen für dieses Jahr 700 Millionen Dollar. Er sagte unter anderem, daß der Durchschnittsarbeiter in Japan jährlich etwa 150 Vorschläge zur Verbesserung seiner Arbeit unterbreitet, während der amerikanische nur 1,4 aufweisen kann. Doch nicht das ist so verblüffend, sondern die Tatsache, daß das Durchschnittsmanagement in Japan 97 Prozent dieser 150 Vorschläge implementiert, während sich das Durchschnittsmanagement in Amerika mit 14 Prozent begnügt. Das ist es, was ich versuche, den Leuten beizubringen: »Der Grund dafür, daß das Management Ihre Lösungen nicht implementiert, liegt nicht daran, daß wir etwas nicht richtig gemacht hätten oder es nicht wichtig wäre. Es liegt nur daran, daß, wenn Sie uns das Problem auf den Schreibtisch legen, uns meist die Zeit fehlt, sich damit intensiv zu beschäftigen. Wir haben ja auch noch andere Aufgaben. Schaffen Sie daher eine Lösung. Dann wird es uns viel leichter sein, sie für Sie zu implementieren.« Heute haben wir schon eine höhere Rate von Implementierungen. Das verdanken wir alles den Teams. Nichts davon gab es, bevor wir sie einsetzten.

Wir haben ebenfalls ein System zur Aufnahme aller relevanten Daten, das das Team mit allen Informationen speist. Das gibt uns die ganze statistische Information: wie viele Defekte pro Einheit und ähnliches.

Waren diese Systeme vorhanden, bevor Sie Teams bildeten?
Nein. Wir haben sie aufgebaut.

Haben Sie Helfer außerhalb des Teams, an die sich die Mitarbeiter wenden können, wenn sie Probleme haben?
Wir haben nur meine Belegschaft. Meine Meinung ist: Warum sollte ich einen weiteren Level für Kommunikation einrichten? Meine Tür ist jederzeit geöffnet. Die Mitarbeiter fühlen sich sehr wohl, wenn sie mein Arbeitszimmer betreten oder mich in der Halle treffen und mir sagen: »Ich muß mit Ihnen etwas besprechen.« Oder sie gehen zu Jill. Oder zu Dan [dem Werkmanager]. Im Grunde genommen genügt das.

Sie sprachen darüber, wie Sie begonnen haben, doch wie geht es Ihrer Meinung nach nun weiter?
Ich habe die Absicht, so viele dieser Rollen und Verantwortlichkeiten wie nur möglich auf die Teams in der Halle zu übertragen. Das ist die Hauptlinie, die wir verfolgen. Im Juli vorigen Jahres unternahmen wir einen größeren Schritt in diese Richtung, indem wir den Teams ermöglichten, ihre eigenen Leistungen zu bewerten.
Wir stellten Aufgabenteams zusammen, ein Subkomitee des Betriebsrates, und diese schrieben ihre eigenen Berichte, nachdem sie das Benchmarking anderer Unternehmen durchgesehen hatten. Sie schrieben das so, wie sie es haben wollten, und mit den Fragen, die sie stellen wollten. Und daraus ergibt sich die verdiente Gehaltserhöhung, die sie bekommen.
Sie beurteilten auch sich selbst. Im Januar fertigten sie ihren ersten eigenen, vollständigen Bericht. Neunzig Prozent des Betriebes war geschockt. Sie hatten genau das befürchtet. Und da ist noch etwas: Man kann daraus

einen sehr komplizierten Prozeß machen. Bevor wir diese Methode wählten, brachte ein mitarbeitender Berater einen Mann aus Kalifornien mit. Er war sehr intelligent usw., doch das Problem war, daß der Prozeß, den er vorschlug, Hunderte von Stunden erforderte – zwei individuelle Stunden zur Beurteilung pro Person. Nicht bei jedem reichen zwei Stunden für seine Beurteilung aus, aber auf jeden Fall wäre jedes Teammitglied für zwei Stunden von seinem Arbeitsplatz entfernt. Dieser Prozeß war sehr sorgfältig ausgearbeitet und, da bin ich sicher, sehr effektiv. Doch er war nicht praktisch. Man kann ihn einfach nicht anwenden. Indem wir die Teams ihre eigene Beurteilung machen ließen, erhielten wir meiner Ansicht nach ohne solch einen ungeheuren Zeitverlust ebenso gute Ergebnisse. Das Modell für übergreifendes Training – Jill arbeitet gerade damit im Team – entwickelt eine viel flexiblere Arbeitskraft, als wir sie gegenwärtig haben. Das Wesentliche davon ist: Grundsätzlich kann jeder jedes machen.

Was für einen Einfluß werden Sie bei der Wahl Ihres Nachfolgers haben, wenn Sie von hier weggehen? Daß Sie bei der Einführung von Teams in hohem Maße aufgrund Ihrer persönlichen Vision und Ihrer Charakterstärke Erfolg hatten, scheint eindeutig zu sein. Ich weiß, daß Sie einen Stab aufbauen, der die Teams weiter unterstützen soll. Doch irgendwann werden Sie gehen, und die Teams werden dem nächsten Vorgesetzten, der kommen wird, recht verwundbar ausgesetzt sein.
Das stimmt. Ich habe einen gewissen Einfluß darauf, wer mich ablösen wird. Aber ich sage meinen Leuten immer wieder, daß es im Leben keine Garantien gibt, sogar wenn ich selbst den Nachfolger auswählen würde. Ich habe schon genügend Leute eingestellt und habe mich beim Einstellungsgespräch täuschen lassen. Daher weiß ich, daß man genausogut eine Münze in die Luft werfen könnte. Sogar wenn ich mir jemanden aussuchen würde, wer könnte voraussagen, was er tun wird, wenn er seinen Nachfolger auswählt?
So sage ich den Mitarbeitern: »Die einzige Art, langfristig erfolgreich zu bleiben, ist, ständig Ergebnisse zu produzieren, die einen guten Eindruck machen. So wird man Angst haben, etwas verändern zu wollen. Wenn Sie Angst haben, etwas zu verändern, weil die Ergebnisse dann fallen könnten, wird man Sie in Ruhe lassen. Aber sobald Ihre Resultate auch nur etwas sinken, werden Sie sich plötzlich verpflichtet fühlen, etwas zu unternehmen, was einen anderen Output bewirkt. Das ist Ihre Aufgabe. Sie aber müssen ihnen immer einen Schritt voraus sein und schwarze Zahlen bringen. Wenn Sie das machen, werden Sie sehen, daß die meisten dieser Geschäftsleiter Sie in Ruhe lassen werden.«
Ich habe auch die Verpflichtung, mein Management umzuerziehen, denn wenn ich nicht versuche, ihm ein Verständnis zu vermitteln, werden es meine Mitarbeiter sein, die es ausbaden müssen.

Ich glaube, Sie wissen tatsächlich sehr genau, was es bedeutet, ein Teamumfeld zu leiten. Haben Sie noch einen abschließenden Kommentar?
Eigentlich nur das. Wenn Sie einmal ein Teamumfeld geschaffen haben, in dem jeder die Möglichkeit hat, als Leiter an die Spitze zu kommen, sieht man plötzlich Mitarbeiter aufsteigen, von deren Existenz Sie sogar bislang nichts gewußt haben. Dann beginnt die eigentliche Blüte ihrer Bemühungen. Dann ist es vielleicht besser, abzubremsen, weil der Zug mit voller Geschwindigkeit die Schienen hinunterfährt. Dann hoffen Sie inständig, daß Sie auf dem richtigen Zug sind und in die gewünschte Richtung fahren. Denn es gibt dann keine Notbremsen mehr. Es ist nicht wie in Filmen. Das ist ein Güterzug, der 100 Meilen die Stunde zurücklegt, und Sie können nur hoffen, daß keine Hindernisse auf den Schienen liegen. Wenn ja, müssen Sie hoffen, daß es etwas Unbeständiges ist, etwas, das schon wieder verschwunden ist, bis sie dorthin kommen. Der Schwung kann einfach unglaublich sein.

Zusammenfassung der Ergebnisse

Die hier aufgeführten Verbesserungen wurden infolge der Teaminitiative beim ABB Power T&D-Werk in Florence, South Carolina, registriert. Der Zeitrahmen umfaßte 15 Monate, vom Oktober 1993 bis zum Dezember 1994.

- *Produktivität.* 11,3% Steigerung der Produktionszeit pro Unterbrecher.
- *Einhaltung der Lieferzeit.* 97% Verbesserung.
- *Einhaltung der Produktionszeit.* 20% Steigerung der Produktion, während die Belegschaft von 188 auf 137 reduziert wurde.
- *Sicherheitsindex.* Erhielt 1994 die Sicherheitsauszeichnung vom Occupational Safety Council für den höchsten Sicherheitsstandard in South Carolina in allen Werken für elektrische und elektronische Ausrüstung. Der Betrieb erhielt ebenfalls Auszeichnungen für die Senkung seiner Unfallquote mit über 40% im Zeitraum zwischen 1993 und 1994 und dafür, daß es mindestens 75% unter dem Durchschnitt der Betriebsunfälle in der gesamten Industrie South Carolinas lag.
- *ISO Zertifikat.* Vollendet im Mai 1995.
- *Gewinne.* Die Gewinne wurden um 375% gesteigert.
- *Kapitalbindung.* 60% Senkung der Kapitalbindung, 105% Steigerung des Kapitalumschlags.

Highlights aus der Personenbefragung

Stufen Sie bitte Ihre Zufriedenheit darüber ein, inwiefern Sie Ihre Fertigkeiten und Fähigkeiten einsetzen können!

Datum	sehr gut/ sehr richtig	gut/falsch	befriedigend/ unent- schieden	schlecht/ falsch	sehr schlecht/ ganz falsch	positive Antwort
11/3/94	32 %	50 %	15 %	2 %	1 %	82 %
2/11/94	18	54	18	10	0	72
1993	12	36	38	11	2	48

Stufen Sie bitte Ihre Zufriedenheit ein, die Sie durch Ihre Arbeitsleistung empfinden!

11/3/94	32 %	49 %	18 %	1 %	1 %	80 %
22/11/94	16	52	23	10	0	67
1993	7	40	39	9	5	47

Stufen Sie bitte Ihre Zufriedenheit über die vielseitigen Aufgabenstellungen in Ihrer Arbeit ein!

11/3/94	29 %	56 %	14 %	0 %	0 %	66 %
2/11/94	15	56	20	9	0	70
1993	13	39	36	10	1	52

Ich besitze alle Entscheidungskompetenzen, die ich für die effizienteste Ausführung meiner Arbeit benötige.

11/3/94	24 %	46 %	25 %	4 %	1 %	70 %
2/11/94	12	45	34	9	0	57
1993	14	42	28	12	4	56

Ich besitze alle Kompetenzen, die ich für meine arbeitsbezogenen Entscheidungen benötige.

11/3/94	25 %	46 %	24 %	4 %	1 %	71 %
2/11/94	14	41	34	11	0	55
1993	13	35	30	16	7	48

Mein Arbeitsplatz ist für mich mehr als nur der Ort, an dem ich meine Arbeit verrichte.

Datum	sehr gut/ sehr richtig	gut/falsch	befriedigend/ unent- schieden	schlecht/ falsch	sehr schlecht/ ganz falsch	positive Antwort
11/3/94	37 %	54 %	8 %	1 %	1 %	91 %
2/11/94	31	44	19	5	1	75
1993	21	43	23	8	5	64

Die Veränderungen in meinem/r Unternehmen/Abteilung haben sich auf mich persönlich hauptsächlich positiv ausgewirkt.

11/3/94	32 %	46 %	19 %	4 %	0 %	77 %
2/11/94	19	48	26	6	1	67
1993	11	31	34	13	8	42

Das Management meines/r Unternehmens/Abteilung ist deutlich kundenorientiert und höchst qualitätsbewußt.

11/3/94	39 %	47 %	13 %	1 %	0 %	86 %
2/11/94	31	49	17	3	0	80
1993	13	35	31	15	7	48

Eine Teameinführung wird im allgemeinen weniger Probleme aufwerfen, wenn alle Teammitglieder gemeinsame Überzeugungen und Werte besitzen. Vor dem eigentlichen Start bei ABB Power T&D wurde folgende Erklärung vom Management und den Mitarbeitern im Werk in Florence ausgearbeitet und von jedem im Unternehmen unterzeichnet. Heute ist sie beständig in der Werkhalle ausgehängt.

Die ABB-Standards für das Verhalten während der Geschäftstätigkeit und Verpflichtung zu professionellem Auftreten

Verhalten während der Geschäftstätigkeit

Als Arbeitnehmer von ABB Power T&D, ob als Führungskraft oder Mitarbeiter, nehmen wir die Verantwortung und die Erwartung an, die Betriebsvorgaben, Verpflichtungen und die Unternehmenspolitik, soweit sie sich auf Entscheidungen und das Verhalten am Arbeitsplatz beziehen, zu befolgen. Diese Standards für Geschäftstätigkeiten und Verhalten sind in einer Broschüre dargestellt, die wir erhalten und aufmerksam durchgelesen haben.

Persönliches Auftreten

Als Arbeitnehmer des Unternehmens, ob im Management oder als Mitarbeiter, verpflichten wir uns, täglich folgende Verhaltensweisen zu zeigen:
1. In unseren Worten und Taten werden sich immer Respekt und Würde widerspiegeln.
2. Wir werden unsere Worte sorgfältig aussuchen und jegliche Äußerungen vermeiden, die als unprofessionell oder unpassend aufgenommen werden bzw. ein peinliches Gefühl hervorrufen können (d.h. Slang, Fluchwörter und andere abfälligen Wörter und Bemerkungen).
3. Wir werden in allen Kommunikationsprozessen versuchen, zuerst immer zuzuhören und zu verstehen, und danach verstanden zu werden.
4. Wir verpflichten uns, täglich die Prinzipien der Fairneß einzuhalten, mit dem Bewußtsein, daß der, der die richtigen Werte hochschätzt, die Wahrheit, die Kenntnis aller Dinge, finden wird.
5. Wir verpflichten uns, täglich die Prinzipien von Integrität und Ehrlichkeit zu befolgen, die die Basis für Vertrauen schaffen, was wiederum wesentlich für die Kooperation und für die langfristige Entwicklung der Menschen und ihrer Beziehungen zueinander ist.

Dreizehntes Kapitel
Den Kurs einhalten

Die Zukunft wird vielleicht zeigen, daß unternehmerische Spitzenleistungen weniger eine betriebliche als vielmehr eine gesellschaftliche Chance darstellen – eine Chance, die deswegen enorme Dividenden erbringen wird, weil sie unsere Lebensqualität verbessert.
Edward E. Lawler III

> *Fragen, die in diesem Kapitel gestellt werden*
> - Entwickeln Sie realistische Erwartungen?
> - Sind Sie bereit, sich im entscheidenden Moment einzusetzen?
> - Wie erreichen Sie eine langfristige Unterstützung der Teams?
> - Wie wägen Sie die Stärken und Schwächen ab?

Jede Person, die ein unbekanntes Gebiet betritt, durchlebt Momente des Zweifelns. Das passiert dem Bungeespringer, wenn er zum ersten Sprung von der Brücke in den Abgrund ansetzt. Das überkommt den Chirurgen, der sich, das Skalpell in der Hand, kurz sammelt, bevor er einen völlig neuen Eingriff versucht. Das spürt der Astronaut im Raumschiff, wenn er in die Dunkelheit des Alls geschleudert wird. Das erlebt auch die Person aus dem Überlebenskurs in der Wildnis, wenn sie sich, erschöpft und entmutigt, unter ein notdürftig hergerichtetes Verdeck zwängt, während ein abendlicher Regensturm unbarmherzig niederprasselt.

Der Zweifel kann nur für einen Moment da sein, er kann aber auch die ganze Reise begleiten. Aber die Frage ist immer ein und dieselbe: »Soll ich vorwärtsgehen oder soll ich umkehren?«

Der Philosoph und Berater Peter Koestenbaum, Verfasser des Buches »*Leadership: The Inner Side of Greatness*« (»Führung: Die Innenseite von Größe«), beobachtet, daß zu den Dingen, die große Führungspersönlichkeiten ausmachen, die Bewältigung beständiger Angst und das Einhalten des Kurses gehören, auch dann, wenn sie selbst nicht wissen, wie alles ausgehen wird.

Was treibt sie an? Die Antwort darauf muß in den Eigenschaften ihrer Persönlichkeit gesucht werden. Die wichtigsten von ihnen sind:

- Mut,
- Selbstvertrauen,
- realistische Erwartungen,
- Vertrauen auf andere,
- Vorliebe für Herausforderungen,
- Verpflichtung einer Vision gegenüber,
- Standfestigkeit,
- starke Überzeugung,
- Humor.

Sehen Sie den gehetzten Geschäftsleiter, der einen Tag hinter sich hat, den er am liebsten sofort vergessen würde. Die Zahlen sind am Boden. Im Werk gibt es Streitigkeiten. Die Kollegen stellen den Erfolgsbemühungen des Teams ein Bein. Das Gefühl der Kontrolle gleitet aus der Hand wie Sand durch die Finger.

Das sind schwarze Momente, in denen sich die unvermeidbare Frage aufdrängt: »Wieviel bin ich eigentlich gewillt zu investieren, bevor ich Ergebnisse sehen kann?« Kurz nach dem Start können die Dinge sehr wirr aussehen. Und besonders wenn Teams auch weiterhin im Chaos steckenbleiben, stellen sich Zweifel ein. Dann wird der Feuereifer des Geschäftsleiters auf die Probe gestellt. Wenn er dem Drang, alles hinzuwerfen und wegzugehen, widerstehen kann, ist eine glückliche Wende tatsächlich möglich. Doch um den Kurs einzuhalten, muß er alle Register seiner positiven Eigenschaften ziehen, die oben aufgelistet sind.

Entwickeln Sie realistische Erwartungen?

Zweifellos geben sich Menschen manchmal hohen und unrealistischen Erwartungen über die Leistungsfähigkeiten und über die Einführungszeit von Teams hin. Viele Geschäftsleiter ziehen einen gradlinigen, klaren Fortschritt vor und werden ärgerlich, wenn die Sachen »in Unordnung« geraten.

Für eine Untersuchung, die im Auftrag von Zenger Miller vom American Institute for Research, Inc. durchgeführt wurde, befragte man 4500 Personen, meist aus Personal- und Testabteilungen, welche fünf Vorteile sie von Teams erwarten und inwieweit sich diese Erwartungen erfüllt haben. In den besten Fällen betrug der Unterschied zwischen dem erwarteten und realisierten Nutzen 4, im schlechtesten 21 Prozent.

Die wichtigsten fünf Vorteile, die man sich vom Teameinsatz verspricht

Faktor für Teams	Prozent der erwarteten Vorteile	Prozent der tatsächlich realisierten Vorteile
1. höhere Kundenorientierung	81	72
2. verbesserte Qualität der Produkte/Dienstleistungen	79	63
3. gesteigerte Produktivität	78	57
4. wachsende Zufriedenheit der Kunden	76	57
5. verbesserte Fertigkeiten der Arbeitnehmer	66	62

Wenn man all die verschiedenen Probleme berücksichtigt, die auf den Teams lasten, ist es vielleicht erstaunlich, daß die erreichten Vorteile wirklich so hoch sind. Doch die Zahlen zeigen deutlich, daß die Erwartungen für Teamleistungen selten ganz erfüllt werden.

Menschen mit kreativen Berufen wie Schriftsteller, Maler oder Wissenschaftler wissen, daß der Übergang von einem Paradigma in ein anderes immer eine Zeitlang ein gewisses Chaos beinhaltet. Den alten Weg zu verlassen, egal, ob dieser alte Weg eine Organisationsstruktur oder einen künstlerischen Stil darstellt, erfordert zunächst die Beseitigung des gegenwärtigen Systems. Die Teile, die geordnet und untereinander in Beziehung standen, liegen nun beziehungslos herum. Nichts scheint mehr zu funktionieren.

Der kreative Mensch ergibt sich in dieses Chaos, da er es als einen Bestandteil des Prozesses ansieht. Wenn es am schlimmsten ist, trinkt er wahrscheinlich viel Kaffee, kaut an seinem Bleistift oder macht lange Spaziergänge. Doch er weiß, daß nur aus dem Chaos etwas Neues entstehen kann. Es ist daher nicht verwunderlich, daß in unzähligen Büchern über die kreative Persönlichkeit die Fähigkeit genannt wird, eine Periode des Chaos zu tolerieren, während eine neue »Gestalt« erwächst.

Sind Sie bereit, sich im entscheidenden Moment einzusetzen?

Die größte Herausforderung ist für einen Executive wahrscheinlich die, angesichts von Widerstand und Zweifel für die Interessen des Teams zu kämpfen. Das sind die entscheidenden Momente, wenn man den Gürtel festschnallen und in Position gehen muß. Es kann Opposition und Meinungsverschiedenheit von Kollegengruppen und vom Top-Management und auch Selbstzweifel geben. In solchen Momenten müssen Sie sich auf Ihre tiefsten Überzeugungen stützen.

Wie sehen solche Maßnahmen aus?

Am häufigsten entsteht dieser Moment, wenn es um Kostensenkung geht.

Geschäftsleiter sind für die Steigerung des Profits da. Unter Druck gesetzt, versucht man zunächst, das Personal zu kürzen. Man überlegt: »Wenn das Team seine Zahlen mit elf Leuten erreichen kann, könnte es das nicht auch mit zehn machen? Es müßte nur ein wenig effizienter arbeiten, und wir könnten in der Abteilung 40000 Dollar jährlich einsparen.«

Wahrscheinlich nicht. Die Leute vergessen, daß ein Team eine dynamische Einheit darstellt. Es entwickelt sein eigenes Gleichgewicht, seine eigene Homeostasie. Wenn ein Teil herausgenommen wird, ist es mit der Balance aus. Man muß genau betrachten, was für eine Wirkung das für diejenigen haben wird, die bleiben. Werden sie nicht denken, daß sie für ihren Erfolg bestraft werden? Ein Team ist eine Arbeitsfamilie, und Familienmitglieder zu entfernen, wirkt immer demoralisierend.

Die Entlassung von Arbeitnehmern ist ein scheinbar leichter Weg zur Kostensenkung, zumal das Downsizing bereits eine Standardprozedur geworden ist. Sie ist eine erprobte und wirkungsvolle Option und wird daher kaum von oben kritisiert werden. Doch wie wird sie den Manager, nämlich *Sie*, beeinflussen? Können *Sie* mit dem Gefühl leben, daß Sie das Team verraten haben? Und was für eine Wirkung wird es auf die restlichen im Team haben? Werden sie daraus nicht den Schluß ziehen, daß man sie zwar aufgefordert hat, die Organisation zu unterstützen, die Organisation sich jedoch nicht verpflichtet fühlt, dem Team zu helfen?

Eine wirkungsvollere und teamunterstützende Strategie besteht darin, das Problem den Teammitgliedern vorzulegen. Sollen sie Lösungen suchen. »Wir müssen 40000 Dollar einsparen«, können Sie ihnen sagen. »Was können Sie vorschlagen?«

Man braucht viel Mut, dem Vorgesetzten zu sagen: »Ich werde nicht meine Mitarbeiter einfach entlassen. Ich will mit meinem Team weiterarbeiten!« Das ist riskant. Denn auch wenn der Manager das Problem dem Team vorlegen kann, garantiert niemand, daß das Team dieses Problem auch lösen wird. Trotzdem macht solch eine Haltung alles anders. Wenn es vielleicht doch zur Entlassung kommen sollte, wissen die Teammitglieder wenigstens, daß man ihnen eine Chance zugestanden hat, das Problem zuerst anzugehen.

Förderung langfristiger Teamunterstützung

Wenn Teams langfristig unterstützt werden sollen, muß ihre Arbeit bis in den letzten Winkel der Organisation bekannt werden. Wenn das geschieht, ist ein entscheidender Durchbruch geschafft, und das Denken und die Wertvorstellungen der Organisation nehmen einen jähen Kurswechsel in Richtung »Teams« auf.

Oft drückt sich der Widerstand gegen Teams in einer hervorgehobenen Exklusivität aus. Sie können Werke finden, in denen die Leute glauben, daß

Teams mit Technikern funktionieren könnten, aber nicht mit Ingenieuren, oder vielleicht in Kentucky, aber nicht in Detroit. Manager sagen manchmal Dinge wie: »Teams können bei uns nicht arbeiten, weil meine Leute mehr technisch ausgebildet sind.« oder: »Meine Anforderungen sind einfach zu komplex für Teams.«
Leider gibt es keine allgemeingültigen Antworten darauf, wie man eine Unterstützung sicherstellen kann. Damit Teams wirklich in einem unterstützenden Umfeld arbeiten können, müssen die Veränderungen in der Kultur auch die Bereiche jenseits der Organisation erreicht haben. Sie müssen sich dort einpflanzen, wo das Denken des Menschen geformt wird: in den Familien und Schulen. Die Grundsätze gegenseitiger Hilfe und Kooperation – die grundlegende Philosophie des »Gewinn gegen Gewinn« – muß langsam die Methoden des von aggressivem Wettbewerb genährten Prinzips »Gewinn gegen Verlust« verdrängen.
Nicht, daß Wettbewerb in vielen Situationen nicht angemessen wäre! Eine Fußballmannschaft könnte ohne einen starken Wettbewerbsgeist nie siegen. Und kein Unternehmen könnte auf den nationalen oder internationalen Märkten Erfolg haben. Doch wie auch die Fußballmannschaft mit den meisten Siegen nicht nur hervorragende Einzeltalente haben darf, sondern auch einen starken Mannschaftsgeist, so muß auch innerhalb einer Organisation die Denkweise radikal geändert werden, wenn Teamgeist und Kooperation die vorherrschende Philosophie werden soll.

Abwägen der Stärken und Schwächen

Letztlich scheint alles immer von den Zahlen abzuhängen. Wie wägen Sie die Gewinne der Teaminitiative gegen die angefallenen Kosten ab? Welche Ergebnisse können Sie in den ersten Tagen des Teameinsatzes erwarten? In den ersten sechs bis neun Monaten ist es unwahrscheinlich, daß die Teaminitiative positive Ergebnisse aufweisen kann. Eher wird das Gegenteil der Fall sein, da es Tausende von zehrenden Problemen gibt, durch die sich das Team durchbeißen muß. Doch es gibt immerhin einige früh in Erscheinung tretende Anzeichen, die ängstliche Geschäftsleiter beruhigen können. Die meisten von ihnen sind in den neuen Verhaltensweisen der Arbeitnehmer zu erkennen.
Eine der ersten Veränderungen ist das steigende Niveau der Kooperation, da Teammitglieder immer Mittel suchen, um sich gegenseitig zu unterstützen. Regelmäßige Teammeetings fördern die gemeinsamen Interessen, und Arbeitnehmer, deren Blickwinkel bisher nur auf ihren eigenen Arbeitsbereich beschränkt war, beginnen über ihre Abteilung hinauszusehen. Der Leiter bemerkt vielleicht auch, daß die Teammitglieder lebendiger und zufriedener werden. Die Angestellten sind *bei der Arbeit*, anstatt nur *am Ar-*

beitsplatz. Diese kaum greifbaren Phänomene sind die leisen Gewinne. Greifbarere Vorteile zeigen sich erst, nachdem die Teams gebildet und schon eine Weile in Gang sind. Die Anzeichen dafür, daß Teams erfahrener geworden sind, umfassen folgende Punkte:

- steigende Produktivität,
- reduzierte Zeitzyklen,
- höheres Niveau der Kundenzufriedenheit,
- steigende Produktivität, oft mit weniger Mitarbeitern,
- steigende Kommunikation,
- schnelles Treffen von Entscheidungen.

Erst ab diesem Punkt beginnt die Teaminitiative – diese Fahrt in das Unbekannte – direkt auf die Betriebsergebnisse einzuwirken. Wie lange der Geschäftsleiter in blindem Vertrauen auf zukünftige Erfolge operieren kann, bevor sich positive Merkmale deutlich abzeichnen, hängt von vielen Faktoren ab. Das ist nie eine leichte Sache. Doch wenn alles zu holprig läuft, kann sich ein Manager aus der Geschichte über die fürchterliche Mission von Apollo 13 etwas Mut schöpfen.

Als sich die Astronauten Lovell, Haise und Swigert auf die Fahrt zum Mond begaben, hatten sie keine Garantien, daß sie es schaffen oder überhaupt zurückkehren würden. Sie wußten einzig und allein, daß sie so gut wie nur möglich vorbereitet waren, daß für alle dringenden Erfordernisse, die man sich nur ausdenken konnte, gesorgt war, und daß sie die beste Infrastruktur hinter sich hatten.

Auf der Fahrt explodierte ein Sauerstofftank im Servicemodul. Das lähmte die Kraft des Raumschiffes und der Unterstützungssysteme und bedrohte die Astronauten, im Weltall ausgesetzt zu werden. Die drei Astronauten retteten sich, indem sie den Landungsmotor dazu benutzten, den ausgesetzten Kommandomodul um den Mond herum und zurück zur Erde zu beschleunigen. Als sie sich dann der Erde näherten, kehrten sie in das Kommandomodul zurück und führten es zu einer sicheren Landung.

Die Lehre aus dieser Geschichte ist einfach. Fürchten Sie sich nicht vor Bruchlandungen, nur weil Sie nicht jedes Problem vorhersehen können! Lassen Sie sich nicht unterkriegen, wenn sich eine Situation zuspitzt! Fehler sind normal. Man kann sie korrigieren. Man darf sich vom Chaos nicht überwältigen lassen, sondern ruhig und so gut wie möglich versuchen, die Situation unter Kontrolle zu bringen. Das bedeutet ganz und gar nicht, daß Sie ihre Entscheidungsfähigkeit verloren haben. Sie treffen einfach nur eine intelligente Wahl darüber, wann Entscheidungen getroffen werden müssen. Wenn Sie weiterhin an Ihrem Vorhaben und Ihrem Vertrauen in den Teamprozeß festhalten, werden Sie die Überraschungen erleben, die Ihnen die nachfolgenden dramatischen und positiven Ergebnisse bieten werden.

Vierter Teil
Mittel und Techniken

Einführung in die Mittel und Techniken

Dieser Teil zeigt Ihnen eine Vielfalt von Mitteln und Prozeduren zur Erweiterung bestehender Teams, zur Planung und Implementierung von Teams und ihrer interaktiven Tätigkeiten. Die 18 hier beschriebenen Mittel und Techniken behandeln Themen aus allen Ebenen (Führungsspitze, Manager, Teamförderer und Team) und in allen Teamphasen (Start, Entwicklung und Reife). Sie sind bei der Bildung neuer Teams, zur Charakterisierung bestehender Teams, zur Bestimmung der Teambedürfnisse und zur Verbesserung des Feedback und der Kommunikation behilflich.

Die Mittel bestehen aus Checklisten, Beurteilungen, Fragebögen, Richtlinien und Methoden zum Messen von Teamentwicklung und Produktivität. Viele dieser Techniken haben in etlichen Organisationen bei der Lösung von Teamproblemen geholfen und haben die Effektivität von Teams in den verschiedenen Phasen erhöht. Andere wiederum erleichtern die Beurteilung der Investitionen in Teams. Viele Mittel sind für Probleme bestimmt, die alle Teams und ihr Unterstützungspersonal gleichermaßen haben. Andere konzentrieren sich auf Probleme, die typenspezifisch (z.B. für sich selbst steuernde, übergreifende oder Problemlösungsteams) sind.

Die Mittel und Techniken beinhalten folgendes:

- Beurteilung des Involvements der Arbeitnehmer, Teil 1 und 2
- Einschätzung der Teamorientierung einer Organisation
- Übernahme der betrieblichen Werte: Beurteilung der Merkmale
- Checkliste für Planung und Einführung eines Teams
- Team-Charta
- Planung der Teamentwicklung
- Identifizierung des Team-Typs
- Einschätzung des Teamgeists
- Entwicklungsphasen des Teams
- Diagnose eines stagnierenden Teams
- Kollegenbesprechungen
- Bewertung des Teamleiters/-förderers
- Bewerbungsgespräche mit Kandidaten für die Stelle eines Teammanagers

- Das Eingewöhnen eines neuen Managers an das Teamumfeld
- Index für ein erfahrenes Team
- Vertiefendes Teamtraining
- Beschreibung der organisatorischen Verbesserungen
- Der Prozeß der Entscheidung, wann eine Umstrukturierung vorgenommen werden soll

Jedes Mittel oder jede Technik ist in folgendem Schema dargestellt:

- **Was.** Eine kurze Beschreibung des Mittels, seines Zweckes und seiner Bedeutung.
- **Wann.** Stichworte, Zeitpunkte und Richtlinien, wann das Mittel am besten angewendet werden soll bzw. für was es am geeignetsten ist.
- **Wer.** Bestimmung der Aufgabe, der Rolle oder der Person, die für die Anwendung des jeweiligen Mittels verantwortlich ist.
- **Wie.** Anweisungen zur Benutzung des Mittels mit allen dazugehörigen Vorbereitungen, Materialien und Grundregeln.
- **Was kommt als nächstes?** Die erwarteten Reaktionen und Ergebnisse, die nachfolgenden Tätigkeiten und eventuelle weitere Schritte.
- **Formblätter.** Beispiele von speziellen Formblättern, die bei der Anwendung des Mittels adaptiert werden können.

Wenn Sie, wie die Wegbereiter und Manager von Teams in den meisten Organisationen, Wege suchen, um Probleme zu lösen, Veränderungen herbeizuführen, bessere Teamunterstützung zu erhalten und neue Richtungen zu bestimmen, können Ihnen diese Mittel dabei behilflich sein. Sie sind nach erprobten Methoden ausgearbeitet, mit denen man den kurz- und langfristigen Herausforderungen entgegentreten und sie überwinden kann.

Beurteilung des Involvements

Was

Über diese Technik wird bestimmt, ob das Klima der Organisation und die strukturellen Bedingungen einen höheren Grad der Mitsprache der Arbeitnehmer erlauben. Existieren bereits verschiedenartige Teams, kann das Bewertungsmittel zur Bestimmung des geeignetsten Typs angewandt werden. Die Bewertung vermittelt Ihnen eine klare Vorstellung darüber, in welchem Maße eine Organisation bereit ist, zu Teams überzugehen sowie auch einen genauen Einblick in den gegenwärtigen Stand der Eingebundenheit der Arbeitnehmer.
Dieses Beurteilungsmittel beinhaltet die Fragen über die potentiellen Kosten von Teams, über die eventuellen Vorteile und über die verschiedensten spezifischen Möglichkeiten oder Probleme. Außerdem kann man daraus Empfehlungen für die nächsten Schritte ableiten.

Wann

Organisationen mit einer »Insel«-Strategie, die den Teambereich erweitern möchten, können durch dieses Mittel herausfinden, ob ein erweitertes Einbeziehen der Arbeitnehmer dem Unternehmen Vorteile bringen könnte. Wird es nach dem Teamstart angewendet, reflektiert es den bereits erzielten Fortschritt und die Bereitwilligkeit zur Erweiterung der Teamkompetenzen. Wenn das Management zur Produktionssteigerung auf Teams setzt, und daher herausfinden möchte, ob ihre Teams dafür geeignet sind, ist diese Beurteilung höchst nützlich. Das gleiche gilt auch für den Fall, wenn eine Organisation, die schon Teams unterschiedlichen Typs in einigen Abteilungen hat, ihre Teaminitiative erweitern möchte.

Wer

Eine »Bewertung des Involvements der Arbeitnehmer« wird unter der Aufsicht eines Geschäftsleiters vorgenommen, der sich für die Teaminitiative eingesetzt hat. Ein interner Beauftragter für den Wandel, jemand, der auch unangenehme Fragen stellen und objektiv bleiben kann, führt sie durch. Entweder wird jeder in der Organisation dazu befragt, oder man wählt eine repräsentative Gruppe, die die Angaben macht.

Wie

Die Vorgehensweise erfolgt in vier Schritten:
1. Planung der Untersuchung.
2. Sammeln der Angaben.
3. Analyse der Angaben.
4. Präsentation der Analyseergebnisse.

Diese Schritte führt gewöhnlich der interne Beauftragte für den Wandel oder ein externer Berater durch.

1. Planung der Untersuchung. Die Sicherstellung, daß die Untersuchung die realen Daten und Meinungen darstellen wird, ist der entscheidendste Aspekt der Planung. Oft bestimmt der interne Beauftragte für den Wandel die Teilnehmer an der Befragung. Sie werden dazu wahrscheinlich die Angestellten aus der Organisation auswählen, die möglicherweise zu Teams übergehen werden sowie auch deren Manager sowie auch Mitglieder von bestehenden Teams.

2. Sammeln der Angaben. Der Fragebogen deckt folgende Bereiche ab: Operationskontrolle, Entscheidungskompetenz, Kundenfeedback, Einstellungspraktiken, Fertigkeiten, Zugang zu Informationen, Entlohnung und Anerkennung, Organisationsstruktur, Umstrukturierung der Arbeit und Mitspracherecht für die Arbeitnehmer. Man kann die Einschätzung einzeln oder in kleinen Gruppen vornehmen. Der Beauftragte für den Wandel oder der Berater sammeln alle ausgefüllten Bögen ein und ordnen die Angaben.

3. Analyse der Angaben. Die Analyse zeigt die Teamtypen auf, die für das Klima in der Organisation am besten geeignet sind. Die Daten beziehen sich auf einen der folgenden vier Teamtypen:
a) Traditionelle oder Abteilungs-Arbeitsgruppen.
b) Mitspracheberechtigte Verbesserungsteams.
c) Führungsbeteiligte Teams.
d) Sich selbst steuernde Teams.

4. Präsentation der Analyse. Die Darstellung der Ergebnisse erleichtert oft die Durchsetzung eines bestimmten Kurses, auf den man seine Tätigkeiten richtet, setzt die Grundlage für eine beginnende Planung (einschließlich der Auswahl der Arbeitsbereiche, in denen die Teams arbeiten sollen) und gibt den Anstoß für Diskussionen über andere Formen des Involvements für die Arbeitnehmer.

Was kommt als nächstes?

In den meisten Fällen besteht der nächste Schritt in der Entscheidung für oder gegen Teams. Wenn sie positiv ausfällt, ist der nächste Schritt dann der Prozeß des Teamstarts. Ist sie negativ, bleiben dem Teamverfechter noch zwei Schritte übrig: (1) Eine Diskussion darüber in Gang zu bringen, was man unternehmen könnte, damit die Organisation aufnahmebereiter für Teams wird, und/oder (2) andere, beschränktere Formen des Involvements für die Arbeitnehmer in Betracht zu ziehen, bis sich die Angestellten mit dem Teamgedanken angefreundet haben.

Befragung zum Involvement der Arbeitnehmer
Teil 1

Auf welchem Niveau befindet sich das Involvement unserer Arbeitnehmer?

Die zehn folgenden Punkte stellen ein »diagnostisches« Beurteilungsverfahren dar, das Ihnen hilft, das Niveau des Involvements für Ihre Mitarbeiter, das in Ihrer Organisation zu diesem Zeitpunkt vorherrscht, zu analysieren und zu verstehen. Jeder Punkt besteht aus parallelen Aussagen, die sich jeweils auf ein unterschiedliches Niveau der Eingebundenheit der Arbeitnehmer bezieht. Die Ergebnisse geben Ihnen am Ende eine deutlichere Indikation für Ihren Ausgangspunkt und erleichtern Ihnen den Entwurf eines realistischen Plans für die Richtung, die Sie einschlagen müssen.

Anweisungen
Lesen Sie die vier Aussagen in jedem Punkt aufmerksam durch und kreisen Sie die Zahl der Spalte ein, die der gegenwärtigen Situation Ihrer Organisation am genauesten entspricht. Bei Ihrer Entscheidung sollten Sie die allgemeine Situation der Organisation vor Augen haben und weniger die Abteilung oder den Bereich, in denen die Einbindung am meisten fortgeschritten ist. Wenn Sie alle Punkte durchgegangen sind, füllen Sie die Tabelle mit den Punktzahlen aus!

Welche von den vier folgenden Praktiken sind gegenwärtig in der Organisation dominierend?

Punkt 1: Kontrolle der täglichen Operationen

1	2	3	4
Manager mit beschränktem Input von den Angestellten treffen Entscheidungen, bestimmen die Ziele, kontrollieren Grafiken und setzen die Arbeitsabläufe fest.	Manager erhalten einen Input von Teammitgliedern, bevor sie die Tätigkeiten des Teams vorausplanen und wichtige Entscheidungen treffen.	Manager teilen beim Planen, im Entscheidungsprozeß, beim Problemlösen und Koordinieren mit anderen Teams die Verantwortung mit den Teammitgliedern.	Teammitglieder sind für die Tätigkeiten des Teams verantwortlich, für das Budgetieren, Erstellen von Grafiken, für Bewertung und Ausführung und für die Beziehungen zu Kunden und Käufern.

Punkt 2: Verantwortlichkeiten für Entscheidungen und Problemlösungen

1	2	3	4
Arbeitnehmer erfassen die Probleme in ihrem Arbeitsbereich und leiten sie dem Management weiter. Sie treffen die Entscheidungen, und die Arbeitnehmer führen die Lösungen aus.	Die Arbeitnehmer sind in Problemlösungsteams, die von Managern für bestimmte Probleme gebildet wurden. Teams suchen Lösungsempfehlungen innerhalb enger, genau definierter Grenzen aus. Vorgeschlagene Lösungen werden vom Management gebilligt oder abgeändert.	Arbeitnehmer und Manager arbeiten zusammen, um Team- und Organisationsprobleme anzugehen.	Arbeitnehmer lösen selbst Team- und Organisationsprobleme mit einer minimalen Unterstützung des Managers, der seine Zeit und Energie eher auf strategische Themen konzentriert.

Punkt 3: Kundenfeedback

1	2	3	4
Reklamationen und Beschwerden werden über die herkömmlichen Kanäle durch die einzelnen Abteilungen geleitet oder von oben nach unten weitergegeben. Detaillierte Reaktionen darauf sind in den Unternehmensrichtlinien vorgegeben. Direkte Kundenkontakte sind im allgemeinen auf das Verkaufs-, Service- und Auftragsbearbeitungs-/Versandpersonal beschränkt.	Man bemüht sich in regelmäßigen Abständen durch Befragungen oder Antwortkarten um ein Kundenfeedback. Die Ergebnisse werden allen Arbeitnehmern mitgeteilt. Manager delegieren an entsprechende Gruppen von Arbeitnehmern, diese speziellen Anforderungen oder Probleme anzugehen und präventive Lösungen zu empfehlen.	Man bittet aktiv um Kunden- und Lieferdaten. Kunden werden bei der Entwicklung neuer Produkte und Verbesserungsprozesse hinzugezogen.	Die Bemühungen des Teams sind auf die Bedürfnisse der externen und internen Kunden ausgerichtet. Teams sammeln und teilen Informationen mit, soweit sie sich auf die Arbeit anderer Teams beziehen. Die Kunden stellen einen integrierten Teil des Teamprozesses dar.

Punkt 4: Einstellungspraktiken

1	2	3	4
Manager nehmen Neueinstellungen auf der Basis individueller technischer Fertigkeiten vor.	Arbeitnehmer werden auf der Basis technischer und sozialer Fertigkeiten eingestellt. Teammitglieder werden bei der endgültigen Entscheidung über eine mögliche Einstellung manchmal um ihre Meinung gebeten.	Arbeitnehmer werden auf der Basis technischer und sozialer Fertigkeiten sowie auch aufgrund ihrer Einstellung zu teamrelevanten Werten eingestellt. Teammitglieder und Manager führen Einstellungsgespräche zusammen. Die Entscheidung wird gemeinsam getroffen.	Arbeitnehmer werden auf der Basis technischer und sozialer Fertigkeiten sowie auch aufgrund ihrer Einstellung zu teamrelevanten Werten eingestellt. Teams führen oft die Einstellungsgespräche und treffen die endgültige Entscheidung.

Punkt 5: Fertigkeiten

1	2	3	4
Training konzentriert sich auf technische Fertigkeiten, die für spezifische Arbeitsfunktionen nötig sind.	Arbeitnehmer erhalten ein zusätzliches Training für Fertigkeiten in den Bereichen der zwischenmenschlichen Beziehungen und deren Problemlösung.	Das Training der Arbeitnehmer umfaßt Fertigkeiten, die früher nur den Managern vorbehalten waren, wie zum Beispiel Sitzungsleitung und Suggestion.	Übergreifendes Training ist allgemein üblich. Die Arbeitnehmer erwerben sich technische, soziale und administrative Fertigkeiten. Teammitglieder werden auch in Gruppenführung trainiert.

Punkt 6: Zugang zu Informationen

1	2	3	4
Manager geben nur solche Informationen an die Arbeitnehmer weiter, die deren unmittelbare Arbeit betreffen.	Manager geben Informationen über die Unternehmensergebnisse weiter, sofern sie es für notwendig halten.	Manager versorgen das Team mit allen verfügbaren Informationen über Kunden, Konkurrenten und den Ergebnissen der gesamten Organisation.	Arbeitnehmer haben direkten Zugang zu Kunden und zu allen Informationen über Mitwettbewerber und den Ergebnissen der gesamten Organisation.

Punkt 7: Entlohnung und Anerkennung

1	2	3	4
Entlohnung und Anerkennung basieren auf individueller Leistung und konkretem Beitrag der Arbeitnehmer.	Arbeit in Problemlösungsteams wird nur gering belohnt und anerkannt.	Teamleistung wird immer mehr wie die individuelle Leistung entlohnt und anerkannt.	Die Zufriedenheit der Kunden mit der Teamarbeit ist Basis für Entlohnung und Anerkennung. Verschiedene Entlohnungssysteme motivieren die Arbeitnehmer, auf die Teamziele hinzuarbeiten.

Punkt 8: Organisationsstruktur

1	2	3	4
Die Organisation ist nach Funktionen strukturiert und ähnelt einer Pyramide mit vielen Stufen. Sie basiert auf der effizienten Kontrolle der Manager.	Die Organisationsstruktur ist funktional und mit vielen Ebenen. Funktionsübergreifende Problemlösungs- und Spezialteams bilden eine horizontale Überschicht.	Die Organisationsstruktur ist ziemlich flach, obwohl verschiedene Ebenen geblieben sind. Prozesse und Kunden sind in einem gewissen Maße in die Struktur integriert. Die Organisation ist so gestaltet, daß sie schnell und flexibel auf Veränderungen der Kundenbedürfnisse reagieren kann.	Die Organisation und ihre Teams konzentrieren sich auf Kunden und Prozesse und stimmen alles daraufhin ab. Die Struktur ist verhältnismäßig flach und besteht aus nur wenigen Ebenen. Die Organisation ist so gestaltet, daß Veränderungen der Kundenbedürfnisse schnell erfaßt und berücksichtigt werden können.

Punkt 9: Bestimmung des Arbeitsablaufes

1	2	3	4
Die Arbeit wird von Experten und Managern bestimmt. Arbeitnehmer, die die Arbeit ausführen, haben wenige oder keine Einflußmöglichkeiten.	Arbeitnehmer werden aufgefordert, effizientere Vorgehensweisen für die Arbeitsabläufe vorzuschlagen.	Manager und Arbeitnehmer arbeiten miteinander, um effizientere Vorgehensweisen für die Arbeitsabläufe zu bestimmen.	Alle Arbeitnehmer sind aktiv in die Gestaltungsprozesse für effizientere Vorgehensweisen für die Arbeitsabläufe einbezogen.

Punkt 10: Integrationsaktivitäten

1	2	3	4
Integrationsaktivitäten können folgendes beinhalten: Suggestionssysteme. »Pressekonferenz«-Meetings, um Probleme darzustellen und Informationen anzufordern.	Integrationsaktivitäten können folgendes beinhalten: Sicherheitskomitees. Problemlösungsteams auf Abteilungsniveau. kurzfristig eingesetzte funktionsübergreifende Qualitätsverbesserungsteams (Prozeßverbesserungsteams). Spezialteams, die direkt mit der Direktion operieren.	Integrationsaktivitäten können folgendes beinhalten: ständige funktionsübergreifende Teams, die für die Arbeitsprozesse verantwortlich sind (Prozeßmanagementteams). funktionale Arbeitnehmerteams mit Managementkompetenzen. Spezialteams, die mit minimaler Managementteilnahme arbeiten.	Integrationsaktivitäten können folgendes beinhalten: sich selbst steuernde Teams. Vertreter aus vielen Teams, die zeitweilige Spezialteams bilden. mehrere Teams arbeiten zusammen, um Prozesse zu realisieren und den Kundendienst zu verbessern.

Auswertung

Zur Auswertung Ihres Fragebogens tragen Sie die Anzahl von den Antworten aus jeder Spalte ein und multiplizieren Sie sie. (Wenn Sie zum Beispiel die Spalte 2 sechsmal eingekreist haben, erhalten Sie 12 Punkte). Fügen Sie dann Ihre individuellen Spaltenbewertungen hinzu, um die Gesamtsumme zu errechnen.

Gesamtzahl in Spalte 1 = _____ x 1 = _____
Gesamtzahl in Spalte 2 = _____ x 2 = _____
Gesamtzahl in Spalte 3 = _____ x 3 = _____
Gesamtzahl in Spalte 4 = _____ x 4 = _____
                                    Insgesamt = _____

Ihre Gesamtpunktsumme zeigt auf, in welchem Maße Ihre Organisation (nach Ihrem Empfinden) gegenwärtig die Integration der Arbeitnehmer praktiziert. Die Ausprägung wird auf den nächsten Seiten anhand der folgenden 4 Abstufungen erläutert. Diese Einschätzung kann auch als Diskussionsmittel zur Klärung und Zusammenfassung darüber dienen, wie Sie und andere den gegenwärtigen Entwicklungsstand der Organisation beurteilen.

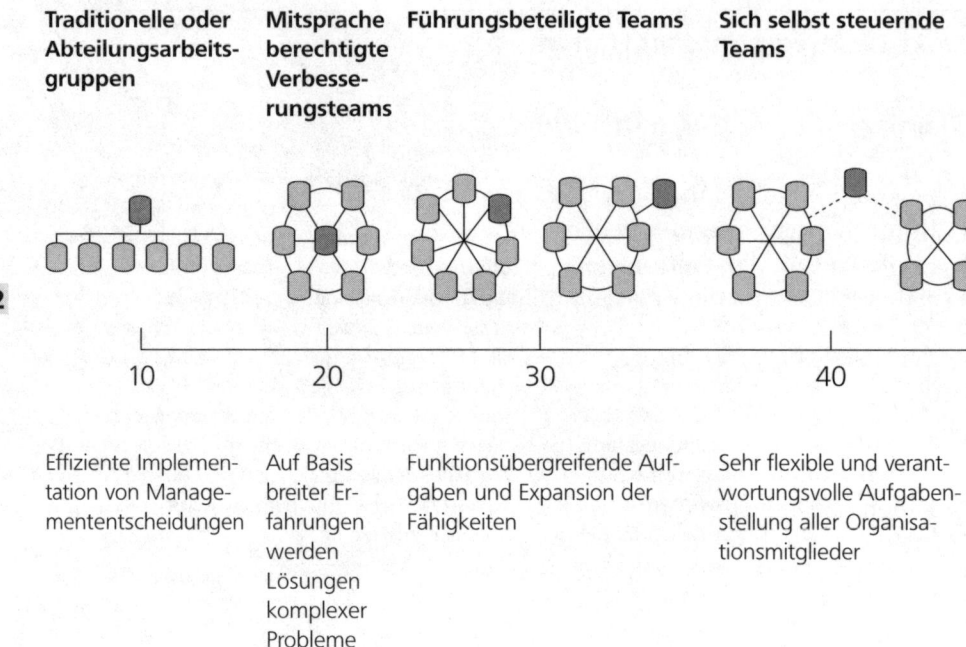

Traditionelle oder Abteilungsarbeitsgruppen	Mitsprache berechtigte Verbesserungsteams	Führungsbeteiligte Teams	Sich selbst steuernde Teams
Effiziente Implementation von Managemententscheidungen	Auf Basis breiter Erfahrungen werden Lösungen komplexer Probleme gesucht	Funktionsübergreifende Aufgaben und Expansion der Fähigkeiten	Sehr flexible und verantwortungsvolle Aufgabenstellung aller Organisationsmitglieder

Lesen Sie nun bitte die folgenden Teambeschreibungen, um sich mit einigen der typischen Aktivitäten, Verhaltensweisen und Erfordernissen, die jede Stufe des Mitspracherechts für die Arbeitnehmer charakterisieren, vertrauter zu machen!

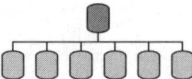

Traditionelle oder Abteilungsarbeitsgruppen

Formen des betrieblichen Involvements

- Manager legen regelmäßig den Ablauf von Meetings fest, in denen sie die Arbeitnehmer über ihre alltäglichen Aufgaben informieren.
- In speziellen Meetings informieren Manager über neue Entwicklungslinien.
- »Pressekonferenz«-Meetings erlauben den Arbeitnehmern, ihre Sorgen zu äußern und/oder bestimmte Informationen über besondere Geschehnisse anzufordern.
- Manager laden zu Diskussionen am runden Tisch ein, um sich die Meinungen der Arbeitnehmer über Probleme und Themen anzuhören, bevor sie Entscheidungen fällen.

- Manager können bei ihren Entscheidungen die Ansichten der Arbeitnehmer nutzen oder auch nicht.

Charakteristik der Geschäftsführer

- Setzen die Zielrichtung der Organisation fest.
- Kontrolle der Unternehmensergebnisse.
- Beobachtung der Wettbewerbssituation und des Absatzmarktes.
- Nähern sich in zunehmendem Maße ihren Arbeitnehmern.

Charakteristik der Manager

- Setzen die Ziele fest, kontrollieren die Zahlen und bestimmen, wie die Arbeitsabläufe abgewickelt werden müssen.
- Fällen die meisten Entscheidungen und entwickeln Lösungen für die meisten funktionsübergreifenden und abteilungsbezogenen Probleme.
- Konzentrieren sich auf die Teamleistung und wenden minimale Zeit für die Koordination der Arbeiten der Teams mit den übrigen Teilen der Organisation auf.
- Versuchen, die Arbeitnehmer für ihre Ideen zu gewinnen und bitten um Unterstützung.

Charakteristik der Mitarbeiter

- Werden über Entscheidungen informiert, die sie zu unterstützen haben.
- Äußern ihre Meinung für bestimmte Themen, wenn sie aufgefordert werden.
- Arbeiten auf spezialisierte und genau festgelegte Art und Weise.
- Ihre hauptsächliche Bezugsperson ist eher der Leiter als der Kollege.
- Identifizieren Probleme in ihrem Arbeitsbereich und reichen sie dem Management zur Lösung weiter.

Anforderungen an die Organisation

- Bereitschaft, Zeit zur Information der Arbeitnehmer über entscheidende Themen aufzuwenden.
- Ein Forum für Vorschläge der Arbeitnehmer einzurichten, in dem auch Anerkennung verteilt wird.
- Bereitwilligkeit, Managern ein Training für die Fertigkeiten des Zuhörens, die Informationspräsentationen und den Empfang von Feedback zu bewilligen.
- Die Fähigkeit, konstruktiv zu reagieren, wenn Arbeitnehmern ihre mangelnden Einflußmöglichkeiten bewußt werden.

Vorteile

- Manager haben Zugang zu den Meinungen und Ansichten der Arbeitnehmer.
- Entscheidungen können schnell getroffen werden, da kein Gruppenkonsens erforderlich ist.

Gefahren

- Wenn die Vorschläge der Arbeitnehmer nicht beachtet werden, können diese das Gefühl haben, daß sie ihre eigentliche Arbeitszeit nutzlos verschwendet haben.
- Arbeitnehmer können sich widersetzen, wenn ihre Ideen von anderen übernommen und umgesetzt werden.
- Schnelles Reagieren auf Veränderungen der Kundenerwartungen und -ansprüche kann schwierig sein.

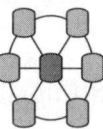

Mitspracheberechtigte Verbesserungsteams

Formen des betrieblichen Involvements

- Spezialteams (z.B. ein Sicherheitskomitee) werden benutzt, um bestimmte Themen durchzuarbeiten. Ausgewählte Arbeitnehmer (oft aus mehreren Abteilungen) werden aufgefordert, Lösungen zu einem speziellen, neu definierten Problem, seltener zu einer breiten Palette von Ideen, zu finden.
- Zur Verbesserung der Qualität oder zur Problemlösung werden Arbeitnehmer innerhalb einer Abteilung aufgefordert, ein bestimmtes, leistungsbezogenes Problem zu lösen.
- Kurzfristig eingesetzte funktionsübergreifende Qualitätsverbesserungsteams, bestehend aus Arbeitnehmern verschiedener Abteilungen, die zur Lösung eines spezifischen Problems oder zur Prozeßverbesserung eingesetzt werden.

Charakteristik der Geschäftsleiter

- Bringen zum Ausdruck, warum die Organisation Teams einsetzt und welche Unterstützung die Geschäftsleiter dafür geben werden.
- Entwickeln Pläne für die Einführung von Teams.

- Reagieren auf die Bedürfnisse der Teams mit angemessenen Ressourcen und Unterstützung.
- Erhöhen die Masse der Informationen, die der ganzen Organisation zugänglich gemacht wird.
- Erhöhen den Zeitaufwand, der Kunden gewidmet ist.

Charakteristik der Manager

- Bilden Qualitätsverbesserungs- und Problemlösungsteams.
- Ziehen die Meinungen der Teammitglieder ein, bevor sie Teamtätigkeiten planen oder wichtige Entscheidungen treffen.
- Ermutigen die Teammitglieder, kooperativ miteinander zu arbeiten.
- Konzentrieren sich vor allem auf die Leistung der Teams, koordinieren aber auch die Interaktionen ihrer Teams mit anderen Teams in der Organisation.

Charakteristik der Mitarbeiter

- Bereiten Informationen zu vielen unterschiedlichen Themen auf.
- Arbeiten zur Ausübung der Teamkompetenzen mit ihren Kollegen eng zusammen.
- Verrichten spezifisch definierte Arbeiten, nehmen aber auch an Aufgaben teil, die ihre täglichen Tätigkeiten »erweitern« und »bereichern«.
- Nehmen an Problemlösungs- und Verbesserungsteams teil, die das Management für bestimmte Themen gebildet hat; machen Empfehlungen innerhalb eines engen, genau festgesetzten Bereiches.

Anforderungen an die Organisation

- Klare Abgrenzungen für funktionsübergreifende Teams und Spezialteams, damit diese Gruppen wissen, welche Ressourcen ihnen zur Verfügung stehen und welche Entscheidungskompetenz sie jeweils besitzen.
- Bereitwilligkeit, Arbeitnehmer für den Problemlösungsprozeß und für das Umgehen mit Problemlösungsmitteln zu trainieren.
- Bereitwilligkeit, die Arbeitsabläufe neu zu definieren und so zu strukturieren, daß es den Arbeitnehmern möglich ist, sich mit Problemlösungen zu beschäftigen, ohne ihre täglichen Aufgaben zu vernachlässigen.

Vorteile

- Teams besitzen die richtige Mischung von Fachwissen, um Probleme zu lösen.

- Teams verfügen über die Summe der Kreativität aller Arbeitnehmer.
- Diese Form der Eingebundenheit der Arbeitnehmer erfordert keine Änderung des bestehenden Managementsystems.
- Die Einbindung im Team unterstützt das gegenseitige Vertrauen und Verständnis zwischen den Abteilungen und innerhalb der gesamten Organisation.
- Die Einbindung im Team verbessert die Koordination und Produktivität in der gesamten Organisation.
- Arbeitnehmer spüren, daß sie einen gewissen Einfluß auf die Betriebspolitik und Abläufe haben.

Gefahren

- Arbeitnehmer fühlen sich manchmal durch die doppelten Anforderungen – die aus ihrer täglichen Arbeit und aus ihren Tätigkeiten im Team – stark unter Druck gesetzt.
- Die Angestellten sind manchmal in zu vielen Teams, was sie zu sehr von ihrer eigentlichen Arbeit abhält und somit die Produktivität negativ beeinflußt.
- Wenn die zu lösenden Probleme unzureichend definiert sind, oder die Teammitglieder nicht über die notwendigen Fertigkeiten zur Lösung verfügen, kann der Prozeß ergebnislos enden.
- Da mehrere Angestellte aus verschiedenen Teilen der Organisation zusammenarbeiten, können »Grenzkämpfe« auftreten, die die Barrieren zwischen den Abteilungen festigen anstatt sie abzubauen.

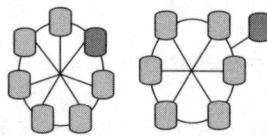

Führungsbeteiligte Teams

Formen des betrieblichen Involvements

- Abteilungs- oder Funktionsteams übernehmen stufenweise Managementkompetenzen wie: Budgetierung, Erstellung von Vorgaben und Geschäftsabwicklungen zwischen den Teams.
- Ein Team wird für ein Langzeitprojekt oder -aufgabe eingesetzt. Teammitglieder übernehmen die Verantwortung für Teamformation, Implementierung, Bewertung und Auflösung, wenn das Projekt abgeschlossen ist. Manager wirken nur als Coaches mit.

Charakteristik der Geschäftsführer

- Veranschaulichen die Werte, die zu einem Teamumfeld gehören.
- Zeigen ein Engagement, ihre eigenen teamorientierten Fertigkeiten zu verbessern.
- Schaffen eine teamorientierte Kommunikation und die Voraussetzungen für das Funktionieren der sich selbst steuernden Teams.
- Delegieren operative Entscheidungen und teilen die Kompetenz für strategische Entscheidungen.
- Verteilen die Verantwortung und die Kompetenzen in funktionsübergreifenden Prozessen.
- Stellen die bestehenden Systeme in Frage und fördern eine Neubewertung der Organisationsstruktur.

Charakteristik der Manager

- Teilen die Verantwortung mit den Teammitgliedern für Planung, Entscheidung, Problemlösung und Koordination mit anderen Teams.
- Verbringen einen großen Teil ihrer Zeit mit betrieblichen Fragen, die die Teamleistung beeinflussen könnten.
- Vermitteln dem Team Informationen über Kunden, Wettbewerber und die Leistung der Organisation als Ganzes.
- Übernehmen mehr Aufgaben der höheren Ebenen.

Charakteristik der Mitarbeiter

- Fällen Entscheidungen im Team durch Konsensbildung.
- Sprechen direkt Team- und Organisationsthemen an.
- Führen ihre Arbeit weitblickend und mit einem Verständnis für größere Zusammenhänge aus.
- Entwickeln und implementieren innovative Ideen.
- Übernehmen die Verantwortung für die Verbesserung des Arbeitsablaufes, der Qualität und der Produktivität.

Anforderungen an die Organisation

- Bereitwilligkeit, eine neue Definition von Gruppenleitung anzuerkennen.
- Bereitwilligkeit aller Mitglieder der Organisation, Kompetenzen der über ihnen stehenden Ebenen zu übernehmen.
- Training für Teamleiter zur effizienten Entscheidungsfindung bei Gruppenkonflikten und für strategische Denkweisen.
- Training der Teammitglieder für Entscheidungsfindung, Planung und Förderung der Teamentwicklung.

- Engagement der Geschäftsleiter, die erweiterte Rolle von Teamleitern und Teammitgliedern zu unterstützen.
- Bereitschaft der Geschäftsleiter, ihre Kompetenzen zu teilen.
- Bereitwilligkeit der Geschäftsleiter und des Managements, Informationen extensiv zu verteilen.

Vorteile

- Obwohl die traditionelle Managementstruktur noch nicht geändert ist, sind die Arbeitnehmer in weit höherem Maße als »selbständige Unternehmer« an ihrem Arbeitsplatz.
- Die Organisation gewinnt durch die Einbeziehung der Arbeitnehmer eine breitere Basis an Kenntnissen und Erfahrungen, mit denen komplexe Probleme gelöst werden können.
- Da Teams immer nur Entscheidungen über ihre tägliche Arbeit treffen, haben die Leiter mehr Zeit für globales Denken und Planen.
- Da jeder in der Organisation mehr Kompetenzen von den höher liegenden Ebenen übernimmt, erweitern die Beschäftigten aller Ebenen ihre Fähigkeiten.

Gefahren

- Meister und Manager sind vielleicht nicht bereit oder willig, Entscheidungskompetenzen mit Arbeitnehmern zu teilen.
- Die Erweiterung der Fähigkeiten erfordert einen abgestuften, gut strukturierten Änderungsprozeß. Wenn dieser Prozeß zu schnell vor sich geht oder nicht sorgfältig genug geplant ist, kann das Team überfordert werden und daran scheitern.
- Da Teams immer mehr Manageraufgaben übernehmen, muß der Manager immer mehr Aufgaben von der über ihm stehenden Ebene erhalten. Wenn nicht alle Ebenen in der Organisation bereit sind, Tätigkeiten zu delegieren, fühlen sich die Manager der unteren und mittleren Ebene eventuell hinausgedrängt.
- Verschiedene Teams und einzelne Personen in der Organisation entfalten ihre Fähigkeiten und Einstellungen nicht gleichzeitig. Zwischen den fortgeschrittenen und weniger fortgeschrittenen Teams bzw. Personen können wegen des unterschiedlich ausgeprägten Engagements Streitigkeiten und Unruhe entstehen.
- Teams werden manchmal aufgefordert, Entscheidungen auf der Basis unzureichender Informationen zu fällen.
- Die Leistungsmessung und das Entlohnungssystem unterstützen eventuell die Bemühungen von Teams nicht ausreichend.

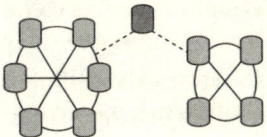

Sich selbst steuernde Teams

Formen des betrieblichen Involvements

- Die Mitglieder eines Funktions- oder Abteilungsteams sind für die Festlegung der Ziele, die Budgetierung und die Zahlen verantwortlich und haben direkten Kontakt zu Kunden und Käufern. Zeit und Energie der Manager sind auf strategische Themen konzentriert.
- Mehrere Teams aus verschiedenen Teilen der Organisation arbeiten zusammen, um ihre Arbeitsprozesse besser abzustimmen und für einen reibungslosen Kundenservice zu sorgen.
- Vertreter vieler Teams bilden ein Kurzzeitprojekt zur Behandlung eines besonderen Problems wie zum Beispiel der Entwicklung eines neuen Produktes.
- Ein Team wählt die Teammitglieder für ein Training aus, das die Mitarbeiter vorbereiten soll, sich in einem neuen Team mit einem neuen Produkt oder Service zu beschäftigen.

Charakteristik der Geschäftsführer

- Planen und Initiieren der Umstrukturierung von Arbeit und der Organisation.
- Ermutigen die kontinuierliche Entwicklung und das Wachsen von Teams, so daß die Initiative nicht an Geschwindigkeit verliert.
- Vermitteln zwischen Teams und der Geschäftsleitung, um eine beständige finanzielle und betriebspolitische Unterstützung sicherzustellen.
- Gehen gegen diejenigen organisationsbezogenen Systeme vor, die sich gegen die Teams stellen.
- Erwarten von allen Managern, daß sie sich für die Erweiterung von Teams einsetzen und sich für den Erfolg von Teams auch mitverantwortlich fühlen.
- Coachen und ermutigen Manager beständig, Teamgrenzen zu erweitern.

Charakteristik der Manager

- Sind nur selten in die täglichen Aufgaben und Tätigkeiten einbezogen, aber immer noch für die Leistung der Teams.
- Beschäftigen sich mit der strategischen Planung und versorgen Teams mit Ressourcen, Informationen und Richtlinien.

Charakteristik der Mitarbeiter

- Sind für die Teamaktivitäten verantwortlich wie: Budgetieren, Zahlendokumentation und Leistungsbewertung und stehen mit Kunden und Käufern in Kontakt.
- Legen gemeinsam ihre Ziele fest, und planen ihre Umsetzung.
- Arbeiten mit anderen Teams zusammen.

Anforderungen an die Organisation

- Eine Bereitschaft zum Wandel.
  Jeder muß bereit sein, eine neue Rolle zu erlernen und auszuüben. Alle Arbeitnehmer brauchen dafür Unterstützung, um mit ihren Problemen und Ängsten fertig zu werden.
- Eine Bereitschaft, Informationen zu teilen.
  Um sich selbst leiten zu können, benötigen sich selbst steuernde Teams alle Informationen, einschließlich der Finanzinformationen.
- Zeit und Ressourcen.
  Erfolg hängt von der langfristigen Planung, dem sofortigen Zugang zu Ressourcen und manchmal vom Design der Werkstätte und des Arbeitszimmers ab.
- Eine Verpflichtung zum Training.
  Arbeitsteams stehen und fallen mit dem Training, das die alten, nicht mehr brauchbaren Fertigkeiten und Verhaltensweisen der traditionellen Arbeitsplätze durch neue, der heutigen Situation angepaßte ersetzt.
- Funktionen, die von Arbeitsteams geleitet werden können.
  Ein erfolgreiches Arbeitsteam hat im allgemeinen eine umfangreiche, aber mit wiederholbaren Sequenzen versehene Aufgabe, die so komplex ist, daß sie zwar viele Fertigkeiten erfordert, allerdings so gut zu leiten ist, daß sie eine Rotation der durch übergreifendes Training vorbereiteten Mitglieder erlaubt. Ideal sind solche Tätigkeiten, die die Entscheidungskompetenz der Arbeitnehmer steigern und die tägliche Produktivität erhöhen.
- Zugang zu Unterstützung.
  Teams benötigen während der gesamten Einführungszeit die Unterstützung von erfahrenen Mitarbeitern. Veteranen der Teamentwicklung können bestätigen, daß Berg- und Talfahrten etwas Normales sind. Bis die Organisationen schließlich die endgültige Lösung zur idealen Umstrukturierung für ihre Teams gefunden haben, lernen sie von den Erfolgen und Fehlern anderer.
- Einbeziehung der Gewerkschaften.
  Gewerkschaften und Spitzenmanagement müssen kooperativ zusammenarbeiten, um die Veränderungen einzuführen, die für das langfristige Wohl und die Produktivität der Organisation notwendig sind.

Vorteile

- Die Qualität wird verbessert, wenn Teams mehr Verantwortung übernehmen, weil sie ein gemeinsames, tiefes Gefühl entwickeln, daß sie die »Unternehmer ihrer Arbeit« sind. Daher finden sie viel eher neue Wege zur Qualitätsverbesserung und setzten sie selbst um.
- Hohe Flexibilität ist sicher vorhanden, weil sich selbst steuernde Teams die Fertigkeiten, Informationen und Motivation haben, leicht von einer Arbeitsstelle zur anderen überzuwechseln. Folglich kann das Unternehmen als Ganzes schnell auf die sich schnell wandelnden Bedingungen in der Organisation und auf dem Markt reagieren.
- Das Verantwortungsgefühl steigt, weil sich selbst steuernde Teams ein höheres Engagement zum Erreichen der Organisationsziele aufweisen. Das Verantwortungsgefühl bleibt wegen des Bewußtseins der Teammitglieder, »Unternehmer ihrer Arbeit« zu sein, tendenziell sehr hoch.
- Die Produktivität wird ebenfalls gesteigert. Viele Operationen, die von Teams übernommen werden, erzielen innerhalb von 18 Monaten eine Steigerung der Produktivität von 20–40 Prozent.
- Auch sich selbst steuernde Teams schaffen neue Möglichkeiten zum Straffen der Organisation. Die Unternehmen benötigen sogar mehr fähige Leiter als vorher. Allerdings wird die Gruppenleitung in der ganzen Organisation verteilt, anstatt in vertikaler Richtung »Kommandoketten« zu bilden.
- Die Kundenzufriedenheit wird durch schnelles Reagieren und höhere Qualität von den sich selbst steuernden Teams unterhalten und verbessert.

Gefahren

- Die Kommunikation von Informationen kann zu einer wesentlichen Aufgabe werden, da sie in jeder Ebene der Organisation benötigt wird.
- Der Kostenaufwand für Training, Planung, Umstrukturierung und externe Beratung während der ersten drei bis fünf Jahre kann für die Organisation zu teuer werden.
- Angst vor Veränderungen kann einen erheblichen Widerstand von seiten der Gewerkschaften, Manager und Arbeitnehmer hervorbringen. Dieser Widerstand belastet dann eine Organisation erheblich, die nicht auf die Bemühungen von Teams vorbereitet ist.
- Eine zu vereinfachte Vorstellung darüber, was die Einführung sich selbst steuernder Arbeitsteams erfordert, kann zu einem frühen Scheitern führen. Die Organisation kann dann schlechter dastehen als vorher, da die Arbeitnehmer eventuell das Gefühl haben, eine Chance verspielt zu haben.

Befragung zum Involvement der Mitarbeiter
Teil 2

Welches Maß an Involvement benötigen wir für die Arbeitnehmer?

Das Ziel dieser Befragung ist es, die Verbindung zwischen Eingebundenheit der Arbeitnehmer und der Fähigkeit Ihrer Organisation, auf den Konkurrenzdruck effektiv zu reagieren, zu verdeutlichen.

Sie werden hier nochmals jeden der Punkte aus der vorigen Beurteilung betrachten und basierend auf dem Stand Ihrer Mitarbeiterintegration bestimmen, was für Ihre Organisation am geeignetsten ist bzw. am wahrscheinlichsten helfen kann, den bestehenden Herausforderungen entgegenzutreten. Diese Einschätzung erleichtert Ihnen die Entscheidung, welche Richtung Sie als nächste anpeilen müssen.

Anweisungen

Lesen Sie wie vorher die vier Aussagen unter jedem Punkt aufmerksam durch und kreisen Sie die Spaltennummer ein, von der Sie glauben, daß sie die folgende Frage am besten beantwortet. Wenn Sie den Fragebogen ausgefüllt haben, rechnen Sie Ihre Punkte zusammen!

Welches Maß an Integration der Mitarbeiter werden wir angesichts der Herausforderungen des Wettbewerbs in etwa drei Jahren benötigen?

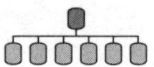 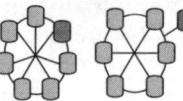 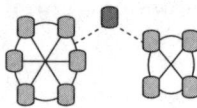

Punkt 1: Kontrolle der täglichen Operationen

1	2	3	4
Manager mit beschränktem Input von den Angestellten treffen Entscheidungen, bestimmen die Ziele, kontrollieren Grafiken und setzen die Arbeitsabläufe fest.	Manager erhalten einen Input von Teammitgliedern, bevor sie die Tätigkeiten des Teams vorausplanen und wichtige Entscheidungen treffen.	Manager teilen beim Planen, im Entscheidungsprozeß, beim Problemlösen und Koordinieren mit anderen Teams die Verantwortung mit den Teammitgliedern.	Teammitglieder sind für die Tätigkeiten des Teams verantwortlich, für das Budgetieren, Erstellen von Grafiken, für Bewertung und Ausführung und für die Beziehungen zu Kunden und Käufern.

Punkt 2: Verantwortlichkeiten für Entscheidungen und Problemlösungen

1	2	3	4
Arbeitnehmer erfassen die Probleme in ihrem Arbeitsbereich und leiten sie dem Management weiter. Sie treffen die Entscheidungen, und die Arbeitnehmer führen die Lösungen aus.	Die Arbeitnehmer sind in Problemlösungsteams, die von Managern für bestimmte Probleme gebildet wurden. Teams suchen Lösungsempfehlungen innerhalb enger, genau definierter Grenzen aus. Vorgeschlagene Lösungen werden vom Management gebilligt oder abgeändert.	Arbeitnehmer und Manager arbeiten zusammen, um Team- und Organisationsprobleme anzugehen.	Arbeitnehmer lösen selbst Team- und Organisationsprobleme mit einer minimalen Unterstützung des Managers, der seine Zeit und Energie eher auf strategische Themen konzentriert.

Punkt 3: Kundenfeedback

1	2	3	4
Reklamationen und Beschwerden werden über die herkömmlichen Kanäle durch die einzelnen Abteilungen geleitet oder von oben nach unten weitergegeben. Detaillierte Reaktionen darauf sind in den Unternehmensrichtlinien vorgegeben. Direkte Kundenkontakte sind im allgemeinen auf das Verkaufs-, Service- und Auftragsbearbeitungs-/Versandpersonal beschränkt.	Man bemüht sich in regelmäßigen Abständen durch Befragungen oder Antwortkarten um ein Kundenfeedback. Die Ergebnisse werden allen Arbeitnehmern mitgeteilt. Manager delegieren an entsprechende Gruppen von Arbeitnehmern, diese speziellen Anforderungen oder Probleme anzugehen und präventive Lösungen zu empfehlen.	Man bittet aktiv um Kunden- und Lieferdaten. Kunden werden bei der Entwicklung neuer Produkte und Verbesserungsprozesse hinzugezogen.	Die Bemühungen des Teams sind auf die Bedürfnisse der externen und internen Kunden ausgerichtet. Teams sammeln und teilen Informationen mit, soweit sie sich auf die Arbeit anderer Teams beziehen. Die Kunden stellen einen integrierten Teil des Teamprozesses dar.

Punkt 4: Einstellungspraktiken

1	2	3	4
Manager nehmen Neueinstellungen auf der Basis individueller technischer Fertigkeiten vor.	Arbeitnehmer werden auf der Basis technischer und sozialer Fertigkeiten eingestellt. Teammitglieder werden bei der endgültigen Entscheidung über eine mögliche Einstellung manchmal um ihre Meinung gebeten.	Arbeitnehmer werden auf der Basis technischer und sozialer Fertigkeiten sowie auch aufgrund ihrer Einstellung zu teamrelevanten Werten eingestellt. Teammitglieder und Manager führen Einstellungsgespräche zusammen. Die Entscheidung wird gemeinsam getroffen.	Arbeitnehmer werden auf der Basis technischer und sozialer Fertigkeiten sowie auch aufgrund ihrer Einstellung zu teamrelevanten Werten eingestellt. Teams führen oft die Einstellungsgespräche und treffen die endgültige Entscheidung.

Punkt 5: Fertigkeiten

1	2	3	4
Training konzentriert sich auf technische Fertigkeiten, die für spezifische Arbeitsfunktionen nötig sind.	Arbeitnehmer erhalten ein zusätzliches Training für Fertigkeiten in den Bereichen der zwischenmenschlichen Beziehungen und deren Problemlösung.	Das Training der Arbeitnehmer umfaßt Fertigkeiten, die früher nur den Managern vorbehalten waren, wie zum Beispiel Sitzungsleitung und Suggestion.	Übergreifendes Training ist allgemein üblich. Die Arbeitnehmer erwerben sich technische, soziale und administrative Fertigkeiten. Teammitglieder werden auch in Gruppenführung trainiert.

Punkt 6: Zugang zu Informationen

1	2	3	4
Manager geben nur solche Informationen an die Arbeitnehmer weiter, die deren unmittelbare Arbeit betreffen.	Manager geben Informationen über die Unternehmensergebnisse weiter, sofern sie es für notwendig halten.	Manager versorgen das Team mit allen verfügbaren Informationen über Kunden, Konkurrenten und den Ergebnissen der gesamten Organisation.	Arbeitnehmer haben direkten Zugang zu Kunden und zu allen Informationen über Mitwettbewerber und den Ergebnissen der gesamten Organisation.

Punkt 7: Entlohnung und Anerkennung

1	2	3	4
Entlohnung und Anerkennung basieren auf individueller Leistung und konkretem Beitrag der Arbeitnehmer.	Arbeit in Problemlösungsteams wird nur gering belohnt und anerkannt.	Teamleistung wird immer mehr wie die individuelle Leistung entlohnt und anerkannt.	Die Zufriedenheit der Kunden mit der Teamarbeit ist Basis für Entlohnung und Anerkennung. Verschiedene Entlohnungssysteme motivieren die Arbeitnehmer, auf die Teamziele hinzuarbeiten.

Punkt 8: Organisationsstruktur

1	2	3	4
Die Organisation ist nach Funktionen strukturiert und ähnelt einer Pyramide mit vielen Stufen. Sie basiert auf der effizienten Kontrolle der Manager.	Die Organisationsstruktur ist funktional und mit vielen Ebenen. Funktionsübergreifende Problemlösungs- und Spezialteams bilden eine horizontale Überschicht.	Die Organisationsstruktur ist ziemlich flach, obwohl verschiedene Ebenen geblieben sind. Prozesse und Kunden sind in einem gewissen Maße in die Struktur integriert. Die Organisation ist so gestaltet, daß sie schnell und flexibel auf Veränderungen der Kundenbedürfnisse reagieren kann.	Die Organisation und ihre Teams konzentrieren sich auf Kunden und Prozesse und stimmen alles daraufhin ab. Die Struktur ist verhältnismäßig flach und besteht aus nur wenigen Ebenen. Die Organisation ist so gestaltet, daß Veränderungen der Kundenbedürfnisse schnell erfaßt und berücksichtigt werden können.

Punkt 9: Bestimmung des Arbeitsablaufes

1	2	3	4
Die Arbeit wird von Experten und Managern bestimmt. Arbeitnehmer, die die Arbeit ausführen, haben wenige oder keine Einflußmöglichkeiten.	Arbeitnehmer werden aufgefordert, effizientere Vorgehensweisen für die Arbeitsabläufe vorzuschlagen.	Manager und Arbeitnehmer arbeiten miteinander, um effizientere Vorgehensweisen für die Arbeitsabläufe zu bestimmen.	Alle Arbeitnehmer sind aktiv in die Gestaltungsprozesse für effizientere Vorgehensweisen für die Arbeitsabläufe einbezogen.

Punkt 10: Mitspracheaktivitäten

1	2	3	4
Integrationsaktivitäten können folgendes beinhalten: Suggestionssysteme. »Pressekonferenz«-Meetings, um Probleme darzustellen und Informationen anzufordern.	Integrationsaktivitäten können folgendes beinhalten: Sicherheitskomitees. Problemlösungsteams auf Abteilungsniveau. kurzfristig eingesetzte funktionsübergreifende Qualitätsverbesserungsteams (Prozeßverbesserungsteams). Spezialteams, die direkt mit der Direktion operieren.	Integrationsaktivitäten können folgendes beinhalten: ständige funktionsübergreifende Teams, die für die Arbeitsprozesse verantwortlich sind (Prozeßmanagementteams). funktionale Arbeitnehmerteams mit Managementkompetenzen. Spezialteams, die mit minimaler Managementteilnahme arbeiten.	Integrationsaktivitäten können folgendes beinhalten: sich selbst steuernde Teams. Vertreter aus vielen Teams, die zeitweilige Spezialteams bilden. mehrere Teams arbeiten zusammen, um Prozesse zu realisieren und den Kundendienst zu verbessern.

Individuelle Auswertung

Tragen Sie wie auf dem vorigen Blatt die Gesamtpunktzahl der Antworten aus jeder Spalte ein und multiplizieren Sie sie. Dann fügen Sie Ihre individuellen Spaltenbewertungen für die Gesamtsumme hinzu.

Gesamtzahl in Spalte 1 = _____ x 1 = _____
Gesamtzahl in Spalte 2 = _____ x 2 = _____
Gesamtzahl in Spalte 3 = _____ x 3 = _____
Gesamtzahl in Spalte 4 = _____ x 4 = _____
Insgesamt = _____

Ausprägung der jeweiligen Teams

| Traditionelle oder Abteilungsarbeitsgruppen | Mitspracheberechtigte Verbesserungsteams | Führungsbeteiligte Teams | Sich selbst steuernde Teams |

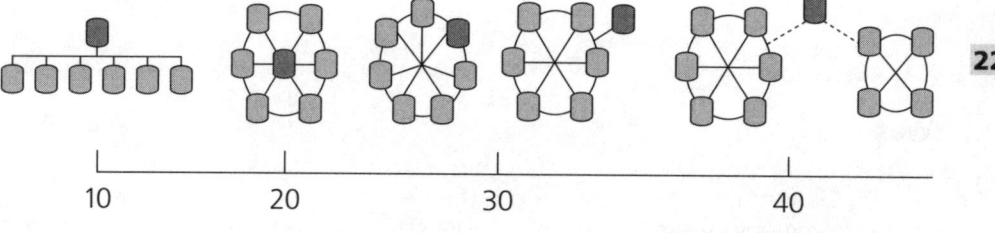

Obwohl die Teameinführung in Ihrer Organisation vielleicht schon seit geraumer Zeit im Gange ist, können Sie anhand dieser Darstellung überprüfen, wie weit Ihre Teaminitiative gediehen ist, was als nächstes zu tun ist. Dieses Buch bietet Ihnen einen Leitfaden, mit dem Sie einige gehörige Schritte weiter nach vorn kommen können.

Einschätzung der Teamorientierung einer Organisation (TO)

Was

Die TO-Bestandsaufnahme basiert auf einer Untersuchung, die von Darlene Ruse-Eft geleitet wurde. Ihre empirische Überprüfung der Faktoren, die die Teamorientierung einer Organisation voraussagen, basierte auf Gesprächen mit Geschäftsleitern, Schwerpunktgruppen und Befragungen von 10 Organisationen. Die Daten aus den Fragebögen, die von 81 Managern und 364 Angestellten ausgefüllt wurden, zeigten, daß fünf Faktoren die hohe Teamorientierung einer Organisation am besten vorhersagen können:
1. Beziehungen innerhalb des gesamten Managements.
2. Innovationen am Arbeitsplatz.
3. Arbeitskontrolle durch den betreffenden Manager oder Meister.
4. Gruppenkohäsion.
5. Offene Gruppenprozesse innerhalb von Arbeitsgruppen.

Durch eine TO-Vorhersage ist es leichter zu bestimmen, wie effektiv Teams in einen bestimmten Bereich der Organisation integriert werden könnten. Das Verzeichnis unterzieht alle fünf Meßbereiche einer Überprüfung. Je höher der gesamte Stellenwert der Teamorientierung ist, desto leichter ist es für die Organisation, Teams in diesem Bereich zu implementieren.

Wann

Eine TO-Bestimmung wird dann angeregt, wenn eine Organisation ihre Teaminitiative auf zusätzliche Bereiche außerhalb der ersten »Inselstrategie« erweitern möchte. Man muß zunächst entscheiden, was für den Zeitaufwand und die Investitionen lohnender ist: eine Erweiterung der Initiative oder ein vollständiger Übergang zu Teams. Wird die Voraussage in verschiedenen Bereichen eingesetzt, läßt sie einen Vergleich der jeweiligen Teamorientierung zu. Niedrige Stellenwerte bei der TO-Bestimmung können als Warnzeichen für mögliche Fallen angesehen werden.

Wer

Eine TO-Bestandsaufnahme eines Bereiches, das für Teams ausgewählt wurde, sollte von einer höheren Führungskraft dieses Bereiches geleitet werden. Oft führt ein interner Berater sie aus, analysiert die Daten und präsentiert den Bericht.

Wie

Die Durchführung einer TO-Vorhersage erfolgt in vier Schritten:
Anwendung des Untersuchungsmittels, Sammeln der Daten, Analyse der Daten und Präsentation der Ergebnisse. Diese Schritte werden gewöhnlich von einem internen Unternehmensberater durchgeführt. Die gesammelten Daten sollen aufzeigen, daß gewisse Bedingungen für jede der fünf Bereiche existieren. In jedem dieser Bereiche sind folgende Themen zu untersuchen:

1. *Das gesamte Management*

- Das Management behandelt die Arbeitnehmer fair.
- Das Management informiert die Arbeitnehmer.
- Das Management ist über die Stimmung der Arbeitnehmer informiert.
- Das Management hilft den Arbeitnehmern, ihre Fertigkeiten zu entwickeln.

2. *Innovationen am Arbeitsplatz*

- Arbeitnehmer werden ermutigt, Dinge anders zu machen.
- Arbeitnehmer experimentieren beständig mit neuen Ideen.
- Das Management sieht eine Vielfalt von Aufgaben und Vorgehensweisen als etwas Wichtiges an.

3. *Arbeitskontrolle durch das Management*

- Manager planen die Arbeit.
- Manager wissen, was für eine Arbeit getan werden muß.
- Manager setzen hohe Leistungsansprüche.

4. *Gruppenkohäsion*

- Arbeitnehmer fühlen sich als Bestandteil ihres Teams.
- Teammitglieder sind in Entscheidungen mit einbezogen.
- Der Teamgeist ist deutlich spürbar.

5. Offene Gruppenprozesse innerhalb des Teams

- Teammitglieder leisten bereitwillig ihren Beitrag an eigenen Ideen.
- Teammitglieder geben sich untereinander Feedback.
- Man hört den Meinungen der anderen Teammitglieder aufmerksam zu.

Was kommt als nächstes?

Eine hohe Bewertung zeigt an, daß ein bestimmter Bereich oder Arbeitsplatz für Teams geeignet ist. Anschließend muß für diesen Bereich ein Implementierungsplan entwickelt werden. Das Management sollte aber auch weiterhin die Testergebnisse benutzen, um den Organisationsprozeß zu lenken und mögliche Gefahren rechtzeitig zu erkennen.

Bestandsaufnahme der Teamorientierung

Teil 1

Diese Frageserie ist auf Gruppen in der Organisation ausgerichtet. Stellen Sie sich bei der Beantwortung Ihre Arbeitsgruppe als ein Kreis von Menschen vor, mit denen Sie täglich engstens zusammenarbeiten. Wenn Sie Mitglied von nur einer Gruppe sind, werden Ihnen die Antworten leicht fallen. Sind Sie jedoch Mitglied von zwei oder noch mehr Arbeitsgruppen, müssen Sie sich entscheiden, welche Sie bei der Beantwortung berücksichtigen wollen. Sie sollten für diesen Teil des Fragebogens aber bitte nur eine Gruppe beschreiben.

1. **Sie sehen hier Aussagen, die Ihre Arbeitsgruppe beschreiben sollen. Inwieweit sind Sie mit der jeweiligen Aussage einverstanden oder nicht?**
   (Kreisen Sie Ihre Wahl bitte ein!)

	Ganz und gar nicht einverstanden	Nicht einverstanden	Nicht ganz einverstanden	Unentschieden	Ein wenig einverstanden	Einverstanden	Sehr einverstanden
Ich fühle mich wirklich als ein Teil meiner Arbeitsgruppe.	1	2	3	4	5	6	7
Wenn wir Entscheidungen zu treffen haben, wird jeder dabei einbezogen.	1	2	3	4	5	6	7
Es herrscht ein starker Teamgeist.	1	2	3	4	5	6	7

Addieren Sie die eingekreisten Zahlen, um die Gesamtpunktzahl für diesen Teil der Befragung zu erhalten!

Teil 1 Gesamtsumme:

Teil 2

2. Die folgenden Aussagen beschreiben, wie die Arbeit in einer Arbeitsgruppe erledigt wird. Inwieweit sind Sie mit den jeweiligen Aussagen einverstanden?
(Kreisen Sie Ihre Wahl bitte ein!)

	Ganz und gar nicht einverstanden	Nicht einverstanden	Nicht ganz einverstanden	Unentschieden	Ein wenig einverstanden	Einverstanden	Sehr einverstanden
Wir teilen uns unsere Gefühle mit.	1	2	3	4	5	6	7
Ich freue mich jeden Tag darauf, mit den Mitgliedern meiner Arbeitsgruppe zusammen zu sein.	1	2	3	4	5	6	7
In meiner Gruppe hört jeder die Meinung des anderen an.	1	2	3	4	5	6	7

Addieren Sie die eingekreisten Zahlen, um die Gesamtpunktzahl für diesen Teil zu erhalten!

Teil 2 Gesamtsumme: ☐

Teil 3

3. Die folgenden Aussagen beschreiben einen Arbeitsplatz oder eine Organisation. Inwieweit sind Sie mit der jeweiligen Aussage einverstanden?
(Kreisen Sie Ihre Wahl bitte ein!)

	Ganz und gar nicht einverstanden	Nicht einverstanden	Nicht ganz einverstanden	Unentschieden	Ein wenig einverstanden	Einverstanden	Sehr einverstanden
Man schätzt es, wenn die Arbeit auf eine neue Weise erledigt wird.	1	2	3	4	5	6	7
Man experimentiert immer wieder mit neuen Ideen.	1	2	3	4	5	6	7
Vielseitigkeit und Veränderungen haben einen besonders hohen Stellenwert.	1	2	3	4	5	6	7

Addieren Sie die eingekreisten Zahlen, um die Gesamtpunktsumme für diesen Teil zu erhalten!

Teil 3 Gesamtsumme: ☐

Teil 4

Dieser Teil des Fragebogens beschäftigt sich mit Ihrem unmittelbaren Vorgesetzten.

4. Die folgenden Aussagen beschreiben Manager und andere Vorgesetzte in Organisationen. Geben Sie bitte an, ob Sie mit den jeweiligen Aussagen als Beschreibung Ihres unmittelbaren Vorgesetzten einverstanden sind.
(Kreisen Sie Ihre Wahl bitte ein!)

	Ganz und gar nicht einverstanden	Nicht einverstanden	Nicht ganz einverstanden	Unentschieden	Ein wenig einverstanden	Einverstanden	Sehr einverstanden
Mein Manager plant die Arbeit im voraus.	1	2	3	4	5	6	7
Er ist über die zu erledigende Arbeit immer gut informiert.	1	2	3	4	5	6	7
Er hat immer hohe Leistungsstandards.	1	2	3	4	5	6	7

Addieren Sie die eingekreisten Zahlen, um die Gesamtpunktzahl zu erhalten!

Teil 4 Gesamtsumme: ☐

Teil 5

Dieser Teil hat die gesamte Führungsebene Ihres Unternehmens zum Thema.

5. Die folgenden Aussagen betreffen das gesamte Management in einer Organisation. Geben Sie bitte an, inwieweit Sie mit jeder dieser Aussagen als Beschreibung des Managements Ihrer Organisation einverstanden sind.
(Kreisen Sie bitte Ihre Wahl ein!)

	Ganz und gar nicht einverstanden	Nicht einverstanden	Nicht ganz einverstanden	Unentschieden	Ein wenig einverstanden	Einverstanden	Sehr einverstanden
Das Management versorgt jeden Arbeitnehmer regelmäßig mit Informationen.	1	2	3	4	5	6	7
Es ist immer fair.	1	2	3	4	5	6	7
Es hilft den Arbeitnehmern, ihre Fähigkeiten zu entwickeln.	1	2	3	4	5	6	7

Addieren Sie die eingekreisten Zahlen, um die Gesamtpunktzahl für diesen Teil zu erhalten:

Teil 5 Gesamtpunktzahl: ☐

Addieren Sie die Gesamtpunktzahlen, um die Gesamtpunktsumme zu erhalten:

Teil 1	
Teil 2	
Teil 3	
Teil 4	
Teil 5	
Gesamtpunktsumme	

Anmerkung für die leitende Person dieser Befragung:
Addieren Sie die Gesamtpunktsummen von allen Bestandsaufnahmen zur Teamorientierung zusammen, und dividieren Sie sie durch die Anzahl der Teilnehmer, um den Durchschnitt für eine Gruppe oder einen Bereich in der Organisation zu erhalten!
Orientieren Sie sich mit der Durchschnittszahl an folgenden Auswertungen:

Punktzahl von 17–34
Sie müssen sich in Ihrer Organisation ernsthaft mit allen Themen befassen, die in den fünf untersuchten Bereichen liegen.

Punktzahl von 35–75
Gehen Sie vorsichtig vor! Sie müssen in allen der fünf Bereiche Verbesserungen einführen, damit Teams in Ihrer Organisation erfolgreich arbeiten können.

Punktzahl von 80–112
Sie können mit der Planung der Implementation beginnen. Ihre Organisation ist für den Fortschritt genügend vorbereitet.

Merkmale der Verinnerlichung von Werten: eine Beurteilung

234

Was

Mit dieser Beurteilung werden die gegenwärtigen Verhaltensweisen, Normen und täglichen Praktiken, die die Werte in der Organisation zum Ausdruck bringen, überprüft. Bei der Beschreibung dieser Praktiken kann ein interner Beauftragter den Grad der Internalisierung von Werten messen, verschiedene Signale erkennen und Manager für einen Führungsstil trainieren, den sie zum erfolgreichen Aufbau von Teams benötigen.
Dieses Mittel beschreibt die Verhaltensweisen in einem traditionellen Umfeld und die entsprechenden Verhaltensweisen in einer Teamkultur.

Wann

Man benötigt den Einsatz dieser Untersuchung, wenn

- ein neues Team eingeführt wird und man vorher sicherstellen möchte, daß eine solide Unterstützung von seiten des Managements besteht;
- ein Team demoralisiert ist und aufgeben will;
- ein Team bei seinem Start Hilfssysteme für Entwicklung, Prozeduren und Arbeitpraktiken benötigt;
- Teamleiter nicht sicher sind, ob der Aufbau effektiver Teams die gegenwärtige Frustration wert ist;
- Arbeitnehmer nicht mehr am Team teilnehmen möchten;
- Geschäftsleiter, Manager und Meister unschlüssig sind, wie ihr Einsatz zum Aufbau einer Teamkultur weiter verstärkt werden könnte;
- Geschäftsleiter und Manager den Entwicklungsprozeß von Teams beschleunigen wollen.

Wer

Der interne Beauftragte für den Wandel oder ein externer Berater übernehmen im allgemeinen die Verantwortung für den Einsatz dieser Befragung. Der interne Beauftragte beruft das Meeting ein und leitet es. Wichtige Führungskräfte werden eingeladen, ihre Verhaltensweisen zu beurteilen und Änderungsmöglichkeiten zu erkennen.

Wie

Der interne Beauftragte führt gewöhnlich folgende Schritte durch:

Beobachtungen am Arbeitsplatz
1. Beobachtet das Team und sein Organisationsumfeld, um die Kongruenz zwischen festgelegten Werten und Verhalten zu beurteilen.
2. Hört den Teammitgliedern aktiv zu. Achtet besonders auf Anzeichen von Frustration oder vom System erzwungene Stimmungen. Konzentriert sich auf Kommentare, die ein Defizit an Managerunterstützung, undeutliche Erwartungen und Unsicherheit über die Wirkung der Teams vermuten lassen. Diese Stichworte erleichtern die Bestimmung der Kongruenz zwischen Worten und Taten.
3. Lernt die Führungskräfte von Nahem kennen, die eng mit dem Team zusammenarbeiten. Einzelpersonen oder kleine Gruppen treffen sich mit diesen Führungspersonen, um ihre Werte zu beurteilen.

Sitzung für Entwicklung
4. Bereitet eine Tagungsordnung vor. Eine solche Tagesordnung kann zum Beispiel folgendermaßen aussehen:

- Einzelne Personen vervollständigen die Daten.
- Jeder schreibt seine Antworten auf Dateikarten.
- Jeder hängt seine Antwort an die Pinnwand.
- Die Teilnehmenden diskutieren über die Beurteilung (siehe die Beispiele zu Diskussionsfragen weiter unten).
- Man legt Aktionspläne fest.

Weiterführendes Coaching
5. Die nächstliegenden Schritte nach der Sitzung werden in Gesprächen mit jedem einzelnen Teilnehmer betrachtet, damit spezifische Richtlinien und Coaching festgelegt werden können.

Beispiele für Diskussionsfragen
- Wie oft treten eher traditionelle Werte in Erscheinung?
- Welche Wirkung haben diese Werte und Verhaltensweisen auf die Teams?
- Warum sind diese Werte noch lebensfähig?
- Was braucht man, um den Führungsstil zu verändern?
- Welche neuen Werte, die sich mit der Veränderung herausbilden, kann man erkennen?

- Welche Erziehung, welches Training oder persönliches Coaching könnte Geschäftsleitern helfen, diese neuen Werte aufzunehmen?

Was kommt als nächstes?

Der Beauftragte oder der interne Berater hören weiterhin den Teams aktiv zu, notieren sich die nicht adäquaten Verhaltensweisen zwischen den Managern und der gesamten Organisation und wiederholen die Sitzung für Entwicklung, bis die neuen Werte in die Kultur fest integriert sind.

Befragung zu Merkmalen der Verinnerlichung von Werten

Überlegen Sie, welchen Werten Sie täglich in Ihrer Organisation begegnen. Streichen Sie jeden Punkt auf der folgenden Liste an, von dem Sie meinen, daß er genau der Denkweise, den Meinungen und den Verhaltensweisen entspricht, die in Ihrer Organisation zur Zeit vorherrschend sind.

Merkmale der traditionellen Werte	Merkmale der neuen Werte
☐ Informationen und ihre Verwaltung ist dem Manager vorbehalten.	☐ Training zur Erweiterung sozialer und technischer Fertigkeiten erhalten alle, da ein Bedarf an fortlaufendem Lernen besteht.
☐ Die Arbeit ist in engen Grenzen definiert; übergreifendes Training wird als nicht effizient angesehen.	☐ Die Arbeit erfordert viele Fertigkeiten und Kenntnisse; übergreifendes Training ist die Regel.
☐ Man wird angehalten, keine Risiken einzugehen.	☐ Man wird ermutigt und unterstützt, Risiken einzugehen.
☐ Man drängt darauf, daß alle Angestellten für sich arbeiten.	☐ Man drängt darauf, daß die Angestellten zusammenarbeiten.
☐ Eine starke hierarchische Struktur ist am effizientesten.	☐ Eine wenig abgestufte, flache Struktur ist die geeignetste.
☐ Entlohnungen basieren auf persönlicher Leistung.	☐ Entlohnungen basieren gleichermaßen auf persönlicher und auf Teamleistung.
☐ Finanzielle Entlohnung ist ein wichtiges Motivationsmittel.	☐ Mitsprache, Anerkennung, Vorteile, persönliche Entwicklung und finanzielle Entlohnung werden als Motivationsmittel eingesetzt.
☐ Manager bestimmen die umzusetzenden Arbeitsmethoden.	☐ Jeder ist für die ständige Verbesserung der verschiedensten Arbeitsmethoden mitverantwortlich.
☐ Die wichtigste Aufgabe des Managements ist die Kontrolle.	☐ Die wichtigste Aufgabe des Managements ist die genaue Planung von Veränderungen und Neuerungen.

Merkmale der traditionellen Werte

- Die finanziellen Verantwortlichkeiten obliegen den Abteilungen und Arbeitnehmern.

- Die Führungskräfte setzen die Prioritäten fest, bestimmen die Abläufe und bewerten die Ergebnisse.

- Lieferanten sind Feinde.
- Die Qualität des Produkts hat absolute Priorität.

Merkmale der neuen Werte

- Die Führungskräfte akzeptieren und übertragen die finanziellen Verantwortlichkeiten für die Leitung funktionsübergreifender Prozesse.

- Die Festsetzung der Prioritäten, Bestimmung von Veränderungen und Messung der Effektivität sind ganz auf die Kundenwünsche ausgerichtet.

- Lieferanten sind Partner.
- Die Qualität des Service ist genauso wichtig wie die des Produkts.

Checkliste zur Planung und Einführung von Teams

Was

Die »Checkliste zur Planung und Einführung von Teams« hilft einer Organisation diejenigen Aktivitäten zu bestimmen, die zur Unterstützung für diesen Übergang notwendig sind. Sie deckt vier grundlegende Bereiche ab, die in einem effizienten Plan stehen müssen.

- Themen zur Struktur
- Training
- Kommunikation
- Umsetzung

Alle Tätigkeiten, die zu diesen vier Elementen gehören, machen den Gesamtplan aus. Die Vorarbeit zur eigentlichen Planung, die die Untersuchung, Vorbereitung, Umsetzung und Aufrechterhaltung umfaßt, erfolgt in einem bestimmten zeitlichen Rahmen.
Die Checkliste wird vom internen Beauftragten erstellt. Dabei konzentriert er sich auf solche Aktionsschritte, die sich am stärksten auswirken.

Wann

Die Checkliste zur Planung und Einführung von Teams ist in zwei Situationen besonders hilfreich und geeignet:

1. *Wenn sich eine Organisation in der Untersuchungsphase befindet und sich Kenntnisse über Teams aneignet,* kann die Checkliste dazu benutzt werden, die erforderliche Zeit und die für den erfolgreichen Start einer Radikal-Teaminitiative wesentlichen Ressourcen abzuschätzen.
2. *Nachdem eine Organisation Teams mit einer »Insel«-Strategie oder in einer geschlossenen Abteilung eingeführt hat,* ist diese Checkliste bei der Bestimmung der Elemente hilfreich, die man zum Aufbau einer guten Infrastruktur braucht. Solch eine Infrastruktur soll die Erweiterung der Teaminitiative innerhalb der gesamten Organisation unterstützen.

Wer

Die Checkliste wird von den Wegbereitern der Teams ausgefüllt, die sich um die Veränderung bemühen, für den Aufbau einer geeigneten Infrastruktur verantwortlich sind und die die primären Teams unterhalten und erweitern sollen.

Wie

Es gibt zwei Anwendungsmöglichkeiten, Informationen zu sammeln und denjenigen weiterzuleiten, die mit der Entwicklung der Teaminitiative betraut sind.

Anwendung 1: Eine Teaminitiative starten
Die Wegbereiter und Leiter von Teams sowie auch die Angestellten, die den Start und die Entwicklung der Teams wesentlich zu unterstützen haben, kommen in einem Gruppenmeeting zusammen, um die Checkliste auszufüllen. Die Gruppe beginnt damit, die aufgelisteten Punkte zu kennzeichnen, die bereits erfüllt sind. Es ist wichtig, daß die Gruppe zu diesen Punkten ein Einverständnis erreicht. Der Gruppenleiter muß für jeden erfüllten Aktionspunkt spezifische Beispiele verlangen.
Wenn alles aufgenommen ist, kann die Gruppe ihre Aufmerksamkeit auf die in der Untersuchungsphase bisher nicht erfüllten Aktivitäten lenken, bevor sie zur Vorbereitungsphase übergeht. Diese Konzentrierung auf einzelne Schritte ermöglicht der Organisation, ihre Zeitzyklen zum Implementieren von Teams zu verkürzen.

Anwendung 2: Bereits vorhandene Teambereiche erweitern
Vertreter derjenigen Abteilungen der Organisation, in denen eine »Insel«- oder Abteilungsstrategie angewandt wird, kommen zusammen, um (1) ihre Erfahrung mit Teams aus erster Hand auszutauschen und (2) Beispiele für Aktivitäten zu nennen und auf der Checkliste abzuhaken. Die Gruppe setzt dann die Prioritäten und nächsten Schritte für die noch ausbleibenden Punkte fest.
Im Laufe dieses Prozesses definiert die Gruppe die Entwicklungsmöglichkeiten zur Erweiterung der Teams in ihren und anderen Bereichen. Diese Untersuchung zeigt zudem die Schritte an, die zur ständigen Aktualisierung der Teamziele unternommen werden müssen.
Wenn nichts unternommen werden soll, um den Einfluß der Teams zu erweitern, sind die primären Teams viel verwundbarer, und es besteht die Möglichkeit, daß sie ihren vollen Zweck nicht erreichen werden.

Was kommt als nächstes?

Nachdem die auf der Checkliste aufgezeigten Punkte erfüllt sind und man ein Einverständnis über die gegenwärtige Phase erreicht hat, können die Aktivitäten zur Erweiterung der Teams geplant werden. An diesem Punkt dient die Befragung als Richtlinie dafür, was noch zu tun ist. Damit vermindert es den Zeitzyklus für den Start primärer oder zu erweiternder Teams. Während und nach dem Start können die Geschäftsleiter die Checkliste als ein konkretes Beispiel für ihren Führungsstil benutzen. Durch die Checkliste erhalten außerdem alle Angestellten Informationen darüber, was bereits getan wurde, um die Mitsprache der Arbeitnehmer bei der Planung, in den Prozessen und bei weiteren Themen zu steigern.

Checkliste zur Planung und Einführung von Teams

Kreuzen Sie die Punkte in den passenden Spalten an!

Folgendes wurde angesprochen oder durchgeführt, und zwar:

	sehr gut	gut	nicht gut	nicht erwähnt
Strategische Voraussetzungen				
Erläuterung der Vision, des Leitbildes, der Werte und strategischen Erfordernisse der Organisation.	☐	☐	☐	☐
Einsatz von entscheidenden Kennzahlen.	☐	☐	☐	☐
Untersuchung				
Die Vorteile von Teams kennenlernen.	☐	☐	☐	☐
Den Grad der Mitsprache der Arbeitnehmer bestimmen, der zum Erreichen der strategischen Ziele der Organisation notwendig ist.	☐	☐	☐	☐
Die Bereitschaft der Geschäftsinhaber beurteilen.	☐	☐	☐	☐
Ausfindig machen, was in einen Übergang zu Teams mit einbezogen wird.	☐	☐	☐	☐
Den Bereich der Umstrukturierung bestimmen.	☐	☐	☐	☐
Ein »Fallbeispiel« schaffen.	☐	☐	☐	☐
Vorbereitung				
Die Vision kommunizieren.	☐	☐	☐	☐
Den Nutzen von Teams mit den strategischen Erfordernissen und den laufenden Bemühungen um Organisationsverbesserung verbinden.	☐	☐	☐	☐

	sehr gut	gut	nicht gut	nicht erwähnt
Die Kennzahlen bestimmen, die Teams verbessern sollen.	☐	☐	☐	☐
Die Rolle des Leitungsteams bei der Planung und der Unterstützung von Teameinführungen definieren.	☐	☐	☐	☐
Eine Einführungsstrategie definieren: »Insel«-, Abteilungs-Strategie oder eine für das Gesamtunternehmen.	☐	☐	☐	☐
Die Systeme in der Organisation bestimmen, die in Unterstützungsteams umzubilden sind.	☐	☐	☐	☐
Die Umstrukturierung der Arbeit bestimmen, die zum Einsatz von Teams notwendig ist.	☐	☐	☐	☐
Umsetzungsteams bilden.	☐	☐	☐	☐
Die Umstrukturierung der Arbeiten durchführen.	☐	☐	☐	☐
Richtlinien zur Förderung und zum Einsatz von Teams entwickeln.	☐	☐	☐	☐
Den Zweck der Teams definieren und mit den strategischen Erfordernissen abstimmen.	☐	☐	☐	☐
Die Rollen und Kompetenzen der Teammitglieder, Teamleiter, Förderer, Manager, Geschäftsleiter und Sponsoren definieren.	☐	☐	☐	☐
Verantwortlichkeiten der Sponsoren für Start, Leitung, Unterstützung und Auflösung der Teams festsetzen.	☐	☐	☐	☐
Kennzahlen, Ziele, Parameter und Erfolgskriterien für Teams entwickeln.	☐	☐	☐	☐
Die zur Unterstützung der Teamaufgaben notwendigen Ressourcen bestimmen und vorsehen.	☐	☐	☐	☐
Die Kompetenzen des Teams festlegen.	☐	☐	☐	☐
Die Kommunikationsmethoden für das Team festlegen.	☐	☐	☐	☐
Ressourcen für die Unterstützung von Teams vorsehen.	☐	☐	☐	☐
Das Datum der Einführung festlegen.	☐	☐	☐	☐
Pläne über die Organisationsveränderungen formal mitteilen.	☐	☐	☐	☐
Festlegen, was die Teams in ihrer Reifephase tun werden.	☐	☐	☐	☐
Geschäftsleiter für ihre neuen Kompetenzen vorbereiten; Wege finden, um Vision und Werte in der Organisation zu formen.	☐	☐	☐	☐

	sehr gut	gut	nicht gut	nicht erwähnt
Das Verständnis des Arbeitnehmers für die Vision, Leitbilder und Ziele abschätzen.	☐	☐	☐	☐
Das Bewußtseinstraining beginnen.	☐	☐	☐	☐
Inplementieren				
Teams zusammenstellen und starten.	☐	☐	☐	☐
Training für technische, administrative und Teamfertigkeiten, falls notwendig, für alle Ebenen der Organisation ermöglichen.	☐	☐	☐	☐
Richtlinien für den Austausch von Informationen, die Beantwortung von Fragen und Besprechungen von Themen und Problemen entwickeln.	☐	☐	☐	☐
Direktes Feedback zu Teams über ihre Leistung ermöglichen.	☐	☐	☐	☐
Neue Fertigkeiten für Leiter in der Teamorganisation entwickeln.	☐	☐	☐	☐
Die Effizienz der Kommunikation abschätzen.	☐	☐	☐	☐
Die Verantwortung der Teams bei den Veränderungen der Arbeitsmittel neu bestätigen.	☐	☐	☐	☐
Pläne für ständige Innovationen und Verbesserungen der Systeme und Prozesse entwickeln.	☐	☐	☐	☐
Ein hohes Engagement der Geschäftsleiter sicherstellen.	☐	☐	☐	☐
Feinabstimmen und den Gesamtplan nochmals überprüfen.	☐	☐	☐	☐
Aufrechterhaltung				
Schlüsselbereiche der Systeme und Prozesse abgrenzen: Budgetieren, Einschätzen, Kompensation, Kennzahlen, Informationssysteme und strategische und umfassende Planung.	☐	☐	☐	☐
Kostenvorschläge für Training und Meetings, Kosteneinsparungen durch Verbesserungen und steigenden Marktanteil durch Kundenzufriedenheit oder Einführung neuer Produkte ständig überprüfen.	☐	☐	☐	☐
Die Verhaltensweise der Geschäftsleiter und die Signale ständig überprüfen, die ein fortlaufendes Engagement und eine Erweiterung der Mitsprache der Arbeitnehmer anzeigen.	☐	☐	☐	☐
Beständig die umstrukturierten Prozesse verbessern.	☐	☐	☐	☐
Kurzfristig eingesetzte Teams auflösen und bezahlen, die ihre Aufgaben erfüllt haben.	☐	☐	☐	☐

	sehr gut	gut	nicht gut	nicht erwähnt
Den allgemeinen Fortschritt beurteilen.	☐	☐	☐	☐
Die Vision, Werte, Leitbilder und strategische Erfordernisse überprüfen, um sicherzustellen, daß sie noch aktuell sind.	☐	☐	☐	☐
Entscheidende Geschäftskennzahlen überprüfen.	☐	☐	☐	☐
Den Grad der Mitsprache der Arbeitnehmer einschätzen, der notwendig ist, um neue strategische Ziele zu erreichen.	☐	☐	☐	☐
Feinabstimmen und den Gesamtplan nochmals überprüfen.	☐	☐	☐	☐

Team-Charta

Was

Eine Team-Charta definiert die Leistungserwartungen für ein Team. Sie ist ein formales Dokument, das dem Team (und anderen Abteilungen, die das Team unterstützen sollen) die Zentralthemen und Standards aufzeigt, aus denen sich die Form des Teams und seine Arbeit ableiten. Die spezifischen Bereiche, die in einer Team-Charta angesprochen werden müssen, sind folgende:

- die betriebliche Grundlage des Teams;
- die Definition des Teams und sein Äußeres;
- der Zweck der Teamarbeit;
- die Verantwortlichkeit des Teams;
- Kennzahlen für die Ergebnisse des Teams oder seiner Arbeit;
- Kriterien, aufgrund derer das Team effektive Entscheidungen treffen wird.

Wann

Wenn neue Teams gebildet werden oder bereits bestehende Teams neue Aufgaben erhalten, ist die Team-Charta Teil der Kommunikation, mit der das Äußere des Teams und seine Arbeit erklärt werden. Schon vor dem ersten Teammeeting entwirft der Teamsponsor zusammen mit den wichtigsten Führungskräften die Charta. Wenn das Team seine Arbeit aufnimmt, kann es in der Charta einige der anfänglichen Probleme nachlesen, die die Teammitglieder zu lösen haben.

Wer

Der Teamsponsor entwirft die erste Chartaversion, die auf dem Aktionsrahmen der Organisation basiert (der auch Gründe enthält, weshalb eine Umstrukturierung vorgenommen werden muß). Der Teamleiter, Manager und Meister vervollständigen danach die Charta gemeinsam. Die Teammitglieder müssen bei der Betrachtung ihrer neuen Aufgaben alle erdenklichen Probleme und Themen zur Sprache bringen, und darauf beharren, zu allen ihren Fragen Antworten zu erhalten.

Wie

Die Arbeit mit der Charta besteht aus drei Phasen. Als erstes sammelt der Teamsponsor die Informationen, um die Rolle des Teams innerhalb der Organisation zu klären. Dann leitet er eine Serie von drei Charta-Diskussionen, bevor das Team seine Arbeit aufnimmt. Während der Entwicklungsphasen des Teams führt der Sponsor Follow-up-Diskussionen mit dem Team durch, um sicherzustellen, daß es den Kurs einhält und daß man seinen Bedürfnissen entspricht. Der Teamsponsor leitet oft selbst diese drei Diskussionen und die Team-Charta-Meetings, wobei der Teamförderer ihm hilft.

Vor dem Start des Teams
1. Der Teamsponsor sammelt Informationen über die teamrelevanten Themen und bestimmt die festen Grenzen des Teams. Dabei dient ihm der Team-Charta-Arbeitsbogen als Richtlinie. Danach trifft er sich mit den potentiellen Teammitgliedern, um ihren Einsatz und Vorschläge für die Charta zu besprechen.
2. Der Sponsor entwirft die Team-Charta auf der Basis der gesammelten Informationen und der Anregungen der Teammitglieder.
3. Der Sponsor führt eine Serie von drei Meetings mit den verantwortlichen Führungskräften und den potentiellen Mitgliedern durch, um den Entwurf der Team-Charta zu besprechen, eventuell abzuändern und zu ratifizieren. Die Einteilung der Diskussion in drei, an verschiedenen Tagen abzuhaltende Sitzungen schafft freie Zeiträume, in denen jeder in Ruhe die Reichweite und die Verantwortlichkeit des Teams überdenken kann.

Diskussionen über die Charta sollten alle Informationen betreffen, die der Arbeitsbogen umfaßt. Die Themen werden am besten in zwei- bis dreistündigen Meetings behandelt. Das gibt den Teammitgliedern Zeit, über die Themen und die Wirkung der Informationen nachzudenken.

Meeting 1. Der Aktionsrahmen der Organisation

- Gründe für die Einrichtung von Teams
- Teamtypen, die am geeignetsten sind

Meeting 2. Ziel, Bereich und Training

Meeting 3. Kompetenzen und Einschränkungen
Der Teamsponsor teilt den Führungskräften den Inhalt der ratifizierten Team-Charta mit. Die Sponsoren mehrerer Teams tauschen ihre Informationen aus, um ein teamspezifisches Training und Entfaltungspläne zu entwickeln. Danach sorgt der Sponsor für angemessene Ressourcen, um das Team zu unterstützen.

Was kommt als nächstes?

Da die Team-Charta die Entwicklungsmöglichkeiten für das Team, Themen, die dem Team erläutert werden müssen, und das notwendige Training für die Teammitglieder umfaßt, ermöglicht sie dem Team einen möglichst reibungslosen Start.
Später dient die Team-Charta als Kontrollmittel zur Überprüfung der Leistungen des Teams. Durch ihre Anwendung kann man genau feststellen, ob das Team noch auf sein Ziel konzentriert ist und ob dieses Ziel dem Aktionsrahmen der Organisation entspricht. Zusätzlich dient die Charta dem Team auch weiterhin als Richtlinie und Maßstab für seine Ergebnisse.

Arbeitspapier für die Team-Charta

Teamsponsoren und/oder Teamförderer sammeln Informationen, um die folgenden Fragen auszufüllen. Danach teilen sie die Informationen ihren Teams mit.

Organisationsinformation

1. Welche Vision hat die Organisation?

2. Welches Leitbild hat die Organisation?

3. Welche strategischen Ziele hat die Organisation?

4. Warum benutzen wir hier Teams (wie es in dem Aktionsrahmen der Organisation mitgeteilt ist)?

Teaminformation

5. Wer ist der Teamsponsor?

6. Welches Leitbild oder welches Ziel hat das Team?

7. Wie paßt dieses Leitbild in das Leitbild der gesamten Organisation?

8. Welches sind die Ziele/Erwartungen für das Team?
   _____
   _____

9. Falls Ziele/Erwartungen noch nicht bestehen, was für einen Zeitrahmen setzt man für ihre Entwicklung an?
   _____
   _____
   _____

10. Wie wird man das Team beurteilen?
    _____
    _____

11. Welcher Zeitrahmen ist für Ergebnisse gesetzt?
    _____
    _____
    _____

12. Woher kann das Team die ihm notwendigen Informationen erhalten?
    _____
    _____

13. Auf welche Ressourcen (Mitarbeiter, Materialien, Ausrüstung, Budget) kann das Team zurückgreifen?
    _____
    _____

14. Welchen zeitlichen Aufwand wird das Mitwirken in diesem Team von jedem Teammitglied erfordern?
    _____
    _____
    _____

15. Welche Verantwortlichkeiten hat der Teamsponsor, und welche Rolle spielt er?
    _____
    _____

16. Welche Verantwortlichkeiten hat der Teamleiter, und welche Rolle spielt er?
    _____
    _____
    _____

17. Welche spezifische Rolle spielt jedes Teammitglied? Langfristige Verantwortlichkeiten?
    _____
    _____
    _____

18. Welches Training ist für die Teammitglieder und den Leiter vorgesehen?
    _____
    _____
    _____

19. Wie wird das Team geleitet werden?
    _____
    _____
    _____

20. Auf welche Art wird das Team mit der Organisation kommunizieren?
    _____
    _____

21. Welche Beschränkungen gelten für die Entscheidungskompetenzen des Teams?
    - Das Team kann Entscheidungen selbst treffen.
    - Das Team kann Entscheidungen mit Unterstützung des Managements treffen.
    - Das Team kann darum bitten (nur Empfehlungsautorität).
    - Das Thema ist nicht in der Team-Charta vertreten.
    _____
    _____
    _____
    _____
    _____
    _____
    _____

22. Wer trifft die Entscheidungen, die außerhalb der Teamkompetenzen liegen?

23. Wann soll das Team aufgelöst werden?

Schlüsselthemen und Einsichten

Entwicklungsplan für das Team

Was

Die Entwicklungsplanung beinhaltet die Möglichkeiten der Teammitglieder, sich die Fertigkeiten für die drei Schlüsselrollen: Teamleiter, Teammitglieder und Teamförderer, anzueignen. Der Plan beschreibt den Prozeß, wie Teamvertreter in die Vorbereitungen zur Teamentwicklung und Motivationssteigerung einbezogen werden. Damit sollen die Entwicklungsbereiche direkt angesprochen werden.

Wann

Wenn Teams neue Rollen oder Verantwortlichkeiten übernehmen, benötigen sie Training. In folgenden Situationen ist es wichtig, einen Entwicklungsplan vorzubereiten:

- Bildung eines neuen Teams;
- Änderung der Zusammensetzung eines Teams;
- Start neuer Teamaufgaben oder Projekte;
- Änderung der Arbeitsprozesse, die ein Team beeinflussen;
- Erweiterung der Teamkompetenzen;
- Änderung des Teamzwecks;
- Arbeit mit einem Team, das seine Ziele nicht erreicht.

Wer

Zunächst kann ein interner Berater mit dem Team arbeiten, um seine erste Version des Entwicklungsplans zu entwerfen. Die folgenden Pläne werden ohne ihn ausgearbeitet, sobald das Team mit den Diskussionen über seine Entwicklung alleine gut zurechtkommt.

Wie

Intakte Teams sollten möglichst ihre eigenen Entwicklungspläne vorbereiten. Der folgende Prozeß ermutigt sie, etwas zur Seite zu treten, um einen Gesamteindruck ihres Ziels und von der Erfahrung ihrer Mitglieder zu bekommen. Dieser Prozeß kann den spezifischen Bedürfnissen der Organisation angepaßt werden. Doch auf jeden Fall ist es am besten, wenn man sich so eng wie möglich an den ersten Entwurf hält.

Diskussionsprozeß

Teilen Sie die Teammitglieder in drei Gruppen! Die Mitglieder sollten in jeder dieser Gruppen eine der unten beschriebenen Rollen übernehmen, so daß alle drei Rollen zugeteilt sind.

- Gesprächsführer. Stellt Fragen über die Entwicklungsbereiche.
- Gesprächspartner. Teilt dem Gesprächsführer die Informationen mit, die die gegenwärtige Rolle des Befragten ermöglicht.
- Sekretär. Füllt den Berichtbogen für den Entwicklungsplan mit der Information vom Gesprächspartner aus.

Die Diskussion sollte etwa 20 Minuten dauern. Danach müssen die Teilnehmer ihre Rollen vertauschen und das Gespräch auf die gleiche Weise wiederholen. Am Ende der drei Diskussionsrunden über den Entwicklungsplan hat jeder Teilnehmer alle drei Rollen durchgespielt.

Teil 1

Der Gesprächsleiter leitet die Diskussion und stellt seinem Gesprächspartner folgende (oder ähnliche) Fragen:

- Wie würden Sie Ihre gegenwärtigen Verantwortlichkeiten beschreiben?
- Was für Präferenzen haben Sie für diese Verantwortlichkeiten?
- Welche zwei oder drei Entwicklungsmöglichkeiten halten Sie für die wichtigsten?

Der Sekretär notiert die Antworten auf dem Fragebogen für den Entwicklungsplan.

Teil 2

Der Gesprächsleiter bittet den Gesprächspartner, alle Fertigkeiten aufzulisten, die er für seine neue Rolle braucht. Diese Fertigkeiten sind in drei Gruppen einzuteilen:

- *Technische Fertigkeiten*
- *Administrative Fertigkeiten*
- *Kommunikationsfertigkeiten*

Sind die Fertigkeiten aufgelistet, gibt der Gesprächsleiter dem Gesprächspartner die Anweisung zu

- bestimmen, welche Fertigkeiten gegenwärtig für seinen Erfolg am entscheidensten sind;
- diese entscheidenden Fertigkeiten in einer Reihenfolge von 1 bis 5 einzustufen, wobei die 1 die wichtigste ist.

Der Sekretär füllt den Fragebogen für den Entwicklungsplan (oder einen ähnlichen) aus, stellt die Informationen für die Gruppe zusammen und übernimmt zum Abschluß der Sitzung die Rolle des Gesprächspartners.

Was kommt als nächstes?

Nach Beendigung aller Diskussionen stellen der Teamleiter oder -förderer die Liste mit den wichtigen Fertigkeiten für Training und Entwicklung zusammen und arbeiten so bald wie möglich die Trainingspläne für die wichtigsten Fertigkeiten aus.
Das Netz aus Teamleitern, -förderern und -mitgliedern erleichtert es dem Team, Kenntnisse und Fertigkeiten mit anderen Teilen der gesamten Organisation auszutauschen. Um ein Maximum an Effektivität sicherzustellen, sollten Teamleiter oder -förderer als nächstes Wege aufzeigen, über die jedes Team von den Fertigkeiten und Praktiken anderer lernen und sich weiterentwickeln kann.

Aufzeichnung des Entwicklungsplans

Teammitglied

Teamleiter

Teamförderer

Kreisen Sie die jeweilige Rolle ein!

Teil 1
Listen Sie die gegenwärtigen Verantwortlichkeiten und Entwicklungsmöglichkeiten des Gesprächspartners auf!

Gegenwärtige Verantwortlichkeiten: _____

Präferenzen für die gegenwärtigen Verantwortlichkeiten: _____

Zwei oder drei Entwicklungsmöglichkeiten: _____

Teil 2
- Listen Sie in den folgenden Abschnitten die Fertigkeiten auf, die nach den Angaben des Gesprächspartners für die neue Rolle notwendig sind!
- Kreuzen Sie die aufgelisteten Fertigkeiten an, die der Gesprächspartner für die momentan wichtigsten hält!
- Registrieren Sie die Stellenzuweisungen der Gesprächspartner für die entscheidendsten Fertigkeiten von 1 bis 5 auf, wobei die 1 den höchsten Wert bezeichnet!

Erforderliche neue technische Fertigkeiten

_____	Stelle _____
_____	Stelle _____
_____	Stelle _____
_____	Stelle _____
_____	Stelle _____
_____	Stelle _____

Erforderliche neue Kommunikationsfertigkeiten

_____ Stelle _____
_____ Stelle _____
_____ Stelle _____
_____ Stelle _____
_____ Stelle _____
_____ Stelle _____

Erforderliche neue administrative Fertigkeiten

_____ Stelle _____
_____ Stelle _____
_____ Stelle _____
_____ Stelle _____
_____ Stelle _____
_____ Stelle _____

Fassen Sie die wichtigsten (am höchsten bewerteten) erforderlichen Fertigkeiten für den Gruppenbericht und für ein gemeinsames Einverständnis klar zusammen!

Bestimmung des Teamcharakters

Was

Es ist besonders wichtig, den Teamcharakter zu kennen, wenn (1) neue Mitglieder in das Team aufgenommen werden, (2) es Probleme zu lösen gibt oder (3) persönliche Themen behandelt werden müssen. Denn Unvereinbarkeiten von persönlichen Stilen kann sich auf die Teamleistung negativ auswirken.

Das folgende Instrument bemißt den Charakter eines Teams als Ganzes. Es basiert auf den fünf Eigenschaften, die in der einschlägigen Literatur allgemein als Kern einer Persönlichkeitsstruktur akzeptiert werden.[1]

1. Extrovertiert (kontaktfreudig, gesprächig und allgemein positiv).
2. Kompromißbereit (gutwillig, kooperativ und vertrauend).
3. Gewissenhaft (verantwortungsbewußt, zuverlässig, hartnäckig und leistungsorientiert).
4. Emotional stabil (locker, stabil und sicher, oder von der negativen Seite: angespannt, unsicher und nervös).
5. Experimentierfreudig (phantasievoll, künstlerisch sensibel und intellektuell)

Wann

Eine genaue Definition des Teamcharakters kann bei der Wahl eines neuen Mitglieds nützlich sein. Wenn neue Mitarbeiter für das Team ausgesucht

---

[1] Ausführlicher zu den »Wichtigen fünf Eigenschaften« siehe M. R. Barrick und K. K. Mount, »The Big Five Personality Dimensions and Job Performance: A Meta-Analysis« (Die großen fünf Persönlichkeitsdimensionen und die Arbeitsleistung: Eine Meta-Analyse«), in: *Personality Psychology* 44 (1991), S. 1–26; J. M. Digman, »Personality Structure: Emergence of the Five-Factor Model« (»Persönlichkeitsstruktur: Das Aufkommen des Fünf-Faktoren-Modells«), *Annual Review of Psychology* 41 (1990), S. 417–440; und L. R. Goldberg, »An Alternative of ›Description Personality‹: The Big Five Structure (»Eine Alternative der ›Persönlichkeitsbeschreibung‹: Die Struktur der Großen Fünf«), *Journal of Personality and Social Psychology* 59 (1990), S. 1216–1229.

werden sollen, erleichtert sie die Auswahl, da es ein schwerpunktorientiertes Profil des Bewerbers bietet. Will ein Team das Verständnis zwischen den Mitgliedern oder die Gruppenkohäsion verbessern, gibt die Bestimmung des Teamcharakters ebenfalls eine solide Grundlage für den Teamaufbau.

Es ist nützlich, die Persönlichkeitstypen der Teammitglieder mehrmals zu untersuchen.

Dazu bieten sich folgende Situationen an:

- Wenn ein bestehendes Team mit Bewerbern spricht.
- Wenn ein Team lernt, effektiv als Einheit zu arbeiten und mehr darüber erfahren möchte, wie ihre Teammitglieder in verschiedenen Situationen operieren.
- Wenn ein Team Grundregeln aufstellt und besser erkennen möchte, wie man mit den anderen Teammitgliedern arbeiten kann.
- Wenn ein neuer Teamleiter seine Arbeit mit dem Team aufnimmt.

Wer

Die Teammitglieder füllen das Arbeitspapier zur Bestimmung des Teamcharakters aus. Der interne Beauftragte für den Wandel, ein Teamförderer oder -leiter koordinieren den Prozeß.

Wie

Der interne Beauftragte, der Teamförderer oder der -leiter verteilen die Fragebögen für die »Bestimmung des Teamcharakters« an die Teammitglieder. Wenn sie ausgefüllt sind, faßt der Leiter die Ergebnisse zusammen, hält mit den Mitgliedern eine Diskussion über die Typen von Teamcharakteren und eine Teamaufbausitzung ab. Diese Sitzungen helfen den Teammitgliedern zu verstehen, wie ein Kollege auf Informationen reagiert und welchen Arbeitsstil er hat.

Die Aktivitäten während einer Teamaufbausitzung können folgendes beinhalten:

- Persönlichkeitsprofile erkennen und ein Teamprofil entwickeln;
- die Wirkung des Teamprofils auf das Team besprechen;
- Richtlinien für die Diskussion über persönliche Probleme entwickeln.

Was kommt als nächstes?

Nachdem das Team seine Charakterzüge identifiziert hat, können seine Mitglieder diese Informationen dazu benutzen, um Grundregeln, Prozeduren u.a. zu entwickeln. Der Austausch dieser Informationen kann den Teammitgliedern helfen, neue Wege zur Verbesserung ihrer gemeinschaftlichen Arbeit zu finden.

Wenn ein Team diesen Fragebogen zur Identifizierung des Teams als Ganzes vollständig beantwortet hat, können diese Mitteilungen bei Vorstellungsgesprächen benutzt werden. Die Ergebnisse erleichtern es dem Team, die geeigneten Kandidaten für weitere Beurteilungen oder Gespräche auszuwählen.

Untersuchung des Teamcharakters

Anweisung: Kreisen Sie die Antwort ein, die Ihrer Meinung nach am besten paßt! Vermeiden Sie möglichst die Bewertung »weiß nicht«!

1. Wir nehmen uns gewöhnlich keine Zeit, um miteinander über private Ereignisse oder Partys zu sprechen.

    a. Richtig

    b. Weiß nicht

    c. Nicht richtig

2. Unser Team kann sich nicht anpassen, wenn es mit anderen Gruppen zusammenkommt.

    a. Richtig

    b. Weiß nicht

    c. Nicht richtig

3. Unser Team hat den Eindruck, daß

    a. die meisten Arbeiten nicht so sorgfältig ausgeführt werden müssen wie einige andere;

    b. einige Arbeiten nicht so sorgfältig durchgeführt werden müssen wie verschiedene andere;

    c. jede beliebige Arbeit gewissenhaft verrichtet werden sollte oder überhaupt nicht.

4. Wenn unser Team über etwas verärgert ist, kommen wir im allgemeinen nicht leicht darüber hinweg.

    a. Richtig

    b. Weiß nicht

    c. Nicht richtig

5. Unser Team kann sich nur schwer mit einer chaotischen Umgebung zurechtfinden.

    a. Richtig

    b. Weiß nicht

    c. Nicht richtig

6. Als Team verbringen wir unsere Zeit am liebsten damit,

   a. unsere Arbeit zu verrichten.

   b. Weiß nicht.

   c. vergnügt zusammen zu sein.

7. Meist gibt es in anderen Gruppen einen großen Unterschied zwischen Worten und Taten.

   a. Richtig

   b. Weiß nicht

   c. Nicht richtig

8. Unser Team fühlt sich im allgemeinen nicht für Dinge verantwortlich, die um uns herum passieren.

   a. Richtig

   b. Weiß nicht

   c. Nicht richtig

9. Teammitglieder sind oft zu empfindlich und machen sich zu viele Gedanken über etwas, was sie getan haben.

   a. Richtig

   b. Weiß nicht

   c. Nicht richtig

10. Unser Team geht lieber auf ausgetretenen Pfaden als neue Wege zu suchen.

   a. Richtig

   b. Weiß nicht

   c. Nicht richtig

11. Wir sind oft zu scheu, uns mit neuen Menschen anzufreunden.

   a. Richtig

   b. Weiß nicht

   c. Nicht richtig

12. Unser Team hilft gewöhnlich nicht gern anderen Gruppen.

    a. Richtig

    b. Weiß nicht

    c. Nicht richtig

13. Unsere Teammitglieder sind nicht als Perfektionisten bekannt.

    a. Richtig

    b. Weiß nicht

    c. Nicht richtig

14. Wenn andere anscheinend unser Team nicht mögen,

    a. fühlen sich die Teammitglieder im allgemeinen verletzt und reden lange darüber.

    b. regen sich die Teammitglieder im allgemeinen überhaupt nicht darüber auf.

    c. besprechen die Teammitglieder das Problem auf konstruktive Weise und versuchen, eine Lösung zu finden.

15. Als Team sind wir Menschen, die

    a. immer die praktischen Dinge verrichten, die getan werden müssen.

    b. Weiß nicht.

    c. gern ein Brainstorming machen und neue Ideen entwickeln.

16. Wir sind meist zurückhaltend und behalten unsere Teamprobleme für uns.

    a. Richtig

    b. Weiß nicht

    c. Nicht richtig

17. Wir halten es für vernünftig, vorsichtig zu sein, damit Mitarbeiter außerhalb des Teams uns nicht »in die Karten schauen« können.

    a. Richtig

    b. Weiß nicht

    c. Nicht richtig

18. Wir versuchen nicht immer, unsere Arbeit schon beim ersten Anlauf richtig zu erledigen.

    a. Richtig

    b. Weiß nicht

    c. Nicht richtig

19. Wenn eines nach dem anderen schiefläuft,

    a. hat unser Team das Gefühl, daß es mit den Problemen nicht fertig wird.

    b. macht unser Team wie gewohnt weiter.

    c. wendet das Team mehr Zeit auf, um die Probleme zu lösen.

20. Als Team sind wir oft zu sensibel und niedergeschlagen.

    a. Richtig

    b. Weiß nicht

    c. Nicht richtig

21. Unser Team liebt keine Begeisterungsausbrüche und Hektik.

    a. Richtig

    b. Weiß nicht

    c. Nicht richtig

22. Im Umgang mit anderen Gruppen ist es besser,

    a. »die Hand fest auf den Geldbeutel zu legen«.

    b. Weiß nicht.

    c. »die Karten offen auf den Tisch zu legen«.

23. Wenn wir aufrichtig und offen sind, versuchen andere, uns zu übervorteilen.

    a. Richtig

    b. Weiß nicht

    c. Nicht richtig

24. Wenn sich Teammitglieder untereinander streiten, bedrückt uns das gewöhnlich alle.

   a. Richtig

   b. Weiß nicht

   c. Nicht richtig

25. Vertraute und Routinearbeit geben den Teammitgliedern das Gefühl

   a. von Sicherheit und Vertrauen.

   b. Weiß nicht.

   c. von Langeweile und Ungeduld.

Anweisungen zur Auswertung

Übertragen Sie Ihre Antworten vom Fragebogen in die folgende Auflösung! Benutzen Sie diese Auflösung, um die Gruppe zu ermitteln, zu der Ihre Antworten gehören!

extrovertiert	a	b	c
1	☐	☐	☐
6	☐	☐	☐
11	☐	☐	☐
16	☐	☐	☐
21	☐	☐	☐

Wenn Sie unter den Punkten 1, 6, 11, 16 und 21 meist das »a« angekreuzt haben, steht Ihr Team in der Stellenbewertung für einen extrovertierten Charakter *niedrig*. Haben Sie vorwiegend das »c« angekreuzt, nimmt es einen *hohen Platz* ein.

kompromißbereit	a	b	c
2	☐	☐	☐
7	☐	☐	☐
12	☐	☐	☐
17	☐	☐	☐
22	☐	☐	☐

Wenn Sie unter den Punkten 2, 7, 12, 17 und 22 meist »a« angekreuzt haben, steht Ihr Team in der Stellenbewertung für einen kompromißbereiten Charakter *niedrig*. Haben Sie vorwiegend das »c« angekreuzt, nimmt es einen *hohen Platz* ein.

gewissenhaft	a	b	c
3	☐	☐	☐
8	☐	☐	☐
13	☐	☐	☐
18	☐	☐	☐
23	☐	☐	☐

Wenn Sie unter den Punkten 3, 8, 13, 18 und 23 meist das »a« angekreuzt haben, steht Ihr Team in der Stellenbewertung für einen gewissenhaften Charakter *niedrig*. Haben Sie vorwiegend das »c« angekreuzt, nimmt es einen *hohen Platz* ein.

emotional stabil	a	b	c
4	☐	☐	☐
9	☐	☐	☐
14	☐	☐	☐
19	☐	☐	☐
24	☐	☐	☐

Wenn Sie meist das »a« unter den Punkten 4, 9, 14, 19 und 23 angekreuzt haben, steht Ihr Team in der Stellenbewertung für emotionale Stabilität *niedrig*. Haben Sie vorwiegend das »c« angekreuzt, nimmt es einen *hohen Platz* ein.

experimentierfreudig	a	b	c
5	☐	☐	☐
10	☐	☐	☐
15	☐	☐	☐
20	☐	☐	☐
25	☐	☐	☐

Wenn Sie unter den Punkten 5, 10, 15, 20 und 25 meist das »a« angekreuzt haben, steht Ihr Team in der Stellenbewertung für einen experimentierfreudigen Charakter *niedrig*. Haben Sie vorwiegend das »c« angekreuzt, nimmt es einen *hohen Platz* ein.

Beurteilung des Teamgeistes

Was

Wie gut Teammitglieder miteinander auskommen und wie freudig und zufrieden sie im Team arbeiten, ist für die Teamleistung sehr wichtig. Wenn Sie wissen, wie sich das Team selbst empfindet, haben Sie einen höchst wichtigen Zugang zum Team, der beim Nachlassen seiner Leistung sehr nützlich sein kann. Wenn eines oder mehrere der folgenden Merkmale auftreten, ist das ein Zeichen dafür, daß der Teamgeist schwindet.

1. **Sinnlosigkeit** – Die Teamerfahrung gibt für die Mitgliedern keinen persönlichen Sinn.
2. **Kraftlosigkeit** – Teammitglieder besitzen keine Kontrolle oder Autorität über ihre Ergebnisse.
3. **Soziale Isolation** – Teammitglieder halten ihre Beziehungen untereinander für unpersönlich und unfreundlich.

Die Fragen zum Teamgeist erleichtern die Identifizierung der Bedingungen, die die Teammitglieder in dieser Hinsicht beeinflussen, so daß man Schritte zur Verbesserung eines niedrigen Teamgeistes unternehmen kann.

Wann

Wenn Probleme mit dem Team auftauchen, erleichtert die Befragung zum Teamgeist eine Identifizierung und Diagnose, und gibt weiterhin Anweisungen, was man für das Team machen muß, damit es sich weiterentwickelt. Das Team muß in regelmäßigen Zeitabständen (am besten vierteljährlich) Informationen darüber sammeln, wie sich die Mitglieder bei der Zusammenarbeit fühlen. Wenn sich die Zusammensetzung des Teams verändert hat oder das Team mit einem komplizierten Problem kämpft, kann das Team diese Befragung auch häufiger einsetzen, um mit der jeweiligen Situation fertig zu werden.[1]

---

[1] Ausführlicher über diese Konzepte siehe J. Doherty, »Psychological Morale: Its Conceptualisation and Measurement: The Doherty Invertory of Psychological Morale (DIPM)«, (»Psycho-

Wer

Die Teammitglieder füllen den Fragebogen zum Teamgeist aus (siehe S. 268). Der interne Beauftragte für den Wandel, der Teamförderer oder Leiter koordinieren die Bewertung.

Wie

Der Beauftragte, Teamförderer oder Leiter verteilen den Fragebogen an die Teammitglieder. Wenn er ausgefüllt ist, stellt die leitende Person die Informationen zusammen, analysiert sie und beurteilt sie nach der Auflösung auf S. 269.
Dann führen der Beauftragte, der Teamförderer oder Teamleiter bei der Präsentation der Ergebnisse mit den Teammitgliedern eine Diskussion.

Was kommt als nächstes?

Auf Grund der Bewertungsresultate führt das Team eine Problemlösungssitzung mit dem Beauftragten, dem Förderer oder Teamleiter durch. Wenn der Teamgeist besonders niedrig ist, sollte das Team mit dem Förderer oder Beauftragten spezielle Maßnahmen vereinbaren. Diese werden dann dem Team helfen, alle Probleme zu lösen, die die Bemühungen des Teams blockieren. Nach einem erfolgreichen Eingreifen kann das Team die »Beurteilung des Teamgeistes« zum Vergleich wieder anwenden.

---

logische Moral: Ihre Konzeptionalisierung und Messung: Die Doherty-Untersuchung über psychologische Moral«), *Educational Studies* 14 (1988), S. 65–77; und A. G. Neal und H. T. Groat, »Social Class Correlates of Stability and Change in Levels of Alienation: A Longitudinal Study« (»Korrelationen sozialer Klassen zu Stabilität und Veränderung auf Entfremdungsebenen: Eine Längenuntersuchung«), *Sociological Quarterly* 15 (1974), S. 548–558.

Bewertung des Teamgeistes

Anweisung: Lesen Sie die unten aufgelisteten Feststellungen aufmerksam durch, und kreisen Sie die Nummer der Ausprägung ein, die dem Geist Ihres Teams Ihrem Empfinden nach am besten entspricht!

	Nie				Immer
1. Manchmal glaube ich, daß unsere Arbeit sinnlos ist.	1	2	3	4	5
2. Unser Team scheint nur wenig Einfluß auf andere zu haben.	1	2	3	4	5
3. Andere Mitarbeiter scheinen keine Zeit für uns zu haben.	1	2	3	4	5
4. Manchmal gerät unser Team einfach ins Schwimmen.	1	2	3	4	5
5. Wir Teammitglieder haben nur wenig Kontrolle darüber, was wir tun und wie wir es tun.	1	2	3	4	5
6. Ich fühle manchmal, daß unser Team ein Outsider in dieser Organisation ist.	1	2	3	4	5
7. Manchmal habe ich das Gefühl, daß sich unsere Arbeit nicht lohnt.	1	2	3	4	5
8. Andere hören sich nur selten unsere Ideen an.	1	2	3	4	5
9. Wir fühlen uns oft im Stich gelassen.	1	2	3	4	5
10. Unsere Arbeit nützt tatsächlich niemandem.	1	2	3	4	5
11. Unser Team hat nur wenig Autorität über das, was es tut.	1	2	3	4	5
12. Wir werden leicht bei Organisationssitzungen übergangen.	1	2	3	4	5
13. Wir erhalten wenig Anerkennung für unsere Arbeit.	1	2	3	4	5
14. Unser Team wird selten bei wichtigen Entscheidungen miteinbezogen.	1	2	3	4	5
15. Kaum einer weiß hier, daß wir existieren.	1	2	3	4	5

Auflösung

Übertragen Sie Ihre Antworten aller Fragen in die folgende Auflösung! Addieren Sie die Bewertungen aller Teammitglieder für jede Feststellung, und schreiben Sie die Gesamtsummen für jede von ihnen in das entsprechende Kästchen! Summieren Sie die Bewertungen für jede der Charakteristiken des Teamgeistes, und teilen Sie sie durch die Zahl der Teilnehmer, um eine Durchschnittsbewertung für das Team zu erhalten!

Sinnlosigkeit

1 ☐
4 ☐
7 ☐
10 ☐
13 ☐

Insgesamt ☐

Kraftlosigkeit

2 ☐
5 ☐
8 ☐
11 ☐
14 ☐

Insgesamt ☐

Soziale Isolation

3 ☐

6 ☐

9 ☐

12 ☐

15 ☐

Insgesamt ☐

Interpretation der Resultate
16 oder höher
Eine Durchschnittssumme von 16 und höher zeigt an, daß Teamgeist insgesamt zufriedenstellend oder hoch ist, und daher keine negative Wirkung auf die Leistung des Teams oder seiner Gruppenkohäsion ausübt.

5–15
Eine Durchschnittssumme diesen Ranges legt nahe, daß das Team Hilfe braucht, um in einem bestimmten Bereich seine Probleme lösen zu können. Das Team sollte mit dem Teamhelfer oder internen Beauftragten vereinbaren, spezifische Themen oder Probleme gesondert anzugehen, auf die der niedrige Teamgeist zurückgeht. Wenn die Themen einmal erkannt sind, sollte der Förderer mit dem Team an der Situation arbeiten, daß der Teamgeist steigt.

Phasen der Teamentwicklung

Was

In einer Teamentwicklung gibt es Fort- und Rückschritte. Die »Phasen der Teamentwicklung« sind eine auf dem Modell von Tuckman[1] basierende Bestandsaufnahme, die eine systematische Bewertung der gegenwärtigen Entwicklung von Teams ermöglicht. Mit Hilfe dieses Mittels können Sie den Entwicklungsstand des Teams bestimmen.

Wann

Hier einige Stichworte, die die Notwendigkeit einer Bewertung signalisieren.

- Ein neues Mitglied ist ins Team aufgenommen worden.
- Ein neuer Leiter ist ausgewählt oder dem Team zugewiesen worden.
- Ein Mitglied hat das Team verlassen.
- Die Teamleistung bleibt hinter den Zielen zurück.
- Teammitglieder fühlen, daß sie »steckengeblieben« sind.

Wer

Für die Teamentwicklung ist hauptsächlich der Teamleiter verantwortlich. Andere, die dabei auch eine Rolle spielen, sind die Teammitglieder, der Teamförderer, Meister und Unterstützungsabteilungen. Alle Leute in diesen Rollen müssen die Fragebögen einzeln ausfüllen und dann ihre Antworten in der Gruppe besprechen.

Die Ergebnisse aus dieser Untersuchung können Teams auch benutzen, wenn sie von der Geschäftsleitung zusätzliche Unterstützung für sich suchen.

---

[1] Tuckman, Bruce W., »Developmental Sequence in Small Groups,« Psychological Bulletin 63, no. 6 (1965), pp. 384–99.

Wie

Teamleiter oder -förderer verteilen, sammeln und ordnen die Ergebnisse der Befragung in Tabellen.

1. Teammitglieder, Leiter, Meister und Unterstützungsabteilungen füllen einzeln die Arbeitsbögen zu »Phasen der Teamentwicklung« aus.
2. Teamleiter sammeln die Bögen ein und errechnen die Bewertungen.
3. Der Teamleiter und die Teammitglieder besprechen die Resultate der Untersuchung. Der Teamleiter sollte sich bei der Erklärung der Bewertungen auf die vier Phasen der Teamentwicklung beziehen.
4. Der Teamleiter oder -förderer geben dem Team die Resultate bekannt. Dabei werden zusätzliche Fragen zur Untersuchung gestellt, damit die gewonnenen Daten genauer analysiert werden können. Hier einige Beispielfragen für die Datenanalyse:
    a. In welcher Entwicklungsphase befindet sich das Team gegenwärtig?
    b. Was für Trends kann man im Team bemerken?
    c. Auf welche Aktivitäten müssen Sie sich konzentrieren, um die Effektivität des Teams zu steigern?
    d. Was hindert das Team daran, seine Fähigkeiten zu verbessern?
    e. Wie fühlen Sie sich als Mitglied des Teams?
6. Das Team bestimmt die notwendigen Schritte, durch die es den erwünschten Entwicklungsstand erreichen kann.

Was kommt als nächstes?

Teammitglieder und Leiter führen die festgelegten Schritte aus, um das Team zur nächsten Entwicklungsphase zu leiten und seine Effektivität zu steigern. Die Teammitglieder kooperieren mit Angestellten außerhalb des Teams und nehmen auch deren Vorschläge für ihren eigenen Fortschritt an. Notwendig ist dabei ein gutes Feedback, um sicherzustellen, ob alle diese Schritte auch wirklich zu den abgesteckten Zielen führen.

Das Team sollte seine Beurteilungen in jeder Phase wiederholen und die Resultate jeweils vergleichen. Dazu ist es nützlich, eine Grafik anzufertigen, die die Bewertungen sowohl horizontal wie auch vertikal veranschaulicht und dem Team somit ein Bild von seiner Gesamtentwicklung gibt.

Phasen der Teamentwicklung

Anweisungen: Schätzen Sie für jeden Punkt ab, wieviel Zeit Sie für die jeweilige Tätigkeit aufwenden müssen! Legen Sie Ihren Einschätzungen hauptsächlich die Meetings und Aktivitäten des vorangegangenen Monats zugrunde! Wenn Ihr Team eine Aktivität nicht durchgeführt hat, kreuzen Sie nichts an! Bewerten Sie jede Aktivität von 1 bis 5!

1 = Verwende fast keine Zeit für diese Aktivität.
2 = Verwende ein wenig Zeit für diese Aktivität.
3 = Verwende gelegentlich Zeit für diese Aktivität.
4 = Verwende regelmäßig Zeit für diese Aktivität.
5 = Verwende viel Zeit für diese Aktivität.

Startphase

	1	2	3	4	5
1. Die Teammitglieder lernen die Namen und die Lebensumstände der anderen Mitglieder kennen.	☐	☐	☐	☐	☐
2. Die Teams verteilen ihre gegenwärtigen Rollen und Verantwortlichkeiten, ausgehend von den Stärken und Interessen der Mitglieder.	☐	☐	☐	☐	☐
3. Jeder im Team stellt seine guten Seiten heraus und ist besten Willens, mit den anderen Mitgliedern gut auszukommen.	☐	☐	☐	☐	☐
4. Die Teams sind gerade dabei, ihre Ziele zu setzen und ihren Zweck zu definieren.	☐	☐	☐	☐	☐
5. Grundregeln werden bestimmt.	☐	☐	☐	☐	☐

Addieren Sie die Zahlen für jeden Punkt, und tragen Sie die Punktzahl ein!

Punktzahl ☐

Konfliktphase

	1	2	3	4	5
6. Die Mitglieder befinden sich in beständigen Konflikten untereinander.	☐	☐	☐	☐	☐
7. Die Teammitglieder stellen ihre Fähigkeit, die Ziele erreichen zu können, in Frage.	☐	☐	☐	☐	☐
8. Die Teammitglieder besprechen untereinander, wie sie die Lasten der individuellen und der Teamarbeit ausbalancieren können.	☐	☐	☐	☐	☐
9. Die Teammitglieder fordern neue Ideen heraus.	☐	☐	☐	☐	☐
10. Die Teammitglieder werden von ihren Rollen im Team frustriert.	☐	☐	☐	☐	☐

Addieren Sie die Zahlen für jeden Punkt, und schreiben Sie die Punktzahl ein!

Punktzahl

Stabilisierungsphase

	1	2	3	4	5
11. Die Teammitglieder lösen ihre Probleme direkt mit den anderen Mitgliedern.	☐	☐	☐	☐	☐
12. Die meiste Zeit im Team wird für die Arbeit verwendet, für die das Team eingesetzt ist.	☐	☐	☐	☐	☐
13. Eine Person aus dem Team hat die Aufgabe, Vorschläge zu begutachten und eventuell abzulehnen, damit ein Verirren in Sackgassen vermieden wird.	☐	☐	☐	☐	☐
14. Die Mitglieder bewegen sich innerhalb der Grundregeln, Rollen und Prozesse, über die im Team Einverständnis erzielt worden ist.	☐	☐	☐	☐	☐
15. Die Teammitglieder akzeptieren den Teamleiter und sind bestrebt, ihm bei der erfolgreichen Ausführung seiner Pflichten zu helfen.	☐	☐	☐	☐	☐

Addieren Sie die Zahlen für jeden Punkt, und schreiben Sie die Punktzahl ein!

Punktzahl

Produktivitätsphase

	1	2	3	4	5
16. Der größte Teil der Interaktionen des Teams sind effizient und erfreulich.	☐	☐	☐	☐	☐
17. Teamkennzahlen werden häufig durch die Teilnahme aller Teammitglieder erreicht.	☐	☐	☐	☐	☐
18. Die Teammitglieder schlagen innovative Alternativen vor, um ihre Ziele auf eine effiziente Art zu erreichen.	☐	☐	☐	☐	☐
19. Die Teammitglieder können sich gegenseitig herausfordern, ohne dabei persönlich oder defensiv zu werden.	☐	☐	☐	☐	☐
20. Das Team scheint mit etwas Führung von seiten des Teamleiters gut zu funktionieren.	☐	☐	☐	☐	☐

Addieren Sie die Zahlen, und schreiben Sie die Punktzahl ein!

Punktzahl!

Tragen Sie nun die jeweiligen Punktzahlen in die unteren Kästchen ein!

Startphase	Konfliktphase	Stabilisierungsphase	Produktivitätsphase

Bewertungsrichtlinien

Betrachten Sie die Punktzahlen für jede einzelne Phase! Die Phase mit der höchsten Punktzahl bezieht sich auf das gegenwärtige Entwicklungsniveau des Teams. Tragen Sie die höchste Punktzahl in das untere Kästchen zusammen mit der Bezeichnung der Phase ein!

_____ (Bezeichnung der Teamentwicklungsphase)

Wenn Sie ihre höchste Punktzahl gefunden haben, lesen Sie das unten angegebene Profil Ihres Teams und der Leistung seiner Mitglieder aufmerksam durch!

Startphase
Zunächst lernen sich die Teammitglieder kennen und beginnen, ihre Rollen herauszufinden. Sie müssen über ihren Zweck als Team eine Einigung erzielen, Ziele setzen und Grundregeln erstellen. Beide, Sie und die übrigen Teammitglieder, sind wahrscheinlich begeistert, enthusiastisch oder auch ängstlich – alles auf einmal –, und alle stellen ihre besten Seiten heraus.

Konfliktphase
Die unangenehme, aber unvermeidbare Phase ist durch Konflikte zwischen den Teammitgliedern, zwischen Meister oder Managern und dem Team und zwischen dem Team und der Organisation gekennzeichnet. Positiv ist in dieser Phase, daß die Mitglieder Fragen stellen, verhandeln und sogar den Teamleiter herausfordern. Es ist eine kreative und produktive Zeit, da die Teammitglieder sich mit ihren neuen Ideen wohl fühlen, auch wenn Konflikte Zurückhaltung schaffen und manche Teammitglieder sich frustriert fühlen können.

Stabilisierungsphase
Jetzt lösen die Teammitglieder viele ihrer Probleme und lernen, sich auf die Arbeit zu konzentrieren. Das Problem liegt jetzt darin, daß die Teammitglieder so darauf eingestellt sind, möglichen Konflikten zuvorzukommen, daß sie nicht mehr öffentlich opponieren wollen und heikle Situationen zu vermeiden suchen.

Produktivitätsphase
Schließlich finden die Teammitglieder heraus, wie sie reibungslose Beziehungen unterhalten und gleichzeitig die Arbeit verrichten können. Sie gehen Konflikte an, sobald sie auftauchen, fordern Ideen heraus, ohne dabei persönlich zu werden, erreichen Spitzenleistungen und sind auf ihren Erfolg stolz. Manchmal scheint es, daß das Team kaum noch einen beständigen Leiter benötigt. Trotzdem wird der Leiter noch gebraucht, um die Begeisterung des Teams durch Einführung neuer Herausforderungen auch weiterhin zu erhalten.

Die Diagnose
eines festgefahrenen Teams

Was

Die Diagnose eines festgefahrenen Teams hilft einem stagnierenden Team, sich auf bestimmte Problembereiche zu konzentrieren und seinen Prozeß so zu lenken, daß es wieder vorwärts kommt. Dieser Prozeß besteht aus: Sammeln der Informationen von den Teammitgliedern, Präsentation der akkumulierten Daten, Diskussion über die »niedrigen Punkte« und Planen von Änderungen, die das Team unterstützen sollen. Dieser Prozeß sollte jedes Vierteljahr wiederholt werden, bis alle Untersuchungen einen hohen Stellenwert ergeben. Das stellt dann sicher, daß sich das Team wieder weiterentwickelt und sich seinen Leistungszielen nähert.

Wann

Mehrere Stichworte zeigen an, wann ein Team dieses Mittel anwenden sollte, um wieder vorwärtszukommen.

- Die Teammitglieder glauben, daß sie sich im Kreis bewegen und kaum vorwärtskommen.
- Die Teammitglieder suchen nach Entschuldigungen, um nicht im Team teilzunehmen.
- Die Teammitglieder treffen sich außerhalb der Meetings, um über die »eigentlichen Themen« zu sprechen.
- Die Teammitglieder sind sich über ihre Verantwortlichkeiten im unklaren.
- Das Teamtraining ist nicht auf die Arbeit bezogen.

Wer

Der Teamförderer, der Teamleiter oder ein Teammitglied, je nach dem Reifegrad des Teams, kann diesen Prozeß benutzen, um die Diagnose der Schwierigkeiten eines bestehenden Teams zu erstellen. Ein noch unerfahrenes Team erkennt vielleicht nicht die Notwendigkeit, sich von der Seite zu betrachten und seinen Fortschritt selbst zu bewerten. Bei solchen Teams muß eventuell ein interner Berater dieses Mittel empfehlen und zur Anwendung bringen.

Wie

Die folgenden Schritte sollten mit allen anwesenden Teammitgliedern unternommen werden. Meistens wird der Teamförderer das Team bei der Ausführung unterstützen.

1. Die Teammitglieder füllen den Fragebogen für Teamentwicklung aus.
2. Der Teamförderer sammelt die Bögen ein, stellt die Informationen in Tabellen zusammen und überträgt die Ergebnisse auf Flipcharts, wobei er folgendermaßen vorgeht:
    a. Er stellt für die Fragen eckige Klammern [ ] je nach ihrem Stellenwert.
    b. Er kreist für jede Frage die am häufigsten ausgewählte Antwort ein.

Flipchart

Wie sehen wir unsere Teams: Form und Stellenwert

Schlüssel: [ ] = Stellenwert der ausgewählten Antworten
o = Die am häufigsten genannten Antworten

1.	1	2	[3	4	5]
2.	1	[2	3	4	5]
3.	[1	2	3	4	5]
4.	1	[2	3	4]	5
5.	1	[2	3]	4	5
6.	1	2	[3	4]	5
7.	1	[2	3	4]	5
8.	[1	2	3]	4	5
9.	[1	2]	3	4	5
10.	[1	2	3	4]	5
11.	1	[2	3	4	5]

    c. Um diejenigen Bereiche grafisch darzustellen, in denen die Teamentwicklung möglicherweise blockiert ist, drehen Sie den rechts abgebildeten Flipchart um 45° herum und tragen die Zahl jeder meistgewählten Antwort ein. Auf jeder Linie (rechte Spalte) wird eine Durchschnittsbewertung zwischen den Klammern erscheinen.
    d. Listen Sie die drei am häufigsten wiederholten Antworten zu jeder der beiden Fragen am Ende des Bogens auf das Flipchart auf!

Die niedrigen Bewertungsbereiche, die grafisch unten auf der Karte erscheinen, sind diejenigen, die dringend anzugehen sind.

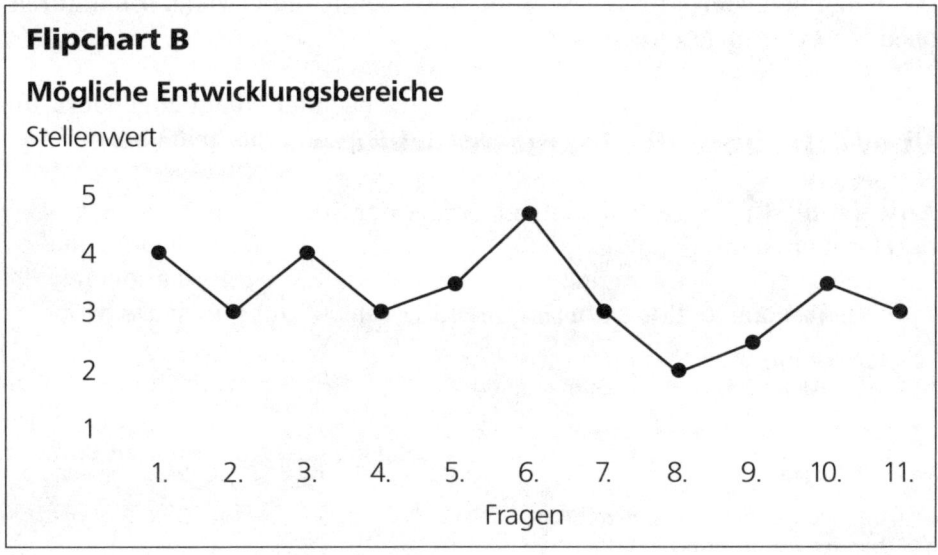

3. Der Teamförderer benutzt die folgenden Fragen, um den Teammitgliedern zu erklären, was die Analyse offenbart:
   a. Welches sind die Trends für unsere Gruppe?
   b. Wo sind die schlechtesten Bewertungen für unser Team?
   c. Wo sind die höchsten Bewertungen für unser Team?
   d. Welche Themen sollte unser Team unbedingt angehen?
   e. Was können wir tun, um unsere Verhaltensweisen in den aufgezeigten problematischen Bereichen zu verbessern?
4. Das Team bestimmt sein Profil und erzielt Einverständnis über die nächsten Schritte.
5. Der Teamförderer oder Teamleiter bewahren die Original-Charts gut auf.
6. Nach drei Monaten wiederholt das Team diesen Prozeß. Der Teamförderer oder Teamleiter stellen die Resultate der zweiten Analyse auf den originalen Charts graphisch dar, wobei sie eine andere Farbe nehmen, um die beiden Darstellungen voneinander zu unterscheiden.
7. Der Teamförderer oder -leiter stellt den Teammitgliedern in diesem zweiten Durchgang folgende Fragen:
   a. In welchem Bereich hat sich unser Team verbessert?
   b. Was hat uns vorwärtsgeholfen?
   c. Wie fühlen wir uns nun, da wir Fortschritte gemacht haben?
   d. Welches sind die gegenwärtigen »heißen Punkte«?
   e. Welche Möglichkeiten bestehen, um noch weiter zu kommen?
8. Das Team faßt sein neues Profil zusammen und einigt sich auf die nächsten Schritte.

Was kommt als nächstes?

Die Teammitglieder führen weiterhin diese Befragung vierteljährlich durch, bis alle Bewertungen hoch sind.

Übersicht über die Teamentwicklung

Anweisung: Kreisen Sie die Zahl ein, unter der Sie und Ihr Team am besten beschrieben sind!

1.	Ich **unterstütze** die **Ziele des Teams**	überhaupt nicht	1	2	3	4	5	völlig
2.	**Die Leitung** dieses Teams wird durchgeführt von	wenigen	1	2	3	4	5	vom Team
3.	Ich fühle mich als **Teil des Teams**.	nie	1	2	3	4	5	immer
4.	**Uneinigkeit** wird	verhindert	1	2	3	4	5	gefördert
5.	Die Teammitglieder werden **mit Problemen konfrontiert**.	selten	1	2	3	4	5	oft
6.	Die Mitglieder sind füreinander oder **für den Erfolg des Teams verantwortlich**.	nein	1	2	3	4	5	ja
7.	**Vertrauen** im Team ist	niedrig	1	2	3	4	5	hoch
8.	Die Teammitglieder **wissen, was man von ihnen erwartet**.	nein	1	2	3	4	5	ja
9.	Die Teammitglieder **sind bereit**, für das Team **Opfer** zu bringen.	nein	1	2	3	4	5	ja
10.	Die Teammitglieder **wissen, welche Entscheidungen** sie treffen können.	nein	1	2	3	4	5	ja
11.	Die Teammitglieder **behandeln sich gegenseitig mit Respekt**.	nie	1	2	3	4	5	immer

Kommentar

Benutzen Sie bitte den freien Raum unten, um folgende Sätze zu vervollständigen!

Das, worüber ich am meisten als Teammitglied zufrieden bin, ist _____

_____

Das, worüber ich am wenigsten als Teammitglied zufrieden bin, ist _____

_____

Kollegengespräch

Was

Die Kollegenbesprechung ist ein formaler Prozeß für Feedback von anderen Personen im Team. Das Gespräch konzentriert sich meist darauf, was ein Teammitglied gut verrichtet hat und was noch besser werden muß. Daher benutzt man es manchmal anstelle einer Leistungsabschätzung. Da Teammitglieder oft von ihren Kollegen am leichtesten ein Feedback erhalten, ist das Kollegengespräch kennzeichnenderweise das effizienteste und sinnvollste Mittel, Verhaltensweisen zu verändern.
Die meisten Organisationen schließen dieses Mittel aber zur Entscheidungsfindung bei Vergütungsfragen aus. Geldangelegenheiten unabhängig von dem Gesprächsprozeß zu erledigen, fördert die Konzentration auf ein konstruktives Feedback, das das Ziel hat, sowohl das Team selbst zu verbessern als auch die Leistung der einzelnen Teammitglieder.

Wann

Wenn ein Team mindestens schon ein Jahr zusammengearbeitet hat, sind die Mitglieder bereit, Feedback durch Kollegenbesprechungen zu erhalten. Die Teammitglieder sind ebenfalls darauf vorbereitet, ein spezifisches Feedback auf eine konstruktive Weise zu geben. Vor der Teilnahme an solch einem Gespräch werden die Teamteilnehmer darin trainiert, wie sie die Fertigkeiten und Leistungen eines Mitglieds bewerten und wie sie das Feedback gestalten müssen. Es ist außerordentlich wichtig, sicherzustellen, daß sich alle Teammitglieder in diesem Prozeß wohl fühlen. Denn nur dann können sowohl für das Team als auch für die einzelnen Personen die besten Beurteilungsergebnisse erzielt werden.
Kollegenbesprechungen werden im allgemeinen in einem halbjährigen Zyklus geführt, besonders, wenn die Teamentwicklung steil nach oben und ein starker Bedarf an Entwicklungsleitung besteht. Reife Teams brauchen solche Kollegengespräche wahrscheinlich nur einmal im Jahr. Doch auch sie könnten von halbjährlich durchgeführten Feedback-Sitzungen profitieren.

Wer

Alle Teammitglieder können an einem Kollegengespräch oder in einer kleineren, vom Team ausgewählten Gruppe teilnehmen, und der zu beurteilende Kollege gibt das Feedback. Oft ist der Manager (oder irgend jemand aus der nächst höheren Ebene) auch beim Feedback-Prozeß dabei.

Da Teammitglieder die Arbeit des betreffenden Kollegen am besten beurteilen können, sind sie für seine Leistungsbewertung am geeignetsten. Daher sollten sie unbedingt dazu herangezogen werden. Das bedeutet aber nicht, daß alle Teammitglieder anwesend sein müssen. Oft sind drei bis vier Personen ausreichend. Eine kleinere Gesprächsrunde kann ebenfalls in der Lage sein, den zu beurteilenden Kollegen auf das Feedback einzustimmen.

Wie

Die Kollegengespräche bestehen aus drei prinzipiellen Phasen:

Phase 1: Vorbereitung für die Kollegengespräche
1. Lassen Sie das Team vor dem Gespräch zusammenkommen, um die Leistung des zu beurteilenden Kollegen zu besprechen! Dabei muß jedes Teammitglied einen Fragebogen ausfüllen. Die Bögen werden von allen Teammitgliedern ausgefüllt, weil bei den Gesprächen oft nicht das ganze Team anwesend ist. Wenn der betreffende Kollege zum ersten Mal durch ein solches Gespräch beurteilt wird, sollte ein Sprecher gewählt werden, der das Feedback des Teams zusammenfassen und die Sitzung leiten soll.
2. Wählen Sie eine Person, die für das Niederschreiben der Aussagen verantwortlich ist und die das Feedback für den zu bewertenden Kollegen zusammenfassen soll!
3. Ernennen Sie einen Timekeeper, um sicherzustellen, daß die Sitzung innerhalb des angesetzten Rahmens bleibt! Dazu sind etwa 60 bis 75 Minuten für die Bewertung einer Person notwendig.
4. Lassen Sie den zu beurteilenden Kollegen einen Fragebogen über seine eigene Leistung ausfüllen (siehe S. 283)!

Phase 2: Durchführung der Kollegengespräche
5. Der zu beurteilende Kollege beginnt die Sitzung mit dem ersten Punkt des Fragebogens, nämlich mit der Selbstbeurteilung. Wenn es für ihn das erste Mal ist, faßt der Sprecher zunächst das Feedback des Teams zusammen. Wenn das Team mehr Erfahrung mit diesem Prozeß hat, können alle anwesenden Teammitglieder ihr Feedback zum selben Punkt geben. Dieser Prozeß wird fortgeführt, bis alle Punkte besprochen sind.
6. Die Grundregeln für das Feedback müssen strikt eingehalten werden.

Der Kollege, der das Feedback erhält, muß aktiv zuhören und darf nur dann Fragen stellen, wenn Informationen zu verdeutlichen sind. Es dürfen keine Situationen erklärt oder das Feedback herausgefordert werden.

Phase 3: Der Schließung der Sitzung
7. Sprecher faßt die Hauptpunkte der Sitzung kurz zusammen, wobei er folgendes anführt:
   a. Drei Beispiele, wie das Teammitglied seinen Beitrag für das Team erbracht hat.
   b. Zwei Beispiele, wie das Mitglied für das Team von noch höherem Wert sein könnte.
8. Das Teammitglied beendet die Sitzung folgendermaßen:
   a. Er gibt einen Grund an, weshalb er es schätzt, Teil dieses Teams zu sein.
   b. Er definiert seine persönlichen Entwicklungsziele.

Was kommt als nächstes?

Das Teammitglied arbeitet mit dem Teamförderer und dem -leiter, um Entwicklungsmöglichkeiten für sich zu finden. Eine eigens dazu einberufene Sitzung klärt das notwendige Training. Während dieser Sitzung kann das Teammitglied um spezifische Vorschläge darüber bitten, wie er sich auf den zur Entwicklung ausgewählten Bereichen verbessern könnte. Die Teammitglieder können dabei auch den Fortschritt des betreffenden Kollegen anerkennen.

Themen für die Kollegenbesprechung

Anweisungen: Sehen Sie für jede der unten aufgelisteten Verhaltensweisen ein Exemplar vor! Wenn es nötig ist, machen Sie einen Vorschlag, wie das Verhalten des Kollegen für das Team nützlicher sein könnte!

Verhaltensweisen und Praktiken	Beispiele	Mögliche Verbesserungswege
● *Initiative.* Ich bin bereit, anderen Teammitgliedern beizustehen, ohne darum gebeten zu werden.		
● *Technische Kompetenz:* Ich beherrsche den Großteil von Fertigkeiten für den Arbeitsprozeß.		

Verhaltensweisen und Praktiken	Beispiele	Mögliche Verbesserungswege
• *Administrative Kompetenz.* Ich bin in der Lage, die Technologie anzuwenden und die Dokumentation zu führen.		
• *Geschäftskenntnisse.* Ich habe einen Sinn für die Kundenbedürfnisse sowie auch für die Geschäftsabläufe.		
• *Leadership.* Ich bin in der Lage und auch bereit, Führungskompetenzen auszuüben.		
• *Mannschaftsmitglied.* Ich unterstütze das Teamkonzept und die Teammitglieder.		
• *Kreativität.* Ich definiere Alternativen für laufende Arbeitsprozesse.		
• *Innovation.* Ich schlage konkrete Alternativen zur Verbesserung des Arbeitsablaufes vor.		

Beschreiben Sie drei Beispiele, an denen zu erkennen ist, wie Sie Ihren Beitrag zum Erreichen der Teamziele geleistet haben!

_____
_____
_____
_____
_____
_____
_____
_____
_____
_____
_____

Beschreiben sie zwei Beispiele, an denen zu erkennen ist, wie Sie für das Team wertvoller werden könnten!

_____
_____
_____
_____
_____
_____
_____
_____
_____
_____
_____

Bewertung des Teamleiters/-förderers

Was

»Die Bewertung des Teamleiters/-förderers« stellt einen Leitfaden für das Feedback vom Teamleiter und/oder Teamförderer dar. Das Feedback konzentriert sich hauptsächlich auf ihren Führungsstil, den sie in ihrer Arbeit mit dem Team, in der Moderation von Teamsitzungen, in der Erläuterung der Teamrollen und in ihrer engagierten Unterstützung zeigen.

Wann

Teamleiter und -förderer brauchen Anweisungen, wie sie dem Team am besten beistehen können, da diese Rollen neu für sie sind. Das Einholen eines Feedback von den Teammitgliedern ist ein Schlüsselinstrument, um dieses Verständnis zunächst zu entwickeln und es später zu erweitern. Die meisten Teamleiter und/oder Teamhelfer gewinnen durch ein spezifisches, monatliches Feedback.

Wer

Teammitglieder füllen den Fragebogen aus. Wenn das Team sowohl einen Teamhelfer als auch einen -leiter besitzt, wird von jedem je ein Exemplar ausgefüllt. Ansonsten beantwortet das Team die Fragen über die Person, die für das Coachen des Teams für schwierige zwischenmenschliche Themen, für das Moderieren von Teamsitzungen und die Kontrolle über die Teamentwicklung verantwortlich ist.

Wie

Die Beurteilung besteht aus zwei wichtigen Phasen. Das Sammeln von Daten und die Aktionsplanung.

Das Sammeln von Daten

1. Der Teamleiter oder -förderer verteilt die Fragebögen an das ganze Team oder nur an einen Teil. Da sie monatlich ausgefüllt werden, kann es nützlich sein, wenn sich die Teammitglieder für dieses Feedback abwechseln.
2. Eines der Teammitglieder sammelt die Fragebögen ein und erstellt aus den Antworten Tabellen.
3. Der Teamleiter oder -förderer füllt ebenfalls den Fragebogen aus, um somit eine Selbstbeurteilung zum Vergleich herzustellen.
4. Das Teammitglied vergleicht die Punkte des Teams mit denen des Teamleiters oder -förderers, um die Diskrepanzen zu bestimmen. Das Teammitglied trägt diese Differenzen für den betreffenden Monat in eine Grafik ein.

Aktionsplanung

5. Der Teamleiter oder -förderer trifft sich mit den Teammitgliedern, die am Beurteilungsprozeß teilgenommen haben. Die Schwerpunkte ihrer Diskussion sind folgende:
   a. Prioritäten für das Team.
   b. Zusätzliche Unterstützung und Ressourcen, die dem Team verschafft werden müssen.
   c. Diskrepanzen, die derzeit beachtet werden müssen.
   d. Aktionspläne, die die Themen bzw. Probleme angehen.
6. Die Teammitglieder bestimmen die Wege, wie sie mit dem Teamleiter oder -förderer kooperieren können, damit das getan wird, um die gegenwärtigen Probleme lösen zu können.

Was kommt als nächstes?

Der Teamleiter oder -förderer stellt die Aktionspunkte auf, über die Einverständnis erzielt wird. Im folgenden Monat werden die Schritte 1 bis 6 wiederholt, um zusätzliche Aktionspunkte festzulegen.

Beurteilung des Teamleiters/-förderers

Anweisung: Stufen Sie Ihren Teamleiter oder -förderer ein, indem Sie für jede der folgenden Aussage die treffendste Zahl einkreisen!

Name des Teamleiters: _____ Datum: _____

Dieser Teamleiter …	Nie				Immer
1. ermutigt das Team zu Zusammenkünften.	1	2	3	4	5
2. verteilt Lob, wenn es verdient ist.	1	2	3	4	5
3. ist offen für neue Methoden und Ideen.	1	2	3	4	5
4. coacht mehr, gibt weniger Anweisungen.	1	2	3	4	5
5. behandelt das Team fair.	1	2	3	4	5
6. teilt dem Team mit, warum bestimmte Entscheidungen getroffen worden sind.	1	2	3	4	5
7. ermutigt Vorschläge.	1	2	3	4	5
8. informiert sein Team.	1	2	3	4	5
9. sagt dem Team, welche Entscheidungen es fällen kann.	1	2	3	4	5
10. hält das Vertrauen aufrecht.	1	2	3	4	5
11. bezieht das Team beim Festlegen der Ziele ein.	1	2	3	4	5
12. ist ein Beispiel für Spitzenleistung.	1	2	3	4	5
13. hört aktiv zu.	1	2	3	4	5
14. lobt öffentlich, coacht nicht vor Augen anderer.	1	2	3	4	5
15. teilt seine Zeit klug ein.	1	2	3	4	5
16. sagt den Teammitgliedern unter vier Augen, wie sie arbeiten sollen.	1	2	3	4	5
17. unterstützt die Teammitglieder.	1	2	3	4	5
18. gibt dem Team ein Gefühl von Bedeutung.	1	2	3	4	5
19. verteidigt die »Teamsache«.	1	2	3	4	5
20. coacht das Team, damit es selbst seine Antworten findet.	1	2	3	4	5
21. teilt dem Team die an sie gerichteten Erwartungen mit.	1	2	3	4	5
22. verlangt auf angemessene Weise Disziplin.	1	2	3	4	5
23. verbringt viel Zeit mit dem Team.	1	2	3	4	5
24. benutzt eine Tagesordnung für die Meetings.	1	2	3	4	5
25. ist offen für Feedback.	1	2	3	4	5
26. hilft dem Team, sich auf das Wesentliche zu konzentrieren.	1	2	3	4	5
27. teilt dem Team mit, in welche Richtung sich die Organisation hinbewegt.	1	2	3	4	5
28. beginnt und schließt Meetings rechtzeitig.	1	2	3	4	5

Selbsteinschätzung des Teamleiters/-förderers

Anweisung: Stufen Sie sich selbst ein, indem Sie für jede Aussage die treffendste Ausprägung einkreisen!

Name _____ Datum _____

Als Teamleiter oder Helfer versuche ich …	Nie				Immer
1. das Team zu ermutigen, sich zu treffen.	1	2	3	4	5
2. Lob zu geben, wenn es verdient ist.	1	2	3	4	5
3. offen für neue Methoden und Ideen zu sein.	1	2	3	4	5
4. mehr zu coachen als Anweisungen zu geben.	1	2	3	4	5
5. das Team fair zu behandeln.	1	2	3	4	5
6. dem Team mitzuteilen, was es zu tun hat.	1	2	3	4	5
7. Vorschläge zu ermutigen.	1	2	3	4	5
8. die Teammitglieder zu informieren.	1	2	3	4	5
9. dem Team mitzuteilen, welche Entscheidungen es fällen kann.	1	2	3	4	5
10. Vertrauen aufrechtzuerhalten.	1	2	3	4	5
11. das Team beim Festlegen der Ziele einzubeziehen.	1	2	3	4	5
12. ein Beispiel für Spitzenleistung zu sein.	1	2	3	4	5
13. aktiv zuzuhören.	1	2	3	4	5
14. öffentlich zu loben, nicht unter den Augen anderer zu coachen.	1	2	3	4	5
15. die Zeit klug einzuteilen.	1	2	3	4	5
16. den Teammitgliedern unter vier Augen zu sagen, wie sie arbeiten sollen.	1	2	3	4	5
17. die Teammitglieder zu unterstützen.	1	2	3	4	5
18. dem Team das Gefühl von Bedeutung zu geben.	1	2	3	4	5
19. die »Teamsache« zu verteidigen.	1	2	3	4	5
20. das Team zu coachen, damit es selbst seine Antworten findet.	1	2	3	4	5
21. dem Team mitzuteilen, was erwartet wird.	1	2	3	4	5
22. angemessen Disziplin zu verlangen.	1	2	3	4	5
23. viel Zeit mit dem Team zu verbringen.	1	2	3	4	5
24. Tagesordnungen für Meetings zu benutzen.	1	2	3	4	5
25. offen für das Feedback vom Team zu sein.	1	2	3	4	5
26. dem Team zu helfen, sich auf das Wesentliche zu konzentrieren.	1	2	3	4	5
27. dem Team mitzuteilen, in welche Richtung sich die Organisation hinbewegt.	1	2	3	4	5
28. Meetings rechtzeitig zu beginnen und zu schließen.	1	2	3	4	5

Bewerbungsgespräche für die Position eines Teammanagers

Was

Teamorientierte Organisationen sind auf Manager angewiesen, die Teams unterstützen und fördern. Teams haben am meisten zu verlieren, wenn sie einen Manager als Vorgesetzten bekommen, der Teams nicht unterstützt. Daher sind Teammitglieder am Auswahlprozeß interessiert und sollten kompetent daran teilnehmen. Sie sollten bei allen Bewerbungsgesprächen mit den Schlußkandidaten dabei sein. Nach jedem Gespräch erstatten die Teammitglieder einen Nachfolgebericht. Ihre Angaben werden bei der Auswahl ihres nächsten Chefs berücksichtigt.

Wann

Wenn Teams in ihre Reifephase treten, benötigen sie nicht nur über ihre eigenen Kollegen, sondern auch über ihre Leiter mehr Entscheidungskontrolle. Wenden Sie diese Richtlinien an, um erfahrenen Teams bei der Arbeit eines neuen Managers eine Möglichkeit der Mitbestimmung zu geben!

Wie

Schritt 1
Bereiten Sie ein einstündiges Teaminterview zwischen den Teammitgliedern und jedem der Bewerber vor!

Schritt 2
Fordern Sie die Teammitglieder auf, ebenfalls im voraus die Fragen vorzubereiten, die sie jedem Bewerber stellen möchten.

Schritt 3
Leiten sie jedes Interview! Das Team sollte dabei die vorbereiteten Fragen zur Hand haben.

Schritt 4
Lassen Sie die Teammitglieder das Interview zusammenfassen, und reichen Sie ihre Informationen an die betreffende Stelle ein!

Jedes Teammitglied muß entscheiden, wer die folgenden Rollen in den einzelnen Interviews übernehmen wird.
Gesprächsführer. Alle Teammitglieder können ihre eigenen Fragen stellen. Sie sollten aber vorher ihre Reihenfolge festlegen.
Zeitmesser. Dieses Teammitglied sollte jedem Bewerber genügend Zeit zur Beantwortung der Fragen einräumen. Das Team muß auch die Möglichkeit für eine kurze »Konversation« zum Abschluß des Interviews haben.
Sekretär. Dieses Teammitglied notiert die Antworten zu den vom Team gestellten Fragen auf. Wenn jemand eine nicht vorgesehene Frage hat, muß er sowohl die Frage als auch die Antwort notieren. Wenn es zeitlich möglich ist, kann der Sekretär auch den »Ton« der Antwort kurz charakterisieren.

Beispiele für Fragen im Interview
Hier nun einige Beispiele für Fragen, für die sich die Teammitglieder wahrscheinlich interessieren:

- Beschreiben Sie ein Szenario, in dem Sie einen eher traditionellen Führungsstil in Betracht zogen, aber statt dessen einer mehr teambezogenen Vorgehensweise nachgaben!
- Wann fällt es Ihnen am schwersten, in einer Teamorganisation zu arbeiten?
- Welches Verhalten erwartet man von Managern, die eine Teamorganisation leiten?
- Wie verteidigen Sie die Entscheidung, in einigen Organisationsteilen Teams einzuführen, während Sie auch mit solchen Organisationsteilen arbeiten müssen, in denen noch keine Teams tätig sind?
- Warum glauben Sie, daß man mit Teams die Arbeit besser ausführen kann?
- Wann trafen Sie die Entscheidung, lieber für eine Teamorganisation zu arbeiten als in einer traditionellen Organisationskultur?
- Wie würden Sie die wichtigsten Unterschiede zwischen einer Teamorganisation und einer traditionellen Organisation beschreiben?
- Wie würden Sie Konflikte zwischen zwei Teammitgliedern schlichten? Und wie zwischen zwei Teams?
- Unter welchen Umständen könnten Sie keine Teamentscheidungen unterstützen?
- Welche war die frustrierendste Situation, die Sie jemals mit Teams erlebt haben?
- Warum würden Sie ein gutes Beispiel für die Teammitglieder abgeben?

- Welche Informationen über Kundeninteressen würden Sie den Teams zuleiten?
- Wie würden Sie diese Aussage beenden? Teams sind eine bessere Methode, weil ...
- Was für Fragen oder Probleme sehen Sie für die Arbeit mit diesem Team?

Was kommt als nächstes?

Nachdem der Sekretär die Fragen und die Bewerberantworten in Reinschrift gebracht hat, übergibt er sie dem Vertreter der Personalabteilung. Wenn zahlreiche Bewerber interviewt wurden, kann man das Team auffordern, die Bewerber aufgrund der jeweiligen Argumente einzustufen.

Einführung eines neuen Managers in ein Teamumfeld

Was

Die »Einführung eines neuen Managers in ein Teamumfeld« sieht eine Serie von Meetings vor, die den neuen Teammanager und das Team darauf vorbereiten sollen, effektiv miteinander zu arbeiten. In dieser Serie aus kleinen Gruppenmeetings stellt das Team Fragen, und der Manager antwortet. Diese Meetings ermöglichen dem Team, dem Manager direkt seine Bedürfnisse mitzuteilen. Die Meetings bieten gleichzeitig dem Manager die Gelegenheit, das Team näher kennenzulernen und realistisch einzuschätzen.

Dieses Instrument kann in leicht abgeänderter Form auch dazu dienen, einem neuen Teammitglied bei der Orientierung zu helfen.

Wann

Während der ersten Woche nach der Einstellung des Managers sollte mit den Teams ein Meeting abgehalten werden. Die nachfolgenden Diskussionen müssen diesem ersten Meeting so schnell wie möglich folgen.

Wer

Dieses Meeting kann entweder der Manager oder der Teamförderer leiten. Dieser Meetingsleiter sollte möglichst die Frageliste der Teams aus dem Bewerbergespräch bereit haben. Der neue Manager kann dann diese Fragen nochmals überblicken und sich auf alle Fragen in dem ersten oder zweiten Meeting vorbereiten.

Möglichst alle Teammitglieder sollten die Sitzungen zur Einführung des neuen Managers besuchen. Wenn sich die vorbereiteten Punkte als zu komplex erweisen, müssen die Vertreter aller Teams im Meeting anwesend sein. Später erstatten sie dann ihren Teammitgliedern Bericht.

Wie

Man setzt zum Treffen des neuen Managers mit den Teams drei formale Sitzungen an. Auf jeder dieser Sitzungen, die aus Fragen und Antworten bestehen, werden die Hoffnungen, Sorgen und Erwartungen der Teams sowie auch des neuen Managers erläutert. Das fördert eine gegenseitige, unterstützende Beziehung zwischen ihnen. An erster Stelle sollten die Sitzungen Antworten auf drei grundlegende Fragen geben:

1. Wer sind die Teams?
2. Was benötigen die Teams vom neuen Manager?
3. Wie könnten die Teams und Manager zusammenarbeiten, um diese Bedürfnisse zu decken?

Sitzung 1 (90 Minuten)

Zweck
Den Hintergrund der Teams zu besprechen und damit beginnen, die Hoffnungen und Sorgen hinsichtlich des neuen Managers zu klären.

Prozeß
Er besteht aus zwei grundlegenden Schritten:

1. Jedes Team stellt in kurzer Fassung seine aktuelle Vision, sein Leitbild, seine Normen, Ziele, Kennzahlen und Erfolge dar.
2. Teamvertreter stellen Fragen (siehe die Beispielfragen unten). Der neue Manager beantwortet sie, wenn möglich, oder verspricht, seine Antworten auf der zweiten Sitzung mitzuteilen.

Beispielfragen für die Teamvertreter:
1. Was wissen Sie über diese Teams und ihre Arbeit?
2. Welchen Hintergrund hat Ihr Wunsch, mit Teams zu arbeiten?
3. Was müssen Sie über die Arbeitsweise dieses Teams wissen?
4. Welche größeren Probleme planen Sie in den nächsten sechs Monaten anzugehen?
5. Welches von ihnen halten Sie für das wichtigste?
6. Welche Erwartungen haben Sie für die nächsten sechs Monate hinsichtlich dieses Teams?
7. Was für Fragen, Themen, Hoffnungen oder mögliche Ängste bewegen Sie hinsichtlich der Zusammenarbeit mit diesem Team?
8. Was sind Ihre Ansichten über den Umfang der Kompetenzen, die Teams bzgl. des Zahlenmaterials, der Problemlösung und der Entscheidungen besitzen sollten?

Sitzung 2 (etwa zwei bis vier Wochen später – 60 Minuten)

Zweck
Diese Sitzung führt die Themen des ersten Meetings weiter:

1. Der neue Manager äußert sich zu jedem Thema, das auf der Sitzung 1 angesprochen wurde.
2. Der Manager stellt jede beliebige Frage zur weiteren Klärung der Teambedürfnisse.
3. Der neue Manager und das Team diskutieren über die Möglichkeiten, die Ziele beider Seiten zu erreichen, und legen ihre Erwartungen hinsichtlich der Kommunikation fest.

Sitzung 3 (etwa zwei bis drei Monte später – 90 Minuten)

Zweck
Zweck ist, zu bestimmen, inwieweit die gegenseitigen Hoffnungen, Sorgen und Erwartungen in Erfüllung gegangen sind, und festzulegen, welche neuen Themen in dieser Zeit aufgetaucht sind.

Prozeß
Diese Sitzung konzentriert sich auf den Fortschritt und auf die fortlaufenden Bedürfnisse:

1. Prüfung der bisherigen Daten.
2. Diskussion über die gegenwärtige Situation und weitere, notwendige Verbesserungen.
3. Festlegung der nächsten Schritte.

Was kommt als nächstes?

Wenn sich Probleme weiterentwickeln, müssen die Teammitglieder und der Teammanager zu einem Einverständnis über eine Initiative kommen, die diese Probleme sofort angeht. Die dadurch erzielten Kommunikationserwartungen müssen auf der Grundlage der Methoden und des Zeitrahmens entwickelt werden, wie sie dieses Mittel bietet. Es erleichtert den Prozeß erheblich.

Beurteilung der Erfahrenheit von Teams

Was

Die Erfahrung eines Teams zu bestimmen, ist recht kompliziert, da sie nicht an einen Zeitrahmen gebunden ist. Sie basiert sowohl auf dem Erreichten als auch auf dem Gebiet der Teamkohäsion. Diese Beurteilung ermöglicht es, diejenigen Bereiche zu erkennen, die vom Team gemeistert werden, und festzulegen, welche Möglichkeiten für eine weitere Entwicklung verfügbar sind.

Wann

Wenden Sie diese Beurteilung an, wenn Sie wissen möchten, welchen Erfahrungsgrad sich die Teams bereits erworben haben, und wenn sie ein verstärktes Training oder mehr Unterstützung brauchen. Zwölf Monate nach dem Teamstart ist es angemessen, diese Beurteilung zu benutzen. Es sollte alle zwölf Monate wiederholt werden.
Am leichtesten ist Teamerfahrung anhand der Zeit zu messen. Doch es kann trügerisch sein, sie nach dem Kalender zu bestimmen.
Hier nun ein paar Anlässe zur Bestimmung, wann man diese Erhebung anwenden soll:

- Ein Team hat sein Projekt beendet oder seinen Zweck erfüllt.
- Der Bestand des Teams ist für über 18 Monate konstant geblieben.
- Die meisten Teammitglieder weisen Teamleitungsfertigkeiten auf.
- Die Teammitglieder sind mit ihrer Beteiligung im Team zufrieden.

Wer

Teammitglieder können den Fragebogen einzeln ausfüllen und ihre Antworten danach mit denen der anderen vergleichen. Wenn das Team möchte, kann der Leiter die Daten einsammeln, ein Nachfolgegespräch organisieren und die notwendigen Entwicklungsmittel bestimmen.

Wie

Dieser Prozeß besteht aus vier Phasen: Einsammeln der Daten, nachdem die Teammitglieder den Bogen einzeln ausgefüllt haben, die individuellen und Teamauswertungen vergleichen, die Differenzen in den Auswertungen besprechen und die Entwicklungspläne für die einzelnen Mitglieder als auch für das ganze Team vorbereiten.

Was kommt als nächstes?

Teams sollten ihre Entwicklung regelmäßig überprüfen. Ermutigen Sie die Teams, zusammenzukommen und sich über ihre Entwicklungsbedürfnisse und verfügbaren Ressourcen zu unterhalten! Wenn Teams weiterhin außerordentliche Fortschritte machen, sparen Sie nicht mit Anerkennung über ihre Leistungen!

Befragung zur Erfahrenheit von Teams

Anweisungen: Teammitglieder, Teamleiter und die Manager der Teams füllen einzeln den Fragebogen aus. Man kombiniert die individuellen Auswertungen, um den Durchschnitt jedes Punktes zu errechnen.
Kreisen Sie für jeden Punkt die Antwort ein, die beschreibt, wie oft das Team die dargestellte Tätigkeit oder Verhaltensweise zeigt! Zur Beantwortung jeder Frage benutzen Sie folgende Bewertungen:
1 = Nie, 2 = Selten, 3 = Manchmal, 4 = Oft, 5 = Immer.

Anwendung von Teamkennzahlen

		1	2	3	4	5
1.	Das Team erreicht seine festgesetzten Kennzahlen.	☐	☐	☐	☐	☐
2.	Das Team legt seine »dehnbaren« Ziele fest und erreicht sie.	☐	☐	☐	☐	☐
3.	Das Team leistet seinen Beitrag zur Befähigung anderer Teams, ihre Ziele zu erreichen.	☐	☐	☐	☐	☐
4.	Das Team legt Kennzahlen fest, die die betrieblichen Kennzahlen unterstützen.	☐	☐	☐	☐	☐
5.	Das Team entwickelt zusätzliche Methoden, um seine Leistung zu überwachen.	☐	☐	☐	☐	☐

Addieren Sie die eingekreisten Punkte, um die Seitenpunktzahl zu erhalten!

Seitenpunktzahl

Aufweisen von Teamfertigkeiten

		1	2	3	4	5
6.	Die Teammeetings sind nützliche und praktische Sitzungen.	☐	☐	☐	☐	☐
7.	Die Teammitglieder übertragen sich gegenseitig Kompetenzen, um die Teamtätigkeiten zu leiten.	☐	☐	☐	☐	☐
8.	Die Teammitglieder sind fähig, sich komplizierte Themen gegenseitig mitzuteilen.	☐	☐	☐	☐	☐
9.	Innovative Ideen werden mit klarer Argumentation und konkreten Vorschlägen zu ihrer Implementierung präsentiert.	☐	☐	☐	☐	☐
10.	Alle Teammitglieder üben eine Vielzahl von Teamverantwortlichkeiten kompetent aus.	☐	☐	☐	☐	☐

Addieren Sie die eingekreisten Punkte, um die Seitenpunktzahl zu erhalten!

Seitenpunktzahl

Arbeit innerhalb einer Organisation

	1	2	3	4	5
11. Die Entscheidungen des Managements werden konstruktiv herausgefordert.	☐	☐	☐	☐	☐
12. Neue Mitglieder werden schnell im Team aufgenommen.	☐	☐	☐	☐	☐
13. Fragen zur Klärung und zur Herausforderung des Status quo werden konstruktiv gestellt.	☐	☐	☐	☐	☐
14. Effektiv arbeitende Teammitglieder erhalten in der Organisation Anerkennung.	☐	☐	☐	☐	☐
15. Teamleistung wird nach den Beiträgen des Teams belohnt.	☐	☐	☐	☐	☐

Addieren Sie die eingekreisten Punkte, um die Seitenpunktzahl zu erhalten!

Seitenpunktzahl

Die Entwicklung als Team

	1	2	3	4	5
16. Die Normen sind hoch, positiv und auf das Wachsen des Teams ausgerichtet.	☐	☐	☐	☐	☐
17. Alle Teammitglieder erhalten die Möglichkeit, ihre Fertigkeiten zu erweitern.	☐	☐	☐	☐	☐
18. Teamentwicklung ist ein regelmäßiges Diskussionsthema.	☐	☐	☐	☐	☐
19. Das Training ist ein wichtiges Element, das zur Arbeit gehört.	☐	☐	☐	☐	☐
20. Die Teammitglieder sind bestrebt, neue Prozesse schnell in den Griff zu bekommen.	☐	☐	☐	☐	☐

Addieren Sie die eingekreisten Punkte, um die Seitenpunktzahl zu erhalten!

Seitenpunktzahl

Tragen Sie die Punktzahlen jeder Seite in das entsprechende Kästchen ein, und addieren Sie sie zur Gesamtsumme!

Anwendung von Teamkennzahlen

Aufweisen von Teamfertigkeiten

Arbeit innerhalb einer Organisation

Entwicklung als Team

Gesamtsumme

Richtlinien für die Auswertung

Finden Sie Ihre Gesamtsumme innerhalb der unten dargestellten Rangstufen heraus! Lesen Sie die kurze Beschreibung durch!

Gesamtsumme von 20–40
Das niedrige Niveau der Teamerfahrung kommt in der Tätigkeit des Teams zum Ausdruck. Teams mit niedrigen Stellenwerten müssen in ihre Kommunikationsfertigkeiten investieren, einen effektiveren Gruppenprozeß entwickeln und ihre Leistung steigern. Der Teamförderer oder -manager kann bei der Bestimmung zusätzlicher Ressourcen behilflich sein. Die oberste Priorität ist die Verbesserung der Effizienz des Teams und seiner Kennzahlen.

Gesamtsumme von 41–70
Das mittelmäßige Niveau der Teamerfahrung kennzeichnet die Tätigkeiten des Teams auf eine ganz typische Weise. Einige der Teammitglieder besitzen vielleicht ein hohes Niveau an Fertigkeiten und könnten auch anderen Teammitgliedern unter die Arme greifen, die entweder im Umgehen mit technischen Kompetenzen oder im Teamprozeß nicht so fortgeschritten sind.

Gesamtsumme von 71–100
Das Team zeigt in jeder Hinsicht ein hohes Leistungsniveau auf. Die meisten der Teammitglieder sind hochqualifizierte Fachleute, und das Team selbst konzentriert sich richtig auf die Teamentwicklung. Für solche erfahrenen Teams sind zwei Vorschläge angebracht: (1) Ermutigen Sie abschweifende Teammitglieder, wieder fest im Team zu arbeiten! Und (2): Versetzen Sie einige Teammitglieder in andere Bereiche der Organisation, damit effektive Teampraktiken überall aufgenommen werden können!

Vertiefendes Teamtraining

Was

Das »Vertiefende Teamtraining« stellt eine Auswahl an Lehrplänen zum Aufbau von Fertigkeiten dar, die für ein erfahrenes Team bestimmt sind. Dabei wird vorausgesetzt, daß die Teammitglieder bereits solide Grundlagen auf drei Gebieten besitzen:
Technische Fertigkeiten. Bewiesene Kompetenz in wenigstens der Hälfte aller Aufgaben, für deren Durchführung das Team verantwortlich ist.
Administrative Fertigkeiten. Bewiesene Kompetenz bei der Fertigstellung verschiedener Dokumentationen wie zum Beispiel von Qualitätsberichten, Begleitungsbögen, Nachfragen und Auftragsverzeichnissen sowie auch die Fähigkeit, je drei der Teamkunden und der Teamzulieferer genau aufzuführen.
Kommunikationsfertigkeiten. Bewiesene Kompetenz, an Meetings teilzunehmen, Teamentscheidungen verschiedenen Typs zu fällen, Konflikte mit Teammitgliedern zu schlichten, neue Ideen zu präsentieren und Probleme zu lösen.
Das »Vertiefende Teamtraining« baut auf den grundlegenden Fähigkeiten auf, die für eine effektive Teilnahme im Team absolut wesentlich sind. Es fordert außerdem die Teammitglieder heraus, sich mit Prozessen und Verantwortlichkeiten außerhalb ihrer gegenwärtigen Rollen vertraut zu machen.
Folgende sind Fertigkeiten, die ein vertiefendes Teamtraining vermittelt:

Technische Fertigkeiten
Diese stellen die Fähigkeit dar, zusätzliche technische Aufgaben im eigenen, im Zulieferer- und Kundenteam durchzuführen.

Administrative Fertigkeiten
Dieser Bereich betrifft die Fähigkeit, Fertigkeiten und Kenntnisse auf folgenden Gebieten anzuwenden:

- Alle administrativen Aufgaben durchzuführen, die früher zur Kompetenz des Managers gehörten, jetzt aber dem Team übertragen worden sind.

- Die Einwirkung der Teamleistung auf die Ergebnisse des Unternehmens zu erläutern.
- Mehr als eine Vorgehensweise zur Absicherung der Ressourcen, Erstellung von Tabellen und zum Ansprechen von Themen bzgl. der Arbeitsabläufe zu bestimmen.
- Die Kundenerwartungen zu bestimmen und die beiden wichtigsten Abweichungen zu identifizieren.
- Finanzberichte zu überprüfen und zu bestimmen, worauf sich das Team konzentrieren muß.
- Anweisungen und Informationen zur Planung zu geben.
- Informationen über Kennzahlen zusammenbringen.
- Aktionspläne zur Verbesserung der Teamleistung aufgrund der Kennzahlen zu entwickeln.
- Informationen zu verschiedenartigen Themen zusammenzustellen, die die Teamleistung beeinflussen.
- Kurzfristige Produktionsziele mit langfristigeren Entwicklungsanforderungen auszubalancieren.

Kommunikationsfertigkeiten
Teammitglieder müssen fähig sein, innerhalb des Teams folgende Fertigkeiten konsequent anzuwenden:

- Schüchterne Teammitglieder zu ermutigen.
- Ein neues Team zu bilden.
- Eine Teamkultur zu gestalten.
- Mehr über den Teamprozeß zu lernen.
- Wege vorzuschlagen, damit sich das Team den wandelnden Märkten und Kundenerwartungen anpassen kann.
- Die besten Prinzipien für das Team anzuwenden.
- Über den Teamrahmen hinaus zu arbeiten, um die Ziele der Organisation zu erreichen.
- Unterstützung für Kollegenbesprechungen und zum Umgang mit Schwierigkeiten anbieten.
- »Besucherführungen« durchzuführen und die besonderen Leistungen des Teamumfelds hervorzuheben.
- Schwierige Themen wie zum Beispiel die Einwirkung individueller Leistung auf das Team, Probleme der persönlichen Entwicklung und die Gründe für Fehler bei den Kennzahlen direkt mit den Teammitgliedern zu erörtern.
- Effektive Meetings unter Beachtung von Grundregeln, der Tagesordnung und des Zeitnehmens zu leiten.
- Teammitglieder, die mit ihren Aufgaben kämpfen, zu unterstützen.
- Schlüsselwerte zu realisieren.

- Meinungsverschiedenheit zu fördern.
- Individuelle Präsentationsfertigkeiten zu entwickeln.
- Ein neues Teammitglied aufzunehmen.
- Kollegengespräche zu führen (siehe S. 281).
- Einen neuen Manager einzuführen.
- Die Grenzen des Teams zu kennen.
- Ideen dem höheren Management zu präsentieren.

Wann

Ein vertiefendes Teamtraining kann angesetzt werden, wenn die Teammitglieder ihre grundlegenden Kompetenzen bereits unter Beweis gestellt haben. Das vertiefende Training kann ebenfalls angewandt werden, wenn es für die Organisation notwendig wird, daß Teammitglieder und Teamleiter ihre gegenwärtigen Verantwortlichkeiten erweitern.

Wer

Der interne Beauftragte für den Wandel sammelt Informationen von den Teammitgliedern, Leitern und Managern, setzt das erforderliche Training fest und wählt auch das Quellenmaterial dafür aus. Die Teammitglieder und Leiter bestimmen den Trainingsplan, der auf den Prioritäten und den Arbeitsplänen basiert. Teammitglieder, Leiter und Manager können gleichermaßen effektive Trainingsinstruktoren sein.

Wie

Das Training wird entsprechend der erkannten Prioritäten bei der Erweiterung der Kompetenzen durchgeführt. Die dabei angepeilten Fertigkeiten sollten Teammitglieder und -leiter befähigen, eine breitere Skala von Verantwortlichkeiten erfolgreich zu übernehmen.
Zur Festsetzung des Trainings vergleichen Sie die erforderlichen Fertigkeitserweiterungen für die Teammitglieder mit den gegenwärtigen Fertigkeiten des Teams! Zur Erleichterung dieses Vergleichs benutzen Sie die »Phasen der Teamentwicklung« auf Seite 271. Dadurch erhalten Sie die erforderlichen Informationen von den Teammitgliedern und -leitern. Damit wird für jedes beliebige vertiefende Training sichergestellt, daß es zielgerecht eingesetzt ist und auf die wesentlichen Bedürfnisse ausgerichtet ist.

Was kommt als nächstes?

Wenn das vertiefende Training einmal genau festgesetzt ist, muß man Schritte unternehmen, um das Training so bald wie möglich umzusetzen.

Das Definieren und Umsetzen des Trainings sollte einen kontinuierlichen Prozeß darstellen. Die Entwicklung von Fertigkeiten bleibt auch weiterhin ein beständiger Bedarf für Teams, die neue Kompetenzen übernehmen.
Zur Sicherstellung des Erfolgs eines Teams ist das Einsetzen eines Mechanismus ausschlaggebend, der die Teamkompetenzen aufgrund einer Regelbasis überprüft. Dadurch wird das angebotene Training dem wirklichen Bedarf entsprechen. Wenden Sie diesen und das Instrument für die »Phasen der Teamentwicklung« (Seite 271) an, um diesen fortlaufenden Prozeß umzusetzen!

Grundlegende Fertigkeiten für Teams

| Teamleiter | Alle | Teammitglieder |

Teambewußtsein und Übergabe von Rollen
- Teamleitung
- Vertrauensgrundlage schaffen

Teambewußtsein und Übernahme von Rollen
- Der Vorteil von Teams
- Die Grundprinzipien der Teamarbeit

Grundlegende zwischenmenschliche Fertigkeiten
- Konstruktives Feedback geben
- Gute Informationen von anderen erhalten
- Ideen aufspüren
- Mit Veränderungen fertig werden

Grundlegende zwischenmenschliche Fertigkeiten
- Feedback geben, um anderen zu helfen
- Aktiv zuhören
- Teilnahme an Gruppenmeetings
- Umgehen mit Veränderungen

Bildung und Entwicklung von Teams
- Ergebnisorientierte Meetings leiten
- Ein Team starten und fördern

Bildung und Entwicklung von Teams
- Das Team auf Kurs halten
- Eine entscheidende Rolle bei Teamentscheidungen spielen
- Teampläne entwickeln
- Schwierige Probleme mit dem Team ansprechen

Kontinuierliche Prozeßverbesserung
- Die Qualität aus der Sicht der Kunden
- Die Klärung der Kundenerwartungen
- Unzufriedenheit der Kunden beseitigen
- Arbeitsprozesse analysieren und Möglichkeiten für Verbesserung finden
- Qualitätsprobleme lösen

Leitlinie für Organisationsverbesserung

Was

Die »Leitlinie für Organisationsverbesserung« stellt eine Methode dar, mit der das gegenwärtige Niveau der Mitsprache der Arbeitnehmer, die Kundenorientierung und die Prozeßverbesserung in einer Abteilung, Funktion oder in der gesamten Organisation überprüft werden kann. Eine Analyse erbringt in diesen Bereichen Informationen darüber, welche Veränderungsbemühungen zur Zeit vor sich gehen. Es läßt außerdem die Möglichkeiten erkennen, wie man die Effektivität jeder einzelnen Bemühung steigern kann, indem man eine Vielzahl anderer Bemühungen zur Verbesserung der Organisation, einschließlich der Einführung oder Erweiterung von Teams, erleichtert und koordiniert.
Die Daten, die man mit der Anwendung der »Leitlinie für Organisationsverbesserung« erhält, stellen dann die Basis dar, von der aus man überprüfen kann, welche verschiedenartigen Veränderungsbemühungen integriert werden müssen. Somit bietet dieses Instrument eine Einschätzung von jeder laufenden Veränderung, die Erfolge aufzeigt. Wenn die Teamleiter ihre fortlaufenden Umsetzungspläne überprüfen, können sie damit leichter die Bereiche identifizieren, auf die man sich konzentrieren muß. Außerdem bietet sie ausschlaggebende Informationen, die zur Erweiterung und Unterhaltung von Teamkonzepten notwendig sind, und zeigt, was man zum Erreichen zusätzlicher Ziele noch braucht.

Wann

An einem gewissen Punkt müssen Organisationen, die mehrere Veränderungsbemühungen unterstützen, aber noch nicht alles Erhoffte erreicht haben, etwas Abstand nehmen und erst mal ihre gegenwärtige Situation beurteilen. In den meisten Fällen sind die Bemühungen teilweise erfolgreich, und man sollte nicht nachgeben. Andere Bemühungen haben vielleicht ihr Ziel erreicht und weisen bereits positive Ergebnisse auf. Vielleicht sind schon wertvolle Elemente vorhanden – vielleicht ein effektives Leitungskomitee, eine Einschätzung der immer noch nützlichen Kapazitäten oder eine gewisse Anzahl von Arbeitnehmern, die in der Technik der Problemlösung trainiert worden sind. Doch gibt es dann noch andere Elemente, die entweder ganz fehlen oder unpassend sind.

Wenn sich der Fortschritt einer Organisation zu einer Veränderung verzögert oder steckenbleiben, hilft die »Leitlinie für Organisationsverbesserung« einem Unternehmen, seine Schwerpunkte zu finden und seine Bemühungen um Änderung neu zu beleben. Man kann mit ihrer Hilfe leichter bestimmen, welche Bemühungen man fortsetzen und welche aussetzen sollte, und welche Initiativen abzuändern oder abzuschließen sind.

Dieses Instrument kann auch als Richtlinie für die regelmäßigen Analysen dienen, die die Änderungsinitiativen auf einer Regelbasis überprüfen. Die »Leitlinie für Organisationsverbesserung« kann ein Jahr nach dem Start der Veränderungsinitiative zur Analyse der Erfolge und Mißerfolge angewandt werden. Die fertige Analyse bietet Informationen, die bei einer Revision des Teameinführungsplans und der Rolle von Teams innerhalb des Veränderungsprozesses als Richtlinie dienen können.

Wer

Auf Anforderung des internen Beauftragten für den Wandel oder des Teams wird eine Analyse durchgeführt, in die Arbeitnehmer, Manager, Meister und Geschäftsleiter einbezogen werden. Der Beauftragte spricht auch die direkten Unterstützungspersonen an, einschließlich der internen Zulieferer und/oder Kunden sowie auch alle anderen Unterstützungsstellen, zum Beispiel Buchhaltung (Einnahmen und Ausgaben), Personalabteilung, Versand und Empfang oder auch andere Abteilungen, die über Mitarbeit und Lieferungen eng mit den Produkten oder Dienstleistungen der Zielfunktion verbunden sind.

Wie

Die »Leitlinie für Organisationsverbesserung« erleichtert die Bestimmung, inwieweit eine Organisation in den drei für den Wandel primären Bereichen fortgeschritten ist: Einbeziehung der Arbeitnehmer, Schwerpunktlegen auf den Kunden und Prozeßverbesserung. Die erhaltenen Daten und deren Analyse ergeben eine Basis für die Revision der Veränderungsbemühungen und für die Entwicklung weiterer Einführungspläne. Das Resultat ergibt die »Leitlinie für Organisationsverbesserung« für das betreffende Unternehmen. Der Prozeß besteht aus folgenden Schritten:

1. Meistens wird die Checkliste in einer Gruppensitzung von den einzelnen Personen ausgefüllt. Der interne Beauftragte verteilt die Checklisten, sammelt die ausgefüllten Blätter ein und untersucht sie dann nach Trends.

2. Man kann Follow-Up-Schwerpunktgruppen für die Richtigkeit und zum Ausschreiben der originalen Checklisten heranziehen. Diese Gruppen haben folgende Themen zu überprüfen:
   a. bestehende und wahrgenommene Veränderungsaktivitäten;
   b. gemeinsame Abweichungen von den geplanten Veränderungen;
   c. Gründe und Wirkungen dieser gemeinsamen Abweichungen;
   d. mögliche Lösungen zu Umsetzungsproblemen.
3. Der interne Beauftragte arbeitet unter Benutzung der zusammengestellten Information Empfehlungen zur Planung aus. Das schließt folgende Fragen ein:
   a. Was sollte man beibehalten?
   b. Was sollte geändert werden?
   c. Welche Lösungen basieren vielleicht auf den Informationen aus der Checkliste und den Follow-Up-Schwerpunktgruppen?
4. Der Bericht des internen Beauftragten wird der Gruppe vorgelegt, die für den Änderungsprozeß verantwortlich ist.

Was kommt als nächstes?

Die Organisation verwendet die Ergebnisse von der »Leitlinie für Organisationsverbesserung«, um

1. Erfolge zu halten, die auf den bereits bestehenden Komponenten aufgebaut sind, und um ungeeignete oder fehlende Elemente aufzuspüren;
2. die allgemeine Einwirkung der drei Typen von Änderungsinitiativen einzuschätzen und die nächsten Schritte zu bestimmen. Oder anders gesagt: bestimmen, inwieweit die Organisation kundenbezogen ist, von Prozessen geleitet wird und die Arbeitnehmer einbindet;
3. alle Änderungsbestrebungen zu integrieren und so den Fortschritt der Organisation vorwärts zu treiben.

Leitlinie für Organisationsverbesserung

Anweisungen: Die folgenden Aussagen beschreiben charakteristische Eigenschaften von Organisationen mit Spitzenleistung in den drei Schlüsselbereichen für Verbesserung: Konzentration auf den Kunden, Leiten der Prozesse und Einbeziehung der Arbeitnehmer. Stellen Sie fest, wie genau Ihrer Meinung nach jede Aussage Ihre Organisation beschreibt, und schreiben Sie die Nummer der von Ihnen ausgewählten Antwort auf die Linie vor jeder Aussage! Wenn Sie alle drei Spalten ausgefüllt haben, errechnen Sie für jede Spalte die Gesamtsumme Ihrer Antworten!

5 = völlig richtige Aussage
4 = ziemlich richtig
3 = in mancher Hinsicht richtig, in anderen falsch
2 = nicht ganz richtig
1 = vollkommen falsch

Wie kundenbezogen ist Ihre Organisation?

____ 1. Empfehlungen für Kunden, Dienstleistung und Qualität gehören zur Vision, zum Leitbild und zu den Strategien der Organisation.
____ 2. Einschätzungen, Schwerpunktgruppen und Analysen von Beschwerden werden regelmäßig durchgeführt, um die Zufriedenheit der Kunden zu messen.
____ 3. Kundenerwartungen dienen als Richtlinien für die Entwicklung von Waren und Dienstleistungen.
____ 4. Die Beschäftigten unserer Organisation beobachten beständig, wie unsere Kunden unsere Produkte und Dienstleistungen anwenden.
____ 5. Kundendaten werden jedem in der Organisation, der sie benötigt, zur Verfügung gestellt.
____ 6. Manager legen großen Wert auf Kundenkontakte, obwohl sie nicht zu seinen regulären Aufgaben gehören.
____ 7. Beurteilungen der Arbeitnehmerleistung schließt auch die Komponente der Kundenzufriedenheit ein.
____ 8. Die Grenzen zwischen unserer Organisation und den externen Schlüsselkunden sind unscharf.
____ 9. Unsere Organisation erleichtert den Umgang der Kunden mit uns.
____ 10. Wir untersuchen ständig den latenten Bedarf an Produkten, Dienstleistungen und Erfordernissen, den die Kunden noch gar nicht bemerkt haben.
____ 11. Wir messen jeden Teilbereich der Aufgaben, der für unsere Kunden wichtig ist.
____ 12. Wir messen, wie gut wir den Bedürfnissen unserer internen Kunden entsprechen.
____ GESAMTSUMME

Inwieweit wird die Arbeit in unserer Organisation mehr von Schlüsselprozessen als von Abteilungen geleitet?

____ 13. Unsere Organisation hat Schlüsselprozesse identifiziert, die mehrere Abteilungen einbeziehen.
____ 14. Jedem Schlüsselprozeß steht ein Geschäftsleiter oder Spitzenmanager vor.
____ 15. Unsere Organisation hat eine funktionsübergreifende Methode, um Probleme zu erkennen und zu lösen.

___ 16. Funktionsübergreifende Kommunikation zwischen den Abteilungen bestehen auf allen Ebenen, nur an der Spitze nicht.
___ 17. Die Beschäftigten in unserer Organisation verstehen, in welchem Maße ihre Arbeit den strategischen Schlüsselzielen dient.
___ 18. Die Beschäftigten in unserer Organisation kennen ihre internen Kunden und wie sich ihre Arbeit auf diese Kunden auswirkt.
___ 19. Unsere Organisation prüft regelmäßig die Durchführung der Prozesse.
___ 20. Das Leitungsteam identifiziert Schlüsselkennzahlen und gibt sie an die gesamte Organisation weiter.
___ 21. Die Benutzung von realistischen Daten wird für Entscheidungen und die Schlichtung von Unstimmigkeiten hoch geschätzt.
___ 22. Die Beschäftigten in unserer Organisation besitzen die Fertigkeiten, Arbeitsprozesse zu messen.
___ 23. Die Beschäftigten unserer Organisation sehen beständige oder zeitweilige Aufgaben, die außerhalb ihrer eigentlichen Funktion oder Abteilung liegen, als einen Teil ihrer normalen Arbeit an.
___ 24. Von Managern wird erwartet, daß sie bei Entscheidungen eine funktionsübergreifende Perspektive einnehmen.
___ GESAMTSUMME

In welchem Maße bindet unsere Organisation ihre Arbeitnehmer ein?

___ 25. Auf jeder Ebene; jene, die Arbeit direkt verrichten, fällen auch mehr Entscheidungen über ihre Arbeitsabläufe.
___ 26. Die meisten Beteiligten fühlen eine starke persönliche Verpflichtung für das Wohlergehen der Organisation.
___ 27. Jeder wird in unserer Organisation ermutigt, die Initiative zur Verbesserung der Dinge zu ergreifen.
___ 28. Die Organisation vermittelt ihren Arbeitnehmern Informationen über die Kunden, Buchhalter, Mitwettbewerber und die Ergebnisse des Unternehmens.
___ 29. Die Rollen und Verantwortlichkeiten der Beschäftigten werden in der ganzen Organisation erweitert.
___ 30. Die Beschäftigten erhalten die Unterstützung, Ressourcen, Kenntnisse und Mittel, die sie für ihre neuen Verantwortlichkeiten benötigen.
___ 31. Teams werden immer mehr dazu benutzt, um Probleme zu identifizieren und Verbesserungen umzusetzen.
___ 32. Teams fällen Entscheidungen über ihre alltägliche Arbeit.
___ 33. Immer mehr der regulären Arbeit wird in der Organisation von Teams ausgeführt.
___ 34. Die Beschäftigten werden in Teamfertigkeiten trainiert, d.h. im Aufstellen von Gruppenplänen und Entscheidungen, Teilnahme an Sitzungen, Problemlösung und Schlichten von Unstimmigkeiten.
___ 35. Immer mehr Teams arbeiten mit wenig oder keiner direkten Kontrolle.
___ 36. Manager übernehmen die Initiative zur Ermächtigung von Teams.
___ GESAMTSUMME

Interpretation der Ergebnisse aus der Checkliste

Diese Checkliste soll als Ausgangspunkt für eine neue Einstellung und Integration der Änderungsinitiativen in Ihrer Organisation dienen. Die aus diesen Seiten erhaltenen Informationen sollen zur Planung der nächsten Schritte für Ihre Organisation benutzt werden.

Ein niedriger Stellenwert auf einem Bereich zeigt gewöhnlich an, worauf die

Organisation seine nächste Änderungsinitiative konzentrieren sollte. Umgekehrt zeigt ein hoher Stellenwert, daß die Bemühungen für den Wandel besser auf einen der anderen beiden konzentriert werden sollten.

Die Situationen sind in jeder Organisation verschieden; Ihre Auswertungen sind nur ein Indikator dafür, welche die nächsten Schritte sein könnten. Doch Ihre Auswertungen kann die Organisation sehr gut als Grundlage für weitergehende Untersuchungen benutzen.

Zu Beginn Ihrer Analyse tragen Sie Ihre Auswertungen in die entsprechenden Kästchen unten ein! Beantworten Sie dann die folgenden Fragen!

Kundenbezogen   Prozeßmanagement   Eingebundenheit der Arbeitnehmer

Was hat die Organisation auf den Gebieten mit hohen Bewertungen so erfolgreich gemacht?

Was hindert die Organisation auf den Gebieten mit niedrigen Bewertungen, Verbesserungen einzuführen?

Welche Möglichkeiten sehen Sie für neue Bemühungen für einen Wandel? Was verhindert Ihrer Meinung nach den Erfolg?

Der Prozeß der Entscheidung, wann man eine Umstrukturierung umsetzen soll

Was

Dieser Prozeß ermöglicht eine schnelle Beurteilung, (1) in welchem Maße eine Umstrukturierung der Arbeit für Ihre Organisation geeignet ist, und (2) wie effektiv Ihre Organisation die Umstrukturierungsideen an den Arbeitsplätzen integrieren würde. Der »Prozeß der Entscheidung, wann man eine Umstrukturierung umsetzen soll« erleichtert die Beurteilung, ob die Organisation in der Lage ist, jedes Element des Umstrukturierungsprozesses zu implementieren. Danach kann sie dann die Änderungen offiziell einrichten. Die grundlegenden Elemente des Umstrukturierungsprozesses sind folgende:

- Umfeldbedingungen
- Technische Bedingungen
- Soziale Bedingungen

Die »Einschätzung der Bereitschaft für eine Umstrukturierung« auf Seite 314 bietet Informationen von der Organisation und gibt die Richtlinien, nach denen ein möglicher Erfolg bestimmt werden kann.

Wann

Man wendet diese Einschätzung im allgemeinen in zwei Fällen an: (1) bevor Teams zusammengestellt und Teammitglieder ausgesucht werden und (2) bevor sich die Teaminitiative auf einen anderen Teil der Organisation erweitert.

Wer

Interne Berater arbeiten zur Definition der Veränderungsprozesse und ihrer Ergebnisse oft mit den Geschäftsleitern in Schlüsselstellungen zusammen. Danach hält der Berater eine Sitzung ab, auf der der Unternehmensvorstand entscheidet, ob die Analyse für eine Umstrukturierung durchgeführt werden soll. Die aktuelle Analyse wird danach oft von dem Planungsteam oder von den Vertretern aller Betriebsebenen vervollständigt.

Für ein tiefergehendes Verständnis sehen Sie in die Informationen zu soziotechnischen Systemen! Eine Empfehlung dazu wäre das Buch *Designing Effective Organisations: The Sociotechnical Systems Perspektive* (»Planung effektiver Organisationen: Die Perspektive der soziotechnischen Systeme«) (John Wiley, New York; 1988).

Wie

Der Prozeß besteht aus fünf Schritten. Sein Ziel ist es, die schwerwiegende Entscheidung zu erleichtern, ob eine Arbeitsumstrukturierung für die betreffende Organisation angebracht ist.

1. Interne Berater bereiten ein Meeting vor, auf dem die Grundlagen einer Arbeitsumstrukturierung besprochen werden sollen, und bestimmen, wer aus der Organisation die betreffenden Probleme am besten darlegen könnte. (Siehe drittes Kapitel: Sollte man den Arbeitsprozeß reorganisieren?, Seite 56.)
2. Zu dieser Sitzung kommen Arbeitnehmer, Meister und Manager, die die verschiedenen Organisationsebenen vertreten, zusammen, um die Fragebögen für die Einschätzung auszufüllen (siehe drittes Kapitel: Sollte man den Arbeitsprozeß reorganisieren?) und die in dieser Einschätzung angesprochenen Themen zu prüfen. Die Einschätzung kann auch von denjenigen ausgefüllt werden, die an der Entscheidungssitzung teilnehmen werden. Ansonsten kann man dieses Meeting auch dazu benutzen, um Informationen und Meinungen von den Beschäftigten aus der ganzen Organisation einzuholen.
3. Nachdem der Fragebogen ausgefüllt worden ist, errechnen die Berater die Durchschnittszahlen der individuellen Bewertungen, um die Gruppenbewertungen zu erhalten. Danach beurteilen sie die Gesamtbewertungen für die Gruppe, um die Bereitschaft der Organisation zur Umstrukturierung zu erkennen.
4. Auf der Entscheidungssitzung präsentieren die Berater die Informationen aus der Einschätzung und fassen die möglichen Optionen für die Organisation zusammen. Das Führungsteam besitzt meist die gesamte Entscheidungskompetenz und trifft schließlich die Entscheidung, ob die Arbeitsumstrukturierung stattfinden soll.
5. Ist die Organisation dazu bereit, legen die Führungskräfte in Schlüsselpositionen die möglichen Optionen zur Ausführung einer vollständigen Arbeitsumstrukturierung fest (entweder nach der Methode der schnellen Zyklen oder nach der von Planungsteams, wie sie im dritten Kapitel beschrieben sind).

Was kommt als nächstes?

1. Lassen Sie zunächst jede Umstrukturierung beiseite! Schaffen Sie statt dessen ein unterstützendes Umfeld für eine zukünftige Umstrukturierung, oder machen Sie mit den Steigerungsverbesserungen weiter!
2. Unternehmen Sie relativ früh spezielle Schritte, um die Organisation für eine effektive Implementierung der Arbeitsumstrukturierung vorzubereiten! Mehr Informationen oder auch Maßnahmen wie zum Beispiel die Besichtigung eines bereits umstrukturierten Werkes könnten den Angestellten die Details vermitteln, die sie zum Verständnis der Vorteile benötigen.
3. Wählen Sie als erstes die Mitarbeiter aus, die die Arbeitsumstrukturierung realisieren sollen! Erstellen Sie danach einen genauen Plan für ein Kommunikationssystem, durch das die Arbeitnehmer in der Organisation über die Tätigkeiten zur Umstrukturierung auf dem laufenden gehalten werden. Dadurch werden sie vorbereitet, die notwendigen Informationen zu liefern, wenn man sie dazu auffordert.

Einige Organisationen setzen große Gruppen oder Teams in den Umstrukturierungsprozeß ein. Zu mehr Information zu diesem Prozeß, siehe W. Passmore, Al. Fitz und Gary Frankle, *Fast Cycle, Full Participation Work Systems Design* (»Planung von Arbeitssystemen mit schnellen Zyklen und voller Beteiligung der Arbeitnehmer«) (Denver: Passmore Associates, 1993).

Einschätzung der Bereitschaft für eine Umstrukturierung

Anweisungen: Füllen Sie jeden Punkt einzeln aus, indem Sie das Kästchen ankreuzen, das Ihrer Antwort am nächsten kommt! Seien Sie bereit, während der Diskussion Ihre Antworten der Gruppe mitzuteilen und die angesprochenen Themen zu benutzen, um tiefer in den Umstrukturierungsprozeß einzudringen.

Überblick und Effizienz des Umfelds

Benutzen Sie folgende Bewertungen bei Ihren Antworten:
1 = Nie 2 = Selten 3 = Manchmal 4 = Oft 5 = Immer

Was sollte man bei Arbeitnehmern überprüfen?

	1	2	3	4	5
1. Die Aufgaben, an denen sie arbeiten?	☐	☐	☐	☐	☐
2. Die Struktur der Arbeit?	☐	☐	☐	☐	☐
3. Die technischen Prozesse zur Durchführung der Arbeit?	☐	☐	☐	☐	☐
4. Die für die Arbeit notwendigen Kenntnisse und Fertigkeiten?	☐	☐	☐	☐	☐
5. Wie sich die Beschäftigten den Arbeitsgruppen anpassen?	☐	☐	☐	☐	☐
6. Wie unterschiedlich die Gruppen sich gegenseitig beeinflussen?	☐	☐	☐	☐	☐
7. Das Erscheinungsbild der Abteilung?	☐	☐	☐	☐	☐
8. Der Arbeitsablauf?	☐	☐	☐	☐	☐
9. Ihr Führungsstil?	☐	☐	☐	☐	☐
10. Ihre Entlohnung?	☐	☐	☐	☐	☐

Addieren Sie die Zahl aus jedem Kästchen, um eine Teilbewertung zu erhalten!

Punktzahl

Technische Effizienz

Benutzen Sie für Ihre Antworten folgende Bewertungen:

1 = Nicht immer wahrscheinlich
2 = Gelegentlich einige Ideen
3 = Gelegentlich viele Ideen
4 = Häufig viele Ideen
5 = Regelmäßig alle Ideen

Wie hoch ist die Wahrscheinlichkeit, daß Verbesserungsvorschläge der Arbeitnehmer angenommen werden, wie zum Beispiel darüber,

	1	2	3	4	5
1. wie Schwankungen (Fehler oder Inkonsequenzen) in den Standardprozessen zu kontrollieren oder zu beseitigen sind?	☐	☐	☐	☐	☐
2. wie unwesentliche Arbeit (Richtlinien der Unternehmenspolitik, bestimmte Abläufe, Verwaltungsfragen u.a.) beseitigt werden können?	☐	☐	☐	☐	☐
3. wie nicht wertschöpfende Arbeiten (von der Sicht des Kunden) beseitigt werden können?	☐	☐	☐	☐	☐
4. welche Ausrüstungen geeignet sind?	☐	☐	☐	☐	☐
5. wie man bestimmte Arbeitsschritte präziser durchführen kann?	☐	☐	☐	☐	☐
6. wie man schneller auf die Anforderungen der Kunden reagieren könnte?	☐	☐	☐	☐	☐

Addieren Sie die Zahl aus jedem Kästchen, um die Teilsumme zu erhalten:

Teilsumme

Soziale Effizienz

Benutzen Sie für Ihre Antworten folgende Bewertungen:
1 = Nicht wahrscheinlich
2 = Wenig wahrscheinlich
3 = Wahrscheinlich
4 = Sehr wahrscheinlich
5 = Immer wahrscheinlich

Wie wahrscheinlich ist es, daß Arbeitnehmer Verbesserungsvorschläge haben, wie zum Beispiel über:

		1	2	3	4	5
1.	Entscheidungen zum Arbeitsprozeß?	☐	☐	☐	☐	☐
2.	Kundenerwartungen?	☐	☐	☐	☐	☐
3.	effektivere Kollegenbeziehungen?	☐	☐	☐	☐	☐
4.	Möglichkeiten zur Weiterbildung?	☐	☐	☐	☐	☐
5.	Verbesserung der Arbeitsbedingungen?	☐	☐	☐	☐	☐
6.	angemessenere Entlohnung?	☐	☐	☐	☐	☐
7.	ausreichende Vielseitigkeit der Aufgaben?	☐	☐	☐	☐	☐

Addieren Sie die Zahlen jedes angekreuzten Kästchens, um die Teilsumme zu erhalten!

Teilsumme

Füllen Sie die folgenden Kästchen aus:

☐ + ☐ + ☐ = ☐

Überblick und Effizienz des Umfelds   Technische Effizienz   Soziale Effizienz   Gesamtbewertung

Richtlinien für die Auswertung

Bestimmen Sie die Gesamtpunktzahl, indem Sie die Bewertungen aus den drei Spalten zusammenrechnen! Die höchste Spaltensumme für eine Kategorie zeigt die Bereiche an, in dem die Geschäftsleiter auf die wenigsten

Schwierigkeiten bei der Umsetzung der Umstrukturierung stoßen werden. Die niedrigste Bewertung zeigt dagegen die Bereiche an, in denen die größten Schwierigkeiten bei der Umsetzung zu erwarten sind.
Lesen Sie nun die folgenden Richtlinien, die die Auswertungen interpretieren!

Punktzahl von 27–48
Es wäre sicherlich anzuraten, gegenwärtig keine Umstrukturierung ins Auge zu fassen. Der Widerstand gegen die Ergebnisse einer Umstrukturierung ist zu groß. Und einer Bereitschaft, die Vorschläge umzusetzen, fehlt die notwendige Energie.

Punktzahl von 49–95
Zwar würden die Führungskräfte viele Ideen des Umstrukturierungsprozesses akzeptieren, doch es herrschen nicht wenige Zweifel über die Angemessenheit einer solchen Entscheidung sowie auch über die Fähigkeit der Organisation, die Änderungen wirklich umzusetzen. Wenn die Umstrukturierung der Arbeit fortschreitet, aber nur wenige Ideen implementiert werden, werden die Arbeitnehmer denken, daß das Management ihnen kein Vertrauen schenkt. Bevor Sie weitermachen, prüfen Sie das Autoritätsniveau des Führungsteams, das die Umstrukturierung umsetzen soll!

Punktzahl von 96–140
Es ist sehr wahrscheinlich, daß eine Umstrukturierung der Organisation bedeutende Vorteile bringen wird, die in der Produktionssteigerung, der Zufriedenheit sowohl der Kunden als auch der Arbeitnehmer zum Ausdruck kommen werden. Die Ideen der Umstrukturierung werden ohne Zweifel als Standardpraktiken in der Organisation implementiert werden.

Literaturverzeichnis

Ancona, D. G., D. F. Caldwell. »Bridging the Boundary: External Activity and Performance in Organization Teams.« *Administrative Science Quarterly* 37 (1992), pp. 634–65.

Ashkenas, R., D. Ulrich, T. Jick and S. Kerr. *The Boundaryless Organization: Breaking the Chains of Organizational Structure*, San Francisco: Jossey-Bass, 1995.

Bartlett, C., S. Ghoshal. »Changing the Role of Top Management: Beyond Strategy to Purpose.« *Harvard Business Review*, November–December 1994, pp. 79–88.

Becker, F., F. Steele. *Workplace by Design: Mapping the High-Performance Workplace.* San Francisco: Jossey-Bass, 1995.

Beekun, R. I. »Assessing the Effectiveness of Soziotechnical Interventions: Antidote or Fad?« *Human Resources* 47, no. 10 (1989), pp. 877–97.

Bennis, W. »The Coming Death of Bureaucracy.« *Think.* November–December 1966, pp. 30–35.

–, B. Nanus. *Leaders and the Strategies for Takimng Charge: The Four Keys of Effective Leadership.* New York: Harper and Row, 1985; dt.: Führungskräfte. Die vier Schlüsselstrategien erfolgreichen Führens. Camus Verlag, Frankfurt/M. 1985.

–, H. A. Shepard. »Theory of Group Development.« *Human Relations* 9, no. 4 (1956), pp. 415–38.

Berrey, C., A. Avergan, L. Moran. *Highly Responsive Teams: The Key to Competitive Advantage.* San Jose: Zenger Miller, 1995.

–, L. Moran, *Ensuring the Success of Self-Directed Work Teams.* San Jose: Zenger Miller, 1995.

Bertalanffy, L. »The Theory of Open Systems in Physics and Biology.« *Science III* (1950), pp. 23–29.

Beyerlein, M. M., D. A. Johnson, eds. *Advances in Intrdisciplinary Studies of Work Teams*, vol. I. Greenwich, CT: JAI, 1994.

Bion, W. *Experiences in Small Groups and Other Papers.* London: Tavistock, 1961; dt.: Erfahrungen in Gruppen und andere Schriften. Klett-Cotta, Stuttgart, 1971.

Bridges, W. *Job Shift: How to Prosper in a Workplace without Jobs.* Reading, MA: Addison-Wesley, 1993.

–, *Transitions: Making Sense of Life's Changes.* Reading, MA: Addison-Wesley, 1980.

Burke, W. W. *Organizational Development: A Process of Learning and Changing.* 2nd ed Reading, MA: Addison-Wesley, 1992.

–, H. A. Hornstein. *The Social Technology of Organizational Development.* La Jolla, CA: University Associates, 1972.

Burnside, R. *Letting Go.* Schenectady, NY: High Peaks Press, 1992.

Cabana, S. »Participative Design Works, Partially Participative Doesn't.« *Journal for Quality and Participation*, January/February 1995, pp. 10–19.

Caminiti, S. »What Team Leaders Need to Know.« *Fortune*, February, 20, 1995, pp. 93–100.

Campbell, R. *Fisherman's Guide: A Systems Approach to Creativity and Organization*. Boston: New Science Library, 1985.

Carter, D. E., B. S. Baker, *CE Concurrent Engeneering: The Product Development Environment for the 1990s*. Reading, MA: Addison-Wesley, 1992.

Chang, R. *Succeeding as a Self-Managed Team*. Irvine, CA: Richrd Chang Associates, 1994.

–, G. E. Bader, A. E. Bloom. *Measuring Team Performance*. Irvine, CA: Richard Chang, Associates, 1994.

Cherns, A. »The Principles of Sociatechnical Design.« *Human Relations* 29 (1976), pp. 783–92.

Chrisholm, R., J. Ziegenfuss. »A Review of Applications of the Sociotechnical Systems Approach to Health Care Organizations.« *Journal of Applied Behavioral Science* 22, no. 3 (1987), pp. 315–27.

Clark, K. B., S. C. Wheelwright. »Organizing and Leading ›Heavyweight‹ Development Teams. Revlutionizing Product Development: Quantum Leaps in Speed, Efficiency, and Quality.« New York: Free Press, 1992, 9–28.

Coch, L., J. French. »Overcoming Resistance to Change.« *Human Relations* I (1948), pp. 512–32.

Conger, J. A., and Associates. *Spirits at Work: Discovering the Spirituality in Leadership*. San Francisco: Jossey-Bass, 1994.

Croland, D. »The Team That Wasn't.« *Harvard Business Review*, November–December 1994, pp. 22–36.

Cummings, T. »Sociotechnical Systems: An intervention Strategy.« In *Current Issues and Strategies in Organization Development*, ed. W. Burke. New York: Human Science Press, 1976.

–, S. Mohrman. »Self-Designing Organizations: Toward Implementing Quality-of-Work-Life-Interventions.« In *Research in Organizational Change and Development*, ed. R. Woodman and W. Pasmore, Greenwich, CT: JAI Press, 1985.

–, W. Griggs. »Worker Reaction to Autonomous Work Groups: Organization for Functioning, Differential Effects and Individual Differences.« *Organization and Administrative Science* (1977), pp. 87–100.

DePree, M. *Leadership Is an Art*. New York: Doubleday, 1989.

DuBrin, A. J. *The Breakthrough Team Player: Becoming the M.V.P. on Your Workplace Team*. New York. American Management Association, 1995.

Dumaine, B. »Mr. Learning Organization.« *Fortune*, October 17, 1994, pp. 147–68.

Eisenhardt, K. M. »Making Fast Strategic Decisions in High-Velocity Environments.« *Academy of Management Journal* 32, no. 3 (1989), pp. 543–76.

Elden, M. »Sociotechnical Systems Ideas as Public Policy in Norway: Empowering Participation through Worker-Managed Change.« *Journal of Applied Behavioral Science* 22, no. 3 (1987), pp. 239–55.

Emery, F. »Participative Design: Effective, Flexible and Successful, Now!« *Journal for Quality and Participation* (January–February 1995), pp. 6–19.

–. *Characteristics of Sociotechnical Systems*. London: Tavistock Institute, 1959.

–. *Some Hypotheses about the Way in Which Tasks May be More Effectively Put Together to Design Jobs*. London: Tavistock Institute, 1963.

–, E. Trist. »Analytical Model for Sociatechnical Systems.« In *Sociotechnical Systems: A Sourcebook*, ed. W. Pasmore and J. Sherwood. San Diego 1978.

–. »The Causal Texture of Organizational Environments.« *Human Relations* 18, no. 21 (1965), pp. 21–32.
Exploratory Investigations of Pay-for-Knowledge Systems. Washington. DC: U.S. Department of Labor, Bureau of Labor-Management Relations and Cooperative Programs, 1988.
Frangos, S. J., S. Bennett. *Team Zebra: How 1500 Partners Revitalized Eastman Kodak's Black and White Film-Making Flow*. Essex Junction, VT: Oliver Wright, 1993.
Galbraith, J. R. *Designing Organizations: An Executive Briefing on Strategy, Structure, and Process*, San Francisco: Jossey-Bass, 1995.
–, E. E. Lawler III. »New Roles for the Staff Function: Strategic Support and Services.« In Organization for the Future: *The New Logic for Managing Complex Organizations*. San Francisco: Jossey-Bass, 1993.
Glinow, von M. A., S. A. Mohrman. *Managing Complexity in High Technology Organizations*. London: Oxford University Press, 1990.
Graham, P. *Mary Parker Follett – Prophet of Management: A Celebration of Writings from the 1920s*. Boston: Harvard Business School Press, 1995.
Grazier, P. »Living with a Self-Managed Team.« *Journal for Quality and Participation*, September 1993, pp. 66–69.
Greenleaf, R. K. Servant Leadership: *A Journey into the Nature of Legitimate Power and Greatness*. New York. Paulist Press, 1991.
Greising, D. »Quality: How to Make It Pay.« *Business Week*, August 8, 1994, pp. 54–59.
Guzzo, R. A., E. Salas and Associates. *Team Effectiveness and Decision Making in Organizations*. San Francisco: Jossey-Bass. 1995.
Hackman, J. R. »The Design of Work in the 1980s.« *Organizational Dynamics*, Summer 1978, pp. 3–17.
–, »The Design of Work Teams.« In *Handbook of Organizational Behavior*, ed. J. W. Lorsch, Englewood Cliffs, NJ: Prentice-Hall, 1987.
Hackman, R., G. Oldham. *Work Redsign*. Reading, MA: Addison-Wesley, 1980.
Hamel, G., C. K. Prahalad. *Competing for the Future: Breakthrough Strategies for Seizing Control of Your Industry and Creating the Markets of Tomorrow*. Boston: Harvard Business School Press, 1994.
Harding, J. »What Team Leaders Need to Know.« *Fortune*, February 20, 1995, pp. 93–100.
Hartzler, M., J. E. Henry. *Team Fitness: A How-To Manual for Building a Winning Work Team*. Milwaukee: ASQC Quality Press, 1994.
Herzberg, F. »One More Time: How Do Your Motivate Employees?« *Harvard Business Review* 46, 1968, pp. 53–62.
Hoffman, D. »Keeping Teams on Track: What to Do When the Going Gets Rough.« *The Process for Deciding When to Redisign*, San Jose: Zenger Miller, 1996.
Holpp, L. »If Empowerment Is So Good, Why Does It Hurt?« *Training*, (March 1995), pp. 52–57.
–. »Self-Directet Teams Are Great, but They're Not Easy.« *Journal of Quality and Participation*, December 1993, pp. 64–70.
Huey, J. »The New Post-Heroic Leadership.« *Fortune*, February 21, 1994, pp. 42–50.
Hughes, R. »Keeping Teams on Track: What to Do When the Going Gets Rough.« *Diagnosing a Stuck Team*. San Jose: Zenger Miller, 1996.
–. »Zero Defects, On Schedule, New Jobs.« *At Work*, January/February 1995, pp. 6–8.
Hulin, C., M. Blood. »Job Enlargement, Individual Differences, and Worker Responses.« *Psychological Bulletin* 69 (1968), pp. 41–55.

Hupp, T., C. Polak, O. Westgaard. *Designing Workgroups, Jobs, and Work Flow.* San Francisco: Jossey-Bass, 1995.

Hutton, D. W. *The Change Agent's Handbook: A Survival Guide for Quality Improvement Champions.* Milwaukee: ASQ Quality Press, 1994.

Jamieson, K. H. *Beyond the Double Bind: Women and Leadership.* New York: Oxford University Press, 1995.

Johann, B. *Designing Cross-Functional Business Processes.* San Francisco: Jossey-Bass, 1995.

Kahn, W. A., K. E. Kram. »Authority at Work: Internal Models and Their Organizational Consequences.« *Academy of Management Review* 19, no. 1 (1994), pp. 17–50.

Kaplan, R., D. Norton. »The Balanced Scorecard – Measures That Drive Performance.« *Harvard Business Review*, January–February 1992, pp. 71–79.

Katz, A. J., D. Russ-Eft, L. Moran, L. Ravishankar. *Team Members Speak Out: A New Survey Reveals What Employees Really Feel about Participating on Teams.* San Jose: Zenger Miller, 1994.

Katz, R. *Managing Professionals in Innovative Organizations: A Collection of Readings.* New York: Harper Business, 1988.

Katzenbach, J. R., D. K. Smith. *The Wisdom of Teams: Creating the High-Performance Organization.* Boston: Harvard Business School Press, 1993.

Kayser, T. A. *Team Power: How to Unleash the Collaborative Genius of Work Teams.* Chicago: Irwin, 1994.

Ketchum, L. D., E. Trist. *All Teams Are Not Created Equal.* Newbury Park, CA: Sage, 1992.

Klein, J. A. »Why Supervisors Resist Employee Involvement.« *Harvard Business Review*, September–October 1984, pp. 125–129.

–, P. A. Posey. »Good Supervisors Are Good Supervisors – Anywhere.« *Harvard Business Review*, November–December 1986, pp. 87–95.

Kotter, J. »Leading Change: Why Tranformation Efforts Fail.« *Harvard Business Review*, March–April 1995, pp. 59–67.

Kouzes, J. M., B. Z. Posner. *The Leadership Challenge: How to Get Etraordinary Things Done in Organizations.* San Francisco: Jossey-Bass, 1987.

Larson, E. W., D. H. Gobeli. »Organizing for Product Development Projects.« *Journal of Product Management* 5 (1988), pp. 180–90.

Lawler, E. E. III. *The New Pay.* Los Angeles: Center for Effective Organizations. University of Southern California, 1986.

–, S. A. Mohrman. »With HR Help, All Managers Can Practice High-Involvement Management.« *Personnel*, April 1989, pp. 26–31.

–. *Strategic Pay: Aligning Organizational Strategies and Pay System.* San Francisco: Jossey-Bass, 1990.

–. *The Ultimate Advantage*, San Francisco: Jossey-Bass, 1992.

–, G. E. Ledord. *Creating High Performance Organizations.* San Francisco: Jossey-Bass, 1995.

Lewin, K. »Group Dicision and Social Change.« In *Readings in Social Psychology*, ed. E. Maccoby, T. Newcomb, and E. Hartley. New York: Holt, Rinehart and Winston, 1958.

–, *Field Theory in Social Science.* New York: HarperCollins, 1951; dt.: Feldtheorie in den Sozialwissenschaften, Huber, Stuttgart, 1963.

Lipnack, J., J. Stamps. *The Team Net Factor: Bringing the Power of Boundary Crossing into the Heart of Your Business.* Essex Junction, VT: Oliver Wright, 1993.

Lippit, G., R. Lippit. *The Consulting Process in Action*, 2nd ed. San Diego: University Associates, 1986.

Lippit, R. »The Changing Leader-Follower Relationships of the 1980s.« *Journal of Applied Behavioral Science* 18, no. 3 (1982), pp. 295–403.

Louis, M. »Sourcing Workplace Cultures: Why, When and How.« In *Managing Organizational Culture*, ed. R. Kilmann, M. Saxton, and R. Serpa. San Francisco: Jossey-Bass, 1985.

Lytle, W. O. *Starting an Organizational Design Effort*. Plainfield, NJ: Block Petrella Weisbord, 1993.

Macy, B. A., H. H. Izumi. »Organizational Change, Design and Work Innovations Meta Analysis.« In *Research in Organizational Change and Development*, ed. R. W. Woodman and W. Passmore. Greenwich, CT: JAI Press, 1993, pp. 239–311.

–, P. D. Bliese, J. J. Norton. »Organizational Change and Work Innovation: A Meta-Analysis of 131 North American Field Experiments – 1961–1990.« Der Artikel wurde auf der Sitzung der National Academy of Management in Miami im August 1991 vorgestellt.

McIntosh-Fletcher, D. *Teaming by Design*. Chicago: Irwin, 1996.

Meyer, C. »How the Right Measures Help Teams Excel.« *Harvard Business Review*, May–June 1994, pp. 95–103.

Miller, J. B. *The Corporate Coach: How to Build a Team of Loyal Customers and Happy Employees*. New York: Harper Business, 1994.

Mohrman, S. A., G. E. Ledord, Jr. »The Design of Employee Participation Groups: Guidelines Based ond Empirical Research.« *Human Resources Management* 24, no. 3 (1985).

–, S. G. Cohen, A. M. Mohram, *Jr. Designing Team-Based Organizations: New Forms for Knowledge Work*. San Francisco: Jossey-Bass, 1995.

–, J. Latham, J. Hogeveen, D. Russ-Eft. *Winning Competitive Advantage: A Blended Strategy Works Best*. San Jose: Zenger Miller, 1994.

Nadler, D. A., M. S. Gerstein, R. Shaw, and Associates. *Organizational Architecture: Designs for Changing Organizations*. San Francisco: Jossey-Bass, 1992.

–, R. B. Shaw, A. E. Walton, and Associates. *Discontinuous Change: Leading Organizational Transformation*. San Francisco: Jossey-Bass, 1995.

Nair, K. A. *Higher Standard of Leadership: Lessons from the Life of Gandhi*. San Francisco: Berrett-Koehler, 1994.

Nilson, C. *Team Games for Trainers: High-Involvement Games and Training Aids for Developing Team Skills*. New York: McGraw-Hill, 1993.

Orsburn, J. D., L. Moran, E. Musselwhite, and J. H. Zenger. *Self-Directed Work Teams: The New American Challenge*. Chicago: Irwin, 1990.

Parker, G. M. *Cross-Functional Teams: Working with Allies, Enemies and Other Strangers*. San Francisco: Jossey-Bass, 1994.

–. *Team Players and Teamwork: The New Competitive Business Strategy*. San Francisco: Jossey-Bass, 1990.

Pasmore, W. A. *Creating Strategic Change: Designing the Flexible, High-Performing Organization*. New York: John Wesley, 1994.

–. *Designing Effective Organizations: The Sociotechnical Systems Perspective*. New York: John Wiley, 1988.

–, J. J. Sherwood, eds. *Sociotechnical Systems: A Sourcebook*. San Diego: University Associates, 1978.

–, K. Gurley. »Enhancing R and D across Functional Areas.« In Making Organizations

More Competitive, ed. R. Kilmann and I. Kilmann. San Francisco: Jossey-Bass, 1991, pp. 368–96.
–. *Optimizing Knowledge Work: Your Key to Competitive Advantage?*
–, R. V. Tenkasi. »The Influence of Deliberations on Learning in New Product Development Teams.« *Journal of Engineering and Technology Management* 9 (1992), pp. 1–28.
Paton, S. M. »Implementing Self-Directed Work Teams at USG.« Quality Digest, February 1994, pp. 24–30.
Pava, C. H. P. *Managing New Office technology: An Organziation: The Sociotechnical Systems Perspective.* New York: John Wiley, 1983.
Pinchot, G., E. Pinchot. *The End of Bureaucracy and the Rise of the Intelligent Organization.* San Francisco: Berrett-Koehler, 1993.
Purser, R. E. »The Application of Non-routine Sociotechnical Systems Analysis in a Product Development Organization.« *Organization Development Journal*, Spring 1991, pp. 73–78.
–, W. A. Pasmore. »Organizing for Learning.« In *Research in Organizational Change and Development*, vol. 6, Greenwich, CT: JAI, 1992, pp. 37–114.
Ray, D., H. Bronstein. *Teaming Up.* New York: McGraw-Hill, 1995.
Rees, F. *How to Lead Work Teams: Facilitation Skills*, San Diego: Pfeiffer, 1991.
Robbins, H., M. Finley. *Why Teams Don't Work: What Went Wrong and How to Make It Right.* Princeton, NJ: Peterson's/Pacesetter Books, 1995.
Rummler, G. A., A. P. Brache. *Improving Performance: How to Manage the White Space on the Organization Chart.* San Francisco: Jossey-Bass, 1990.
Russ-Eft, D. »Predicting Organizational Orientation toward Teams.« *Human Resource Development Quarterly*, Summer 1993, pp. 125–34.
Schein, E. H. *Process Consultation: Its Role in Organization Development.* Reading, MA: Addison-Wesley, 1980.
Schindler, J. »Work Teams Boost Productivity.« *Personnel Journal*, February 1992, pp. 67–71.
Schuster, J. R., P. K. Zingheim. *The New Pay: Linking Employee and organizational Performance.* New York: Lexington Books, 1992.
Senge, P. *The Fifth Discipline: The Art and Practice of the Learning Organization.* New York: Currency and Doubleday, 1990.
Smith, C. G. »Hi-ho, Hi-ho, It's Off to Self-Managed Work Wee Go.« *Journal for Quality and Participation*, October–November 1993, pp. 38–43.
Smith, P. I., L. Kearney. *Creating Workplaces Where People Can Think.* San Francisco: Jossey-Bass, 1994.
Smolek, J. *Assimilating a New manager into a Team Environment.* San Jose: Zenger Miller, 1993.
Thamhain, H. J., D. L. Willemon. »Building High-Performing Engineering Project Teams.« *IEEE Transactions on Engineering Management*, August 1987, pp. 130–37.
Thamulds, H. J. »Managing Technologically Innovative Team Efforts toward New Product Success.« *Journal of Product Innovation Management* 7 (1990), pp. 5–18.
Tichy, N. M., M. A. Devanna. *The Transformational Leader.* New York: John Wiley, 1986.
Tobin, D. R. *Re-educating the Corporation: Foundations for the Learning Organization.* Essex Junction, VT: Oliver Wright, 1993.
Tomasko, R. M. *Rethinking the Corporation: The Architecture of Change.* New York: Amacom, 1993.

Trist, E., K. Bamforth. »Some Social and Psychological Consequences of the Longwall Method of Coal-Getting.« *Human Relations* 1 (1951), pp. 3–38.

Tuckman, B. W. »Developing Sequence in Small Groups.« *Psychological Bulletin* 63, no. 6 (1965), pp. 334–99.

Tully, S. »Can Boeing Reinvent Itself?« *Fortune*, March 8, 1993, pp. 66–73.

Walton, R. E. »From Control to Commitment in the Workplace.« *Harvard Business Review*, March–April 1985, pp. 77–84.

Waterman, R. H. »P and G-A Learning Organization.« *At Work*, July–August 1994, pp. 1–13.

–, J. A. Waterman, B. A. Collard. »Toward a Career-Resilient Workforce.« *Harvard Business Review*, July–August 1994, pp. 87–95.

Weisbord, M. R. et al. *Discovering Common Ground: How Future Search Conferences Bring People Together to Achieve Breakthrough Innovation, Empowerment, Shared Vision and Collaborative Action.* San Francisco: Berrett-Koehler, 1995.

–, S. Janoff. *Future Search: An Action Guide to Finding Common Ground in Organizations and Communities.* San Francisco: Berrett-Koehler, 1995.

Wheatley, M. »De-engineering the Corporation.« *Industry Week*, April 18, 1994, pp. 18–26.

–. »*Information at Work.*« At Work, November–December 1993, pp. 17–19.

–. *Leadership and the New Science: Learning about Organization from an Orderly Universe.* San Francisco: Berrett-Koehler, 1994.

Whiteside, J. *The Phoenix Agenda: Power to Transform Your Workplace.* Essex Junction, VT: Oliver Wright, 1993.

Whyte, D. *The Heart Aroused: Poetry and the Preservation of the Soul in Corporate America.* New York: Currency Doubleday, 1994.

Wilson, G. *Self-Managed Team Working: The Flexible Route to High-Performance.* San Francisco: Jossey-Bass, 1995.

Zenger, J. H., E. Musselwhite, K. Hurson, C. Perrin, *Leading Teams.* Chicago, IL: Irwin, 1994.

Über die Autoren

Linda Moran

Linda Moran ist Direktorin der Abteilung »Strategische Engagements« bei Zenger Miller, einem internationalen Trainings- und Beratungsunternehmen, das sich für erfolgreiche, breit angelegte Organisationsveränderungen einsetzt. Als solches arbeitet es weltweit mit über 3000 größeren Organisationen und Institutionen, von denen die Hälfte der Fortune 500 angehören. Linda Moran ist Expertin für Untersuchungen zur Teameffektivität und für den Aufbau von Fertigkeiten. Sie leitet größere Projekte zu Organisationsveränderungen und Teamimplementationen für die Kunden Zenger Millers. Als Teamleiterin der Entwicklungsabteilung für strategische Beratung bei Zenger Miller führt sie Untersuchungen über die Effektivität von Teams durch. Ihre Ergebnisse basieren auf Umstrukturierung von Arbeitsprozessen, klare Festsetzung der Rollen, verbesserte Aufgabenübertragung und effektives Messen der Teamleistungen. Sie nimmt ebenfalls an der Entwicklung der Teamtrainingssysteme von Zenger Miller teil, die solche Fertigkeiten vermitteln, die für ein effektives Teamumfeld notwendig sind.

Bevor Linda Moran zu Zenger Miller kam, war sie in der Personal- und Trainingsabteilung bei Oyster Creek Nuclear Power Plant and Chubb & Sons, Inc. tätig gewesen. Sie machte ihren Bachelor of Science an der Staatlichen Universität von Pennsylvania und erhielt den Master's Degree in Unternehmenskommunikation an der Universität von Maryland.

Sie ist Mitautorin zahlreicher Artikel und Bücher einschließlich des Werkes *»Self-Directed Work Teams: The New American Challenge«* (1990) und Verfasserin vieler Artikel.

Wegen ihrer großen Erfahrung und ihren eigenen erfolgreichen Untersuchungen über Selbststeuerung von Teams in Organisationen sind ihre Konzepte und andere Dienstleistungen in ganz Amerika sehr gefragt. Sie ist regelmäßig auf internationalen Konferenzen und vielen lokalen Foren über Teamarbeit in Unternehmen anwesend. Zudem wird sie fortlaufend in den Zeitschriften *Quality Digest, Training, Training and Development* und *Journal of Quality and Participation* zitiert.

Ed Musselwhite

Ed Musselwhite ist eine allgemein anerkannte Führungskraft. Er war von 1991 bis 1996 Präsident und Central Executive Officer bei Zenger Miller, Inc., einer Gesellschaft für Beratung, Weiterbildung und Training mit eigener Forschungsabteilung, die weltweit mit über 3000 Organisationen arbeitet. Zur Zeit arbeitet er bei Times Mirror, der Dachorganisation von Zenger Miller, an der Entwicklung eines neuen Programms für Neugründungen von Unternehmen.

Er erhielt sein Diplom an der Northwestern University's School of Business und begann seine Karriere 1964 bei IBM im Verkaufs- und Marketingmanagement. Schon in dieser Zeit richtete sich sein Interesse auf die Effektivität von Teams. Seine heutige Arbeit mit Teams, besonders mit Führungsteams, zeigt seine einzigartigen praxisbezogenen und tiefen Kenntnisse aller Bereiche der Teameffektivität.

Ed Musselwhite verließ später IBM, um Mitbegründer und Executive Vice President von Deltak, Inc. zu werden, einer internationalen Gesellschaft zur Herstellung von Computersystemen und für Training von Programmierern. Das Unternehmen wuchs zu einer 100-Mill.-Dollar-Organisation an.

Von seinen Geschäftserfolgen ausgehend gründete Ed Musselwhite 1977 seine eigene Beratungsorganisation für Führungskräfte. Zu seinen Kunden gehörten General Electric, Rockwell International, Metropolitan Life, Fireman's Fund Insurance, IBM und die Stanford-Universität.

Ed Musselwhite kam 1982 als Vize-Präsident für Forschung und Produktentwicklung zu Zenger Miller. Unter seiner Leitung konzentrierte sich die ständig anwachsende Liste von Kompetenzen, Produkten und Services von Zenger Miller auf Leistungssteigerung ganzer Unternehmen als auch der darin beschäftigten Einzelpersonen. Damit gewann das Unternehmen verschiedene Auszeichnungen für Qualität und gleichzeitig damit einen weltweiten Kundenstamm. 1989 übernahm Times Mirror das Unternehmen Zenger Miller, und Ed Musselwhite wurde 1991 zum Präsidenten von Zenger Miller ernannt.

Ed Musselwhite ist Mitautor der Bestseller unter den »How-to«-Büchern »*Self-Directed Work Teams: The New American Challenge*«, 1990, und »*Leading Teams: Mastering the New Role*«, das im Juni 1993 veröffentlicht wurde. Ed Musselwhite war Mitarbeiter an der von dem *Harvard Business Review* durchgeführten Fallstudie »*The Team That Wasn't*«, die in der Ausgabe vom November–Dezember 1994 erschien. Er ist ein erwünschter und oft geladener Redner für Themen über Organisationsveränderungen, Effektivität des Managements und über Teamentwicklung.

J. H. Zenger

J. H. Zenger ist ehemaliger Vorstandsvorsitzender von Times Mirror Training, Inc., ein Unternehmen, das aus vier nordamerikanischen Trainingsgesellschaften besteht: Zenger Miller; deutsche Repräsentanz von Zenger Miller: TMT Europe, Burggrafenstraße 5, 40545 Düsseldorf, Telefon 0211/55777-00; Learning International, Kaset International und der Entwickler für Soft- und Courseware Allen Communication mit drei internationalen Trainingszentren in Europa, im asiatischen Pazifikraum und in Lateinamerika.

Herr Zenger war im Jahre 1977 Mitbegründer des Unternehmens Zenger Miller. Diese internationale Firma mit Sitz in San Jose, Californien, ist auf den Gebieten des Leadership, des Involvement der Arbeitnehmer, der Konzentration auf den Kunden und auf Verbesserungsprozesse spezialisiert. Zenger Miller hat sich nicht nur als Unternehmensberater, sondern auch als eine der größten Gesellschaften für Managementtraining weltweit profiliert. Seine Zweigstellen sind überall in den USA und in Europa präsent. Es wurde 1989 von Times Mirror übernommen.

Zuvor war J. H. Zenger Vizepräsident der Personalabteilung bei der Syntex Corporation, einem internationalen pharmazeutischen Unternehmen. Davor hatte er als Vizepräsident eines Beratungsunternehmens und als Hochschullehrer in den Wirtschaftsschulen an den Universitäten von Südcalifornien und Stanford gearbeitet.

J. H. Zenger ist Verfasser der Bücher »*Not Just For CEO's: Success Secrets for the Leader in Each of Us and Producing More with Less: 20 Actions Any Leader Can Take to Boost Productivity*« (herausgekommen im September 1996) und Mitautor von »*Self-Directed Work Teams: The New American Challenge*«, »*Leading Teams*« und »*Keeping Teams on Track: What to Do When the Going Gets Rough*«. Außerdem hat er zahlreiche Artikel über Training und seine Rolle in den Geschäftsstrategien verfaßt. Man trifft ihn oft als Redner auf Business- und Handelskonferenzen. 1994 wurde er Mitglied des Human Resource Development Hall of Fame.

J. H. Zenger erhielt seinen Bachelor of Arts in Psychologie 1955 magna cum laude an der Brigham Young Universität, 1957 den Master's Degree in Unternehmensführung an der University of California, Los Angeles, und promovierte auf demselben Gebiet 1974 an der University of Southern California.

John C. Harrison

John C. Harrison arbeitet schon 30 Jahre als Werbetexter, Rundfunkautor, Verfasser von Reden und Autor und ist ständiger Mitarbeiter im Stab zur Entwicklung von Kundenprodukten bei Zenger Miller. Als ehemaliger beigeordneter Direktor einer gemeinnützigen Organisation ist er weiterhin Herausgeber von internen Informationsblättern und Leiter von Workshops für Rhetorik.

Personen- und Sachregister

ABB Power T&D   14, 172 ff., 193 f.
ABB-Standard für das Verhalten   193 f.
Abgrenzungsprobleme   36, 159 f.
Abschätzen der Teamentwicklung   72 f.
Abteilungsarbeitsgruppen   212 ff.
Abteilungsleiter integrieren   164
Abteilungsteams   29
Aikers, John   48
Air Products and Chemicals, Inc.   79, 92, 94, 96, 113
Air Transport Systems (Honeywell)   128
Allied Signal Lawrence A. Bossidy   102
American Express   106
Anfangsphase, Probleme der   38
Anforderungen an die Organisation   213
Angst   91 ff.
Annahmen, falsche   21 ff., 147
Anordnung von oben   97
Anreizsystem einführen   151 f.
Apollo 13   200
Arbeitnehmer   213
–, Erwartungen der   149
Arbeitsgruppen, traditionelle   212 ff.
Arbeitsprogramm, Stabilisierung des   111 ff.
Arbeitsprozesse neu strukturieren   32, 56 ff.

Arbiter   28
Armstrong   86
Association for Quality and Participation (AQP)   11
Autorität   94

Baby Belt   120
Baxter Health Care   52, 115, 130, 144
Bedürfnisse des Teams   132
Befragung zum Involvement der Arbeitnehmer   206 ff., 222 ff.
Befugnisse   94
Bereich für die Teameinführung   97
Bestimmung des Arbeitsablaufs   210
Bradberry, Cyra   17 ff., 110
Bereichsstrategie   35
Berry, Caryl   15
Bewertung des Teamleiters/ -förderers   285 ff.
Bewertungsgespräche für einen Teammanager   289 ff.
Bezahlung, ausbildungsbezogene   152
Beziehungen des Kunden zum Team   39
–, konstruktive   162
Binney and Smith's   53, 96 f.
Blitzer, Roy   15
Boing   156
Bonussystem   143 ff.
Blue Cross/Blue Shield   104

Canada Life   100
Carter Mining   98, 101
Caswell   17f.
Checkliste zur Planung und Einführung von Teams   238ff.
Cheney, Alan   96
Claymont   102
Clemmer, Nic   45
Competitive Human Resources Strategies   144

Daten, betriebliche – für Teams   68
Daten sammeln ohne Konsequenzen   74
DeAngelo, Mike   49
Defense Systems (Textron Inc.)   144
Denken, kreatives   99f.
DePree, Max   84, 95
Déjà vu   35
Dialog   99f.
Dienstreisen   134f.
»Drittes Ohr«   50

Eastman Chemical Company   45
Easton, Sue   32, 50
Easton Associates   35, 50
Eigendynamik im Teamprozeß   98
Einführungsstrategien   32ff.
Einstellungspraktiken   208
Emert, Don   79, 92, 94
Emery, Fred   111
Enfield (DEC)   95
Entlohnung und Anerkennung   209
Entscheidungen, Partizipation an   120f.
Entscheidungskompetenz des Teams   31
– von Teammitgliedern   65f.

Entscheidungsprozeß zur Umstrukturierung   311ff.
Entwicklungsniveaus   32
Entwicklungsplanung für das Team   251ff.
Erfolg des Teams sicherstellen   39
Erwartungen, realistische   196
Erwartungen, unrealistische des Teams   39

Farrell, Dr. Anne   15, 69, 72
Farrell Group   69
Federal Express   20, 69
Feedback   60
Fehler, häufige   73f.
Fertigkeiten   209
Festfahren von Sitzungen   46
Festhalten an alten Werten   93
Fitz, Al.   313
Follett, Mary Parker   17, 89, 142
Forbes, Malcolm   124
Förderbereitschaft des Managements   83f.
Förderungsmanager   61
Fortune 500   13
Fort- und Weiterbildung   135
Frankle, Gary   313
Freedman, Dr. Sue   108, 114
Führungsdrang unterdrücken   51f.
Führungskräfte, Kurzsichtigkeit der   107f.
Führungsstil, effektiver   47f.

GenCorp   108
Gershwin, George   24
Geschäftsinformationen, offen ausgetauschte   119f.
Geschäftsleiter   213
Gesichtspunkt, beschränkter   34f.
Gewächshausklima   34f.

Gewinnbeteiligung 152
Ghandi 163
Global Positioning System (GPS) 67
Go-for-broke-strategy 36
Golub, Harvey 106
Graham, Pauline 17
Greene, Huey 52, 144

Haddock, Patricia 15, 143 f., 146 ff.
Hager, Ozzie 128
Haise 200
Harrison, John C. 15
Heiden, Jill 15, 184, 190
Herausforderungen durch Fragen 114 f.
Hogeveen, Jerry 15
Honeywell 128, 156, 158
Hoffman, Dee 15
Horney, Bob 61
Huey, John 122
Hughes, Bob 15
Hurson, Kathleen 15

IBM 49
Ideen austauschen 115
Informationen aus erster Hand 135
Initiative übernehmen 162 f.
Innovationen unterstützen 136
Inselstrategie 32 ff.
Instruktionen, persönliche 48
Instrument zur Bestimmung der Individualität des Teams 77
Integrationsaktivitäten 211
Integrierung von Teameinführung und Geschäftsplan 103
Interessenkonflikte 159
Involvement beurteilen 204 ff.

Johnson, Bill 15, 172 ff.

Kafka, Franz 126
Kamischke, Dick 110, 114
Kenntnisse über die Abläufe innerhalb der Organisation, unzureichende 42
– über Schutzmöglichkeiten, unzureichende 42
Kennzahlen 75 ff., 96 ff.
Ketchum, Lyman 78
Kraft der Teams 113 f.
Knowledge Work Associates 108, 114
Koestenbaum, Peter 195
Kollegengespräche 281 ff.
Kommunikation, nonverbale 50 f.
–, offene 114
–, schlechte interne 146 f.
Kommunikationsdefizite 99
Kommunikationsfertigkeiten, unzureichende 42
Kompensationssystem 145 ff.
Kompetenzdefizit 90 f.
Kontrolle der täglichen Operationen 207
–, Verzicht auf 136
Kunden 115
–, Beziehungen des – zum Team 39
Kundenfeedback 208
Kunden-Lieferantenkette, Schnittpunkte in der 61
Kundenwünsche 31 f.
Kurs, Abkommen vom 108
– einhalten 195 ff.

Latham, Jan 15
Lawler III., Edward E. 172, 195
Lawler, Jim 37 f., 104, 106
Lewesque, Paul 131
Leistungsbeschreibung 77
Leitungsteam 160
Lincoln, Abraham 41
Louellen Essex, Ph. D. 51

Loyalität 31
Lovell 200
Luttenberg, Ed 113

Malcolm-Baldridge-Preis 158
Management, Unterstützung des Teams durch das 79 ff., 106 f.
Managementtraining, Mangel an 95 ff.
Manager 213
Managersabotage 104 ff.
Maslow 186
McCutcheon, Seth 15, 21
McLuhan, Marshall 48
MDB Financial Network 61
Meetings 126
–, übertriebene Anzahl von 89 f.
Meinungen einbringen 150
Messung der Teamleistung 67 ff.
Miller, Herman 95, 110, 114
Motivation der Teammitglieder 131 ff.
Muttart, Susan 15

NASA 40
Nair, Keshavan 163

Occupation Safety Council 191
Offenheit, ermutigen zu 137
Ohr, drittes 50
Organisation, Anforderungen an die 213
Organisationsstruktur 210
Overton, Brenda 113

Parkinson, Frank 19
Passmore, William 155, 313
Personenbefragung 192 f.
Pilotbereich 98
Phasen der Teamentwicklung 271 ff.
Positionssystem, globales (Global Positioning System = GPS) 67
Privilegien 135

Probleme 28 ff., 86 ff.
–, interne schlichten 167 f.
–, strategische 59
Problemlösungsteams 29
Produktionsbereichsteams 64
Produktionsindex 77
Produktionsprozeß, Unterstützungsfunktionen für 60
Produktionsteams 64
Projektteams 169
Projektwartungsteam 64
Prozesse 59 f., 160 f.
Puls des Teams 49 f.

Radikal-Strategie 36 f.
Ravishankar, Lilanthi 15
Reaktionsmöglichkeiten bei unerwarteten Ereignissen 85 ff.
Reik, Theodor 50
Renious, Pet 28
Richtermann, Judith 15
Richtlinien für Umstrukturierung 58 ff.
Roanoke 104
Russ-Eft, Darlene 15

Saunders, John 53, 96 f.
Schuster, Michael 144 f., 147, 151 f.
Schindler, J. 157
Schwerpunktgruppen 147
Schwierigkeiten 27 ff., 53 ff.
Sears, Janis 51 f.
Selbständigkeit, Weg in die 41 ff.
Selbstbewußtsein und Selbstachtung stärken 161 f.
Senge, Peter 99 f.
Shuster, Michael 15
Sicherheit, Atmosphäre der – schaffen 74
Sicherheitsnetze 46 f.
Smolek, Jerry 15
Stabilisierung des Arbeitsprogramms 111 ff.

Strategic Process Management (SPM) 168
Strategie 78 ff.
– zum Aufbau von Vertrauen 118 f.
– zur Einführung 83 f.
Stärken und Schwächen abwägen 199 ff.
Statussymbole beseitigen 132 f.
Streß 124 ff.
Struktur eines Teams, dynamische 21 ff.
Styles, Jan 15
Swigert 200
System, dynamisches 22
–, Wahl des falschen 38

Taktiken für funktionsübergreifende Teams 157
Taylor, Frederick W. 20, 25, 54, 142
Teamboni 153
Teamcharakter 256 ff.
Teamcharta 244 ff.
Teameinführung, erfolgreiche 172 ff.
Teamentwicklung, Phasen der 271 ff.
Teamfertigkeiten, primäre 45
–, Trainingsprogramme für 32
Teamförderer 32, 46 f.
–, Beurteilung des 285 ff.
Teamgeist 77, 266 ff.
Team, Individualität des 77
–, strategisches 169
Teamkultur 112 ff., 141 f.
– als Hilfe in schweren Situationen 123
Teamleistung, Messung der 67 ff.
Teamleiter, Beurteilung des 285 ff.
Teamleiter-Syndrom 139

Teammanager, Bewertungsgespräche für einen 289 ff.
Teamorientierung einer Organisation, Einschätzung der 228 ff.
Teams, festgefahrene 277 ff.
–, führungsbeteiligte 216 ff.
–, funktionsübergreifende 30, 155 ff.
–, sich selbst steuernde 219 ff.
Teamunterstützung, langfristige 198
Techniken, Einführung in die 202 ff.
Technology Services Canada Life 51
Terni, Steve 98
Textron Inc. 144
Thompsen, Joyce 15
Total Quality Management (TQM) 23
Training 44
Trainingsthemen, sekundäre 45
Tultex 23 f.

Umfeld, informationsreiches 52 f.
Umstrukturierung der Arbeit 61
Unerwartetes erwarten 110
Union Camp 37, 104, 106, 139
Ursache-Wirkung-Verhältnis, lineares 22
Unternehmenspolitik, richtige 49
Unterstützung 94
Unterstützungsfunktionen für Produktionsprozeß 60
Unterstützungsniveau 83 f.
Unterstützungsstufen des Managements gegenüber Teams 79 ff.
Unterstützungsteam, technisches 64
Unterstützung durch den Vorstand 122
– von höherer Ebene 47, 139 ff.
– von Produktionsteams 60

Verantwortlichkeiten für Entscheidungen und Problemlösungen 207
Verantwortung 39, 94f.
– am Arbeitsplatz 60
– des Teams 30f.
–, Furcht vor 93f.
– von Teammitgliedern 64
Verbesserungsmechanismen 149
Verbesserungsteams, mitspracheberechtigte 214ff.
Verteilungssystem, undurchsichtiges 146f.
Versäumnis, Fähigkeiten mit Verantwortlichkeiten zu verbinden 94
Verständnis, Fehlen von 75
Vertrauensdefizit für den Teamprozeß 96f.
Vertrauen 155ff., 159ff.
–, fünf Grundprinzipien 160ff.
Vision 112f.
Vorbild 163f.
Vorstand, Unterstützung durch den 122
Vorteile des Teameinsatzes 197

Walton, Richard 78, 143
Wechselwirkungen eines Bonussystems 150
Weisbord, Marvin 120
Werte, Verinnerlichung von 234ff.
Westinghouse, Norden 49f., 96
Wettbewerbe 153
Wheatly, Margaret J. 56, 67, 99
Wiley, John 312
Williams, David 15
Wissen, Mangel an 44

Zahlenbesessenheit 73f.
Zenger, Miller 15, 21, 43, 46, 90f., 97, 103, 122, 196
Zenger-Miller-Studie 52, 126f., 196
Zenger, Todd 15
Ziele 129f., 157f., 168ff.
Zugang zu anderen Funktionen 47
– zu Informationen 209
Zurfluh 139
Zweck des Teams 100ff.
Zwischenmenschliche Probleme 160ff.

Harvey Mackay

NETWORKING

Das Buch über die Kunst,
Beziehungen aufzubauen und
zu nutzen

336 Seiten, gebunden und Schutzumschlag

Networking – Beziehungen aufbauen und nutzen, ist das wichtigste Werkzeug für den täglichen Umgang mit Menschen. Ob Sie dieses Networking nun geschäftlich nutzen wollen oder müssen, als Opfer des Reengineerings oder als Verkaufsleiter, der einen karrierefördernden Schritt tun möchte, als Unternehmer, der schnelles Geld braucht oder einen soliden Ratschlag, oder privat, wenn Sie vielleicht einen Wunsch fern der Realität hegen, Karten für ein ausverkauftes Sportstadion oder ein Theater oder Musical zu bekommen – oder eine Einladung zu einem Dinner ins »Weiße Haus« –, Harvey Mackay sagt Ihnen in diesem Buch, wie Sie das durch konsequenten Aufbau von Beziehungsnetzen schaffen können. Mackay zählt die zehn wichtigsten Voraussetzungen für ein solches Netzwerk auf, zugleich aber auch die zehn größten Fehler, die Sie machen können. Er sagt Ihnen, worauf Sie in jeder Situation achten müssen, wie Sie entsprechende Situationen schaffen können.
Der Autor wartet mit einer ungeheuren Vielzahl von unbezahlbaren Details und Vorschlägen darüber auf, wie Sie Kontakte schaffen, sie pflegen, halten und nutzen können. Das Buch stellt durch eine unnachahmliche Sprache, die an Witz ihresgleichen sucht, das pure Lesevergnügen dar.

ECON Verlag · Postfach 30 03 12 · 40403 Düsseldorf